辽宁省"十二五"普通高等教育本科省级规划教材

全国优秀畅销书　　　　　　　　　　　　配套教材

东北财经大学会计学系列

国家重点学科

国家级特色专业 / 国家级一流本科专业

8th Edition　　　　　　　　　　　　　　　第**8**版

Accounting：*Exercises and Cases*

会计学

习题与案例

陈文铭　主编

东北财经大学出版社

Dongbei University of Finance & Economics Press

大连

图书在版编目（CIP）数据

会计学习题与案例 / 陈文铭主编. —8版. —大连：东北
财经大学出版社，2024.7（2025.7重印）
（东北财经大学会计学系列配套教材）
ISBN 978-7-5654-5284-0

Ⅰ.F230

中国国家版本馆CIP数据核字第2024YV3557号

东北财经大学出版社出版
（大连市黑石礁尖山街217号　邮政编码　116025）
网　　址：http://www.dufep.cn
读者信箱：dufep@dufe.edu.cn
辽宁新华印务有限公司印刷　　东北财经大学出版社发行
幅面尺寸：148mm×210mm　　字数：429千字　　印张：14.125
2024年7月第8版　　　　　　2025年7月第2次印刷
责任编辑：李　彬　王　丽　吴　茜　　责任校对：王慧楠
　　　　　周　慧　高　铭
封面设计：张智波　　　　　　　　　版式设计：原　皓
定价：35.00元

第8版前言

拥有一本好的教材，还要有一本好的辅导书！

一般而言，会计教科书的内容包括两个方面：一是会计信息提供者所必须掌握的生成会计信息的会计知识；二是会计信息使用者为解读会计信息而需要了解的会计知识。本书是为那些想拥有广博知识的会计信息使用者而编写的，因此，在内容的安排上我们更多地考虑了非会计专业人士对会计信息的使用需求。

面向会计信息使用者这样一个群体，就必须注意他们关注的是如何看报表而不是如何编报表，是如何理解会计信息而不是如何提供会计信息，特别是理解会计信息的经济含义以及利用会计信息提高管理决策水平的能力。为了帮助《会计学》教材的读者尽快进入"角色"，为其提供一部理论联系实务、可操作性强的参考资料，我们根据最新版《会计学》教材（刘永泽、陈文铭主编，东北财经大学出版社，2024年6月第8版）及该课程考试大纲的内容和要求，结合2021年财政部发布的《企业会计准则解释第15号》（自2022年1月1日起施行）、2022年财政部发布的《企业会计准则解释第16号》（自2023年1月1日起施行）、2023年财政部发布的《企业会计准则解释第17号》（自2024年1月1日起施行）、2023年财政部发布的《企业数据资源相关会计处理暂行规定》（自2024年1月1日起施行）等规范的要求，在2021年8月出版的第7版的基础上，结合会计规范的变化组织修订了本书。

为了方便各位非会计专业同学对照教材循序渐进地学习会计学课程的内容，本书采用了与《会计学》教材的篇章一致的体例。全书各章共分六部分内容：第一部分为学习目的与要求；第二部分为内容概览，包括关键概念和关键问题，"智慧源于思考"，通过概念和问题连贯全章内容，提炼精华，突出知识点（在此需要说明的是，凡是在《会计学》教材每章后"复习思考题"中已出现的内容，"关键问题"中不再赘列）；第三部分为本章重点与难点，总览本章内容，点拨本章重点与难点所在；第四部分为练习题，以考试大纲为依据，根据本章的考核知识点及考核要求，以灵活的题型、全面的覆盖，确定本章的各种练习题，寓实战于练习之中，旨在培养和锻炼同学们分析问题、解决问题的能力；第五部分为案例分析题，试图通过对某些微型案例的探讨，帮助同学们增强对会计知识的了解和理解，同时也希望同学们认识到，会计是一门吸引人的、有趣味的学科，而不是枯燥无味的学科；第六部分为练习题参考答案，供练习者做完练习题后对照参考。另外，为了将会计相关知识连贯起来，本书还以附录的形式编写了一个会计循环综合案例，希望通过本案例的完成给同学们带来意外收获。

本书初稿第一、二章由陈艳利教授执笔，第三、四、五章及附录二由陈文铭教授执笔，第六、十一章由崔凤鸣副教授执笔，第八、九章由刘英明副教授执笔，第七、十、十二、十三章及附录一由张娆教授执笔。本书由东北财经大学会计学院陈文铭教授任主编。在本书修订过程中，《会计学》教材的主编刘永泽教授多次对本书修订稿进行审阅，提出了许多修改意见，使得本书内容更加丰富翔实。在我们修订、再版本书的过程中，还得到了诸多同事的帮助。在此，我们感谢所有有助于本书成为受同学们欢迎的辅导书的各位同仁！

由于时间仓促、水平有限，本书在体例安排和内容的表述上（特别是案例部分）可能还存在某些缺点或不足，诚恳地希望读者批评指正，以便以后再版时修订。

编　者

2024年6月于大连

目　录

第一章　总论

一、学习目的与要求

"经济越发展，会计越重要"。本章是全书的绪论部分，主要阐述会计的意义、会计信息质量特征、企业的性质与组织形式、会计信息的使用者、会计的作用、财务报告及其要素和会计等式等内容。通过对本章内容的学习，应了解会计的产生和发展、会计的含义及其特征、会计信息质量特征、会计信息的外部和内部使用者，以及企业的性质与组织形式，重点掌握财务报告的种类及其要素和会计等式的本质等内容。

二、内容概览

（一）关键概念

1. 会计
2. 相关性
3. 可靠性
4. 可理解性
5. 可比性
6. 会计信息使用者
7. 财务报告
8. 资产负债表
9. 利润表
10. 会计要素
11. 资产
12. 负债
13. 所有者权益
14. 收入
15. 费用
16. 利润
17. 会计等式
18. 企业

（二）关键问题

1. 考察会计的产生与发展，可以看出会计与社会环境有何关系？
2. 什么是会计？会计有哪些特点？
3. 会计信息质量特征包括哪些？
4. 企业的组织形式有哪些？各有什么特点？

5.何谓财务报告？财务报告由哪几部分构成？

6.何谓资产负债表？资产负债表有何作用？

7.何谓利润表？利润表有何作用？

8.会计要素有哪些？每个要素的含义是什么？

9.何谓会计等式？会计等式的本质是什么？

三、本章重点与难点

本章重点阐述了会计的含义、特征及发展历程，会计信息的质量特征，会计信息的使用者，财务报告的种类和要素，会计等式的本质，以及企业的组织形式等内容。难点在于对会计要素含义及会计等式本质的理解和把握。

我国会计理论界对会计的定义有不同的理解，具有代表性的观点有"管理活动论"和"信息系统论"。本书比较赞成第一种观点，会计本身也是一种管理活动。作为一种管理活动，会计有其固有的特点：以货币为主要计量单位；对经济活动的核算和监督具有完整性、连续性、系统性和综合性；具有一整套系统、完整的专门方法。

有用的会计信息都存在一个质量问题，对决策有用的会计信息在质量上必须达到一定的质量要求。高质量的会计信息应具备相关性、可靠性、可理解性和可比性四大基本特征。

一个企业必须发布各种各样的会计信息来满足信息使用者的需求，这些会计信息需求因企业的规模、是否由公众持股以及管理政策等而有所不同。总的来说，会计信息需求来自企业外部和内部两个方面，它们分别是会计信息的外部使用者和内部使用者。会计信息的外部使用者是与企业具有利益关系的个人和其他企业，但他们不参与该企业的日常管理。会计信息的外部使用者具体包括：股东、债权人、政府机关、职工、供应商和顾客等。企业的内部员工也要使用会计信息。会计信息的内部使用者包括：董事会、首席执行官、首席财务官、分厂经理、生产线主管等。与外部的信息需求相比，对内报送的会计信息具有较多的自由性。因此，设计满足企业经营管理需要的会计信息系统，比设计外部报表面临着更大的困难。

会计具有核算和监督两大基本职能。会计的作用是运用会计的职能在会计实践中所产生的客观效果，它是会计职能的外在表现。会计在经济管理工作中发挥着重要作用，归纳起来包括：帮助投资者和债权人作出合理的决策；考评企业管理当局管理资源的责任和绩效；为国家提供宏观调控所需要的特殊信息；为企业经营者提供经营管理所需要的各种信息。

财务报告是指企业对外提供的反映企业某一特定日期财务状况和某一会计期间经营成果、现金流量的书面文件，由财务报表、财务报表附注构成。其中，财务报表是财务报告的主体和核心，是财务会计信息的最终体现。

资产负债表是反映企业在一定日期财务状况的报表。它反映企业在某一特定日期所拥有或控制的经济资源、所承担的现时义务和所有者对净资产的要求权。利润表是反映企业一定会计期间经营成果的报表。该表是按照各项收入、费用以及构成利润的各个项目分类分项编制而成的。

财务报告要素也称会计要素，是指会计核算和监督的具体对象，也是财务报告的具体内容。会计要素分为反映财务状况的要素和反映经营成果的要素。财务状况要素是反映企业在某一日期经营资金的来源和分布情况的各项要素。财务状况要素一般通过资产负债表反映，由资产、负债和所有者权益三个要素构成。经营成果是指企业在一定时期内生产经营活动的结果，具体地说，它是指企业生产经营过程中取得的收入与发生的耗费相比较的差额。经营成果要素一般通过利润表来反映，由收入、费用和利润三个要素构成。

各项会计要素之间存在着本质联系，对会计要素内在联系的表达方式，称为会计等式，也称会计方程式、会计恒等式。会计等式反映了企业会计要素之间的内在联系，反映了企业的财务状况和经营成果，是建立复式记账系统和编制会计报表的理论基础。

会计等式具体表示为：

资产=负债+所有者权益

增量会计等式：

收入−费用=利润

综合会计等式：

资产+费用=负债+所有者权益+收入

四、练习题

(一) 单项选择题

1. 近代会计形成的标志是 （   ）。

A. 单式记账法的产生

B. 账簿的产生

C. 成本会计的产生

D. 单式记账法过渡到复式记账法

2. 会计对各单位经济活动进行核算时，选作统一计量标准的是 （   ）。

A. 劳动量度   B. 货币量度

C. 实物量度   D. 其他量度

3. 会计方法体系的基本环节是 （   ）。

A. 会计预测方法   B. 会计监督方法

C. 会计分析方法   D. 会计核算方法

4. 相关性的核心是 （   ）。

A. 可靠性   B. 及时性

C. 对决策有用   D. 与企业相关

5. 会计信息的可理解性要求会计信息必须 （   ）。

A. 清晰易懂   B. 真实可靠

C. 及时提供   D. 简化缩略

6. 进行会计核算提供的信息应当以实际发生的经济业务为依据，如实反映财务状况和经营成果，这符合 （   ）。

A. 历史成本原则   B. 配比原则

C. 可靠性原则   D. 可比性原则

7. 各企业单位处理会计业务的方法和程序在不同会计期间要保持前后一致，不得随意变更，这符合 （   ）。

A. 相关性原则   B. 可比性原则

C. 谨慎性原则   D. 重要性原则

8. 公司型企业区别于独资型企业和合伙型企业的重要标志是 （   ）。

A.是否承担无限责任   B.是否具有法人资格

C.投资人是否参与经营   D.是否更利于生产经营

9.以下不属于公司型企业的是（   ）。

A.有限责任公司   B.股份有限公司

C.两合公司   D.合伙企业

10.对外财务报告主要面向的两个团体是（   ）。

A.投资者和政府机关   B.投资者和职工

C.债权人和顾客   D.投资者和债权人

11.下面属于会计信息内部使用者的是（   ）。

A.股东   B.董事会

C.债权人   D.政府机关

12.会计的基本职能是（   ）。

A.反映与分析   B.核算与监督

C.反映与核算   D.控制与监督

13.财务报告的主体和核心是（   ）。

A.财务报表   B.财务报表附注

C.财务情况说明书   D.资产负债表

14.判断一个企业经营成果和获利能力的主要依据是（   ）。

A.资产多少   B.收入多少

C.利润多少   D.所有者权益多少

15.我国企业会计制度规定，企业的利润表采用（   ）。

A.单步式   B.多步式

C.账户式   D.报告式

16.下列会计要素中，反映企业财务状况的要素是（   ）。

A.资产   B.收入

C.费用   D.利润

17.下列会计要素中，不属于反映企业经营成果的要素是（   ）。

A.收入   B.费用

C.负债   D.利润

18.下列不属于流动资产的是（   ）。

A.存货   B.应收账款

C.库存现金   D.长期股权投资

19.所有者权益是由企业所有者享有的剩余权益，在数量上等于（   ）。

A.企业的新增利润

B.全部资产减去流动负债

C.全部资产减去全部负债

D.全部资产减去全部所有者权益

20.负债和所有者权益可统称为（   ）。

A.权益   B.利润

C.股东权益   D.债权人权益

21.下列不属于流动负债的是（   ）。

A.应付账款   B.应付债券

C.预收账款   D.其他应付款

22.经济业务发生仅涉及资产这一会计要素时，只引起该要素中某些项目发生（   ）。

A.同增变动   B.同减变动

C.有增有减变动   D.不增不减

23.下列引起资产和权益同时增加的业务是（   ）。

A.从银行提取现金

B.将借款存入银行

C.用银行存款上缴税金

D.用银行存款支付前欠购货款

24.下列引起所有者权益总额增加的情况是（   ）。

A.资产与负债同增   B.资产与负债同减

C.资产增加、负债减少   D.资产减少、负债增加

25.企业用借入的短期借款归还应付账款，会引起该企业（   ）。

A.资产项目和权益项目同金额增加

B.资产项目和权益项目同金额减少

C.资产项目之间有增有减，增减金额相等

D.权益项目之间有增有减，增减金额相等

(二) 多项选择题

1. 会计为了核算和监督各单位错综复杂的经济活动，必然要运用的三种量度有（　　）。

A.实物量度　　　　　　　　　B.劳动量度

C.货币量度　　　　　　　　　D.时间量度

E.空间量度

2. 会计信息的质量特征包括（　　）。

A.相关性　　　　　　　　　　B.可靠性

C.配比性　　　　　　　　　　D.可比性

E.可理解性

3. 会计信息是否可靠的决定因素包括（　　）。

A.及时性　　　　　　　　　　B.真实性

C.中立性　　　　　　　　　　D.可核性

E.预测价值

4. 按会计所服务的领域，可将会计分为（　　）。

A.财务会计　　　　　　　　　B.企业会计

C.政府会计　　　　　　　　　D.管理会计

E.非营利组织会计

5. 以下属于公司型企业的有（　　）。

A.两合公司　　　　　　　　　B.合伙型企业

C.有限责任公司　　　　　　　D.无限责任公司

E.股份有限公司

6. 下列不属于会计信息内部使用者的有（　　）。

A.投资者　　　　　　　　　　B.债权人

C.公司董事会　　　　　　　　D.公司总经理

E.政府管理部门

7. 会计的职能有（　　）。

A.核算和监督　　　　　　　　B.预测

C.决策　　　　　　　　　　　D.控制

E.分析

8. 财务报表主要包括（　　）。

A.利润表   B.资产负债表

C.所有者权益变动表   D.财务报表附注

E.现金流量表及相关附表

9.根据我国《企业会计准则——基本准则》的规定，会计要素包括（   ）。

A.资产和费用   B.负债和收入

C.会计科目和账户   D.利润和所有者权益

E.资金占用和资金来源

10.资产的特征包括（   ）。

A.必须是具有实物形态的

B.必须是企业拥有或者控制的

C.必须是企业拥有和控制的

D.必须是企业过去的交易或事项形成的

E.必须是能为企业提供未来经济利益的经济资源

11.下列属于资产要素内容的有（   ）。

A.应收账款   B.预付账款

C.无形资产   D.存货

E.预收账款

12.下列各要素中属于负债要素的有（   ）。

A.应付账款   B.预付账款

C.应收账款   D.预收账款

E.资本公积

13.下列项目中，属于所有者权益的有（   ）。

A.财务费用   B.资本公积

C.无形资产   D.盈余公积

E.未分配利润

14.会计的主要特点有（   ）。

A.以货币作为主要计量单位

B.以收付实现制为基础

C.具有一整套系统、完整的专门方法

D.以实物量作为主要计量单位

E.对经济活动的核算和监督具有完整性、连续性、系统性和综合性

15.下列关于收入的描述，正确的有（　　　）。

A.会引起资产的增加或负债的清偿

B.所有的现金流入都是收入

C.并非所有的现金流入都是收入

D.会引起所有者权益的增加

E.会引起资产的增加或负债的增加

16.广义的权益概念包括（　　　）。

A.资产　　　　　　　　　　　B.负债

C.利润　　　　　　　　　　　D.收入

E.所有者权益

17.下列等式中，属于正确会计等式的有（　　　）。

A.资产=权益

B.资产=负债+所有者权益

C.收入-费用=利润

D.资产=负债+所有者权益+利润

E.资产+负债+费用=所有者权益+收入

18.下列经济业务，属于资产和权益同时减少的有（　　　）。

A.售出固定资产　　　　　　　B.上缴欠缴的税款

C.用存款归还银行借款　　　　D.用存款归还应付账款

E.收回应收账款

19.一个企业的资产总额与权益总额是相等的，这是因为（　　　）。

A.资产和权益是同一资金的两个侧面

B.任何资产都有它相应的权益

C.任何权益都能形成相应的资产

D.某一具体资产项目的增加，总是同另一具体权益项目的增加同时发生

E.权益方某一具体项目增加与另一具体项目减少，不影响资产总额的变动

20.下列资产项目与权益项目之间的变动符合资金运动规律的有（　　　）。

A.资产某项目增加与权益某项目减少

B.资产某项目减少与权益某项目增加

C.资产某项目增加而另一项目减少

D.权益某项目增加而另一项目减少

E.资产某项目与权益某项目同等数额同时增加或同时减少

（三）判断题

1.会计仅是一种信息系统，并不是一种管理活动。（ ）

2.会计信息质量特征的可比性要求企业对会计方法或原则的选用应慎重，一旦选中就不得再变动。（ ）

3.财务会计作为一个会计信息系统，以复式簿记作为数据处理和信息加工的基本方法，以公认会计原则作为组织会计工作、处理会计业务的基本规范。（ ）

4.营利性是区别企业与非企业的最根本标志。（ ）

5.企业一般可以分为独资型企业、合伙型企业和公司型企业三种组织形式。

6.合伙型企业与公司型企业的主要区别是，前者要对债务承担连带无限责任，而后者对其债务承担有限责任，但它们都是法人。（ ）

7.无论是无限责任公司还是有限责任公司都不得转让公司股份。

（ ）

8.资产负债表中的资产各项目是按其流动性由大到小顺序排列的。

（ ）

9.财务报告就是财务报表。（ ）

10.不能给企业未来带来预期经济利益的资源不能作为企业资产反映。（ ）

11.只要企业不拥有某项资产的所有权，该项资产就不能确认为企业的资产。（ ）

12.所有者权益是企业的主要资金来源。（ ）

13.资产和权益在金额上始终是相等的。（ ）

14.所有经济业务的发生，都会引起会计等式两边要素发生变化。

（ ）

15.任何经济业务的发生都不会破坏会计等式的平衡关系。（ ）

（四）计算题

1.某企业月末各项目余额如下：

（1）银行里的存款120 000元。

（2）投资者投入资本7 000 000元。

（3）从银行借入两年期的借款600 000元。

（4）出纳处存放现金1 500元。

（5）向银行借入半年期的借款500 000元。

（6）仓库里存放的原材料519 000元。

（7）应付外单位货款80 000元。

（8）机器设备价值2 500 000元。

（9）房屋及建筑物价值420 000元。

（10）仓库里存放的产成品194 000元。

（11）应收外单位货款100 000元。

（12）以前年度尚未分配的利润750 000元。

（13）正在加工中的产品75 500元。

（14）对外投资5 000 000元。

要求：

（1）判断上列资料中各项目的类别（资产、负债、所有者权益），并将各项目金额填入表1-1。

表1-1　　　　　　　　　　有关会计要素及金额表

项　目	金　额		
	资　产	负　债	所有者权益
合　计			

（2）计算表1-1的资产总额、负债总额、所有者权益总额，并检验是否符合会计基本等式。

2.由华光公司投资成立的中华搬运公司2×24年年初及年末资产负债表上列示的资产总额及负债总额见表1-2。

表1-2　　　　　　　资产负债表上列示的资产总额及负债总额　　　　　单位：元

项　目	年初余额	期末余额
资产	358 000	488 000
负债	190 000	215 000

要求：根据下列各种情况，分别计算本年度中华搬运公司的利润。

（1）华光公司在年度中既未收回投资，也未增加投资。

（2）华光公司在年度中虽未收回投资，但曾增加投资20 000元。

（3）华光公司在年度中曾经收回投资15 000元，但未增加投资。

（4）华光公司在年度中曾经收回投资32 000元，但又增加投资45 000元。

（五）业务处理题

1.根据以下会计要素的变化，列举各类经济业务进行说明：

（1）资产增加，负债增加。

（2）资产增加，所有者权益增加。

（3）资产减少，所有者权益减少。

（4）费用增加，资产减少。

（5）费用增加，负债增加。

（6）收入增加，资产增加。

2.东大公司2×24年7月31日的资产负债表显示资产总计375 000元，负债总计112 000元，该公司8月份发生如下经济业务：

（1）用银行存款购入全新机器一台，价值30 000元。

（2）投资者投入原材料，价值10 000元。

（3）以银行存款偿还所欠供应单位账款5 000元。

（4）收到购货单位所欠账款8 000元，收存银行。

（5）将一笔长期借款50 000元转化为对企业的投资。

（6）按规定将20 000元资本公积转增资本。

要求：

（1）根据8月份发生的经济业务，分析说明对会计要素的影响。

（2）计算8月末东大公司的资产总额、负债总额和所有者权益总额。

五、案例分析题

案例1-1　　　　　　**财富增长的"奥秘"**

欧阳是一所大学的会计学老师，他选择了一年，对自己的收支、拥有财产的情况进行了详细的记录。

当年1月1日，欧阳坐在书桌边列出了现有的财产及货币价值（见表1-3）。

表1-3　　　　　　　　**现有财产及货币价值表**　　　　　　单位：元

有关财产及债务	金　额
一幢与他人相连的房屋	800 000
家具、家庭用品	80 000
一辆已用了3年的小汽车	190 000
银行往来账户	5 000
欠银行的借款	300 000

当年12月31日，欧阳再次坐下来，总结他一年来所发生的财务交易（见表1-4）。

表1-4　　　　　　　　**一年中发生的财务交易表**　　　　　　单位：元

有关事项	金　额
收入	
工资（扣除个人所得税）	140 000
支出	
支付银行欠款（其中20 000元为利息）	50 000
电费、电话费、暖气费等	28 000
家政费	24 000
汽车日常费用	10 000
衣服、度假等	16 000
收支相抵后盈余	12 000

同时，欧阳又将年末的财产重新列了一张表格（见表1-5）。

表1-5　　　　　　　　　　　　**年末的财产表**　　　　　　　　　　单位：元

有关财产及债务	金　　额
一幢与他人相连的房屋	812 000
家具、家庭用品	72 000
一辆已用了4年的小汽车	180 000
银行往来账户	17 000
欠银行的借款	270 000

从表1-3、表1-4、表1-5可以看出，欧阳一年来的财富有所增加，可是，财富是如何增加的呢？

案例要求：

假如你被欧阳选中，为他分析他的财富是否增加？若增加，是如何增加的呢？他希望你给他编制一张表来显示他一年来财富增加的情况。

案例提示

（1）增加或减少的内容及金额：

房屋增值：812 000-800 000=12 000（元）

家具、家庭用品增值：72 000-80 000=-8 000（元）

小汽车增值：180 000-190 000=-10 000（元）

银行往来账户金额增加：17 000-5 000=12 000（元）

欠银行的借款增加：270 000-300 000=-30 000（元）

合计：12 000+（-8 000）+（-10 000）+12 000-（-30 000）=36 000（元）

（2）从上面的计算中可以看出，欧阳老师财富的增加主要是房屋的增值12 000元和用本年收入归还了借款30 000元以及结余12 000元。而小汽车、家具和家庭用品价值的减少属于正常的折旧。

案例1-2　　　　　　　　亏损是如何发生的呢？

晨光公司于2×24年年初创立时收到万达公司投资300 000元，同时向光明公司赊购机器一台，价值12 000元。经营一年后，该公司发生亏损 8 000 元。

案例要求：

请你设想五种可能的情况，说明资产、负债和所有者权益的增减变化。

案例提示

经过一段时间的经营，一个企业的资产、负债和所有者权益均有可能发生变化，而且变化的情况非常复杂。该企业亏损，可能会导致企业资产减少或负债增加，但最终引起所有者权益减少。

第一种情况：300 000-6 800+10 800=12 000+300 000-8 000

第二种情况：300 000-12 000-6 800+10 800=300 000-8 000

第三种情况：300 000-12 000-8 000+12 000=300 000-8 000

第四种情况：300 000-12 000+12 000=8 000+300 000-8 000

第五种情况：300 000-8 000+12 000=12 000+300 000-8 000

说明：这些变化有很多可能。

案例 1-3   经济业务的影响是怎样的？

大明洗染店 2 月份发生的 5 笔经济业务列示在表 1-6 中：

表1-6　　　　　　　　　　　经济业务明细表　　　　　　　　单位：元

项目	资产				负债	所有者权益
	库存现金 +	银行存款 +	物料用品 +	家具用品 =	应付账款 +	实收资本
期初	500	7 300	900	6 500	1 200	14 000
业务1	-400		+400			
业务2		-1 000			-1 000	
业务3		+8 000				+8 000
业务4				+12 000	+2 000	+10 000
业务5		-800	+2 000		+1 200	

案例要求：

试根据上述资料，描述并分析该洗染店发生的每笔经济业务，说明其对资产、负债及所有者权益的影响。

案例提示

业务1：用400元现金购买物料用品；资产既没增加也没减少。

业务2：用1 000元银行存款支付所欠账款；资产减少1 000元，负债也减少1 000元。

业务3：把8 000元银行存款作为资本投入该店；资产增加8 000元，所有者权益增加8 000元。

业务4：某人将12 000元的家具用品投入该店，其中10 000元作为实收资本，2 000元作为该店购入家具用品的应付货款；资产增加12 000元，负债增加2 000元，所有者权益增加10 000元。

业务5：该店购进2 000元的物料用品，用银行存款支付了800元，其余1 200元作为应付账款；资产增加1 200元，负债增加1 200元。

六、练习题参考答案

（一）单项选择题

1.D 2.B 3.D 4.C 5.A 6.C 7.B 8.B 9.D 10.D 11.B 12.B 13.A 14.C 15.B 16.A 17.C 18.D 19.C 20.A 21.B 22.C 23.B 24.C 25.D

（二）多项选择题

1.ABC 2.ABDE 3.BCD 4.BCE 5.ACDE 6.ABE 7.ABCDE 8.ABCE 9.ABD 10.BDE 11.ABCD 12.AD 13.BDE 14.ACE 15.ACD 16.BE 17.ABCD 18.BCD 19.ABCE 20.CDE

（三）判断题

1.× 2.× 3.√ 4.√ 5.√ 6.× 7.× 8.√ 9.× 10.√ 11.× 12.√ 13.√ 14.× 15.√

（四）计算题

1.（1）判断项目类别表见表1-7。

表1-7　　　　　　　　　有关会计要素及金额表　　　　　　　单位：元

项　目	金　额		
	资　产	负　债	所有者权益
（1）银行里的存款120 000元	120 000		
（2）投资者投入资本7 000 000元			7 000 000
（3）从银行借入两年期的借款600 000元		600 000	
（4）出纳处存放现金1 500元	1 500		
（5）从银行借入半年期的借款500 000元		500 000	
（6）仓库里存放的原材料519 000元	519 000		
（7）应付外单位货款80 000元		80 000	
（8）机器设备价值2 500 000元	2 500 000		
（9）房屋及建筑物价值420 000元	420 000		
（10）仓库里存放的产成品194 000元	194 000		
（11）应收外单位货款100 000元	100 000		
（12）以前年度尚未分配的利润750 000元			750 000
（13）正在加工中的产品75 500元	75 500		
（14）对外投资5 000 000元	5 000 000		
合　计	8 930 000	1 180 000	7 750 000

（2）资产（8 930 000元）=负债（1 180 000元）+所有者权益（7 750 000元）。

2.中华搬运公司年初净资产=年初资产-年初负债

$$=358\,000-190\,000=168\,000（元）$$

年末净资产=年末资产-年末负债=488 000-215 000=273 000（元）

利润=年末净资产-年初净资产+收回投资额-增加投资额

（1）利润=273 000-168 000=105 000（元）

（2）利润=273 000-168 000-20 000=85 000（元）

（3）利润=273 000-168 000+15 000=120 000（元）

（4）利润=273 000-168 000+32 000-45 000=92 000（元）

（五）业务处理题

1.（1）取得银行短期借款20 000元，存入银行。

（2）取得投资者投入现金500 000元，存入银行。

（3）投资者收回投资30 000元。

（4）用银行存款10 000元支付广告费用。

（5）计提短期借款利息40 000元。

（6）取得销售产品收入600 000元，货款存入银行。

说明：以上答案仅供参考，并非唯一答案。

2.（1）首先分析经济业务对会计要素的影响（见表1-8）。

表1-8   经济业务对会计要素影响   单位：元

会计要素项目及数量关系	资产375 000	负债112 000	所有者权益263 000
（1）	固定资产+30 000 银行存款-33 900	应交税费-3 900	
（2）	原材料+10 000		实收资本+10 000
（3）	银行存款-5 000	应付账款-5 000	
（4）	银行存款+8 000 应收账款-8 000		
（5）		长期借款-50 000	实收资本+50 000
（6）			实收资本+20 000 资本公积-20 000
8月末金额	376 100	53 100	323 000

（2）从表1-8可以看出，8月末该公司的资产总额为376 100元，负债总额为53 100元，所有者权益总额为323 000元。

第二章　会计核算基础

一、学习目的与要求

会计核算基础是会计核算的基础理论部分，是企业进行会计核算的必备前提和理论指导。本章主要阐述会计核算的各项理论准备，通过对本章内容的学习，应了解会计核算的基本前提、财务报告要素确认、计量的原则和账户的设置，重点掌握复式记账原理及借贷记账法。

二、内容概览

（一）关键概念

1. 会计主体　　　　　　　　2. 持续经营
3. 会计分期　　　　　　　　4. 货币计量
5. 财务报告要素确认、计量的原则
6. 历史成本原则　　　　　　7. 配比原则
8. 重要性原则
9. 划分收益性支出与资本性支出原则
10. 实质重于形式原则　　　　11. 账户
12. 复式记账　　　　　　　　13. 借贷记账法

（二）关键问题

1. 财务报告要素确认、计量的原则有哪些？
2. 会计科目与账户有何关系？账户的基本结构是怎样的？
3. 单式记账法与复式记账法有何区别？
4. 借贷记账法下的账户种类有哪些？何谓借贷记账法的记账规则？
5. 借贷记账法下如何进行试算平衡？

三、本章重点与难点

本章重点阐述了会计核算基础中的基本前提、财务报告要素确认与计量的原则、账户设置及复式记账法。难点在于对复式记账规则和借贷记账法的理解和把握。

为了保证会计工作的正常进行和会计信息的质量，必须对会计核算的范围、内容、基本程序和方法做基本的限定，这就是会计核算的基本前提。因为这些基本前提都是以合理推断或人为的规定而作出的，所以也称会计假设。

我国财政部颁布的企业会计准则中，明确规定了会计的四项基本假设，即会计主体、持续经营、会计分期和货币计量。这四项缺一不可，既有联系又有区别，共同为会计核算工作的顺利开展奠定基础，也是确定会计核算一般原则的基础。会计主体是指会计工作为之服务的特定单位或组织，它确定了会计核算的空间范围。持续经营是指在可以预见的未来企业按照既定的经营方针和目标继续经营下去，不会停业，也不会大规模削减业务。会计核算应当划分会计期间，即人为地将持续不断的企业生产经营活动划分为一个个首尾相接、等间距的会计期间，通常为一年，可以是日历年，也可以是营业年。我国规定以日历年作为企业的会计年度，即以公历1月1日至12月31日止为一个会计年度。此外，企业还需按半年、季、月份编制报表，即把半年、季度、月份也作为一种会计期间。货币计量是指企业在会计核算过程中采用货币为计量单位，记录、反映企业的经营情况。在货币计量前提下，企业的会计核算以人民币为记账本位币。货币本身也有价值，它是通过货币的购买力或物价水平表现出来的。在市场经济条件下，物价水平总在不断变动，说明币值很不稳定，那么就不可能准确地计量。因此，必须同时确立币值稳定的前提条件，假设币值在今后基本上是稳定的，不会有大的波动，才能用以计量。

在日常的会计核算中，针对具体的经济业务，会计必须遵循一定的行为规范，才能使会计核算所产生的会计信息相关、可靠。因此，在建立了会计假设后，应建立会计核算的行为规范，即建立财务报告要素确认、计量的原则。

财务报告要素确认与计量的原则主要包括资产、负债、所有者权益、收入、费用与利润的确认与计量原则，分别是历史成本原则、配比原则、划分收益性支出与资本性支出原则、谨慎性原则、重要性原则和实质重于形式原则。

账户，是根据会计科目的名称设立，用来分类、连续地记录经济业务，反映会计要素增减变动及其结果的一种工具。在实际工作中，为满足会计核算的要求，应分别按总分类科目设置总分类账户，按明细分类科目设置明细分类账户。

会计科目与会计账户的联系是：会计账户是根据会计科目设置的，会计账户的名称就是会计科目。它们所反映的经济内容也是相同的。区别是：会计科目只表明某项经济内容，而会计账户不仅表明相同的经济内容，而且具有一定的结构、格式，并通过这些结构具体反映某项经济内容的增减变动情况。

在会计账户中，一般将其用来登记增加额、减少额和余额的那部分格式称为账户的基本结构。每个账户一般可以反映期初余额、本期增加发生额、本期减少发生额和期末余额四个金额要素。

一个会计主体需要设置哪些账户，应根据会计准则、会计制度的要求和会计核算的需要来决定。一般说来，会计对象的具体内容（会计要素）包括资产、负债、所有者权益、收入、费用和利润六大类，作为连续、系统地记录会计对象的账户，也相应地设置为六类，即资产类账户、负债类账户、所有者权益类账户、收入类账户、费用类账户、利润类账户。在此基础上，再根据每一类的具体内容、特点和管理要求，分别设置若干个账户，每个账户都记录某一特定的经济内容，具有一定的结构和格式。

借贷记账法是根据复式记账原理，以"借""贷"作为记账符号，记录经济业务的发生和完成情况的一种记账方法。借贷记账法记账符号的经济含义是"借方记录资产、成本费用在金额上的增加，负债、所有者权益、收入和利润在金额上的减少或转销；贷方记录负债、所有者权益、收入和利润在金额上的增加或资产、成本费用在金额上的减少或转销"。资产类账户的期末余额一般在借方，负债和所有者权益类账户的期末余额一般在贷方。借贷记账法的记账规则是"有借必有贷，借贷必相等"。

借贷记账法有发生额法和余额法两种试算平衡方法。平衡公式分别为：

全部账户的借方发生额合计=全部账户的贷方发生额合计

全部账户期末借方余额合计=全部账户期末贷方余额合计

即使试算平衡表期末余额和本期发生额的借方合计与贷方合计分别相等，也不能说明账户记录是完全正确的。如果将某笔经济业务重记、漏记、多记或少记、借贷方向记反、应借应贷科目写错，通过试算平衡是不能发现错误的，还必须辅以其他方法进行检查核对。

四、练习题

（一）单项选择题

1.在下列经济实体中，是会计主体但不是法人主体的是（　　）。

A.联营企业　　　　　　　　　B.子公司

C.母公司　　　　　　　　　　D.企业集团

2.确定会计核算工作空间范围的前提条件是（　　）。

A.会计主体　　　　　　　　　B.持续经营

C.会计分期　　　　　　　　　D.货币计量

3.在下列会计假设中，保持了会计信息处理的一致性和稳定性的是（　　）。

A.会计主体　　　　　　　　　B.持续经营

C.会计分期　　　　　　　　　D.货币计量

4.我国规定企业的会计年度为（　　）。

A.日历年　　　　　　　　　　B.营业年

C.半年　　　　　　　　　　　D.季度

5.在境外设立的中国企业向国内报送的财务报告应使用的货币类型为（　　）。

A.美元　　　　　　　　　　　B.欧元

C.人民币　　　　　　　　　　D.企业所在国货币

6.提取存货跌价准备这一做法体现的原则是（　　）。

A.配比原则　　　　　　　　　B.重要性原则

C.谨慎性原则　　　　　　　　D.可靠性原则

7.在会计年度内，如把收益性支出当作资本性支出处理了，则会（　　）。

    A.本年度虚增资产、虚增收益

    B.本年度虚减资产、虚增收益

    C.本年度虚增资产、虚减收益

    D.本年度虚减资产、虚减收益

8.配比原则是指（　　）。

    A.收入与支出相互配比

    B.收入与经营费用相配比

    C.收入与产品成本相配比

    D.收入与其相关的成本、费用相配比

9.下列支出属于资本性支出的是（　　）。

    A.支付管理部门职工工资   B.支付当月水电费

    C.支付本季度房租   D.支付固定资产买价

10.下列属于收益性支出的是（　　）。

    A.购入一项固定资产   B.融资租入一项固定资产

    C.支付管理部门职工工资   D.对外投资支出

11.将融资租入的固定资产作为企业的资产予以确认，主要基于（　　）。

    A.历史成本原则   B.配比原则

    C.重要性原则   D.实质重于形式原则

12.会计账户的设置依据是（　　）。

    A.会计对象   B.会计要素

    C.会计科目   D.会计方法

13.复式记账法对每项经济业务都以相等的金额在（　　）。

    A.一个账户中进行登记

    B.两个账户中进行登记

    C.全部账户中进行登记

    D.两个或两个以上账户中进行登记

14.根据复式记账原理，借记资产类科目，与之对应的科目不包括（　　）。

    A.贷记资产类科目   B.贷记负债类科目

C.贷记费用类科目　　　　　　　　D.借记所有者权益类科目

15.在借贷记账法下，账户哪一方记增加，哪一方记减少，主要是根据（　　）。

A.采用什么核算方法

B.采用什么记账形式

C.增加数记借方、减少数记贷方的规则

D.账户所反映的经济内容

16.借贷记账法的记账符号"借"对下列账户表示减少的是（　　）。

A."短期借款"账户　　　　　　　B."固定资产"账户

C."应收账款"账户　　　　　　　D."管理费用"账户

17.借贷记账法的记账符号"贷"对下列账户表示减少的是（　　）。

A."短期借款"账户　　　　　　　B."应付账款"账户

C."应收账款"账户　　　　　　　D."实收资本"账户

18.某企业以银行借款偿还前欠货款，根据借贷记账法编制会计分录时，借方所涉及的账户是（　　）。

A."银行存款"账户　　　　　　　B."应付账款"账户

C."应收账款"账户　　　　　　　D."长期借款"账户

19.下列不属于复式记账法的优点的是（　　）。

A.能够全面系统地反映经济活动过程和结果

B.反映的会计对象不够完整

C.可以对账户记录结果进行试算平衡

D.能够反映利润和权益余额

20.在借贷记账法下，贷方表示（　　）。

A.收入的增加和负债的减少

B.收入的减少和所有者权益的增加

C.资产的增加和负债的减少

D.负债的增加和资产的减少

21.在借贷记账法下，借方表示（　　）。

A.收入的增加和负债的减少　　　B.利润和所有者权益的增加

C.资产的增加和负债的减少　　　D.负债的增加和资产的减少

22.资产类账户的期末余额一般在（　　）。

A.借方   B.借方或贷方

C.贷方   D.借方和贷方

23.负债与所有者权益类账户的期末余额一般在（　　）。

A.借方   B.贷方

C.借方和贷方   D.借方或贷方

24.企业预收购货单位预付的购买产品款，应作为（　　）。

A.资产加以确认   B.负债加以确认

C.所有者权益加以确认   D.收入加以确认

25.收入或利润的余额在借方表示（　　）。

A.资产的增加   B.所有者权益的增加

C.资产的减少   D.所有者权益的减少

26.某一账户期初余额在贷方，期末余额在借方，表明（　　）。

A.该账户的性质未变

B.该账户已从期初的资产变为期末的负债

C.该账户已从期初的负债变为期末的资产

D.该账户既不属于资产类，也不属于负债类

27.在借贷记账法下，所有者权益类账户的期末余额等于（　　）。

A.期初贷方余额+本期贷方发生额−本期借方发生额

B.期初借方余额+本期贷方发生额−本期借方发生额

C.期初借方余额+本期借方发生额−本期贷方发生额

D.期初贷方余额+本期借方发生额−本期贷方发生额

28.对于双重性质账户的期末余额，下列说法中正确的是（　　）。

A.一定有借方余额

B.一定有贷方余额

C.一定没有余额

D.可能为借方余额，也可能为贷方余额

29.收到投资者投资，存入银行，根据借贷记账法编制会计分录时，贷方所涉及的账户是（　　）。

A."银行存款"账户   B."实收资本"账户

C."长期股权投资"账户   D."长期借款"账户

30.在借贷记账法下，为保持账户之间清晰的对应关系，不宜编

制（　　　）。

  A.一借一贷的会计分录   B.多借一贷的会计分录

  C.一借多贷的会计分录   D.多借多贷的会计分录

  31.在编制"总分类账户发生额及余额试算平衡表"时，若出现三对平衡数字，则（　　　）。

  A.全部总账账户记录一定正确

  B.全部总账账户记录也不能认为肯定无错

  C.全部明细分类账户记录一定正确

  D.全部明细分类账户记录也不能认为肯定无错

  32.下列引起资产与负债要素同时发生增加的经济业务是（　　　）。

  A.购入材料欠货款   B.收到本期销货款

  C.生产产品领用材料   D.向银行借款偿还原欠货款

  33.下列引起资产要素内部项目之间有增有减的经济业务是（　　　）。

  A.偿还银行借款

  B.收到投资者投入的资金

  C.将材料验收入库

  D.用现金支付工资

  34.下列经济业务发生后，会引起会计等式两边总额发生变化的是（　　　）。

  A.收到购货单位前欠的货款   B.支付本期发生的水电费

  C.向银行借入短期借款   D.从银行提取现金

  35."应收账款"账户的期初余额为 40 000 元，本期借方发生额为 10 000 元，本期贷方发生额为 20 000 元，则该账户的期末余额为（　　　）元。

  A.10 000   B.30 000

  C.50 000   D.70 000

  36."短期借款"账户的期初余额为 80 000 元，本期借方发生额为 50 000 元，本期贷方发生额为 60 000 元，则该账户的期末余额为（　　　）元。

  A.70 000   B.80 000

  C.90 000   D.19 000

  37.某企业资产总额为 100 万元，当发生下列三笔经济业务后：（1）向银行借款 10 万元存入银行；（2）用银行存款偿还应付账款 5 万元；（3）收回应收账款2万元存入银行。其权益总计为（　　）万元。

A.107　　　　　　　　　　　　B.105

C.117　　　　　　　　　　　　D.112

38.借贷记账法的余额试算平衡公式是（　　）。

A.每个账户借方发生额=每个账户贷方发生额

B.全部账户本期借方发生额合计=全部账户本期贷方发生额合计

C.全部账户期末借方余额合计=全部账户期末贷方余额合计

D.每个账户期末借方余额=每个账户期末贷方余额

39.下列错误中，可以通过试算平衡发现的是（　　）。

A.借贷双方同时少记了相等的金额

B.会计人员漏记了一笔分录

C.有笔分录，只登记了借方发生额，未登记贷方发生额

D.会计人员将一笔分录的借贷方向记反

（二）多项选择题

1.会计核算的前提条件包括（　　）。

A.会计主体　　　　　　　　　B.客观性原则

C.持续经营　　　　　　　　　D.会计分期

E.货币计量

2.会计主体可以是（　　）。

A.非法人　　　　　　　　　　B.独立法人

C.企业集团　　　　　　　　　D.企业中的一部分

E.行政机关

3.会计期间分为（　　）。

A.年度　　　　　　　　　　　B.半年度

C.季度　　　　　　　　　　　D.月度

E.半月度

4.由于会计分期假设而出现的会计处理方法有（　　）。

A.应收账款　　　　　　　　　B.应付账款

C.递延事项　　　　　　　　　D.应付利息

E.长期待摊费用

5.下列情况属于会计核算可以不以人民币作为记账本位币的

有（　　　）。

    A.中国境内的中外合资企业

    B.业务收支以人民币以外的货币为主的企业

    C.在境外设立的中国企业

    D.中国境内的外资企业

    E.中国境内的对外贸易公司

6.下列项目中，属于财务报告要素确认、计量原则的有（　　　）。

    A.划分收益性支出与资本性支出原则

    B.配比原则

    C.重要性原则

    D.会计分期

    E.货币计量

7.历史成本计价原则的优点有（　　　）。

    A.交易确定的金额比较客观

    B.存货成本接近市价

    C.有原始凭证作为证明，可随时查证

    D.可防止企业随意改动

    E.会计核算手续简化，不必经常调整账目

8.下列项目中，属于资本性支出的内容有（　　　）。

    A.固定资产日常修理费　　　　B.购置无形资产支出

    C.办公费支出　　　　　　　　D.水电费支出

    E.固定资产交付使用前的利息支出

9.下列支出属于收益性支出的有（　　　）。

    A.支付当月办公费　　　　　　B.当月银行借款利息支出

    C.购置设备支出　　　　　　　D.管理人员工资支出

    E.开办费支出

10.在会计核算中，谨慎性原则的典型运用有（　　　）。

    A.计提坏账准备　　　　　　　B.加速折旧

    C.计提资产减值准备　　　　　D.历史成本计价

    E.计提存货跌价准备

11.账户的结构一般包括（　　　）。

A.账户的名称   B.日期和摘要

C.增减金额   D.凭证号数

E.余额

12.下列有关会计账户与会计科目关系的说法中正确的有 （   ）。

A.会计账户与会计科目表示的会计意义相同

B.会计账户与会计科目既有联系又有区别

C.会计科目是会计账户的名称

D.会计账户是根据会计科目设置的

E.会计账户与会计科目所反映的经济内容相同

13.对于资产类账户，下列说法中正确的有 （   ）。

A.借方登记增加数，贷方登记减少数

B.借方期初余额与本期借方发生额一定不小于本期贷方发生额

C.借方登记减少数，贷方登记增加数

D.期末余额一般在借方

E.借方本期发生额一定大于贷方本期发生额

14.下列关于账户中各项金额的关系，正确的有 （   ）。

A.本期期末余额=期初余额+本期增加发生额-本期减少发生额

B.本期期末余额=本期期初余额

C.本期期末余额=本期增加发生额-本期减少发生额

D.本期期末余额+本期减少发生额=期初余额+本期增加发生额

E.本期期末余额=期初余额+本期减少发生额-本期增加发生额

15.复式记账法的优点有 （   ）。

A.账户对应关系清楚，能全面、清晰地反映经济业务的来龙去脉

B.便于试算平衡，以检查账户记录是否正确

C.能全面、系统地反映经济活动的过程和结果

D.比单式记账法简单而完整

E.所记账户之间形成相互对应的关系

16.在借贷记账法下，期末结账后，一般有余额的账户有 （   ）。

A.资产类账户   B.收入类账户

C.负债类账户   D.费用类账户

E.所有者权益类账户

17.借贷记账法下，账户借方登记的内容有（　　）。

A.资产的增加　　　　　　　B.费用的减少

C.负债的减少　　　　　　　D.所有者权益的减少

E.收入、利润的增加

18.借贷记账法下，账户贷方登记的内容有（　　）。

A.资产的增加　　　　　　　B.负债的减少

C.费用的减少　　　　　　　D.所有者权益的增加

E.收入、利润的增加

19.在实际工作中，尽量不编多借多贷会计分录的理由有（　　）。

A.账户对应关系不清楚　　　B.可能出现过账错误

C.不便于了解经济业务内容　D.登记总账工作量大

E.不便于进行试算平衡

20.在下列说法中，对于费用类账户的表述正确的有（　　）。

A.其增加额记入账户的借方

B.其减少额记入账户的贷方

C.期末一般没有余额

D.如有期末余额，必定为借方余额

E.如有期末余额，必定为贷方余额

21.借贷记账法的主要特点包括（　　）。

A.账户设置不要求固定分类

B.以"借""贷"为记账符号

C.以"有借必有贷、借贷必相等"为记账规则

D.账户需要固定地划分为资产和负债及所有者权益两大类

E.以"借贷必相等"的规则进行试算平衡

22.下列借贷规则中正确的有（　　）。

A.资产的增加记录在借方，资产的减少记录在贷方

B.负债的减少记录在借方，负债的增加记录在贷方

C.所有者权益的减少记录在借方，所有者权益的增加记录在贷方

D.收入的增加记录在借方

E.费用的增加记录在借方

23.下列有关各账户余额的说法中正确的有（　　）。

A.资产类账户期末如有余额，一般在借方

B.负债类账户期末如有余额，一般在贷方

C.所有者权益类账户期末如有余额，一般在贷方

D.收入类账户的结构与所有者权益类账户的结构基本相同，期末余额在贷方

E.费用类账户与资产类账户的结构基本相同，期末余额在借方

24.下列经济业务类型中正确的有（ ）。

A.资产与权益同时增加

B.资产与权益同时减少

C.资产与权益一增一减

D.资产内部有增有减

E.权益内部有增有减

25.若一项经济业务发生后引起银行存款减少 10 000 元，那么相应地有可能引起（ ）。

A.无形资产增加 10 000 元

B.短期借款增加 10 000 元

C.长期应付款减少 10 000 元

D.经批准减少注册资本 10 000 元

E.主营业务收入减少 10 000 元（不考虑税款）

26.下列引起会计等式两边会计要素都发生变动的经济业务有（   ）。

A.以银行存款支付材料货款 10 000 元（不考虑税款）

B.以银行存款偿还前欠货款 20 000 元

C.收回某单位前欠货款 50 000 元并存入银行

D.收到投资者投来的设备价值 100 000 元

E.将应付账款转签商业汇票

27.下列只引起会计等式左边会计要素发生变动的经济业务有（   ）。

A.购买材料货款 50 000 元尚未支付

B.以银行存款 200 000 元购买设备一套

C.生产产品领用材料一批价值 8 000 元

D.以现金预付张某差旅费 5 000 元

E.企业结算出应交的所得税

28.在下列各项记账差错中，运用余额试算平衡法可查出其错误的有（   ）。

A.在过账时误将借方数额过入贷方

B.一笔业务的记录全部被漏记

C.一笔业务的记录借贷双方金额发生同样的错误

D.某一账户借方或贷方本期发生额的计算有误

E.过账时误将某账户发生额过入另一账户的同一方向

（三）判断题

1.会计假设规定了会计核算工作赖以存在的一些基本前提条件，是企业设计和选择会计方法的重要依据。（   ）

2.根据会计主体假设，会计反映包括它所在的特定单位的经济活动和企业所有者的经济活动。（   ）

3.我国规定以日历年作为企业的会计年度，即以公历1月1日至12月31日止为一个会计年度。（   ）

4.业务收支以人民币以外的货币为主的企业，可以选定其中一种货币作为记账本位币，但是编报的财务会计报告应当折算为人民币。（   ）

5.企业选择不导致虚增资产、多计利润的做法，所遵循的是会计的真实性原则。（   ）

6.会计主体是指企业法人。（   ）

7.为了贯彻谨慎性原则，企业应在收到销售货款时确认收入。（   ）

8.某一会计事项是否是重要事件，在很大程度上取决于会计人员的职业判断。同一会计事项，在某一企业具有重要性，在另一企业则不一定具有重要性。（   ）

9.按照历史成本原则，市价变动时，一律不得调整其账面价值。（   ）

10.配比原则包括收入和费用在因果关系上的配比，也包括收入和费用在时间意义上的配比。（   ）

11.从数量方面来说，如果某会计事项的发生达到一定数量或比例，可能对决策产生重大影响，则该事项属于具有重要性的事项。（   ）

12.会计计量单位只有一种，即货币计量。（   ）

13.由于会计科目和会计账户所反映的内容相同，因此会计科目就是

会计账户，会计账户也就是会计科目，两者没有严格的区别。　（　　）

14.在借贷记账法下，借方和贷方登记增加或是登记减少，是由企业自己确定的。　（　　）

15.所有的账户都是依据会计科目开设的。　（　　）

16.所有账户的左边均记录增加额，右边均记录减少额。　（　　）

17.损益类账户期末一般无余额。　（　　）

18.账户发生额试算平衡是根据"资产=负债+所有者权益"确定的。

（　　）

19."借""贷"不仅作为记账符号，其本身的含义也应考虑，"借"只能表示债权的增加，"贷"只能表示债务的增加。　（　　）

20.对于不同性质的账户，"借""贷"的含义有所不同。　（　　）

21.负债及所有者权益类账户的结构应与资产类账户的结构一致。

（　　）

22.某笔经济业务的借贷方向记反可以通过试算平衡查找出来。

（　　）

23.如果试算平衡后，发现借贷是平衡的，可以肯定记账没有错误。

（　　）

24.企业发生经济业务引起账户发生增加的数额，总是记在账户的借方。　（　　）

25.一笔经济业务的发生，必然会导致两类或两类以上账户发生变化。　（　　）

26.无论发生多少经济业务，都不会破坏会计恒等式的平衡关系。

（　　）

27.经济业务的发生引起资产项目之间发生增减变动，会计等式两边总额不变。　（　　）

(四) 计算题

西海公司2×24年12月31日有关账户的资料见表2-1。

要求：根据账户期初余额、本期发生额和期末余额的计算方法，填列表2-1中括号内的空缺部分。

表2-1 **账户余额及发生额表**

账户名称	期初余额		本期发生额		期末余额	
	借方	贷方	借方	贷方	借方	贷方
长期股权投资	400 000		220 000	10 000	（　　）	
银行存款	60 000		（　　）	80 000	90 000	
应付账款		80 000	70 000	60 000		（　　）
短期借款		45 000	（　　）	10 000		30 000
应收账款	（　　）		30 000	50 000	20 000	
实收资本		350 000	—	（　　）		620 000
其他应收款	25 000		25 000	—		（　　）

（五）业务处理题

1.某企业在日常会计处理过程中，经常使用以下会计科目：

银行存款

实收资本

原材料

制造费用

应付账款

应收账款

生产成本

库存商品

主营业务收入

主营业务成本

短期借款

固定资产

累计折旧

库存现金

财务费用

应付利息

长期待摊费用

利润分配

盈余公积

销售费用

管理费用

要求：请将上列会计科目分别归属于某一类会计要素。

2.博大公司2×24年8月份有关账户记录如下：

借方	库存现金		贷方
期初余额	150		
	（1）500		（5）350
	（9）100		
期末余额	400		

借方	原材料		贷方
期初余额	98 000		
	（2）82 000		（4）150 000
	（7）58 600		
期末余额	88 600		

借方	银行存款		贷方
期初余额	89 600		（1）500
	（6）15 800		（5）70 000
	（8）30 000		（7）58 600
	（9）20 000		（10）20 000
期末余额	6 300		

借方	应收账款		贷方
期初余额	45 800		
			（6）15 800
			（9）20 100
期末余额	9 900		

借方	固定资产	贷方
期初余额 370 000		
（3）124 000		
期末余额 494 000		

借方	实收资本	贷方
	期初余额	483 000
	（3）	124 000
	期末余额	607 000

借方	生产成本	贷方
期初余额 42 280		
（4）150 000		
期末余额 192 280		

借方	应付账款	贷方
	期初余额	35 800
（5）70 350		（2）82 000
	期末余额	47 450

借方	短期借款	贷方
	期初余额	84 320
（10）20 000		（8）30 000
	期末余额	94 320

要求：根据上述账户记录，补编会计分录，并说明每笔经济业务的内容。

3.环球公司2×24年10月初有关账户余额见表2-2。

表2-2 月初账户余额表 单位：元

资　产	金　额	负债及所有者权益	金　额
库存现金	1 500	短期借款	195 000
银行存款	45 000	应付账款	142 500
原材料	90 000	应交税费	9 000
应收账款	47 700	长期借款	186 000
库存商品	60 000	实收资本	304 200
生产成本	22 500	资本公积	140 000
长期股权投资	180 000	盈余公积	70 000
固定资产	600 000		
合　计	1 046 700	合　计	1 046 700

该公司本月发生下列经济业务：

（1）购进机器设备一台，价值10 000元，以银行存款支付。

（2）从银行提取现金1 000元。

（3）投资者投入企业原材料一批，作价20 000元。

（4）生产车间向仓库领用材料一批，价值40 000元，投入生产。

（5）以银行存款22 500元偿还应付供货单位货款。

（6）向银行取得长期借款150 000元，存入银行。

（7）以银行存款缴纳所欠所得税税款7 300元。

（8）将资本公积5 000元转增资本。

（9）收到购货单位前欠货款18 000元，其中16 000元存入银行，其余部分收到现金。

（10）以银行存款48 000元归还银行短期借款20 000元和应付购货单位账款28 000元。

要求：

（1）根据以上资料编制会计分录，并记入有关账户。

（2）编制总分类账户发生额及余额试算平衡表。

4.ABC工厂2×24年5月31日，资产负债表显示资产总额70 000元，负债总额20 000元，所有者权益总额50 000元。该工厂2×24年6月份发生的部分会计事项如下：

（1）购入全新机器一台，价款5 000元，以银行存款支付。

（2）收到投资者投入原材料，价值10 000元。

（3）经与债权人协商获其同意，将一笔长期负债5 000元转化为对本企业的投资。

（4）从银行提取现金200元备用。

（5）以银行存款偿还前欠供货单位的账款1 000元。

（6）以银行存款归还短期借款5 000元。

（7）收到购货单位所欠账款8 000元，收存银行。

（8）从银行取得流动资金借款10 000元，存入银行存款户。

（9）收到购货单位所欠货款6 000元，其中5 000元转入银行存款户，1 000元以现金收讫。

（10）以银行存款10 000元归还银行借款8 000元以及所欠供应单位账款2 000元。

要求：

（1）分析说明会计事项的发生所引起的会计要素及其具体项目的变动情况。

（2）计算6月末ABC工厂资产总额、负债总额和所有者权益总额，分析说明会计事项的发生对会计恒等式的影响。

5.长顺公司2×24年12月31日的试算平衡表见表2-3。

该试算表不平衡，经检查，发现下列错误：

（1）购入一项交易性金融资产5 000元，在过账时漏记了。

（2）一项金额为2 000元的应收账款收回，误记为200元。

（3）一批价值10 000元的原材料因不符合生产要求，退货给供应商，但在过账时误记入"原材料"账户的借方。

（4）应付账款多记了4 000元。

表2-3

长顺公司试算平衡表   单位：元

账户名称	借方余额	贷方余额
库存现金	2 500	
银行存款	15 800	
交易性金融资产	2 800	
应收账款	7 000	
应收票据	2 000	
原材料	74 000	
库存商品	105 000	
其他应收款	3 000	
固定资产	112 800	
短期借款		15 400
交易性金融负债		8 500
应付账款		34 000
应付职工薪酬		31 200
长期借款		50 000
实收资本		70 000
资本公积		49 000
盈余公积		20 000
主营业务收入		278 000
主营业务成本	175 000	
管理费用	39 900	
财务费用	22 200	
合　计	562 000	556 100

（5）本会计期间发生水电费 1 200 元，该水电费记入"管理费用"账户，但在过账时误记为 2 100 元。

（6）本月收入的银行存款利息应为 2 000 元，误记入"财务费用"账户借方 200 元。

（7）漏登了销售费用项目，该账户余额为 10 000 元。

要求：根据上述资料，为长顺公司编制一份正确的试算平衡表。

五、案例分析题

案例 2-1　美能公司的会计假设存在哪些问题？

对美能公司下列事项进行分析：

（1）美能公司郭总经理将个人旅游的机票及餐宿费 3 500 元作为差旅费报销，他觉得企业是他自己的，所以个人支出可以由企业来负担。

（2）美能公司有一个大的建筑项目，从 2×24 年 5 月 10 日开始，至 2×24 年 7 月 1 日结束，该公司因此编制了从 5 月 10 日至 7 月 10 日的会计报表。

（3）美能公司一下属分公司因经营不善正面临破产清算，美能公司在编制合并报表时对该分公司与其他分公司采用了同样的标准。

（4）美能公司在美国设立的分公司，其主要的经济业务也集中于美国，在向国内报送财务会计报告时，记账货币仍为美元。

案例要求：

美能公司的会计处理违背了哪些会计假设？

案例提示

（1）违背了会计主体假设。会计主体假设要求对主体与主体所有者的利益界限进行明确的区分。

（2）违背了会计分期假设。会计分期假设要求以年度、半年度、季度或月份为会计期间。

（3）违背了持续经营假设。持续经营假设要求会计应立足于持续经营，但有足够证据表明企业正面临停业清理时，应按停业清理的会计处理方法进行会计核算。

（4）违背了货币计量假设。货币计量假设要求在境外设立的中国企业向国内报送的财务会计报告，应当折算为人民币。

案例 2-2   经济业务的处理是否遵循了"规则"?

某会计师事务所是由张新、李安合伙创建的,最近发生了下列经济业务,并由会计做了相应的处理:

(1) 6月10日,张新从事务所出纳处拿了380元现金给自己的孩子购买玩具,会计将380元记为事务所的办公费支出,理由是,张新是事务所的合伙人,事务所的钱也有张新的一部分。

(2) 6月15日,会计将6月1—15日的收入、费用汇总后计算出半个月的利润,并编制了财务报表。

(3) 6月20日,事务所收到某外资企业支付的业务咨询费2 000美元,会计没有将其折算为人民币反映,而是直接记到美元账户中。

(4) 6月30日,计提固定资产折旧,采用年数总和法,而此前计提折旧均采用直线法。

(5) 6月30日,事务所购买了一台电脑,价值12 000元,为了少计利润,少缴税,将12 000元一次性全部计入当期管理费用。

(6) 6月30日,事务所编制的对外报表中显示"应收账款"60 000元,但没有计提坏账准备。

案例要求:

根据上述资料,分析该事务所的会计在处理这些经济业务时是否完全正确,若有错误,主要是违背了哪项会计假设或会计信息质量要求及确认计量原则。

案例提示

该事务所的会计人员在处理经济业务时不完全正确,主要表现在:

(1) 张新从事务所取钱用于私人开支,不属于事务所的业务,不能作为事务所的办公费支出。这里,会计人员违背了会计主体假设。

(2) 6月15日,编制6月1—15日的财务报表是临时性的。我国会计分期假设规定的会计期间为年度、半年度、季度和月份。

(3) 我国有关法规规定,企业应以人民币作为记账本位币,但企业业务收支以外币为主,可以选择某种外币作为记账本位币。而该事务所直接将2 000美元记账,需看其究竟以何种货币为记账本位币。

(4) 计提折旧,前后期采用不同的计算方法,违背了会计信息质量的可比性要求。

（5）购买电脑应作为资本性支出，分期摊销其成本，不能一次性计入当期费用，违背了划分收益性支出与资本性支出原则。

（6）按照谨慎性原则，应对应收账款计提坏账准备，但该事务所未计提。

案例 2-3　　　面包房交易活动的记录正确吗？

张山和李斯拥有一间面包房，他们做的姜汁面包非常有名。他们都没有接受过会计教育，但他们认为只要在记录时采用复式记账的方法就不会出现错误了，于是自己设计了一个用来记录交易的系统，自认为很有效。下面列示的是本月所发生的一些交易：

（1）收到商品订单，在货物发出后将收到 1 000 元。

（2）发出订购商品订单，订购价值 600 元的商品。

（3）将货物发运给顾客并收到现金 1 000 元。

（4）收到所订的货物并支付 600 元现金。

（5）用现金支付银行利息 400 元。

张山和李斯对以上业务进行了记录，见表 2-4。

表2-4　　　　　　　　　　　业务交易情况表　　　　　　　　　单位：元

资产=	负债+所有者权益	+（收入-费用）
收到商品订单 1 000		销售收入 1 000
发出订购商品订单-600		存货支出-600
将货物发运给顾客-1 000 现金 1 000		
收到所订的商品 600	应付账款 600	
支付现金-400		利息支出-400

案例要求：

（1）向他们解释他们对记录交易的错误理解。

（2）改正他们在记录中的错误。

案例提示

企业会计核算应该采用复式记账法，这种理解是正确的，但复式记账法并不是像张山和李斯想象的那样。作为企业来说，确认收入、费用、资产和负债应该采用权责发生制原则。而他们的记录却违背了这些原则与方法。

（1）对于收到的商品订单，不应确认收入，也不能作为资产价值增加。

（2）发出订购商品订单，不应作为资产的增加，也不能确认费用。

（3）将货物发运给顾客并收到现金，应该确认收入，同时增加资产价值，即记录收入增加1 000元，现金增加1 000元。

（4）收到所订的商品并支付现金，应该是现金减少和商品增加，即一项资产增加，另一项资产减少，不涉及负债。

（5）用现金支付银行利息的做法是对的。

案例2-4   小王和小张如何作出决策？

小张和小王两个人目前的工资是每人每月2 000元，二人经过实地考察，想辞去工作，投资一间网吧。他们的投资计划如下：

（1）普通电脑20台，约80 000元，预计可使用5年。

（2）领取消防安全检查合格证、网络文化经营许可证、营业执照、税务登记证等的费用为5 000元左右，预计经营期为5年。

（3）安装一套网吧管理软件3 000元左右，每年需要维护一次，免费升级。

（4）申请上网用的光缆，初装费2 800元，另外每年收1 200元的使用费。

（5）采取加盟经营方式，每年向总店交12 000元的费用。

（6）主营业务收入约每月24 000元，其他业务收入（零卖饮料小吃）每月3 200元，其中饮料小吃的进货成本约2 560元。

（7）水电费每月1 500元。

（8）聘请1位网络技术人员、2位管理人员及2位收银员，每月工资共11 000元，月末支付。

（9）租用的营业场地每月租金2 500元，每季度初支付。

案例要求：

请根据所学知识，分析这间网吧预计每月利润为多少，并请你帮助小王和小张作出决策，他们是否应该放弃工作来投资网吧。

案例提示

收入：

主营业务收入：24 000元

其他业务收入：3 200元

收入合计：27 200元

费用：

电脑折旧费：80 000÷5÷12=1 333.33（元）

各种证件摊销费用：5 000÷5÷12=83.33（元）

网吧管理软件摊销：3 000÷5÷12=50（元）

光缆使用费：（2 800÷5+1 200）÷12=146.67（元）

加盟费：12 000÷12=1 000（元）

其他业务成本：2 560元

水电费：1 500元

员工工资费用：11 000元

营业场所租赁费：2 500元

费用合计：20 173.33元

利润为：27 200−20 173.33=7 026.67（元）

小张和小王每人可赚3 513.34元。

因为预计两人赚取的金额会比他们目前的工资2 000元高，所以他们可以去投资这间网吧。

六、练习题参考答案

（一）单项选择题

1.D　2.A　3.B　4.A　5.C　6.C　7.A　8.D　9.D　10.C　11.D　12.C　13.D
14.D　15.D　16.A　17.C　18.B　19.B　20.D　21.C　22.A　23.B　24.B　25.D
26.C　27.A　28.D　29.B　30.D　31.B　32.A　33.C　34.C　35.B　36.C　37.B
38.C　39.C

（二）多项选择题

1.ACDE　2.ABCDE　3.ABCD　4.ABCDE　5.BCD　6.ABC　7.ACDE　8.BE
9.ABDE　10.ABCE　11.ABCDE　12.BCDE　13.AD　14.AD　15.ABCE　16.ACE
17.ACD　18.CDE　19.AC　20.ABCD　21.ABCE　22.ABCE　23.ABC　24.ABDE

25.ACDE　26.BD　27.BCD　28.AD

（三）判断题

1.√　2.×　3.√　4.√　5.×　6.×　7.√　8.√　9.×　10.√　11.√　12.×　13.×
14.×　15.√　16.×　17.√　18.×　19.×　20.√　21.×　22.×　23.×　24.×　25.×　26.√
27.√

（四）计算题

空缺处应填的数据为：

长期股权投资：610 000

银行存款：110 000

应付账款：70 000

短期借款：25 000

应收账款：40 000

实收资本：270 000

其他应收款：0

（五）业务处理题

1.会计科目归类如下：

资产类会计科目：银行存款、原材料、应收账款、库存商品、固定资产、累计折旧、库存现金、长期待摊费用

负债类会计科目：应付账款、短期借款、应付利息

所有者权益类会计科目：实收资本、利润分配、盈余公积

成本类会计科目：制造费用、生产成本

损益类会计科目：主营业务收入、主营业务成本、财务费用、销售费用、管理费用

2.补编会计分录及分析如下：

（1）从银行提取现金500元。

借：库存现金 　　　　　　　　　　　　　　　　　　　500

　　贷：银行存款 　　　　　　　　　　　　　　　　　　　500

（2）购进材料已验收入库，款项82 000元暂欠。

借：原材料 　　　　　　　　　　　　　　　　　　82 000

　　贷：应付账款 　　　　　　　　　　　　　　　　　　82 000

（3）收到投资者投入企业价值为124 000元的设备。

借：固定资产 　　　　　　　　　　　　　　　　　124 000

　　贷：实收资本 　　　　　　　　　　　　　　　　　124 000

（4）生产车间领用生产产品用原材料150 000元。

借：生产成本   150 000

 贷：原材料   150 000

（5）归还前欠供货单位账款 70 350 元，其中 70 000 元以银行存款支付，其余款项以现金付讫。

借：应付账款   70 350

 贷：库存现金   350

   银行存款   70 000

（6）收到购货单位所欠货款 15 800 元，存入银行。

借：银行存款   15 800

 贷：应收账款   15 800

（7）购进材料并验收入库，货款 58 600 元以银行存款支付。

借：原材料   58 600

 贷：银行存款   58 600

（8）从银行取得短期借款 30 000 元，存入银行。

借：银行存款   30 000

 贷：短期借款   30 000

（9）收到购货单位所欠货款 20 100 元，其中，20 000 元存入银行，100 元以现金收讫。

借：库存现金   100

   银行存款   20 000

 贷：应收账款   20 100

（10）用银行存款归还银行借款 20 000 元。

借：短期借款   20 000

 贷：银行存款   20 000

3.首先，编制会计分录：

（1）借：固定资产   10 000

   应交税费——应交增值税（进项税额）   1 300

   贷：银行存款   11 300

（2）借：库存现金   1 000

   贷：银行存款   1 000

（3）借：原材料   20 000

   贷：实收资本   20 000

（4）借：生产成本   40 000

   贷：原材料   40 000

（5）借：应付账款　　　　　　　　　　　　　　　　22 500

　　　　贷：银行存款　　　　　　　　　　　　　　　　　　22 500

（6）借：银行存款　　　　　　　　　　　　　　　150 000

　　　　贷：长期借款　　　　　　　　　　　　　　　　　150 000

（7）借：应交税费——应交所得税　　　　　　　　　7 300

　　　　贷：银行存款　　　　　　　　　　　　　　　　　　7 300

（8）借：资本公积　　　　　　　　　　　　　　　　5 000

　　　　贷：实收资本　　　　　　　　　　　　　　　　　　5 000

（9）借：银行存款　　　　　　　　　　　　　　　16 000

　　　　库存现金　　　　　　　　　　　　　　　　2 000

　　　　贷：应收账款　　　　　　　　　　　　　　　　　18 000

（10）借：短期借款　　　　　　　　　　　　　　　20 000

　　　　应付账款　　　　　　　　　　　　　　　28 000

　　　　贷：银行存款　　　　　　　　　　　　　　　　　48 000

其次，记入有关账户：

借方		库存现金	贷方
期初余额	1 500		
		（2）1 000	
		（9）2 000	
本期发生额	3 000	本期发生额	0
期末余额	4 500		

借方		银行存款	贷方
期初余额	45 000		
		（6）150 000	（1）11 300
		（9）16 000	（2）1 000
			（5）22 500
			（7）7 300
			（10）48 000
本期发生额	166 000	本期发生额	90 100
期末余额	120 900		

借方		原材料		贷方
期初余额	90 000			
	（3）20 000		（4）40 000	
本期发生额	20 000	本期发生额	40 000	
期末余额	70 000			

借方		应收账款		贷方
期初余额	47 700			
			（9）18 000	
本期发生额	0	本期发生额	18 000	
期末余额	29 700			

借方		库存商品		贷方
期初余额	60 000			
本期发生额	0	本期发生额	0	
期末余额	60 000			

借方		生产成本		贷方
期初余额	22 500			
	（4）40 000			
本期发生额	40 000	本期发生额	0	
期末余额	62 500			

借方		长期股权投资		贷方
期初余额	180 000			
本期发生额	0	本期发生额	0	
期末余额	180 000			

借方	固定资产		贷方
期初余额	600 000		
	（1）10 000		
本期发生额	10 000	本期发生额	0
期末余额	610 000		

借方	短期借款		贷方
		期初余额	195 000
	（10）20 000		
本期发生额	20 000	本期发生额	0
		期末余额	175 000

借方	应付账款		贷方
		期初余额	142 500
	（5）22 500		
	（10）28 000		
本期发生额	50 500	本期发生额	0
		期末余额	92 000

借方	应交税费		贷方
		期初余额	9 000
	（1）1 300		
	（7）7 300		
本期发生额	8 600	本期发生额	0
		期末余额	400

借方		长期借款	贷方
		期初余额	186 000
			(6) 150 000
本期发生额	0	本期发生额	150 000
		期末余额	336 000

借方		实收资本	贷方
		期初余额	304 200
			(3) 20 000
			(8) 5 000
本期发生额	0	本期发生额	25 000
		期末余额	329 200

借方		资本公积	贷方
		期初余额	140 000
(8) 5 000			
本期发生额	5 000	本期发生额	0
		期末余额	135 000

借方		盈余公积	贷方
		期初余额	70 000
本期发生额	0	本期发生额	0
		期末余额	70 000

最后，根据账户记录进行试算平衡（见表2-5）。

表2-5　　　　　　　　**总分类账户发生额及余额试算平衡表**　　　　　　单位：元

账户名称	期初余额		本期发生额		期末余额	
	借方	贷方	借方	贷方	借方	贷方
库存现金	1 500		3 000		4 500	
银行存款	45 000		166 000	90 100	120 900	
应收账款	47 700			18 000	29 700	
原材料	90 000		20 000	40 000	70 000	
库存商品	60 000				60 000	
生产成本	22 500		40 000		62 500	
长期股权投资	180 000				180 000	
固定资产	600 000		10 000		610 000	
短期借款		195 000	20 000			175 000
应付账款		142 500	50 500			92 000
应交税费		9 000	8 600			400
长期借款		186 000		150 000		336 000
实收资本		304 200		25 000		329 200
资本公积		140 000	5 000			135 000
盈余公积		70 000				70 000
合计	1 046 700	1 046 700	323 100	323 100	1 137 000	1 137 000

4.会计要素项目与数量关系表见表2-6。

表2-6　　　　　　　　**会计要素项目与数量关系表**　　　　　　　　单位：元

会计要素项目 与数量关系	资　产	负　债	所有者权益
期初余额	70 000	20 000	50 000
（1）	固定资产+5 000 银行存款-5 650	应交税费-650	
（2）	原材料+10 000		实收资本+10 000
（3）		长期应付款-5 000	实收资本+5 000
（4）	银行存款-200 库存现金+200		
（5）	银行存款-1 000	应付账款-1 000	
（6）	银行存款-5 000	短期借款-5 000	
（7）	银行存款+8 000 应收账款-8 000		
（8）	银行存款+10 000	短期借款+10 000	
（9）	银行存款+5 000 库存现金+1 000 应收账款-6 000		
（10）	银行存款-10 000	短期借款-8 000 应付账款-2 000	
期末余额	73 350	8 350	65 000

结论：会计事项的发生不能打破会计恒等式的平衡。

5.长顺公司2×24年12月31日的试算平衡表见表2-7。

表2-7 长顺公司试算平衡表 单位:元

账户名称	借方余额	贷方余额
库存现金	2 500	
银行存款	15 800	
交易性金融资产	7 800	
应收账款	5 200	
应收票据	2 000	
原材料	54 000	
库存商品	105 000	
其他应收款	3 000	
固定资产	112 800	
短期借款		15 400
交易性金融负债		8 500
应付账款		30 000
应付职工薪酬		31 200
长期借款		50 000
实收资本		70 000
资本公积		49 000
盈余公积		20 000
主营业务收入		278 000
主营业务成本	175 000	
管理费用	39 000	
财务费用	20 000	
销售费用	10 000	
合　计	552 100	552 100

第三章　会计循环

一、学习目的与要求

本章主要介绍会计信息的生成过程，也就是如何将企业日常发生的各项经济业务所产生的零散数据，运用会计信息系统进行加工，从而形成具有一定质量特征的会计信息的过程。通过对本章内容的学习，应该了解会计循环的基本程序，理解会计凭证和会计账簿的概念、分类以及构成，掌握简单经济业务的处理过程，了解资产负债表和利润表等主要财务报表的组成内容和简单的编制方法。

二、内容概览

（一）关键概念

1.会计循环　　　　　　　　2.会计确认

3.会计计量　　　　　　　　4.经济业务

5.会计凭证　　　　　　　　6.原始凭证

7.记账凭证　　　　　　　　8.专用记账凭证

9.会计账簿　　　　　　　　10.序时账簿

11.总分类账簿　　　　　　 12.对账

13.结账　　　　　　　　　 14.权责发生制

15.收付实现制　　　　　　 16.账项调整

17.财务报表

（二）关键问题

1.假如你要投资开办一个网吧，结合在本章学习的会计循环的内容，你能否描述该网吧在某一会计期间可能发生的经济业务有哪些？

2.对于采用专用记账凭证的单位，如果发生了货币资金内部相互划转的经济业务，如何选择所使用的专用记账凭证？请举例加以说明。

3.按照权责发生制原则的要求，在会计期末需要对哪些会计事项进行调整？如何调整？这些调整事项会影响哪些报表？

4.简述损益结转的"账结法"和"表结法"。

5.试述账项调整事项对企业资产、负债、所有者权益以及利润的影响。

6.什么是收入和费用的收支期间和应归属的期间？两者是否一致？为什么？

7.会计账簿按照不同的标志可以分为哪些种类？

8.什么是对账？对账的内容有哪些？

9.什么是结账？结账的步骤有哪些？

10.错账更正方法有哪些？各种方法分别适用于什么情况？如何进行具体的更正？

三、本章重点与难点

会计循环就是指确认和计量经济业务、编审原始凭证、编审记账凭证、登记会计账簿、对账簿记录进行对账与结账、编制财务报表等一系列会计核算程序的总和。会计循环的第一步是遵循会计确认的基本标准对企业发生的各种经济活动进行分析，以确定经济业务。对经济业务进行处理需要用到会计凭证和账簿等载体。

会计凭证就是用来记录经济业务，明确经济责任，并作为登记账簿依据的书面或电子证明文件，包括传统的纸质会计凭证和电子会计凭证，会计凭证是重要的会计档案资料。会计凭证按填制的程序和用途不同可以分为原始凭证和记账凭证两大类。其中原始凭证是在经济业务发生时填制或取得的，用以证明经济业务的发生或完成情况，并作为记账原始依据的会计凭证，包括自制原始凭证和外来原始凭证。记账凭证，就是由会计人员根据审核无误的原始凭证编制的用来履行记账手续的会计分录凭证，它是登记账簿的直接依据。记账凭证按其反映的经济业务内容的不同，可以分为专用记账凭证和通用记账凭证，其中专用记账凭证是专门用来记录某一特定种类经济业务的记账凭证，按其所记录的经济业务是否与货币资金收付有关又可以进一步分为收款凭证、付款凭证和转账凭证三种。

会计账簿是由具有专门格式而又联结在一起的若干账页所组成，按照会计科目开设账户，用来序时、分类记录和反映经济业务的簿籍，会计账簿是会计资料的主要载体之一。会计账簿按其用途不同可以分为序时账簿、分类账簿和备查账簿；会计账簿按其外表形式的不同可以分为订本式账簿、活页式账簿和卡片式账簿。

会计账簿一般由封面、扉页、账页三部分组成。不同的会计账簿，其账页格式也不尽相同。序时账簿主要是指特种日记账，包括库存现金日记账和银行存款日记账，其常用格式是三栏式，通常设置收入、支出、结余或借方、贷方、余额三个主要栏目，用来登记库存现金和银行存款的增减变动及其结果；总分类账的格式有三栏式（即借方、贷方、余额三个主要栏目）和多栏式两种，其中三栏式又区分为不反映对应科目的三栏式和反映对应科目的三栏式；明细分类账的格式主要有三种，即三栏式（适用于债权债务类）、数量金额式（适用于财产物资类）和多栏式（适用于成本费用类、收入类和利润类）等。

会计账簿要按照规则进行登记。如果账簿记录发生错误，不得任意使用刮擦、挖补、涂改等方法去更改字迹，而应该根据错误的具体情况，采用正确的方法予以更正。按照《会计基础工作规范》的要求，更正错账的方法一般有三种，即划线更正法、红字更正法、补充登记法。

为了总结某一会计期间的经济活动情况，考核经营成果，便于准确编制财务报表，必须定期进行对账和结账工作。对账，简单地说就是在将本期发生的经济业务登记入账之后，对账簿记录所进行的核对工作，包括账证核对、账账核对和账实核对；结账，是在将本期内所发生的经济业务全部登记入账的基础上，按照规定的方法对该期内的账簿记录进行小结，结算出本期发生额合计和期末余额，并将其余额结转下期或者转入新账的过程。

按照权责发生制原则的要求，在会计期末结账时，需要对某些跨期间的账项进行调整，包括收入的调整（应计未收收入的调整、应计预收收入的调整）和费用的调整（应计未付费用的调整、应计预付费用的调整）两部分内容。

为了保证财务报表提供会计信息的正确性，在编制财务报表之前需要进行试算平衡。在借贷记账法下，试算平衡包括发生额试算平衡和余额试算平衡两种方式。

　　会计循环的终端输出物主要是财务报告中的财务报表。财务报表是对企业财务状况、经营成果和现金流量的结构性表述。根据我国《企业会计准则第30号——财务报表列报》的要求，企业需要编制的主要财务报表有资产负债表、利润表、现金流量表和所有者权益变动表等。

四、练习题

（一）单项选择题

1.以下内容不属于会计交易或事项（经济业务）的是（　　　）。

A.赊购商品　　　　　　　　　B.企业缴纳税费

C.与外商签订合作意向书　　　D.用现金支付雇员工资

2.原始凭证和记账凭证的相同点是（　　　）。

A.反映经济业务的内容相同　　B.经济责任的当事人相同

C.所起作用相同　　　　　　　D.编制时间相同

3.在一个特定的时间列示账簿中账户名称以及它们的发生额和余额的表格是（　　　）。

A.利润表　　　　　　　　　　B.资产负债表

C.试算平衡表　　　　　　　　D.财务报表

4.下列内容在资产负债表上被列示为流动资产的是（　　　）。

A.办公设备　　　　　　　　　B.专利权

C.累计折旧　　　　　　　　　D.应收票据

5.会计日常核算工作的起点一般是（　　　）。

A.登记会计账簿　　　　　　　B.编制财务报表

C.填制或取得会计凭证　　　　D.成本计算

6.以下的书面文件一般来说不能作为原始凭证的是（　　　）。

A.销售发票　　　　　　　　　B.银行结算凭证

C.购货发票　　　　　　　　　D.生产计划

7.自制原始凭证按其填制手续不同可以分为（　　　）。

A.一次凭证和汇总凭证

B.单式凭证和复式凭证

C.收款凭证、付款凭证、转账凭证

D.一次凭证、累计凭证、汇总原始凭证、记账编制凭证

8.原始凭证的基本内容中，不包括（　　）。

A.日期及编号　　　　　　　　B.内容摘要

C.实物数量及金额　　　　　　D.会计科目

9.在采用专用记账凭证的企业中，下列经济业务应编制转账凭证的是（　　）。

A.支付购买材料价款　　　　　B.支付材料运杂费

C.收回出售材料款　　　　　　D.车间领用材料

10.外来原始凭证一般都是（　　）。

A.一次凭证　　　　　　　　　B.累计凭证

C.汇总原始凭证　　　　　　　D.记账凭证

11.企业将库存现金存入银行应编制的专用记账凭证是（　　）。

A.银行存款付款凭证　　　　　B.现金付款凭证

C.银行存款收款凭证　　　　　D.现金收款凭证

12.特种日记账是（　　）。

A.序时登记全部经济业务的日记账

B.专门用来登记货币资金的日记账

C.专门用来登记某一特定种类经济业务的日记账

D.对常见的经济业务分设专栏登记的日记账

13.总分类账的外表形式应采用（　　）。

A.订本式　　　　　　　　　　B.活页式

C.多栏式　　　　　　　　　　D.数量金额式

14.某会计人员根据记账凭证过账时，误将700元填写为7 000元，而记账凭证无误。对此错误应采用的更正方法是（　　）。

A.划线更正法　　　　　　　　B.红字更正法

C.补充登记法　　　　　　　　D.编制相反分录冲减

15.将会计账簿划分为序时账、分类账、备查账的依据是（　　）。

A.账簿的登记方式　　　　　　B.账簿的用途

C.账簿登记的内容　　　　　　D.账簿的外表形式

16.领料汇总表属于会计凭证中的（　　）。

A.一次凭证　　　　　　　　　B.累计凭证

C.单式凭证   D.汇总原始凭证

17.编制财务报表是一个会计循环中的（　　　）。

A.第一步工作   B.第二步工作

C.随时可进行的工作   D.最后一步工作

18.企业从外部购买存货时应取得发票，购货发票属于（　　　）。

A.自制原始凭证   B.外来原始凭证

C.记账凭证   D.累计凭证

19.在下列会计科目中，可能是收款凭证借方科目的是（　　　）。

A."在途物资"科目   B."应收账款"科目

C."银行存款"科目   D."预付账款"科目

20.下列账簿中，必须逐日逐笔登记的账簿是（　　　）。

A.明细账   B.总账

C.日记账   D.备查账

21.纯属登账时文字或数字上的错误，应采用的更正方法是（　　　）。

A.划线更正法   B.蓝字更正法

C.红字更正法   D.补充登记法

22.账账核对是对账工作的一项重要内容，下列各项中，不属于账账核对的是（　　　）。

A.账簿记录与会计凭证的核对

B.总账与序时账簿的核对

C.总账与明细分类账簿的核对

D.总账与总账的核对

23.根据会计分录，从记账凭证转记入分类账簿的工作称为（　　　）。

A.账项调整   B.结账

C.对账   D.过账或登账

24.将各损益类账户转入"本年利润"账户的会计分录称为（　　　）。

A.结账分录   B.复合分录

C.调账分录   D.简单分录

25.会计凭证分为原始凭证和记账凭证，这种分类的标志是（　　　）。

A.填制程序和用途   B.形成来源

C.凭证用途   D.填制方式

26."制造费用"明细分类账一般采用的账簿格式是（　　）。

A.三栏式　　　　　　　　　　B.借方多栏式

C.数量金额式　　　　　　　　D.贷方多栏式

27.在下列各项中，属于对货币资金收付以外的业务应编制的专用记账凭证是（　　）。

A.收款凭证　　　　　　　　　B.付款凭证

C.转账凭证　　　　　　　　　D.原始凭证

28.在会计核算过程中，发生了错误，要采用规定的方法进行更正，下列四种情况，可采用补充登记法进行更正的错账是（　　）。

A.记账凭证的应记科目与金额正确，但登记入账时所记金额大于应记金额

B.记账凭证的应记科目与金额正确，但登记入账时所记金额小于应记金额

C.记账凭证的应记科目正确，但所记金额大于应记金额，并已入账

D.记账凭证的应记科目正确，但所记金额小于应记金额，并已入账

29.销售产品一批，部分货款已收回并存入银行，另有部分货款尚未收回，应填制的专用记账凭证是（　　）。

A.收款凭证和转账凭证　　　　B.付款凭证和转账凭证

C.收款凭证和付款凭证　　　　D.两张转账凭证

30.库存现金日记账和银行存款日记账属于（　　）。

A.备查账簿　　　　　　　　　B.序时账簿

C.分类账簿　　　　　　　　　D.联合账簿

31.凡具有统驭性作用和比较重要的账簿一般采用（　　）。

A.数量金额式　　　　　　　　B.活页式

C.订本式　　　　　　　　　　D.卡片式

32.下列各项不能作为登记总账直接依据的是（　　）。

A.记账凭证　　　　　　　　　B.科目汇总表

C.原始凭证　　　　　　　　　D.汇总记账凭证

33.企业从银行提取现金时，登记库存现金日记账的专用记账凭证是（　　）。

A.现金收款凭证　　　　　　　　B.现金付款凭证

C.银行存款收款凭证　　　　　　D.银行存款付款凭证

34.若记账凭证上的会计科目和应借应贷方向未错，但所记金额大于应记金额并已登记入账，对此错误应采用的更正方法是（　　）。

A.红字更正法　　　　　　　　　B.划线更正法

C.补充登记法　　　　　　　　　D.黑字登记法

35.某企业 2×24 年 2 月份发生下列几笔与收支有关的经济业务：（1）销售产品 250 000 元，当即收款 200 000 元，余款暂欠；（2）收到上个月销售产品的货款 100 000 元；（3）通过银行支付上个月的银行借款利息 15 000 元；（4）以现金支付本月办公费 26 000 元。按权责发生制确定的本月收入和费用分别为（　　）。

A.250 000 元和 26 000 元　　　　B.300 000 元和 41 000 元

C.200 000 元和 15 000 元　　　　D.350 000 元和 26 000 元

36.某企业 2×24 年 2 月份发生下列几笔与收支有关的经济业务：（1）销售产品 250 000 元，当即收款 200 000 元，余款暂欠；（2）收到上个月销售产品的货款 100 000 元；（3）通过银行支付上个月的银行借款利息 15 000 元；（4）以现金支付本月办公费 26 000 元。按收付实现制确定的本月收入和费用分别为（　　）。

A.350 000 元和 41 000 元　　　　B.300 000 元和 41 000 元

C.300 000 元和 26 000 元　　　　D.250 000 元和 15 000 元

37.会计可以使用的账簿有日记账、明细账、总账等，不同的账簿，其账页格式有所不同。下列关于账簿格式的说法中错误的是（　　）。

A.现金日记账一般采用三栏式

B.库存商品明细账一般采用数量金额式

C.原材料明细账一般采用贷方多栏式

D.管理费用明细账一般采用多栏式

38.企业发生的对外经济业务也称为交易，是指企业与外部主体之间的价值交换行为。下列内容属于企业交易的是（　　）。

A.生产产品领用材料　　　　　　B.通过银行缴纳税款

C.车间完工产品入库　　　　　　D.使用磨损机器设备

39.会计根据记账凭证所记录的内容登记账簿后，发现记账凭证中的应借、应贷会计科目错误，但金额正确，应采用的更正方法是（　　）。

 A.划线更正法   B.红字更正法

 C.蓝字更正法   D.补充登记法

40.会计根据记账凭证所记录的内容记账后，发现记账凭证中的应借会计科目、应贷会计科目、记账方向正确，但所记金额小于应记金额，应采用的更正方法是（　　）。

 A.划线更正法   B.红字更正法

 C.蓝字更正法   D.补充登记法

（二）多项选择题

1.在下列各项业务中，能引起企业资产和负债同时减少的有（　　）。

 A.从银行取得短期借款   B.支付现金股利

 C.赊购一台设备   D.通过银行偿还应付款

 E.通过银行支付上个月职工工资

2.在企业会计编制的试算平衡表中，借方（发生额或余额）等于贷方（发生额或余额）可能意味着（　　）。

 A.试算表中的账户余额是正确的

 B.记录了经济业务的借方和贷方

 C.将借方记入贷方

 D.将贷方记入借方

 E.记账过程基本正确

3.在下列各项中，属于原始凭证审核时应注意的内容有（　　）。

 A.凭证反映的业务是否合法

 B.所运用的会计科目是否正确

 C.凭证上各项目是否填列齐全完整

 D.各项目的填写是否正确

 E.数字计算有无错误

4.在采用专用记账凭证的企业中，银行存款日记账的登记依据可能有（　　）。

 A.银行存款收款凭证   B.银行存款付款凭证

 C.转账凭证   D.现金付款凭证

E.现金收款凭证

5.会计上允许使用的更正错账的方法有（　　　）。

A.划线更正法　　　　　　　　B.红字更正法

C.补充更正法　　　　　　　　D.用涂改液修正

E.刮擦挖补

6.下列内容属于原始凭证的有（　　　）。

A.发出材料汇总表　　　　　　B.汇总收款凭证

C.购料合同　　　　　　　　　D.限额领料单

E.收料单

7.记账凭证编制的依据可以有（　　　）。

A.收、付款凭证　　　　　　　B.一次凭证

C.累计凭证　　　　　　　　　D.汇总原始凭证

E.转账凭证

8.在下列会计科目中，可能成为付款凭证借方科目的有（　　　）。

A."库存现金"科目　　　　　　B."银行存款"科目

C."应付账款"科目　　　　　　D."应交税费"科目

E."销售费用"科目

9.下列内容可以采用三栏式明细账的有（　　　）。

A.其他应收款明细账　　　　　B.制造费用明细账

C.应收账款明细账　　　　　　D.短期借款明细账

E.原材料明细账

10.下列属于一次原始凭证的有（　　　）。

A.限额领料单　　　　　　　　B.领料单

C.领料汇总表　　　　　　　　D.购货发票

E.销货发票

11.下列可以作为库存现金日记账登记依据的专用记账凭证有（　　　）。

A.现金收款凭证　　　　　　　B.现金付款凭证

C.银行存款收款凭证　　　　　D.银行存款付款凭证

E.转账凭证

12.采用划线更正法更正具体的错误内容时，其要点有（　　　）。

A.在错误的文字或数字（单个数字）上划一条红线注销

B.在错误的文字或数字（整个数字）上划一条红线注销

C.在错误的文字或数字上划一条蓝线注销

D.将正确的文字或数字用蓝字写在划线的上端

E.更正人在划线处盖章

13.明细分类账的格式有三栏式、多栏式、数量金额式，相应地分别适用于（　　）。

A.债权债务明细账　　　　　　B.卡片式明细账

C.收入、费用成本类明细账　　D.活页式明细账

E.材料物资类明细账

14.对账就是在将本期发生的经济业务登记入账之后，对账簿记录所进行的核对工作，对账的内容包括（　　）。

A.账证核对　　　　　　　　　B.账表核对

C.表表核对　　　　　　　　　D.账账核对

E.账实核对

15.会计人员在记账过程中，难免会发生各种各样的错误。错账是指（　　）。

A.记账凭证出错　　　　　　　B.账簿记录出错

C.原始凭证出错　　　　　　　D.财务报表出错

E.试算平衡出错

16.明细分类账的登记依据可能有（　　）。

A.原始凭证　　　　　　　　　B.汇总原始凭证

C.记账凭证　　　　　　　　　D.汇总记账凭证

E.科目汇总表

17.会计账簿按用途不同可以分为（　　）。

A.订本账簿　　　　　　　　　B.序时账簿

C.分类账簿　　　　　　　　　D.备查账簿

E.活页账簿

18.下列明细账可以采用数量金额式账簿的有（　　）。

A.原材料明细账　　　　　　　B.短期借款明细账

C.库存商品明细账　　　　　　D.制造费用明细账

E.在途物资明细账

19.下列账簿记录中，可以使用红色墨水笔的情况有（   ）。

A.结账   B.对账

C.改错   D.冲账

E.编制财务报表

20.库存现金和银行存款日记账一般（   ）。

A.采用三栏式账簿   B.采用订本式账簿

C.采用数量金额式账簿   D.采用活页式账簿

E.属于特种日记账

21.下列内容中，不改变所有者权益总额，仅导致所有者权益结构发生变动的项目有（   ）。

A.用盈余公积弥补亏损

B.接受投资者投资

C.经批准将盈余公积转增资本

D.投资者减资，企业以现金支付

E.分配现金股利

22.对于采用专用记账凭证的企业，下列交易或者事项中，应填制付款凭证的有（   ）。

A.从银行提取现金备用

B.购买材料预付订金

C.将现金存入银行

D.以银行存款支付前欠某单位货款

E.销售商品未收款

23.登记账簿后，发现错账，不可以采用补充登记法进行更正的错账有（   ）。

A.记账凭证中会计科目错误

B.记账凭证中记账方向错误

C.记账凭证中错误金额大于正确金额

D.记账凭证中错误金额小于正确金额

E.记账凭证没有错误，而过账中出现文字错误

24.多栏式明细分类账的账页格式适用于（   ）。

A.应收账款明细账   B.本年利润明细账

C.管理费用明细账　　　　　　　　D.生产成本明细账

E.应付账款明细账

25.多栏式明细分类账可分为（　　　）。

A.借方多栏式明细账　　　　　　　B.贷方多栏式明细账

C.借方、贷方多栏式明细账　　　　D.数量金额式明细账

E.横线登记式明细账

（三）判断题

1.在权责发生制会计处理基础的要求下，企业本期收到货币资金就意味着本期收入的增加。（　　　）

2.在会计记账过程中，如果发生了记账凭证错误而导致账簿记录的错误，就必须使用红字更正法进行错账的更正。（　　　）

3.会计账簿按其用途不同可以分为总分类账和明细分类账。（　　　）

4.会计在记账过程中一律不得使用红色笔。（　　　）

5.会计在记账过程中如果记错了账户、漏记或重记了整笔的经济业务，通过编制试算平衡表能够及时得以发现。（　　　）

6.在整个账簿体系中，日记账和分类账是主要账簿，备查账为辅助账簿。（　　　）

7.结账之前，如果发现账簿中所记文字或数字有过账笔误或计算错误，而记账凭证并没有错误，可用划线更正法更正。（　　　）

8.登记账簿必须使用蓝、黑墨水钢笔书写，不得使用铅笔或圆珠笔书写，更不得使用红色墨水书写。（　　　）

9.累计凭证是指在一定时期内连续记载若干项同类经济业务，其填制手续是随着经济业务发生而分次完成的凭证，如"限额领料单"。（　　　）

10.三栏式账簿一般适用于费用、成本类明细账。（　　　）

11.总分类账、库存现金及银行存款日记账一般都采用活页式账簿。（　　　）

12.订本式账簿是指在记完账后，把记过账的账页装订成册的账簿。（　　　）

13.各种原始凭证都应由会计人员填写，非会计人员不得填写，以保证原始凭证填制的正确性。（　　　）

14.调整分录的特点是一方面影响资产负债表项目,另一方面影响利润表项目。 ( )

15.对于本期获得收入同时收款、本期发生费用同时付款的经济业务,采用权责发生制和收付实现制并无区别。 ( )

16.按照权责发生制会计处理基础的要求,账簿上所记录的本期收入不一定都在本期收款,账簿上所记录的本期费用也不一定都在本期付款。 ( )

17.某公司的管理人员出差预借差旅费5 000元,付给现金。公司会计人员编制的会计分录为"借:应收账款5 000,贷:库存现金5 000",并已登记入账。对此错误应采用的更正方法是红字更正法。 ( )

18.记账凭证与原始凭证的本质区别就在于原始凭证上载有会计分录。 ( )

19.简单地说,会计循环就是指会计信息系统周而复始地对会计信息进行加工处理的过程。 ( )

20.在会计核算过程中,凡是不能证明该项经济业务已经发生或完成情况的原始书面文件就不能作为原始凭证,如生产计划等。 ( )

(四) 计算题

1.利和股份公司所属A公司2×24年年初所有者权益总额为2 318 000元,年内接受某投资人的实物投资800 000元,接受现金投资260 000元,用资本公积转增资本120 000元。

要求:计算年末A公司的所有者权益总额。

2.利和股份公司期初库存材料成本278 500元,本期仓库发出材料成本共132 000元,期末结存材料成本206 500元,"应付账款"(材料款)账户期初贷方余额为218 000元,期末贷方余额为243 000元,本期没有发生偿还应付款的业务,本期购入材料均已入库。

要求:计算本期购入材料中已付款材料的金额。

3.某公司2×24年4月30日编制总分类账户试算平衡表,但由于存在错误,所以会计编制的试算平衡表不平衡,其不平衡的试算平衡表见表3-1。

表3-1 　　　　　　　　　　　**某公司试算平衡表**

2×24年4月30日　　　　　　　　　　　　　　　　　单位：元

账户名称	金额	
	借　方	贷　方
库存现金	28 710	
应收账款	32 000	
库存商品	8 200	
固定资产	26 000	
应付账款		22 000
实收资本		50 000
主营业务收入		23 500
管理费用	9 400	
合　计	104 310	95 500

公司会计对总分类账的有关内容进行了全面审查，发现了以下错误：

（1）收到赊账客户交来的现金是6 500元（借、贷方均已记账），而不是5 600元。

（2）赊购一台价格为3 400元的打字机，已借记"管理费用"账户，贷记"应付账款"账户。

（3）为客户提供的服务已完成，服务收入8 900元尚未收到。所编制的会计分录为借记"应收账款"账户8 900元，贷记"主营业务收入"账户890元。

（4）用现金支付300元电话费，借记"管理费用"账户400元，借记"库存现金"账户400元。

要求：根据以上资料编制正确的试算平衡表。

4.某公司2×24年10月31日编制的结账前试算平衡表由于存在错误，该表不平衡（见表3-2）。

表3-2　　　　　　　　　　　　**某公司结账前试算平衡表**

2×24年10月31日　　　　　　　　　　单位：元

账户名称	借　方	贷　方
库存现金	4 740	
银行存款	104 600	
应收账款	15 656	
库存商品	89 700	
原材料	42 060	
固定资产	2 513 700	
短期借款		120 000
应付账款		73 480
实收资本		2 000 000
盈余公积		150 620
主营业务收入		486 500
本年利润		49 380
管理费用	63 400	
合　计	2 833 856	2 879 980

经核对有关账簿，发现下列错误：

（1）用银行存款支付本月电话费3 924元，误记为792元。

（2）赊购商品一批，计37 500元，误作为原材料入账。

（3）用现金支付由购货单位负担的商品运杂费2 700元，误作为公司的管理费用入账。

（4）用银行存款支付所欠货款53 600元，误记为57 200元。

（5）赊销商品一批，价值23 044元，过账时误记入"应收账款"账户的贷方。

（6）从银行存款户中支付短期借款利息600元，误作为归还短期借款 6 000 元。

（7）用银行存款支付本月水费 2 972 元，过账时"管理费用"账户借记 2 936 元。

要求：为企业编制一张正确的试算平衡表。

（五）业务处理题

1.某公司 6 月份发生如下 10 笔经济业务：

（1）为客户提供运输劳务后，约定 10 日之后收款。_____

（2）用存款支付广告费。_____

（3）投资人向本企业投资存入银行。_____

（4）通过银行支付职工工资。_____

（5）从银行借入 6 个月的临时借款。_____

（6）赊购一台设备（不考虑增值税）。_____

（7）从银行提取现金备用。_____

（8）通过银行偿还本期购买设备的欠款。_____

（9）收到业务（1）中客户的欠款。_____

（10）预收下半年的房屋租金。_____

其可能的影响类型为：

A.借记资产　B.贷记资产　C.借记负债　D.贷记负债　E.借记所有者权益　F.贷记所有者权益　G.借记收入　H.贷记收入　I.借记费用　J.贷记费用

要求：将字母 A~J 填入各业务右边的横线上（每条横线可以同时填多个字母）。

2.某公司 2×24 年 4 月份部分账户余额见表 3-3。

表3-3　　　　　**某公司 2×24 年 4 月份部分账户余额表**　　　　单位：元

账户名称	期初余额	期末余额	本期部分发生额
库存现金	3 600	4 100	现金支付 9 600
应收账款	4 000	3 600	赊销商品 6 800
原材料	7 000	3 800	本月消耗材料 3 200
长期待摊费用	8 000	8 800	本月摊销 1 000
应付账款	16 000	15 800	本月偿还 3 000

要求：根据表3-3的资料计算以下各个项目的金额：

（1）本期库存现金收入总额。

（2）本期收回顾客欠款总额。

（3）本期购买的原材料总额。

（4）本期增加的应付账款。

3.王成义原在某事业单位任职，月薪1 500元。2×24年年初王成义辞去公职，投资100 000元（该100 000元为王成义个人从银行借入的款项，年利率4%）在某校园开办了一个快餐店，从事餐饮服务业务。该快餐店开业一年来，有关收支项目的发生情况如下：

（1）餐饮收入420 000元。

（2）出租场地的租金收入50 000元。

（3）兼营小食品零售业务收入32 000元。

（4）各种餐饮食品的成本260 000元。

（5）支付的各种税费21 000元。

（6）支付的雇员工资145 000元。

（7）购置设备支出160 000元，其中本年应负担该批设备的磨损成本40 000元。

（8）王成义的个人支出20 000元。

要求：确定该快餐店的经营成果，并运用你掌握的会计知识评价王成义的辞职是否合适。

4.某企业2×24年5月份查账时发现下列错账：

（1）从银行提取现金3 500元，原记账凭证没错，过账后，账簿错将金额记为5 300元。

（2）接受某企业投资固定资产，价值70 000元。查账时发现凭证与账簿均记为：

借：固定资产   70 000

    贷：资本公积   70 000

（3）用银行存款5 000元购入5台小型计算器，查账时发现凭证与账簿均记为：

借：固定资产   5 000

    贷：银行存款   5 000

（4）以银行存款偿还短期借款4 000元，查账时发现凭证与账簿中的科目没有记错，但金额均记为40 000元。

（5）以一张商业承兑汇票抵付应付账款，查账时发现科目没错，但凭证与账簿均多记54 000元。

（6）将一部分盈余公积按规定程序转为实收资本，查账时发现记账凭证与账簿均将金额少记72 000元。

要求：按正确的方法更正以上错账。

5.某企业2×24年6月份发生下列经济业务：

（1）6月2日，A投资者投资1 200 000元，存入银行。

（2）6月10日，以银行存款50 000元购买甲材料，材料已验收入库（不考虑增值税）。

（3）6月11日，以银行存款750 000元购买乙设备（不考虑增值税）。

（4）6月15日，以银行存款偿还前欠B企业的货款150 000元。

（5）6月18日，收回C公司前欠货款120 000元，存入银行。

（6）6月20日，从银行提取现金10 000元备用。

（7）6月22日，企业管理人员王玲借款5 000元作为暂借差旅费。

（8）6月24日，以银行存款120 000元偿还短期借款。

（9）6月25日，企业管理人员王玲出差回来，报销费用3 600元，余额退回现金。

（10）6月29日，从银行借入短期借款250 000元存入银行。

要求：根据上述交易或者事项编制通用记账凭证。

6.某企业2×24年6月份发生的部分经济业务如下：

（1）6月1日，从银行取得一年期借款100 000元，存入银行。

（2）6月3日，某职工暂借差旅费600元，付给现金。

（3）6月6日，领用材料一批，其中，生产车间生产产品领用60 000元，行政管理部门领用5 000元。

（4）6月15日，以银行存款支付本月厂部办公费7 000元。

（5）6月30日，通过银行缴纳上个月欠缴的税费15 000元。

（6）6月30日，计提本月固定资产折旧，其中，生产车间设备折旧10 000元，行政管理部门设备折旧6 000元。

（7）6月30日，从银行提取现金3 000元备用。

要求：根据上列交易或者事项编制专用记账凭证的会计分录，并按现收、银收、现付、银付、转字进行编号。

五、案例分析题

案例 3-1　　　　账簿记录的完善

利和股份公司下属的某分公司 2×24 年 4 月底因意外事故造成部分账册损坏，包括"应交税费"账簿、"主营业务成本"账簿等，很多资料无法取得。为了确定这些丢失的数据，会计人员根据尚存的账簿记录进行整理，提供了表 3-4 的有关账户记录（假设不考虑增值税，各账户的期初余额是完整的，且为正常方向）。

表3-4　　　　　　　　　　账户记录表　　　　　　　　　单位：元

账户名称	期初余额	本期发生额		本期发生额的对应账户
		借方	贷方	
库存现金	1 400			
银行存款	32 000			
在途物资		68 960		银行存款
		1 040		库存现金
原材料	9 800	70 000		在途物资
生产成本	42 000	40 000		原材料
制造费用		6 000		原材料
库存商品	20 000	80 000		生产成本
固定资产	1 800 000			
累计折旧	180 000			
应付职工薪酬	5 200	20 000		库存现金
实收资本	1 680 000			
主营业务收入			116 000	银行存款
销售费用		1 840		银行存款
管理费用		1 200		原材料
本年利润	40 000			

其他相关资料如下：

（1）银行存款日记账4月30日的余额为57 200元。

（2）公司本月工资总额的70%为生产工人工资，10%为其他生产人员工资，20%为行政管理人员工资；另外按各自工资额的14%计提住房公积金等。

（3）本月固定资产没有增减变化，生产部门固定资产原价1 600 000元，年折旧率为6%，行政管理部门固定资产原价200 000元，年折旧率为4.8%。

（4）产品消费税税率为5%。

（5）本月利润总额为15 000元，所得税税率为25%。

案例要求：

请帮助该公司会计确定各有关账户的相应发生额和余额。

案例提示

根据题意可对有关账户的发生额和余额计算如下：

"库存现金"账户的借方发生额为20 000元（提取现金发放工资），贷方发生额为21 040元（其中1 040元为购入材料），期末余额为360元（1 400+20 000-21 040）。

"银行存款"账户的借方发生额为116 000元（销售产品收款），贷方发生额为90 800元（其中购入材料68 960元，支付销售费用1 840元，提取现金20 000元），期末余额为57 200元（32 000+116 000-90 800）。

"在途物资"账户贷方发生额为70 000元，无余额。

"原材料"账户的贷方发生额为47 200元（生产产品领用40 000元、车间一般消耗6 000元、行政管理部门耗用1 200元），期末余额为32 600元（9 800+70 000-47 200）。

"生产成本"账户的借方发生额为72 240元（其中原材料40 000元，人工费15 960元（20 000×70%+14 000×14%），制造费用16 280元），贷方发生额为80 000元（产品完工入库），期末余额为34 240元（42 000+72 240-80 000）。

"制造费用"·账户的借方发生额为16 280元（其中原材料6 000元，人工费2 280元，折旧费8 000元），贷方发生额等于借方发生额，无余额。

"累计折旧"账户的贷方发生额为 8 800 元（1 600 000×0.5%+200 000×0.4%），期末余额为 188 800 元（180 000+8 800）。

"应付职工薪酬"账户的贷方发生额为 22 800 元，期末余额为 8 000 元（5 200+22 800−20 000）。

"主营业务收入"账户的借方发生额为 116 000 元，无余额。

"销售费用"账户的贷方发生额为 1 840 元，无余额。

"管理费用"账户的借方发生额为 6 560 元（消耗材料 1 200 元，人工费 4 560 元，折旧费 800 元），贷方发生额为 6 560 元，无余额。

"税金及附加"账户的借方、贷方发生额均为 5 800 元（116 000×5%），无余额。

由于已知利润总额为 15 000 元，据此可以推定"主营业务成本"账户的借方发生额为 86 800 元（116 000−6 560−1 840−5 800−15 000），无余额。

"库存商品"账户的贷方发生额为 86 800 元（根据"主营业务成本"账户确定），期末余额为 13 200 元（20 000+80 000−86 800）。

"所得税费用"账户的借方、贷方发生额均为 3 750 元（15 000×25%），无余额。

"应交税费"账户的贷方发生额为 9 550 元（3 750+5 800），期末余额为 9 550 元。

"本年利润"账户的借方发生额为 104 750 元，贷方发生额为 116 000 元，期末余额为 51 250 元（40 000+116 000−104 750）。

案例 3-2　　　　　　　账户记录的确定

东大公司 2×24 年 9 月 1 日有关账户余额（全部且为正常方向）如下：

库存现金：2 000 元。银行存款：52 600 元。原材料：158 000 元。库存商品：? 应收账款：12 000 元。固定资产：275 000 元。其他应收款：3 000 元。短期借款：80 000 元。应付账款：24 000 元。资本公积：? 盈余公积：46 000 元。实收资本：?

东大公司 9 月份发生的全部经济业务如下：

（1）从银行取得期限为 6 个月的借款 100 000 元，存入银行。

（2）用银行存款 25 000 元购入一台全新设备（不考虑增值税），直接交付使用。

（3）接受某外商投资价值50 000元的全新设备（不考虑增值税），交付使用。

（4）企业的公出人员出差预借差旅费1 000元，付给现金。

（5）经企业的董事会批准将资本公积转增资本100 000元。

（6）收回某单位所欠本企业的货款10 000元，存入银行。

（7）用银行存款50 000元偿还到期的银行临时借款。

（8）购入一批原材料价款22 000元（不考虑增值税），其中20 000元开出支票支付，余款用现金支付。

（9）接受某投资人的投资600 000元，其中一台全新设备150 000元投入使用，一项专利权作价380 000元，剩余部分通过银行划转。

（10）开出现金支票从银行提取现金5 000元备用。

东大公司的会计对本月发生的经济业务进行了相关的处理，并编制了月末的总分类账户试算平衡表，但由于时间仓促，加之公司会计对制造业企业有关经济业务的处理不是很熟练，因而发生了某些账务处理的错误，并编制了一张不平衡的试算平衡表（见表3-5）。

面对不平衡的试算平衡表，会计人员对其核算过程进行了全面检查，针对其错误和其他资料一并提供了以下信息：本公司月初的所有者权益为446 000元；有关错误包括余额计算错误和账务处理错误，其中本月业务在处理过程中共发生4处错误，涉及"库存现金"、"银行存款"、"原材料"、"应收账款"、"固定资产"和"应付账款"账户。由于账务处理错误导致账户记录错误，进而造成试算平衡表不平衡。

案例要求：

（1）编制本月业务的会计分录，注明每笔业务应编制的专用记账凭证；

（2）计算"库存商品"、"资本公积"和"实收资本"账户的月初余额；

（3）指出其错误所在并编制正确的试算平衡表。

案例提示

首先，编制本月业务的会计分录，同时标明每笔业务应涉及的专用记账凭证名称。

表3-5　　　　　总分类账户本期发生额及余额试算平衡表

2×24 年 9 月 30 日　　　　　　　　　　　　单位：元

会计科目	期初余额		本期发生额		期末余额	
	借方	贷方	借方	贷方	借方	贷方
库存现金	2 000		5 000	1 000	6 000	
银行存款	52 600		180 000	77 000	155 600	
原材料	158 000		2 000		160 000	
库存商品						
应收账款	12 000		10 000		22 000	
固定资产	275 000		245 000		520 000	
其他应收款	3 000		1 000		4 000	
短期借款		80 000	50 000	100 000		130 000
应付账款		24 000		25 000		49 000
资本公积		100 000				100 000
盈余公积		46 000				46 000
实收资本				750 000		750 000
无形资产			380 000		380 000	
合　计	502 600	150 000	973 000	953 000	1 247 600	1 075 000

其次，根据给定的月初资料，结合本月业务的处理可知，"资本公积"账户的本月记录没有错误，其期末余额为 100 000 元，则期初余额为 200 000 元，而已知月初所有者权益为 446 000 元，所以"实收资本"和"资本公积"两个账户的月初余额之和为 400 000 元（446 000-46 000），而"资本公积"账户的月初余额为 200 000 元，据此可以计算出"实收资本"账户的月初余额为 200 000 元。根据"资产总额=负债总额+所有者权益总额"的会计等式，就可以计算出"库存商品"账户的月初余额为 47 400 元。

最后，该企业会计编制的试算表之所以不平衡，其原因有两个：一是在"库存商品"、"资本公积"和"实收资本"账户的月初余额没有计算出来的情况下编制试算表，自然不平衡。二是根据本月有关业务记录进行账务处理乃至编制试算表时发生错误，导致在试算表中将某些账户的发生额和余额确定错误，即：（1）将"库存现金"账户贷方发生额的2 000元误记入"银行存款"账户；（2）将"银行存款"账户贷方发生额的25 000元误记入"应付账款"账户；（3）将"应收账款"账户贷方发生额的10 000元误记入其借方；（4）将"原材料"账户借方发生额中的20 000元误记入"固定资产"账户。

案例 3-3　　　　　得利娱乐会所的得失

郝大明原来是某饭店的服务员，年薪60 000元。一年前他辞去工作，个人投资300 000元创办了得利娱乐会所，主要经营各种宴席、酒会、小吃等饮食服务，同时兼营舞会、宴会等场地出租。该娱乐会所一年来的经营情况汇总如下：

（1）全年提供饮食服务获得收入960 000元。

（2）出租场地获得租金收入356 000元。

（3）各种餐饮食品的成本计504 000元。

（4）支付广告费60 000元。

（5）支付雇员薪酬276 000元。

（6）郝大明个人生活费28 000元。

（7）耗用清洁用品等计2 400元。

（8）得利娱乐会所一年发生水电费36 000元，其他杂费6 000元。

（9）得利娱乐会所租用房屋年租金280 000元。

（10）一年的税费计24 000元。

案例要求：

（1）请你评价郝大明经营的得利娱乐会所的经营状况。

（2）假如当时的银行存款利率为2.8%，请你评价郝大明辞职进行个体经营是否更有利。

案例提示

（1）得利娱乐会所在经营的一年里实现的收入为1 316 000元（960 000+356 000）。

（2）得利娱乐会所在经营的一年里发生的各种支出为 1 188 400 元（504 000+60 000+276 000+2 400+36 000+6 000+280 000+24 000）。

（3）郝大明的个人生活费用不能计算在得利娱乐会所的支出中。

（4）由此可以计算出得利娱乐会所经过一年的经营实现的净收益为 127 600 元（1 316 000-1 188 400）。

（5）如果考虑银行存款利息，即假如将郝大明用来投资的 300 000 元存入银行，则其应得利息为：300 000×2.8%=8 400（元），再考虑其因辞职而失去的年薪 60 000 元，则郝大明因开办娱乐会所而发生的损失为 68 400 元，但得利娱乐会所获得的净收益为 127 600 元。由此可见，郝大明开办这个娱乐会所还是有利可图的。

六、练习题参考答案

（一）单项选择题

1.C　2.A　3.C　4.D　5.C　6.D　7.D　8.D　9.D　10.A　11.B　12.C　13.A　14.A　15.B　16.D　17.D　18.B　19.C　20.C　21.A　22.A　23.D　24.A　25.A　26.B　27.C　28.D　29.A　30.B　31.C　32.C　33.D　34.A　35.A　36.B　37.C　38.B　39.B　40.D

（二）多项选择题

1.BDE　2.ABE　3.ACDE　4.ABD　5.ABC　6.ADE　7.BCD　8.ABCDE　9.ACD　10.BDE　11.ABD　12.BDE　13.ACE　14.ADE　15.AB　16.ABC　17.BCD　18.AC　19.ACD　20.ABE　21.AC　22.ABCD　23.ABCE　24.BCD　25.ABC

（三）判断题

1.×　2.×　3.×　4.×　5.×　6.√　7.√　8.×　9.√　10.×　11.×　12.×　13.×　14.√　15.√　16.√　17.√　18.×　19.√　20.√

（四）计算题

1.期末的所有者权益=期初的所有者权益+本期增加的所有者权益−本期减少的所有者权益，根据这个计算公式，我们可以确定：

利和股份公司所属A公司年末的所有者权益=2 318 000+（800 000+260 000）
　　　　　　　　　　　　　　　　　　　=3 378 000（元）

注意：本题中的"用资本公积转增资本"不影响所有者权益总额的变化。

2.根据题意可知：

（1）本月购入材料总额=（期末结存材料−期初结存材料）+本期发出材料
　　　　　　　　　=（206 500−278 500）+132 000=60 000（元）

$$(2)\ \begin{matrix} \text{本月发生的} \\ \text{应付账款} \end{matrix} = \left(\begin{matrix} \text{期末的} \\ \text{应付账款} \end{matrix} - \begin{matrix} \text{期初的} \\ \text{应付账款} \end{matrix} \right) + \begin{matrix} \text{本期偿还的} \\ \text{应付账款} \end{matrix}$$

$$= (243\,000 - 218\,000) + 0 = 25\,000\ (元)$$

(3) 本月已付款的材料 = 本月购入材料总额 - 本月发生的应付账款

$$= 60\,000 - 25\,000 = 35\,000\ (元)$$

3. 正确的试算平衡表见表3-6。

表3-6　　　　　　　　　　**某公司试算平衡表**

2×24年4月30日　　　　　　　　　单位：元

账户名称	金 额	
	借　方	贷　方
库存现金	28 910	
应收账款	31 100	
库存商品	8 200	
固定资产	29 400	
应付账款		22 000
实收资本		50 000
主营业务收入		31 510
管理费用	5 900	
合　计	103 510	103 510

4. 正确的试算平衡表见表3-7。

表3-7　　　　　　　　　　**某公司结账前试算平衡表**

2×24年10月31日　　　　　　　　　单位：元

账户名称	借　方	贷　方
库存现金	4 740	
银行存款	104 600-3 132+3 600+5 400=110 468	

账户名称	借　方	贷　方
应收账款	15 656+2 700+46 088=64 444	
库存商品	89 700+37 500=127 200	
原材料	42 060-37 500=4 560	
固定资产	2 513 700	
短期借款		120 000+6 000=126 000
应付账款		73 480+3 600=77 080
实收资本		2 000 000
盈余公积		150 620
主营业务收入		486 500
本年利润		49 380
管理费用	63 400+3 132-2 700+36=63 868	
财务费用	600	
合　计	2 889 580	2 889 580

（五）业务处理题

1.（1）AH　　（2）IB　　（3）AF　　（4）CB　　（5）AD　　（6）AD　　（7）AB
（8）CB　　（9）AB　　（10）AD

2.（1）本期库存现金收入总额=4 100-3 600+9 600=10 100（元）

（2）本期收回顾客欠款总额=4 000+6 800-3 600=7 200（元）

（3）本期购买的原材料总额=3 200+3 800-7 000=0

（4）本期增加的应付账款=15 800-（16 000-3 000）=2 800（元）

3.该快餐店2×24年的有关损益项目确定如下：

收入=420 000+50 000+32 000=502 000（元）

费用=260 000+21 000+145 000+40 000=466 000（元）

利润=502 000-466 000=36 000（元）

通过上述计算可以看出，王成义经营的快餐店，开业一年来实现的经营成果是盈利 36 000 元。由于王成义原在事业单位任职，月薪 1 500 元，年薪即为 18 000 元，显然，王成义开办的快餐店获得的盈利要超过其在单位任职的收入，也就是说，王成义辞去公职而开办快餐店是合适的。

本题需要注意，王成义个人的支出 20 000 元不能作为快餐店的开支看待。因为，按照会计主体前提条件的要求，快餐店的会计只核算本快餐店的业务，必须将快餐店这个会计主体的业务与快餐店所有者即王成义本人的业务区别开来。另外，对于王成义来说，在作出这个决策时，需要考虑一下借款的利息问题，在本例中，借款的年利息额为 4 000 元（100 000×4%），但这个利息额度比较小，所以，并不改变最终的结果。

4.更正错账：

(1) 划线更正法：   3 500

                    5 300 印章

(2) 红字更正法：

借：固定资产   70 000

  贷：资本公积   70 000

借：固定资产   70 000

  贷：实收资本   70 000

(3) 红字更正法：

借：固定资产   5 000

  贷：银行存款   5 000

借：管理费用   5 000

  贷：银行存款   5 000

(4) 红字更正法：

借：短期借款   36 000

  贷：银行存款   36 000

(5) 红字更正法：

借：应付账款   54 000

  贷：应付票据   54 000

(6) 补充登记法：

借：盈余公积   72 000

  贷：实收资本   72 000

5.编制的通用记账凭证见表 3-8 至表 3-17。

（1）表3-8 　　　　　**通用记账凭证**　　　　　　　出纳编号

证44-1A　　　　　　　2×24年6月2日　　　　　　　凭证编号

摘要	结算方式	票号	借方科目		贷方科目		金额	记账符号
			总账科目	明细科目	总账科目	明细科目		
接受A投资			银行存款		实收资本	A投资者	1 200 000	
附单据　张			合计				1 200 000	

会计主管人员：　　记账：　　稽核：　　制单：　　出纳：　　缴款人：

（2）表3-9　　　　　**通用记账凭证**　　　　　　　出纳编号

证44-1A　　　　　　　2×24年6月10日　　　　　　凭证编号

摘要	结算方式	票号	借方科目		贷方科目		金额	记账符号
			总账科目	明细科目	总账科目	明细科目		
购买材料			原材料	甲材料	银行存款		50 000	
附单据　张			合计				50 000	

会计主管人员：　　记账：　　稽核：　　制单：　　出纳：　　缴款人：

（3）表3-10　　　　　**通用记账凭证**　　　　　　出纳编号

证44-1A　　　　　　　2×24年6月11日　　　　　　凭证编号

摘要	结算方式	票号	借方科目		贷方科目		金额	记账符号
			总账科目	明细科目	总账科目	明细科目		
购买设备			固定资产	乙设备	银行存款		750 000	
附单据　张			合计				750 000	

会计主管人员：　　记账：　　稽核：　　制单：　　出纳：　　缴款人：

（4）表3-11 　　　　　　　　**通用记账凭证**　　　　　　　　出纳编号

证44-1A 　　　　　　　　　　2×24年6月15日 　　　　　　　　凭证编号

摘要	结算方式	票号	借方科目		贷方科目		金额	记账符号
			总账科目	明细科目	总账科目	明细科目		
偿还欠款			应付账款	B企业	银行存款		150 000	
附单据　　张				合计			150 000	

会计主管人员：　　　记账：　　　稽核：　　　制单：　　　出纳：　　　缴款人：

（5）表3-12 　　　　　　　　**通用记账凭证**　　　　　　　　出纳编号

证44-1A 　　　　　　　　　　2×24年6月18日 　　　　　　　　凭证编号

摘要	结算方式	票号	借方科目		贷方科目		金额	记账符号
			总账科目	明细科目	总账科目	明细科目		
收回欠款			银行存款		应收账款	C公司	120 000	
附单据　　张				合计			120 000	

会计主管人员：　　　记账：　　　稽核：　　　制单：　　　出纳：　　　缴款人：

（6）表3-13 　　　　　　　　**通用记账凭证**　　　　　　　　出纳编号

证44-1A 　　　　　　　　　　2×24年6月20日 　　　　　　　　凭证编号

摘要	结算方式	票号	借方科目		贷方科目		金额	记账符号
			总账科目	明细科目	总账科目	明细科目		
提取现金			库存现金		银行存款		10 000	
附单据　　张				合计			10 000	

会计主管人员：　　　记账：　　　稽核：　　　制单：　　　出纳：　　　缴款人：

（7）表3-14　　　　　　　　**通用记账凭证**　　　　　　　　　出纳编号

证44-1A　　　　　　　　　　2×24年6月22日　　　　　　　　凭证编号

摘要	结算方式	票号	借方科目		贷方科目		金额	记账符号
			总账科目	明细科目	总账科目	明细科目		
预借差旅费			其他应收款	王玲	库存现金		5 000	
附单据　张			合计				5 000	

会计主管人员：　　记账：　　稽核：　　制单：　　出纳：　　缴款人：

（8）表3-15　　　　　　　　**通用记账凭证**　　　　　　　　　出纳编号

证44-1A　　　　　　　　　　2×24年6月24日　　　　　　　　凭证编号

摘要	结算方式	票号	借方科目		贷方科目		金额	记账符号
			总账科目	明细科目	总账科目	明细科目		
偿还短期借款			短期借款		银行存款		120 000	
附单据　张			合计				120 000	

会计主管人员：　　记账：　　稽核：　　制单：　　出纳：　　缴款人：

（9）表3-16　　　　　　　　**通用记账凭证**　　　　　　　　　出纳编号

证44-1A　　　　　　　　　　2×24年6月25日　　　　　　　　凭证编号

摘要	结算方式	票号	借方科目		贷方科目		金额	记账符号
			总账科目	明细科目	总账科目	明细科目		
报销差旅费			管理费用				3 600	
			库存现金				1 400	
					其他应收款	王玲	5 000	
附单据　张			合计				5 000	

会计主管人员：　　记账：　　稽核：　　制单：　　出纳：　　缴款人：

（10）表3-17

通用记账凭证

出纳编号

证44-1A

2×24年6月29日

凭证编号

摘要	结算方式	票号	借方科目		贷方科目		金额	记账符号
			总账科目	明细科目	总账科目	明细科目		
从银行借款			银行存款		短期借款		250 000	
附单据　　张					合计		250 000	

会计主管人员：　　记账：　　稽核：　　制单：　　出纳：　　缴款人：

6.编制的专用记账凭证见表3-18至表3-24。

（1）银收1

表3-18

收款记账凭证

凭证编号　__1__

出纳编号____

证41-1A

2×24年6月1日

借方科目：银行存款

摘要	结算方式	票号	贷方科目		金额	记账符号
			总账科目	明细科目		
从银行借款			短期借款		100 000	
附单据　　张				合计	100 000	

会计主管人员：　　记账：　　稽核：　　制单：　　出纳：　　缴款人：

（2）现付1

表3-19

付款记账凭证

凭证编号　__1__

出纳编号____

证42-1A

2×24年6月3日

贷方科目：库存现金

摘要	结算方式	票号	借方科目		金额	记账符号
			总账科目	明细科目		
预借差旅费			其他应收款	某职工	600	
附单据　　张				合计	600	

会计主管人员：　　记账：　　稽核：　　制单：　　出纳：　　领款人：

86

（3）转1

表3-20 **转账记账凭证**

证43-1A　　　　　　　2×24年6月6日　　　　　　凭证编号__1__

摘要	借方科目		贷方科目		金额	记账符号
	总账科目	明细科目	总账科目	明细科目		
领用材料	生产成本				60 000	
	管理费用				5 000	
			原材料		65 000	
附单据　　张	合计				65 000	

会计主管人员：　　　　记账：　　　　稽核：　　　　制单：

（4）银付1

表3-21　　　　　　　　**付款记账凭证**　　　　　　凭证编号__1__

出纳编号____

证42-1A　　　　　　　2×24年6月15日　　　　　贷方科目：银行存款

摘要	结算方式	票号	借方科目		金额	记账符号
			总账科目	明细科目		
办公费			管理费用		7 000	
附单据　　张			合计		7 000	

会计主管人员：　　记账：　　稽核：　　制单：　　出纳：　　领款人：

（5）银付2

表3-22　　　　　　　　**付款记账凭证**　　　　　　凭证编号__2__

出纳编号____

证42-1A　　　　　　　2×24年6月30日　　　　　贷方科目：银行存款

摘要	结算方式	票号	借方科目		金额	记账符号
			总账科目	明细科目		
缴税			应交税费		15 000	
附单据　　张			合计		15 000	

会计主管人员：　　记账：　　稽核：　　制单：　　出纳：　　领款人：

（6）转2

表3-23 **转账记账凭证**

证43-1A 2×24年6月30日 凭证编号 2

摘要	借方科目		贷方科目		金额	记账符号
	总账科目	明细科目	总账科目	明细科目		
计提折旧	生产成本				10 000	
	管理费用				6 000	
			累计折旧		16 000	
附单据 张			合 计		16 000	

会计主管人员： 记账： 稽核： 制单：

（7）银付3

表3-24 **付款记账凭证** 凭证编号 3

出纳编号

证42-1A 2×24年6月30日 贷方科目：银行存款

摘要	结算方式	票号	借方科目		金额	记账符号
			总账科目	明细科目		
提取现金			库存现金		3 000	
附单据 张			合 计		3 000	

会计主管人员： 记账： 稽核： 制单： 出纳： 领款人：

第四章　货币资金与应收项目

一、学习目的与要求

本章主要阐述有关货币资金和应收项目的内容。通过对本章内容的学习，要求了解货币资金的构成及其核算方法，把握各种应收项目的确认、计量和记录方法。重点掌握现金清查结果的会计处理、银行存款余额调节表的编制、应收票据利息的确认与计量以及坏账损失的核算等内容。

二、内容概览

（一）关键概念

1. 货币资金　　　　　　2. 现金（狭义）
3. 未达账项　　　　　　4. 其他货币资金
5. 应收票据　　　　　　6. 应收账款
7. 坏账　　　　　　　　8. 坏账损失
9. 坐支　　　　　　　　10. 备抵法
11. 其他应收款　　　　　12. 预付账款

（二）关键问题

1. 简述现金管理的主要内容。
2. 为什么在有效的内部控制制度中，最关注的是保证货币资金的安全？
3. 造成企业银行存款日记账与开户银行对账单余额不符的原因有哪些？
4. 我国会计规范为什么规定企业应采用备抵法核算坏账损失？
5. 带息票据和不带息票据在会计处理上有什么不同？
6. 企业已作为坏账冲销的应收账款还能收回吗？如果不能，为什么？如果能，应当如何进行会计处理？

三、本章重点与难点

货币资金，是停留在货币形态，可以随时用作购买手段和支付手段的资金，包括库存现金、银行存款和其他货币资金。

现金是企业一项比较重要的流动资产，在其管理的过程中，由于种种原因使得现金经常会出现长、短款现象，即现金的账实不符。造成现金账实不符的原因从大的方面来说包括两类：一类是会计人员操作失误；另一类是人为舞弊。对现金进行清查之后应将清查结果填列到"库存现金盘点报告表"中，并按规定进行相关的账务处理，包括批准前和批准后的会计处理。

银行存款是企业存入银行和其他金融机构的各种款项。企业应根据《人民币银行结算账户管理办法》和《支付结算办法》的规定，在银行开立基本存款账户、一般存款账户、临时存款账户和专用存款账户。

银行存款的清查主要是指企业银行存款日记账与开户银行开出的对账单两者的核对。在对银行存款日记账与银行开出的对账单进行核对时，应首先将截至核对日为止的所有银行存款的收、付业务登记入账，并对发生的错账、漏账及时查清更正，然后再与银行对账单逐笔核对。如果二者余额相符，则说明基本正确，如果二者余额不符，则可能是企业或银行某一方记账过程有错误或者存在未达账项。未达账项是指企业和开户银行双方之间，由于传递单证需要时间、确认收付的口径不一致等原因，而造成对于同一笔款项收付业务，由于双方记账时间不一致，银行和企业中一方已经接到有关的结算凭证确认收付并已登记入账，而另一方尚未接到有关的结算凭证尚未入账的款项。总体来说，未达账项有两大类：一类是企业记账而银行未记账的账项；另一类是银行记账而企业未记账的账项。在与银行对账时首先应查明是否存在未达账项，如果存在未达账项，就应该编制银行存款余额调节表对有关的账项进行调整。

其他货币资金是指性质与库存现金、银行存款相同，但其存放地点和用途与库存现金和银行存款不同的货币资金，包括外埠存款、银行汇票存款、银行本票存款、存出投资款、信用证保证金存款和在途货币资金等。

企业在日常生产经营过程中发生的各项债权，构成企业的应收及预付款项，即应收项目，包括应收款项（应收票据、应收账款和其他应收款）和预付账款等。

应收票据是指企业因向客户提供商品或劳务而收到的由客户签发在短期内某一确定日期支付一定金额的书面承诺，是持票企业拥有的债权。

应收票据在核算上应区分带息票据和不带息票据。不带息票据是指票据上未注明利率，只按票面金额结算票款的票据；带息应收票据是指根据票面金额和票面利率计算到期利息的票据。对于带息应收票据，应于中期期末、年度终了和票据到期时计算票据利息，增加应收票据的账面价值，同时冲减财务费用。利息的计算公式为：

应收票据利息=应收票据面值×票面利率×时间

应收账款是企业因销售商品、产品、材料、提供劳务等业务而应向购货单位或接受劳务的单位收取的款项，它代表企业获得未来经济利益（未来现金流入）的权利。

应收账款按交易日的实际发生额入账时，应注意现金折扣的内容。现金折扣是指在赊销的情况下，债权人为了鼓励债务人在赊销期内尽早付款而给予债务人的一种债务扣除。在存在现金折扣的情况下，对应收账款入账价值的确定有两种方法，即总价法和净价法，我国对现金折扣采用总价法进行核算。

企业无法收回的应收账款称为企业的坏账，由于发生坏账而给企业造成的损失，称为坏账损失。对于坏账损失的核算会计上曾经有两种方法可以选择，即直接转销法和备抵法。按照我国现行会计规范的要求，我国企业单位应该采用备抵法核算坏账损失，计提坏账准备金。坏账准备金的计提方法包括应收账款余额百分比法、账龄分析法、销货百分比法等，具体采用哪一种方法由企业自行确定。

为了核算坏账准备的提取和实际转销情况，在会计核算过程中，企业需要设置"坏账准备"账户，年末计算提取坏账准备时，首先用应收账款余额乘以计提比例，在此基础上结合以前年度已经计提（或提取不足）的坏账准备进行调整（注意观察"坏账准备"账户的余额方向），确定本次应该计提（或冲销）的坏账准备金额，其计算公式为：

应提取的坏账准备（估计）=应收账款年末余额×计提比例

$$本期实际计提（或冲销）的坏账准备 = 应提取的坏账准备 + 调整前"坏账准备"账户借方余额（或-调整前"坏账准备"账户贷方余额）$$

应收款项中的预付账款和其他应收款要注意其各自核算的内容和账务处理等。

四、练习题

（一）单项选择题

1.对于无法查明原因的现金短款，经批准后应计入（　　）。

A.管理费用　　　　　　　　B.财务费用

C.营业外支出　　　　　　　D.其他应收款

2.某公司会计在期末编制了如下的会计分录，借：坏账准备 5 000，贷：应收账款 5 000，编制该笔会计分录的目的是（　　）。

A.计提坏账准备　　　　　　B.冲销本期发生的坏账

C.收回已冲销的坏账　　　　D.冲销多提的坏账准备

3.在企业开立的诸多账户中，可以办理提取现金以便发放工资的是（　　）。

A.专用存款账户　　　　　　B.一般存款账户

C.临时存款账户　　　　　　D.基本存款账户

4.按我国现行会计规范的要求，应收票据的入账金额为（　　）。

A.票据到期值　　　　　　　B.票据贴现值净额

C.票据面值　　　　　　　　D.票据面值加利息

5.企业持有的带息商业汇票，在会计期末计提利息时，应冲减（　　）。

A.管理费用　　　　　　　　B.财务费用

C.销售费用　　　　　　　　D.营业外支出

6.在下列项目中，不通过"其他应收款"科目核算的是（　　）。

A.为职工垫付的房租

B.应收保险公司的赔款

C.应向购货方收取的代垫运费

D.存出保证金

7.根据我国企业会计准则的规定，存在现金折扣的情况下，应收账款入账价值应采用（   ）。

A.直接法   B.间接法

C.净价法   D.总价法

8.应收账款产生的主要原因是（   ）。

A.现销   B.赊销

C.现购   D.赊购

9.对银行已经入账、企业尚未入账的未达账项，企业编制银行存款余额调节表后，一般应当（   ）。

A.根据银行存款余额调节表进行账务处理

B.根据银行对账单上的记录进行账务处理

C.根据对账单和调节表自制凭证进行账务处理

D.待结算凭证到达后再进行账务处理

10.企业在年末计提坏账准备以后，"坏账准备"科目的余额（   ）。

A.可能在借方   B.一定在借方

C.一定在贷方   D.可能在借方或贷方

11.下列内容中不属于未达账项的是（   ）。

A.开户单位已收、银行未收的账项

B.开户单位已付、银行未付的账项

C.银行已收、开户单位未收的账项

D.银行已付、开户单位已付的账项

12.企业支付的银行承兑汇票手续费应计入（   ）。

A.管理费用   B.财务费用

C.营业外支出   D.其他业务成本

13.纸质商业汇票的付款期限最长不得超过（   ）。

A.3个月   B.6个月

C.9个月   D.1年

14.企业持有的带息应收票据失信时，应借记应收账款的金额为（   ）。

A.票据的面值   B.票据的到期值

C.票据的到期值减去利息收入　　D.票据的到期值加上利息收入

15.面值 3 000 000 元、期限为 90 天、利率为 12% 的票据的到期值是（　　）。

A.3 090 000 元　　　　　　　B.3 000 000 元

C.3 080 000 元　　　　　　　D.3 050 000 元

16.某企业销售一批商品，增值税专用发票注明的价款为 60 万元，适用的增值税税率为 13%，为购买方代垫的运杂费为 2 万元，款项尚未收回，则企业确认的应收账款金额为（　　）。

A.60 万元　　　　　　　　　B.67.8 万元

C.69.8 万元　　　　　　　　D.62 万元

17.在企业发生的下列各项内容中，不通过"其他货币资金"科目核算的是（　　）。

A.存出投资款　　　　　　　B.备用金

C.银行本票存款　　　　　　D.银行汇票存款

18.某企业采用账龄分析法估计坏账损失，2×24 年 12 月 31 日，计提坏账准备前"坏账准备"账户贷方余额 7.8 万元，当日，企业应收账款余额为 540 万元，其中，未到期的应收账款 240 万元，估计损失率 1.5%；过期 6 个月以内的应收账款 180 万元，估计损失率 6%；过期 6 个月以上的应收账款 120 万元，估计损失率为 9%。则该企业 2×24 年 12 月 31 日应补提（或冲销）的坏账准备的金额为（　　）。

A.18.5 万元　　　　　　　　B.17.4 万元

C.25.5 万元　　　　　　　　D.25.2 万元

19.某企业在 2×24 年 10 月 8 日销售商品 100 件，增值税专用发票上注明的总价款为 50 000 元，增值税税额为 6 500 元，企业为了及早收回货款而在合同中规定的现金折扣条件为"2/10、1/20、N/30"，假定计算现金折扣时不考虑增值税。如果买方 2×24 年 10 月 24 日付清款项，则本企业实际收款金额为（　　）。

A.55 500 元　　　　　　　　B.56 500 元

C.57 000 元　　　　　　　　D.56 000 元

20.企业一般不得从本单位的现金收入中直接支付现金支出，因特殊情况需要支付现金的应事先报经（　　）。

A.本企业财务负责人审查批准　　B.上级主管部门审查批准

C.开户银行审查批准　　　　　　D.财税部门审查批准

21.企业在赊销的情况下，债权人为了鼓励债务人在赊销期内尽早付款而给予债务人的一种债务扣除，在会计上称为（　　　）。

A.商业折扣　　　　　　　　　　B.现金折扣

C.销售折让　　　　　　　　　　D.销售退回

22.在下列内容中，不属于企业货币资金的是（　　　）。

A.库存现金　　　　　　　　　　B.银行存款

C.其他货币资金　　　　　　　　D.应收票据

23.企业存放在银行的银行本票存款，应通过（　　　）核算。

A."其他货币资金"科目　　　　B."其他应收款"科目

C."应收票据"科目　　　　　　D."库存现金"科目

24.某企业2×24年11月1日收到一张同日签发、承兑的商业汇票，其面值为400 000元，年利率为6%，期限为6个月。2×24年12月31日结账后该企业"应收票据"账户的账面价值为（　　　）。

A.400 000元　　　　　　　　　　B.404 000元

C.412 000元　　　　　　　　　　D.408 000元

25.企业采用备抵法核算坏账时，其确认坏账损失的会计分录应为（　　　）。

A.借：信用减值损失　　　　　　B.借：营业外支出
　　贷：应收账款　　　　　　　　　贷：应收账款

C.借：销售费用　　　　　　　　D.借：坏账准备
　　贷：应收账款　　　　　　　　　贷：应收账款

26.某企业因采购商品开出3个月期限的商业汇票一张。该票据的票面价值为800 000元，票面年利率为10%。该应付票据到期时，企业应支付的款项为（　　　）。

A.800 000元　　　　　　　　　　B.810 000元

C.815 000元　　　　　　　　　　D.820 000元

27.某公司2×24年12月31日，"应收账款"账户余额为502 600元，年底调整前"坏账准备"账户的贷方余额为42 000元，公司按10%估计坏账，则2×24年12月31日公司实际计提的坏账准备金额为（　　　）。

A.50 260元   B.8 260元

C.92 260元   D.4 200元

28.如果企业采用直接转销法核算坏账，其确认坏账损失的会计分录应为（　　）。

A.借：信用减值损失   B.借：营业外支出

　　贷：应收账款   　贷：应收账款

C.借：销售费用   D.借：坏账准备

　　贷：应收账款   　贷：应收账款

29.某企业在2×24年3月31日编制的银行存款余额调节表时有下列几个金额：当日的银行对账单余额为452 000元，当日的银行存款日记账余额为418 000元，银行存款余额调节表中显示的调节后余额为367 000元，则该企业在4月初可动用的银行存款实有额为（　　）。

A.452 000元   B.418 000元

C.367 000元   D.785 000元

30.企业在持有票据的会计期末（这个期末一般是中期末、年末等，不一定是每个月末）计提应收票据利息时应借记（　　）。

A."应收票据"账户   B."财务费用"账户

C."银行存款"账户   D."应收利息"账户

（二）多项选择题

1.在企业发生的下列支出中，按规定可以用现金支付的有（　　）。

A.支付的职工差旅费   B.支付的银行承兑手续费

C.职工报销医药费   D.支付的购置设备的价款

E.收购农产品支付的价款

2.企业采用备抵法核算坏账，收回已转销的坏账时，应编制的会计分录包括（　　）。

A.借：应收账款   B.借：银行存款

　　贷：坏账准备   　贷：坏账准备

C.借：银行存款   D.借：坏账准备

　　贷：应收账款   　贷：应收账款

E.借：应收账款

　　贷：信用减值损失

3.企业在开户银行可以开立的账户包括（　　　）。

A.基本存款账户　　　　　　　　B.一般存款账户

C.临时存款账户　　　　　　　　D.专用存款账户

E.账外公款账户

4.现金溢缺的核算涉及的会计科目可能有（　　　）。

A."其他应收款"科目　　　　　　B."财务费用"科目

C."营业外收入"科目　　　　　　D."管理费用"科目

E."待处理财产损溢"科目

5.在下列项目中，属于其他货币资金的有（　　　）。

A.收到的商业汇票

B.收到债务人交来的银行汇票

C.存入证券公司准备购买股票的款项

D.银行本票存款

E.信用证保证金存款

6.企业采用备抵法进行坏账核算时，估计坏账损失的方法有（　　　）。

A.应收账款余额百分比法　　　　B.账龄分析法

C.销货百分比法　　　　　　　　D.年数总和法

E.双倍余额递减法

7.商业汇票按承兑人不同，可以分为（　　　）。

A.商业承兑汇票　　　　　　　　B.企业承兑汇票

C.银行承兑汇票　　　　　　　　D.带息商业汇票

E.不带息商业汇票

8.下列属于"应收票据"账户核算范围的有（　　　）。

A.支票　　　　　　　　　　　　B.银行本票

C.银行汇票　　　　　　　　　　D.商业承兑汇票

E.银行承兑汇票

9.按照我国会计规范的要求，现金管理必须做到（　　　）。

A.出纳员兼管会计档案　　　　　B.日清月结

C.保持大量库存现金　　　　　　D.坐支现金

E.出纳人员定期轮换

10.采用备抵法核算坏账损失的优点有（　　　）。

A.符合谨慎性原则

B.避免虚增资产

C.为报表使用者提供更相关、更可靠的信息

D.加速资金周转

E.符合及时性原则

11.与"应收票据"账户贷方相对应的借方账户可能有（　　）。

A."应收账款"账户　　　　　　B."银行存款"账户

C."财务费用"账户　　　　　　D."应付票据"账户

E."累计折旧"账户

12.在下列各项中，应作为"其他应收款"核算的有（　　）。

A.收入购货单位预付的货款　　B.应收的各种罚款

C.租入包装物支付的押金　　　D.暂收职工未领的工资

E.应收保险公司的各种赔款

13.在下述原因中，能造成现金账实不符的有（　　）。

A.库存现金被盗　　　　　　　B.出纳员收付现金时出现差错

C.现金账记录错误　　　　　　D.实际收付现金但未记账

E.收付现金的同时记账

14.在企业的下列存款中，应通过"其他货币资金"账户核算的有（　　）。

A.银行本票存款　　　　　　　B.银行汇票存款

C.信用证保证金存款　　　　　D.转账支票存款

E.信用卡存款

15.下列内容属于企业的应收款项的有（　　）。

A.应收账款　　　　　　　　　B.预收账款

C.预付账款　　　　　　　　　D.应收票据

E.其他应收款

16.在下列各项中，应记入"坏账准备"账户贷方的内容有（　　）。

A.按规定提取的坏账准备　　　B.已发生的坏账

C.转销的坏账损失　　　　　　D.收回过去确认并转销的坏账

E.冲销多提的坏账准备

17.在编制银行存款余额调节表时，下列未达账项中，会导致企业

银行存款日记账的账面余额小于银行对账单余额的有（　　　）。

A.企业开出支票，银行尚未支付

B.企业送存支票，银行尚未入账

C.银行代收款项，企业未接到收款通知

D.银行代付款项，企业未接到付款通知

E.以上均可

18.在下列内容中，属于企业其他货币资金的有（　　　）。

A.备用金　　　　　　　　　　B.存出投资款

C.银行承兑汇票　　　　　　　D.银行汇票存款

E.在途货币资金

19.在下列各项内容中，会引起期末企业应收账款账面价值发生变化的有（　　　）。

A.计提应收账款坏账准备

B.收回应收账款

C.收回已转销的坏账

D.结转到期不能收回的应收票据

E.赊销商品

20.企业因销售商品发生的应收账款，其入账价值应当包括（　　　）。

A.销售商品的价款　　　　　　B.增值税销项税额

C.代购买方垫付的包装费　　　D.代购买方垫付的运杂费

E.采购人员差旅费

（三）判断题

1.企业用银行汇票支付购货款时，应通过"应付票据"账户核算。

（　　　）

2.通过"银行存款余额调节表"可以了解企业当月银行存款收支情况和月末可动用的银行存款实有数。（　　　）

3.坐支就是不得直接从企业的现金收入中支付现金支出。（　　　）

4.应收账款是企业销售商品等尚未收到的款项，应以实际发出货物的时间作为其入账的时间。（　　　）

5.清点库存现金发现短缺时，如有"白条子"可以抵充库存现金。

（　　　）

6.在企业的货币性资产中，现金的流动性是最强的。　　　（　　）

7.企业从银行转来的对账单上发现的未入账业务，可以以对账单为依据记账。　　　（　　）

8.企业银行存款实有数通常需要通过编制银行存款余额调节表的方法进行确定。　　　（　　）

9.在总价法核算现金折扣的情况下，企业应收账款入账金额应按没有扣除现金折扣的实际售价确定。　　　（　　）

10.企业按年末应收账款余额的一定比例计算的坏账准备金额，应等于年末结账后的"坏账准备"账户的余额。　　　（　　）

11.已存入证券公司但尚未进行投资的现金，应当作为其他货币资金核算。　　　（　　）

12.公司收到一张8月5日签发的100 000元、90天的票据，其到期日为11月5日。　　　（　　）

13.面值为200 000元、利率为6%、期限为60天的票据，其到期值为202 000元。　　　（　　）

14.企业的应收票据无论是带息票据，还是不带息票据，在年末编制的资产负债表中均应以该票据的票面价值反映。　　　（　　）

15.企业的应收款项中只有应收账款可以计提坏账准备。　　（　　）

16.在现金清查中，对于无法查明原因的现金短缺，经批准后应计入营业外支出。　　　（　　）

17.企业的银行存款账面余额与银行对账单余额因未达账项的存在而产生差额时，应按照银行存款余额调节表调节银行存款日记账。

（　　）

18.企业在对现金进行清查的过程中，对于无法查明原因的现金溢余，经批准后应冲减管理费用。　　　（　　）

19.为了满足内部牵制原则，实行钱账分管，通常由出纳人员根据收付款凭证进行现金收支；然后，将收付款后的现金收款凭证和付款凭证交给会计人员，由会计人员登记库存现金日记账。　　　（　　）

20.企业库存现金的清查包括出纳员每日的清点核对和财产清查小组定期、不定期的清查。　　　（　　）

21.采用备抵法核算坏账的情况下，企业发生坏账时所作的冲销应收账款的会计分录，会使企业的资产和资本同时减少相同的金额。

( )

22."坏账准备"账户的期末余额在贷方，在资产负债表上列示时，应列示于流动负债项目中。 ( )

23.在备抵法下，已确认并已转销的坏账损失，以后又收回的，仍然通过"应收账款"账户核算，并贷记"信用减值损失"账户。( )

24."银行存款"账户反映企业在银行的全部存款，因此，企业的银行本票存款也属于银行存款的核算内容。 ( )

25."预付账款"账户属于资产性质，因此，该账户的期末余额一定在借方。 ( )

（四）计算题

1.某公司的坏账损失核算采用备抵法，并按应收账款余额百分比法计提坏账准备。2×22年12月31日结账后"坏账准备"账户贷方余额24 000元。2×23年10月份将已确认无法收回的应收账款12 500元作为坏账处理，当年年末应收账款余额1 200 000元，坏账准备提取率为3%；2×24年6月份收回以前年度已作为坏账注销的应收账款3 000元，当年年末应收账款余额1 000 000元，坏账准备提取率由原来的3%提高到5%。

要求：分别计算2×23年年末、2×24年年末应计提的坏账准备以及应补提或冲减坏账准备的金额。

2.某公司2×24年8月1日的"银行存款"账户借方余额为270 537元，8月份存入银行的款项共计为2 107 775元，8月份支出的银行存款共计为2 177 025元。银行对账单显示8月31日的银行存款余额为346 550元。通过对银行对账单、企业的银行存款日记账以及其他一些资料进行分析，发现下列内容：

（1）公司签发支票购买办公用品200 384元，银行未记账。

（2）8月31日公司存入银行的款项114 821元，银行未记账。

（3）银行代公司收回票据款162 000元，尚未通知企业。

（4）公司签发支票11 000元购买办公用品，银行误记为110 000元。

（5）公司签发的支票8 600元，对账单的记录无误，但公司误记为6 800元。

（6）8月份银行收取服务费1 500元，未通知公司。

要求：

（1）编制该公司8月31日的银行存款余额调节表。

（2）说明公司在9月初可以实际动用的银行存款的额度。

3.某企业2×24年8月31日的银行存款日记账显示的银行存款余额为439 800元，同日收到银行开来的对账单显示的企业存款余额为478 500元。经过查对，企业和银行双方均无错账，但发现了以下的未达账项：

（1）8月26日，企业委托银行代收的销货款30 000元，银行已收妥入账，但企业尚未接到银行的收款通知。

（2）8月27日，企业开出转账支票购买材料计52 500元，持票人尚未到银行办理转款手续。

（3）8月28日，银行代企业支付本月的水电费15 000元，银行尚未通知企业。

（4）8月30日，企业存入银行的其他企业转来的转账支票39 000元，银行尚未入账。

（5）8月31日，企业送存银行的销货现金26 250元，银行尚未记账。

（6）8月31日，银行收到保险公司赔偿本企业的火灾损失款36 450元，银行尚未通知本企业。

要求：根据上述未达账项内容，为该企业编制8月31日的银行存款余额调节表，并确定9月初企业可以动用的银行存款实有金额。

（五）业务处理题

1.某公司对现金进行清查，发现下列内容（不同时间进行的多次清查）：

（1）清查发现现金短款1 200元，经查属于出纳员的责任，暂时未收到出纳员的赔款。

（2）清查发现现金短款1 500元，无法查明原因。

（3）清查发现现金长款800元，无法查明原因。

要求：对上述业务进行批准前、批准后的相关账务处理。

2.某公司3月份发生下列经济业务：

（1）公司清查现金发现现金短款 1 650 元，经查，其中 650 元属于出纳员的工作失职造成，应由出纳员赔偿，暂时未收款；另 1 000 元无法查明原因。

（2）公司通过银行向黎明商店预付订购甲材料的订金 100 000 元。

（3）公司采购员出差预借差旅费 6 000 元，付给现金。

（4）公司持有的一张已承兑商业汇票到期值为 385 200 元，因付款人暂时资金紧张导致本公司未收到款项，将其转为应收账款。

（5）公司采购员出差归来报销差旅费 4 600 元（管理费用），余款 1 400 元退回现金。

要求：编制上述业务的会计分录。

3.企业首次计提坏账准备年度的应收账款年末余额为 2 000 000 元，提取坏账准备的比例为 10%。第二年发生坏账损失 100 000 元，年末应收账款余额 2 800 000 元。第三年发生坏账损失 180 000 元，上年已转销的应收账款中有 65 000 元本年度又收回，该年度末应收账款余额为 1 500 000 元。

要求：作出各年相应的账务处理。

4.某企业采用备抵法核算坏账损失，按年末应收账款余额的 15% 提取坏账准备，有关资料如下：

（1）该企业从 2×21 年开始计提坏账准备，年末应收账款余额为 1 000 000 元。

（2）2×22 年年末应收账款余额为 2 500 000 元。

（3）2×23 年年末应收账款余额为 2 200 000 元。

（4）2×24 年 6 月份发生一笔坏账 180 000 元，当年年末应收账款余额为 2 000 000 元。

要求：根据上述资料进行相关的计算，并编制有关的会计分录。

5.某公司 2×24 年 6 月 30 日核对银行存款项目。6 月 30 日银行对账单显示的公司银行存款余额为 914 311 元，公司所有的款项收付都通过银行办理。公司 6 月份的会计账簿记录反映的有关数据如下（金额单位：元）：

6 月 1 日余额	394 350
本月货币资金收入金额	2 897 160
本月签发的支票总额	2 838 885

通过对银行的对账单和公司的会计账簿记录进行逐笔核对发现：

（1）6月29日，银行代本公司收到某单位支付的应收票据款103 000元，票据面值100 000元，公司未入账。

（2）6月30日，公司收到客户交来的购货支票185 221元并存入银行，公司已记账，银行未记账。

（3）6月30日，公司开出支票526 527元支付购入的设备款，公司已记账，但售货单位尚未到银行办理转账。

（4）6月30日，公司存入银行的一笔款项15 700元，银行误记为13 900元。

（5）公司签发24 000元的支票，实际付款3 000元。

（6）银行收取6月份业务手续费1 820元。

要求：

（1）编制6月30日的银行存款余额调节表。

（2）编制该公司有关的调整分录。

6.某公司为增值税一般纳税人企业，应收账款现金折扣的会计处理采用总价法，月初"坏账准备"账户的贷方余额为48 000元。12月份发生有关货币资金及应收项目的经济业务如下：

（1）12月1日，公司出纳员交来因上个月工作失误，由本人赔偿的现金200元。

（2）12月2日，公司填制"银行本票申请书"，申请不定额本票240 000元，银行收取手续费100元。

（3）12月3日，公司销售给阳光商店一批商品，价款160 000元，增值税税额为20 800元，付款条件为"2/10、N/30"。

（4）12月4日，公司以不定额本票购进材料180 000元，增值税23 400元，余款由收款单位退回，公司已将其存入银行。

（5）12月5日，公司销售给玉泉商店商品200 000元，增值税税额为26 000元，玉泉商店当即开出一张无息、期限为1个月的商业汇票。

（6）12月6日，一张出票日期为11月6日、月利率为8‰、票面价值为150 000元、期限为1个月的商业承兑汇票到期，公司收到本金和利息。

（7）12月7日，因产品质量问题，阳光商店在未支付货款的情况下退回不合格产品20 000元，增值税税额为2 600元，已开具红字增值税专用发票。

（8）12月9日，阳光商店支付合格产品的货款，公司收到存入银行。

（9）12月10日，公司销售给大地公司一批商品，大地公司当即开出一张面值339 000元（其中货款300 000元，增值税39 000元）、期限为1个月的无息商业承兑汇票，公司已收到商业汇票。

（10）12月11日，公司从环球公司购进材料一批，价款200 000元，增值税26 000元，公司签发一张商业汇票支付款项。

（11）12月25日，公司确认为坏账并已核销的科达公司的应收账款50 000元又收回。

（12）12月28日，经公司董事会批准转销已破产无法收回的利群公司债权180 000元。

（13）12月30日，公司计算出本年度应上缴的所得税为120 000元。

（14）12月31日，公司用银行存款支付所得税。

（15）12月31日，公司计算出本期应收账款余额为500 000元，采用应收账款余额百分比法计提坏账准备，计提比例为5%。

要求：根据以上资料进行相关的会计处理。

7.某公司2×24年11月1日销售一批商品给红星商店，货物已发出，增值税专用发票上注明的价款为100 000元，增值税税额为13 000元。公司收到红星商店交来的一张期限为3个月、票面利率为12%的商业汇票。

要求：进行与应收票据相关的全部会计处理。

8.某企业为增值税一般纳税人企业，增值税税率为13%。2×24年10月份发生下列经济业务：

（1）10月3日，销售给M公司产品一批，增值税专用发票注明的价款为370 000元，增值税税额为48 100元，收到M公司开来的已承兑商业汇票一张，期限为1个月。

（2）10月8日，销售给K公司产品一批，增值税专用发票注明的价款为200 000元，增值税税额为26 000元，产品已被购货方提走，但款项尚未收到。

（3）10月12日，销售给T公司产品一批，增值税专用发票注明的价款为 300 000 元，增值税税额为 39 000 元，收到该公司开来的承兑期限为 60 天的商业汇票一张，年利率为 6%。

（4）10月15日，Y公司于本年6月15日签发给本企业的银行承兑汇票到期，该汇票的面值为 585 000 元、年利率为 6%、期限 4 个月，企业持票到银行办理进账，款项存入银行。

（5）10月26日，由H公司于本年8月26日开出购买本企业产品的商业承兑汇票（不带息）到期，该汇票的面值为 800 000 元，因H公司无款支付，汇票被退回。

要求：编制上述业务的相关会计分录。

9.某企业为增值税一般纳税人，对于应收账款涉及的现金折扣的会计处理采用总价法，2×24 年 12 月份该企业发生了下列关于货币资金与应收项目的业务：

（1）公司的出纳员交来因上个月工作错误，由本人赔偿的现金 500 元。

（2）支付在银行办理"本票申请书"的手续费 50 元。

（3）本月3日，赊销给B公司商品，价款 500 000 元，增值税 65 000 元，付款条件为"2/10、N/30"。企业根据以往经验判断，认为顾客不可能在 10 天内付款。

（4）本月5日，销售给H公司商品，价款 800 000 元，增值税 104 000 元，H公司当即开出一张无息、期限为 1 个月的商业承兑汇票。

（5）本月8日，公司持有的一张出票日期为 11 月 8 日、月息为 8‰、票面金额为 400 000 元的商业承兑汇票到期，公司收到本金和利息存入银行。

（6）本月20日，公司已确认为坏账并已核销的应收账款 100 000 元又收回。

要求：根据以上资料进行相关的会计处理。

10.某企业为增值税一般纳税人，2×24 年 5 月份发生下列经济业务：

（1）开出现金支票从银行提取现金 5 000 元备用。

（2）委托开户银行汇出 500 000 元至上海某银行开设临时采购专户，供本企业驻上海采购组采购材料用。

（3）用现金 1 200 元购买行政管理部门办公用品。

（4）销售产品给 M 公司，增值税专用发票注明的价款为 850 000 元，增值税为 110 500 元，收到对方开来的转账支票，并已向银行办妥进账。

（5）厂部的技术人员李红出差预借差旅费 3 000 元，付给现金。

（6）通过银行偿还之前欠 D 公司的货款 128 000 元。

（7）银行转来委托收款结算收账通知，收到 F 公司承付货款 285 000 元。

（8）收到本企业驻上海采购组寄来的发票账单，购入材料 400 000 元，增值税 52 000 元，运杂费 5 000 元（不考虑增值税），材料已验收入库。

（9）向银行申请并经银行同意，由开户银行签发银行汇票一张，金额为 250 000 元，交采购员张平持往外地（广州）采购材料。

（10）通过银行发放本月职工工资 168 500 元。

（11）厂部技术员李红出差归来报销差旅费 2 400 元，余款退回现金。

（12）收到银行通知，上海临时采购存款户余额 43 000 元已转回企业本地银行存款户。

（13）企业销售产品一批，价款 1 200 000 元，增值税 156 000 元，款项未收到。

（14）采购员张平交来从外地采购材料的发票账单，材料价款 200 000 元，增值税 26 000 元，运杂费 2 000 元（不考虑增值税），材料已验收入库。

（15）收到银行转来的多余款收账通知，将银行汇票结余 22 000 元转回入账。

（16）收到银行转来的外单位委托收款的付款通知，转账支付本月的水电费 8 500 元。

（17）前已收到的商业汇票（不带息）现在到期，票面金额 420 000 元，款项已进账。

要求：根据上述资料，编制相关的会计分录。

五、案例分析题

案例 4-1　　　　货币资金的核对

利得股份公司出纳员小李由于刚参加工作不久，对于货币资金管理和业务核算的相关规定不甚了解，所以出现了一些不应有的错误，有两件事情让他印象深刻，至今记忆犹新。第一件事是在 2×24 年 6 月 8 日和 10 日两天的现金业务结束后例行的现金清查中，分别发现现金短缺 80 元和现金溢余 30 元的情况，对此他经过反复思考也弄不明白原因。为了保全自己的面子和息事宁人，同时考虑到两次账实不符的金额又很小，他决定采取下列办法进行处理：现金短缺 80 元，自掏腰包补齐；现金溢余 30 元，暂时收起。第二件事是利得股份公司有关领导经常对其银行存款的实有额心中无数，甚至有时会影响公司日常业务的结算，公司经理因此指派有关人员检查一下小李的工作，结果发现，他每次编制银行存款余额调节表时，只根据公司银行存款日记账的余额，加或减对账单中企业的未入账款项来确定公司银行存款的实有数，而且每次做完此项工作以后，小李就立即将这些未入账的款项登记入账。

案例要求：

小李对上述两项业务的处理是否正确？为什么？

案例提示

小李的处理不正确，其原因如下：

（1）现金的短缺和溢余应通过"待处理财产损溢"科目核算。现金短缺如属于无法查明原因的，根据管理权限，经批准后：

借：管理费用——现金短缺

　　贷：待处理财产损溢——待处理流动资产损溢

现金溢余属于无法查明原因的，经批准后：

借：待处理财产损溢——待处理流动资产损溢

　　贷：营业外收入——现金溢余

（2）小李应该根据未达账项编制银行存款余额调节表，确定调节银行存款日记账的余额和银行对账单的余额，待结算凭证到达后再进行账务处理。

案例 4-2　　　　　银行存款的核对

某公司 2×24 年 11 月 30 日的银行存款日记账余额为 94 508.10 元，包括 11 月 28 日、29 日和 30 日分别已收但尚未送存银行的款项共计 15 000 元。11 月 30 日的银行对账单列示的银行存款余额为 81 722.05 元，包括公司尚未登记的银行托收的票据 6 000 元和利息 150 元。至 11 月底尚未兑现的支票情况见表 4-1。

表4-1　　　　　　　　　　　支票号及金额　　　　　　　　单位：元

支票号	金额	支票号	金额
＃62	581.25	＃332	953.55
＃102	750.00	＃389	1 034.00
＃185	1 266.25	＃408	726.40

11 月初，公司的出纳员提出辞职请求，公司经理经过审核之后同意了出纳员的要求，但必须在 12 月初离开出纳工作岗位。该出纳员在离开工作岗位之前编制了一张公司 11 月 30 日的银行存款余额调节表，见表 4-2。

表4-2　　　　　　　　　　银行存款余额调节表　　　　　　　单位：元

项目	金额
公司银行存款日记账余额	94 508.10
加：未兑现支票	
＃332	953.55
＃389	1 034.00
＃408	726.40
减：已收尚未送存的款项	15 000.00
银行对账单余额	81 722.05
减：银行托收票据及利息	6 150.00
11 月 30 日实有银行存款余额	75 572.05

公司的会计主管对出纳员编制的银行存款余额调节表进行了审核，发现出纳员在 11 月份曾挪用公司已收而未送存银行的款项。

案例要求：

（1）该公司出纳员挪用的款项是多少？请帮助公司的会计主管列出其计算过程。

（2）公司的出纳员可能采用了哪些舞弊手段挪用资金？

（3）对如何改善该公司的内部控制制度提出你的建议。

案例提示

公司的出纳员可能挪用的款项计算如下：通过对公司银行存款日记账和银行对账单各自进行调节，调节后的余额应该相等，如果不等，其两者的差额即为出纳员挪用的款项。

公司的出纳员可能采用的舞弊手段主要是收款不入账，或者没有及时将收到的款项存入银行。

为了加强对银行存款的控制，对于银行存款的存、取和转账业务，应建立严格的审批手续，认真审查银行存款的合法性和合理性，并建立一套严密的内部控制制度，即企业的出纳员负责银行存款收支业务，保管签发支票等票据，登记银行存款日记账；会计人员负责银行存款收支业务的审核工作，并负责登记银行存款总账，定期对银行存款日记账和银行存款总账进行核对。

案例 4-3   **关于应收账款的处理**

光华会计师事务所注册会计师对金德实业股份有限公司（以下简称金德公司）2×24年年终财务会计报告进行审计，对应收账款进行发函询证，收到回函后发现应收账款中存在如下问题：

（1）金德公司"应收账款——民生公司"明细账的余额为402 000元，而民生公司账上记录为922 000元。原因是金德公司于2×24年12月20日销售给民生公司一批货物，已开出发票，货已发出，但未确认收入，而民生公司已经入账。金德公司销售价格是以成本加价30%来确定的。

（2）金德公司"应收账款——健民公司"明细账的余额为1 360 000元，而健民公司账上记录为800 000元。原来健民公司于2×24年12月28日已付出560 000元，而这笔账款尚未到达金德公司。

（3）金德公司"应收账款——明达公司"明细账的余额为1 174 000元，而明达公司账上记录为1 080 000元。原因是2×24年1月16日有54 000元的货物发生变质，金德公司同意退货并已开出红字发票，但尚未入账，另外金德公司将40 000元作为佣金支付给业务员。

案例要求：

（1）作为一名准会计从业人员，针对上述问题应作何调整？

（2）这些事项对资产负债表和利润表有何影响？

案例提示

通过比较来理解应收和预收账款、应付和预付账款的实质，如应收账款的借方余额与预收账款的借方余额均为债权，反向的则是债务；利用账户的对等关系，则应付账款的贷方余额与预付账款的贷方余额均为债务，反向的则是债权。

（1）金德公司销售给民生公司的货物，既然货物已发出，发票已开具，自然应该确认收入、结转成本并入账，即：

借：应收账款——民生公司　　　　　　　　520 000

　　贷：主营业务收入　　　　　　　　　　　520 000

借：主营业务成本　　　　　　　　　　　　400 000

　　贷：库存商品　　　　　　　　　　　　　400 000

（2）金德公司应待健民公司偿还的欠款到账后进行相关的处理，冲销"应收账款——健民公司"账户560 000元。

（3）金德公司对于明达公司退回的货物，应以开具的红字发票为依据，冲销债权、收入并入账，同时收回佣金，即：

借：应收账款——明达公司　　　　　　　　94 000

　　贷：主营业务收入　　　　　　　　　　　54 000

　　　　银行存款　　　　　　　　　　　　　40 000

案例4-4　　　　时利和服装公司的经营之道

李正利在2×24年的6月份，以每月10 000元的租金租用了一间店面，投资创办了时利和服装公司，主要经营各种服装的批发兼零售。6月1日，李正利以时利和服装公司的名义在银行开立账户，并存入500 000元作为资本用于正常经营。由于李正利不懂会计，他除了将所有的发票等单据都收集、保存起来以外，没有作任何其他记录。到月底，李正利发现服装公司的银行存款反而减少了，只剩下294 935元，外加3 215元库存现金。另外，尽管公司客户赊欠的66 500元尚未收现，但公司也有52 800元的货款尚未支付。除此之外，公司对库存的服装进行实地盘点，确定其价值为129 000元。李正利开始怀疑自己的经营情况，由于你正在学习会计学课程的内容，所以，李正利前来向你请教（假设所有业务不考虑增值税）。

对李正利保存的所有单据进行检查和分析，汇总这一个月的业务资料显示：

（1）李正利投资 500 000 元存入银行；

（2）公司在成立初期进行内部装修及购买必要的设施发生支出 100 000 元，均通过银行支付（本月应提折旧 5 000 元）；

（3）公司分两次购入待售服装，每批价值 176 000 元，其中第一批的货款已通过银行支付，第二批购入的服装，赊欠其价款的 30%；

（4）本月 1—30 日零售服装获得收入 194 000 元，款项收到已存入银行；

（5）本月 1—30 日批发服装获得收入 129 350 元，其中赊销 66 500 元，其余的货款均收到并存入银行；

（6）通过银行支付本月的房屋租金 10 000 元；

（7）本月从银行存款户共提取现金 50 000 元，其中 20 000 元用于支付公司雇员的薪酬，25 000 元用作李正利的个人生活费，其余留在公司以备日常零星开支用；

（8）本月发生的水电费 2 715 元，通过银行支付；

（9）本月发生电话费 1 100 元，用现金支付；

（10）用现金支付公司本月其他杂费 685 元。

案例要求：

运用你所掌握的会计知识，结合时利和服装公司的业务完成：

（1）代李正利设计一套合理的会计账簿体系，并帮助李正利记录本月的业务；

（2）向李正利报告本公司 6 月份的财务状况和经营成果，解答其疑惑，评价其经营情况。

案例提示

（1）时利和服装公司应该按照要求开设有关总账、库存现金日记账、银行存款日记账、应收账款明细账、应付账款明细账等，记录本期发生的业务。对于李正利保存的发票等原始凭证进行整理后，应编制如下会计分录（登账过程略）：

①借：银行存款   500 000

贷：实收资本	500 000
②借：固定资产	100 000
贷：银行存款	100 000
借：管理费用	5 000
贷：累计折旧	5 000
③借：库存商品	352 000
贷：银行存款	299 200
应付账款	52 800
④借：银行存款	194 000
贷：主营业务收入	194 000
⑤借：银行存款	62 850
应收账款	66 500
贷：主营业务收入	129 350
⑥借：管理费用	10 000
贷：银行存款	10 000
⑦借：库存现金	5 000
管理费用——职工薪酬	20 000
其他应收款——李正利	25 000
贷：银行存款	50 000
⑧借：管理费用	2 715
贷：银行存款	2 715
⑨借：管理费用	1 100
贷：库存现金	1 100
⑩借：管理费用	685
贷：库存现金	685

（2）时利和服装公司6月份的经营情况汇总如下：

实现的各项收入=194 000+129 350=323 350（元）

发生的各种费用支出=5 000+10 000+20 000+2 715+1 100+685
=39 500（元）

应结转的商品成本=176 000+176 000-129 000=223 000（元）

根据以上内容可以确定：

时利和服装公司本月的经营损益=323 350-39 500-223 000=60 850（元）

（3）时利和服装公司6月末的资产等情况汇总如下：

存款余额=500 000-100 000-299 200+194 000+62 850-10 000-50 000-2 715

=294 935（元）

库存现金=5 000-1 100-685=3 215（元）

资产总额=3 215+294 935+95 000+129 000+66 500+25 000=613 650（元）

负债总额=52 800元

所有者权益总额=500 000+60 850=560 850（元）

（4）通过以上计算可以看出，李正利开办的公司在这一个月中，其经营情况还是良好的，实现了60 850元的净利润，资产总额也由开始的500 000元增加到613 650元。

（5）本案例中需要注意的是李正利个人的生活费用不能作为公司的支出（会计主体假设的要求）。

案例4-5　　　　关于往来款项的问题

刚学完了会计课程的王强利用假期到某公司实习，他首先来到公司的财务部门，公司的会计人员了解了王强的情况之后，就要求王强先看一下公司的往来账，这也正合王强的心意，因为王强在学习会计课程的时候就对往来款项比较感兴趣。通过查阅公司的往来款项记录，王强发现公司对往来款项包括应收款和应付款进行核算时，债权债务往往夹杂在一起，不好分辨，于是，王强将公司有关的往来明细账户余额进行了整理，列示如下：

应收账款——A公司750 000（借方）

　　　　——B公司150 000（贷方）

预付账款——C公司900 000（借方）

应付账款——C公司750 000（贷方）

　　　　——D公司75 000（借方）

预收账款——M公司450 000（借方）

其他应收款——A公司3 000（借方）

　　　　　——证券公司750 000（借方）

王强经过仔细查阅发现，"其他应收款——A公司3 000（借方）"

为本公司代垫的销售产品的运杂费。

案例要求：

（1）从上述往来账户的余额中可以看出什么问题？

（2）公司的债权、债务分别是多少？

案例提示

对于公司的往来款项，要通过比较来理解其实质内容，一般来说，"应收账款"明细账户的借方余额与"预收账款"明细账户的借方余额都是债权，反向的则是债务；同样道理，"应付账款"明细账户的贷方余额与"预付账款"明细账户的贷方余额都是债务，反向的则是债权。对于往来账户，有些明细账户的单位相同可以将这些账户合并，以简化计算，如本例中的"预付账款——C公司90 000（借方）"可以并入"应付账款——C公司"明细账户，其他应收款下的代垫A公司运杂费可以并入应收账款，而本公司在证券公司的存款实质上是其他货币资金。这样就可以将相关账户进行合并，合并后的余额如下：

应收账款——A公司753 000（借方）

    ——B公司150 000（贷方）

应付账款——C公司150 000（借方）

    ——D公司75 000（借方）

预收账款——M公司450 000（借方）

公司的债权总额＝753 000＋150 000＋75 000＋450 000＝1 428 000（元）

公司的债务总额＝150 000元

六、练习题参考答案

（一）单项选择题

1.A 2.B 3.D 4.C 5.B 6.C 7.D 8.B 9.D 10.C 11.D 12.B 13.B

14.B 15.A 16.C 17.B 18.B 19.D 20.C 21.B 22.D 23.A 24.B 25.D

26.D 27.B 28.A 29.C 30.A

（二）多项选择题

1.ACE 2.AC 3.ABCD 4.ACDE 5.CDE 6.ABC 7.AC 8.DE 9.BE 10.ABC

11.ABC 12.BCE 13.ABCD 14.ABCE 15.ACDE 16.AD 17.AC 18.BDE

19.ABCDE 20.ABCD

（三）判断题

1.× 2.× 3.× 4.× 5.× 6.√ 7.× 8.√ 9.√ 10.√ 11.√ 12.× 13.√ 14.×
15.× 16.× 17.× 18.× 19.× 20.√ 21.× 22.× 23.× 24.× 25.×

（四）计算题

1.2×22年年末坏账准备贷方余额为24 000元。

2×23年确认发生坏账时：

借：坏账准备	12 500	
贷：应收账款		12 500

2×23年年末应计提的坏账准备=1 200 000×3%=36 000（元）

应补提坏账准备=36 000-（24 000-12 500）=24 500（元）

借：信用减值损失	24 500	
贷：坏账准备		24 500

2×24年6月收回以前年度已作为坏账注销的应收账款时：

借：应收账款	3 000	
贷：坏账准备		3 000
借：银行存款	3 000	
贷：应收账款		3 000

2×24年年末应计提坏账准备=1 000 000×5%=50 000（元）

应补提坏账准备=50 000-（36 000+3 000）=11 000（元）

借：信用减值损失	11 000	
贷：坏账准备		11 000

2.（1）编制该公司8月31日的银行存款余额调节表，见表4-3。

表4-3　　　　　　　　　　**银行存款余额调节表**

2×24年8月31日　　　　　　　　　　　　　　　单位：元

项　目	金　额	项　目	金　额
银行存款日记账余额	201 287[①]	银行对账单余额	346 550
加：银行收款、企业未收款	162 000	加：企业收款、银行未收款	114 821
减：企业少记的付款	1 800	银行多记的付款	99 000
银行收取的服务费	1 500	减：企业付款、银行未付款	200 384
调节后余额	359 987	调节后余额	359 987

① 201 287=270 537+2 107 775-2 177 025

（2）该公司9月初可以动用的银行存款为调节后余额，即359 987元。

3.该企业2×24年8月31日银行存款余额调节表见表4-4。

表4-4　　　　　　　　　　**银行存款余额调节表**

2×24年8月31日　　　　　　　　　　单位：元

项　目	金　额	项　目	金　额
银行存款日记账余额	439 800	银行对账单余额	478 500
加：银行收款公司未收的未达账项	（1）30 000 （6）36 450	加：公司已收银行未收的未达账项	（4）39 000 （5）26 250
减：银行付款公司未付的未达账项	（3）15 000	减：公司已付银行未付的未达账项	（2）52 500
调节后余额	491 250	调节后余额	491 250

9月初企业可以动用的银行存款实有金额为491 250元。

（五）业务处理题

1.（1）批准前：

借：待处理财产损溢——待处理流动资产损溢　　　　　　　　　　1 200

　　贷：库存现金　　　　　　　　　　1 200

批准后：

借：其他应收款——××出纳员　　　　　　　　　　1 200

　　贷：待处理财产损溢——待处理流动资产损溢　　　　　　　　　　1 200

（2）批准前：

借：待处理财产损溢——待处理流动资产损溢　　　　　　　　　　1 500

　　贷：库存现金　　　　　　　　　　1 500

批准后：

借：管理费用　　　　　　　　　　1 500

　　贷：待处理财产损溢——待处理流动资产损溢　　　　　　　　　　1 500

（3）批准前：

借：库存现金　　　　　　　　　　800

　　贷：待处理财产损溢——待处理流动资产损溢　　　　　　　　　　800

批准后：

借：待处理财产损溢——待处理流动资产损溢　　　　　　　　800
　　贷：营业外收入　　　　　　　　　　　　　　　　　　　　　800

2.（1）批准前：

借：待处理财产损溢——待处理流动资产损溢　　　　　　　1 650
　　贷：库存现金　　　　　　　　　　　　　　　　　　　　　1 650

批准后：

借：其他应收款——××出纳员　　　　　　　　　　　　　　650
　　管理费用　　　　　　　　　　　　　　　　　　　　　1 000
　　贷：待处理财产损溢——待处理流动资产损溢　　　　　　1 650

（2）借：预付账款——黎明商店　　　　　　　　　　　100 000
　　　　贷：银行存款　　　　　　　　　　　　　　　　　100 000

（3）借：其他应收款—××采购员　　　　　　　　　　　6 000
　　　　贷：库存现金　　　　　　　　　　　　　　　　　　6 000

（4）借：应收账款　　　　　　　　　　　　　　　　385 200
　　　　贷：应收票据　　　　　　　　　　　　　　　　385 200

（5）借：管理费用　　　　　　　　　　　　　　　　　4 600
　　　　库存现金　　　　　　　　　　　　　　　　　1 400
　　　　贷：其他应收款——××采购员　　　　　　　　　6 000

3.第一年年末应计提的坏账准备：

$2\,000\,000 \times 10\% = 200\,000$（元）

借：信用减值损失　　　　　　　　　　　　　　　　200 000
　　贷：坏账准备　　　　　　　　　　　　　　　　　200 000

第二年发生坏账损失时：

借：坏账准备　　　　　　　　　　　　　　　　　　100 000
　　贷：应收账款　　　　　　　　　　　　　　　　　100 000

第二年年末应计提的坏账准备：

$2\,800\,000 \times 10\% = 280\,000$（元）

应补提坏账准备$=280\,000-（200\,000-100\,000）=180\,000$（元）

借：信用减值损失　　　　　　　　　　　　　　　　180 000
　　贷：坏账准备　　　　　　　　　　　　　　　　　180 000

第三年发生坏账损失时：

借：坏账准备　　　　　　　　　　　　　　　　　　180 000
　　贷：应收账款　　　　　　　　　　　　　　　　　180 000

收回以前年度已作为坏账注销的应收账款时：

借：应收账款 65 000

  贷：坏账准备 65 000

借：银行存款 65 000

  贷：应收账款 65 000

第三年年末应计提的坏账准备：

1 500 000×10%=150 000（元）

应冲回多提的坏账准备=150 000-（100 000+65 000）=-15 000（元）

借：坏账准备 15 000

  贷：信用减值损失 15 000

4.（1）2×21年12月31日应计提坏账准备：

1 000 000×15%=150 000（元）

借：信用减值损失 150 000

  贷：坏账准备 150 000

（2）2×22年12月31日应计提坏账准备：

2 500 000×15%=375 000（元）

实际提取：375 000-150 000=225 000（元）

借：信用减值损失 225 000

  贷：坏账准备 225 000

（3）2×23年12月31日应计提坏账准备：

2 200 000×15%=330 000（元）

实际提取：330 000-375 000=-45 000（元）

借：坏账准备 45 000

  贷：信用减值损失 45 000

（4）2×24年6月发生坏账损失180 000元：

借：坏账准备 180 000

  贷：应收账款 180 000

2×24年12月31日应计提坏账准备：

2 000 000×15%=300 000（元）

实际提取：300 000-（330 000-180 000）=150 000（元）

借：信用减值损失 150 000

  贷：坏账准备 150 000

5.（1）编制该公司银行存款余额调节表（见表4-5）。

表4-5 该公司银行存款余额调节表

2×24年6月30日　　　　　　　　　　　　单位：元

项　目	金　额	项　目	金　额
银行存款日记账余额	452 625[①]	银行对账单余额	914 311
加：银行收款、企业未收款	103 000	加：企业收款、银行未收款	185 221
企业支票错误	21 000	银行记账错误	1 800
减：银行服务费用	1 820	减：在途支票	526 527
调节后余额	574 805	调节后余额	574 805

（2）公司在收到相关的凭证后，应编制如下的会计分录：

①对于收到的某单位票据款：

借：银行存款　　　　　　　　　　　　　　　　103 000

　　贷：应收票据　　　　　　　　　　　　　　　　100 000

　　　　财务费用　　　　　　　　　　　　　　　　　3 000

②对于偿还某单位款项后剩余的银行存款21 000元（24 000-3 000）应补记：

借：银行存款　　　　　　　　　　　　　　　　 21 000

　　贷：应付账款　　　　　　　　　　　　　　　　 21 000

③对于银行收取的服务费用：

借：财务费用　　　　　　　　　　　　　　　　　1 820

　　贷：银行存款　　　　　　　　　　　　　　　　　1 820

6.（1）1日出纳员赔偿现金：

借：库存现金　　　　　　　　　　　　　　　　　　200

　　贷：其他应收款　　　　　　　　　　　　　　　　　200

（2）2日申请本票并交纳手续费：

借：其他货币资金——银行本票存款　　　　　 240 000

　　财务费用　　　　　　　　　　　　　　　　　　100

　　贷：银行存款　　　　　　　　　　　　　　　 240 100

（3）3日销售商品：

借：应收账款——阳光商店　　　　　　　　　 180 800

[①] 企业银行存款日记账的余额可以根据编制的调节表进行计算，也可以根据题中已给的资料计算，即企业银行存款日记账余额=394 350+2 897 160-2 838 885=452 625（元）。

贷：主营业务收入　　　　　　　　　　　　　　160 000

　　　应交税费——应交增值税（销项税额）　　　　20 800

（4）4日购买材料：

借：原材料　　　　　　　　　　　　　　　　　180 000

　　应交税费——应交增值税（进项税额）　　　　23 400

　　银行存款　　　　　　　　　　　　　　　　　36 600

　贷：其他货币资金——银行本票存款　　　　　　　240 000

（5）5日销售商品收到商业汇票：

借：应收票据——玉泉商店　　　　　　　　　　226 000

　贷：主营业务收入　　　　　　　　　　　　　　200 000

　　　应交税费——应交增值税（销项税额）　　　　26 000

（6）6日收到商业汇票本金和利息：

借：银行存款　　　　　　　　　　　　　　　　151 200

　贷：应收票据　　　　　　　　　　　　　　　　150 000

　　财务费用　　　　　　　　　　　　　　　　　　1 200

（7）7日收到退回产品：

借：主营业务收入　　　　　　　　　　　　　　　20 000

　　应交税费——应交增值税（销项税额）　　　　　2 600

　贷：应收账款——阳光商店　　　　　　　　　　　22 600

（8）9日收到货款：

借：银行存款　　　　　　　　　　　　　　　　155 036

　　财务费用　　　　　　　　　　　　　　　　　　3 164

　贷：应收账款——阳光商店　　　　　　　　　　158 200

（9）10日销售商品：

借：应收票据——大地公司　　　　　　　　　　339 000

　贷：主营业务收入　　　　　　　　　　　　　　300 000

　　　应交税费——应交增值税（销项税额）　　　　39 000

（10）11日购进材料：

借：原材料　　　　　　　　　　　　　　　　　200 000

　　应交税费——应交增值税（进项税额）　　　　26 000

　贷：应付票据　　　　　　　　　　　　　　　　226 000

（11）25日收回已核销坏账：

借：应收账款　　　　　　　　　　　　　　　　　50 000

　贷：坏账准备　　　　　　　　　　　　　　　　　50 000

借：银行存款   50 000

 贷：应收账款   50 000

（12）28日转销无法收回的债权：

借：坏账准备   180 000

 贷：应收账款——利群公司   180 000

（13）30日计算应交税费：

借：所得税费用   120 000

 贷：应交税费——应交所得税   120 000

（14）31日支付所得税：

借：应交税费——应交所得税   120 000

 贷：银行存款   120 000

（15）31日计算应计提坏账准备：

应计提坏账准备=500 000×5%=25 000（元）

实际提取：25 000+180 000−50 000−48 000=107 000（元）

借：信用减值损失   107 000

 贷：坏账准备   107 000

7.（1）2×23年11月1日收到票据时：

借：应收票据   113 000

 贷：主营业务收入   100 000

   应交税费——应交增值税（销项税额）   13 000

（2）2×23年12月31日年度终了，计算该票据所产生的利息时：

票据应计利息=113 000×12%×2÷12=2 260（元）

借：应收票据   2 260

 贷：财务费用   2 260

经过以上计算，年末公司的应收票据的账面价值为115 260元（113 000+2 260）。

（3）2×24年2月1日票据到期收回款项时：

收款金额=113 000×（1+12%×3÷12）=116 390（元）

2×24年应计票据利息=113 000×12%×1÷12=1 130（元）

借：银行存款   116 390

 贷：应收票据   115 260

   财务费用   1 130

8.（1）借：应收票据——M公司   418 100

   贷：主营业务收入   370 000

贷：应交税费——应交增值税（销项税额）　　　　　　48 100

（2）借：应收账款——K公司　　　　　　226 000

　　　贷：主营业务收入　　　　　　　　　　　　200 000

　　　　　应交税费——应交增值税（销项税额）　　26 000

（3）借：应收票据——T公司　　　　　　339 000

　　　贷：主营业务收入　　　　　　　　　　　　300 000

　　　　　应交税费——应交增值税（销项税额）　　39 000

（4）借：银行存款　　　　　　　　　　596 700

　　　贷：应收票据　　　　　　　　　　　　　　585 000

　　　　　财务费用　　　　　　　　　　　　　　11 700

（5）借：应收账款　　　　　　　　　　800 000

　　　贷：应收票据　　　　　　　　　　　　　　800 000

9.（1）借：库存现金　　　　　　　　　500

　　　贷：其他应收款　　　　　　　　　　　　　500

（2）借：财务费用　　　　　　　　　　50

　　　贷：银行存款　　　　　　　　　　　　　　50

（3）借：应收账款——B公司　　　　　　565 000

　　　贷：主营业务收入　　　　　　　　　　　　500 000

　　　　　应交税费——应交增值税（销项税额）　　65 000

（4）借：应收票据—— H公司　　　　　　904 000

　　　贷：主营业务收入　　　　　　　　　　　　800 000

　　　　　应交税费——应交增值税（销项税额）　　104 000

（5）借：银行存款　　　　　　　　　　403 200

　　　贷：应收票据　　　　　　　　　　　　　　400 000

　　　　　财务费用　　　　　　　　　　　　　　3 200

（6）借：应收账款　　　　　　　　　　100 000

　　　贷：坏账准备　　　　　　　　　　　　　　100 000

　借：银行存款　　　　　　　　　　　　100 000

　　贷：应收账款　　　　　　　　　　　　　　　100 000

10.（1）借：库存现金　　　　　　　　　5 000

　　　　贷：银行存款　　　　　　　　　　　　　5 000

（2）借：其他货币资金——外埠存款　　　500 000

　　　贷：银行存款　　　　　　　　　　　　　　500 000

（3）借：管理费用　　　　　　　　　　1 200

	贷：库存现金	1 200
(4)	借：银行存款	960 500
	贷：主营业务收入	850 000
	应交税费——应交增值税（销项税额）	110 500
(5)	借：其他应收款——李红	3 000
	贷：库存现金	3 000
(6)	借：应付账款——D公司	128 000
	贷：银行存款	128 000
(7)	借：银行存款	285 000
	贷：应收账款——F公司	285 000
(8)	借：原材料	405 000
	应交税费——应交增值税（进项税额）	52 000
	贷：其他货币资金——外埠存款	457 000
(9)	借：其他货币资金——银行汇票存款	250 000
	贷：银行存款	250 000
(10)	借：应付职工薪酬——工资	168 500
	贷：银行存款	168 500
(11)	借：库存现金	600
	管理费用	2 400
	贷：其他应收款——李红	3 000
(12)	借：银行存款	43 000
	贷：其他货币资金——外埠存款	43 000
(13)	借：应收账款	1 356 000
	贷：主营业务收入	1 200 000
	应交税费——应交增值税（销项税额）	156 000
(14)	借：原材料	202 000
	应交税费——应交增值税（进项税额）	26 000
	贷：其他货币资金——银行汇票存款	228 000
(15)	借：银行存款	22 000
	贷：其他货币资金——银行汇票存款	22 000
(16)	借：管理费用	8 500
	贷：银行存款	8 500
(17)	借：银行存款	420 000
	贷：应收票据	420 000

第五章　存货

一、学习目的与要求

通过对本章内容的学习，要求了解存货的含义、分类和包括的具体内容，掌握存货中原材料按实际成本计价的全部核算内容，包括原材料实际成本的构成、采购费用的分配，原材料增加的会计处理，理解存货数量的确定方法，掌握原材料发出的计价方法、账务处理，另外还要掌握原材料清查的方法和清查结果的会计处理方法。

二、内容概览

（一）关键概念

1. 存货   2. 原材料

3. 先进先出法   4. 加权平均法

5. 个别计价法   6. 永续盘存制

7. 实地盘存制   8. 实地盘点法

9. 技术推算盘点法   10. 存货的盘盈与盘亏

（二）关键问题

1. 如何界定存货的具体范围？试以你所了解的企业为例，具体说明该企业存货包括的内容。存货的实际成本包括哪些内容？

2. 原材料增加的核算涉及哪些具体的账户？其会计处理如何？

3. 一般纳税人企业增值税专用发票上的增值税进项税额是购入资产的成本吗？为什么？

4. 如何理解"在途物资"账户在材料采购业务中的具体作用？

5. 存货数量的确定方法包括哪几种？比较其各自的优缺点。

6. 实地盘存制下所发生的任何存货业务都可能影响企业期末存货在资产负债表中的列示，请说明可能有怎样的影响。

三、本章重点与难点

所谓"存货"是指企业在日常活动中持有以备出售的产成品或商品、处在生产过程中的在产品、在生产过程或提供劳务过程中耗用的材料或物料等。

根据《企业会计准则第1号——存货》的规定，存货在同时满足下列条件时，可以确认：符合存货的定义；与该存货有关的经济利益很可能流入企业；该存货的成本能够可靠地计量。

按照我国《企业会计准则第1号——存货》的规定，企业的各种存货都应当按照取得时的实际投入或实际支付的现金等作为入账价值，包括采购成本、加工成本和其他成本等。不同的方式（途径）形成的存货，其入账价值包括的内容不同。

企业原材料按实际成本核算应设置的主要账户有"原材料"账户、"在途物资"账户、"应付账款"账户、"预付账款"账户和"应付票据"账户等。

材料和有关的结算凭证同时到达，企业应根据结算凭证、购货发票、运费收据、收料单等凭证，对于买价及采购费用等借记"原材料"账户，对于购入材料的增值税进项税额借记"应交税费——应交增值税（进项税额）"账户。如果货款支付，则贷记"银行存款"或"其他货币资金"账户，如果货款没有支付，则贷记"应付账款"等账户，如果开出已承兑商业汇票，则贷记"应付票据"账户。

结算凭证等单据已到，材料未到或尚未验收入库，此时形成在途材料，应根据结算凭证、购货发票等借记"在途物资"账户，对于增值税进项税额借记"应交税费——应交增值税（进项税额）"账户。如果货款支付，则贷记"银行存款"或"其他货币资金"账户，如果货款未付，则贷记"应付账款""应付票据"等账户。待材料到达并验收入库时，再根据收料单借记"原材料"账户，贷记"在途物资"账户。

材料到达企业，但有关结算凭证等未到，这种情况在月内一般暂不入账，待凭证到达之后再按前述情况入账，如果到了月末，有关凭证仍未到达，为了使得账实相符，应按暂估价或合同价格借记"原材料"账户，贷记"应付账款——暂估应付款"账户，下个月初用红字冲回。待有关结算凭证等到达企业之后，再按当月收料付款处理。

预付货款的材料到达企业，根据供货单位发来材料时附带的有关凭证，将材料的价款、税款等与原预付款进行比较，如果原预付款大于材料的价款和税款，且多余款项返回存入银行，应借记"原材料""应交税费——应交增值税（进项税额）""银行存款"等账户，贷记"预付账款"账户；如果原预付款小于材料的价款和税款，而且其不足部分当即通过银行付清，则借记"原材料""应交税费——应交增值税（进项税额）"账户，贷记"预付账款""银行存款"等账户。

购入材料发生短缺或损失的，应视不同情况分别进行处理。其中，如果货款已付的材料在验收入库时发现短缺、毁损，应根据造成损失的原因区分以下情况进行处理：应由供货单位负责赔偿的部分，借记"应收账款"账户；应由运输部门或责任人负责赔偿的部分，借记"其他应收款"账户；尚未查明原因或超定额损耗部分，借记"待处理财产损溢"账户，贷记"在途物资"账户。如果企业购入的材料在货款支付之前发现短缺、毁损，应根据短缺、毁损的具体金额向银行办理拒付手续。

按照国际惯例，结合我国实际情况，《企业会计准则第1号——存货》规定，对于发出的存货按照实际成本核算的，可以分别采用先进先出法、月末一次加权平均法、移动加权平均法和个别计价法等方法确定其实际成本。

存货数量的确定方法有两种，即永续盘存制和实地盘存制。

存货发生盘盈，待查明原因，报经批准后冲减当期的管理费用；存货发生盘亏，待查明原因，报经批准后区分不同情况计入管理费用、营业外支出等。

四、练习题

（一）单项选择题

1.在下列各项内容中，不属于企业存货的是（　　　）。

A.尚在加工中的在产品

B.委托加工的存货

C.款项已支付但尚未运达企业的存货

D.购货单位已交款但尚未提走的存货

2.某企业销售产品一批，价目表中规定的价格为每件600元，如果客户购买100件以上（含100件），则每件可以得到100元的商业折扣。某客户于2×24年10月10日赊购本企业的该种商品100件，合同约定的现金折扣条件为"2/10、1/20、N/30"，本企业适用的增值税税率为13%，假设现金折扣考虑增值税，企业按总价法核算现金折扣。本企业于2×24年10月26日收到款项时，应给予客户的现金折扣为（　　　）。

A.0   B.500元

C.565元   D.678元

3.一般纳税人企业外购原材料的采购成本中不应该包括（　　　）。

A.材料购买价款   B.途中合理损耗

C.增值税进项税额   D.外地运杂费

4.在下列各种计价方法中，不能随时结转发出存货成本的方法是（　　　）。

A.先进先出法   B.移动加权平均法

C.月末一次加权平均法   D.个别计价法

5.在采用实地盘存制的企业中，如果会计人员错误地低估了本期的期末存货成本，将会（　　　）。

A.高估本期销售成本   B.低估本期销售成本

C.不影响本期销售利润   D.高估本期销售利润

6.对于购货方而言，在现金折扣期限内付款所取得的现金折扣应当（　　　）。

A.冲减管理费用   B.冲减购货成本

C.计入营业外收入   D.计入资本公积

7.企业存货采用先进先出法计价，在存货价格上涨的情况下，将会使企业（　　　）。

A.期末存货成本升高，当期利润减少

B.期末存货成本升高，当期利润增加

C.期末存货成本降低，当期利润增加

D.期末存货成本降低，当期利润减少

8.《企业会计准则第1号——存货》规定，企业发出存货时不得采用的成本计价方法是（　　）。

A.先进先出法　　　　　　　　B.月末一次加权平均法

C.个别计价法　　　　　　　　D.后进先出法

9.某公司2×24年8月1日乙材料结存150千克，单价15元；6日购买乙材料1 800千克，单价11元；18日购买乙材料1 350千克，单价11.5元；20日发出乙材料1 350千克。采用先进先出法计价时，乙材料月末结存金额为（　　）。

A.22 125元　　　　　　　　B.22 050元

C.22 950元　　　　　　　　D.22 725元

10.企业在清查存货时发现存货盘盈，报经批准处理后应当（　　）。

A.冲减销售费用　　　　　　　B.冲减管理费用

C.作为其他业务收入　　　　　D.作为营业外收入

11.某企业在财产清查中发现存货的实存数小于账面数，原因待查。对于出现的差额，会计上在调整存货账面价值的同时，应（　　）。

A.增加营业外收入　　　　　　B.增加存货跌价损失

C.增加管理费用　　　　　　　D.增加待处理财产损溢

12.下列原材料的相关损失项目中，应计入营业外支出的是（　　）。

A.计量差错引起的原材料盘亏

B.自然灾害造成的原材料净损失

C.原材料运输途中发生的合理损耗

D.人为原因造成的原材料损失

13.企业购进存货尚未入库时，应将其成本记入（　　）。

A."在途物资"账户　　　　　　B."原材料"账户

C."存货"账户　　　　　　　　D."应交税费"账户

14.某制造业企业为增值税小规模纳税人，本期外购原材料一批，发票注明买价20 000元，增值税为2 600元，入库前发生的挑选整理费用为1 000元，则该批原材料的入账价值为（　　）。

A.20 000元　　　　　　　　B.22 600元

C.21 000元　　　　　　　　D.23 600元

15.某公司月初结存甲材料125千克，金额为2 500元；本月3日购入甲材料50千克，单价为22元；13日购入甲材料50千克，单价为27

元；本月 17 日领用甲材料 200 千克。公司采用一次加权平均法确定发出材料的成本，则期末结存甲材料的成本为（   ）。

A.643.5 元   B.900 元

C.550 元   D.575.5 元

16.某企业采用先进先出法计算发出材料的成本，2×24 年 3 月 1 日结存甲材料 100 吨，单位成本为 200 元；3 月 8 日和 20 日分别购进甲材料 300 吨和 400 吨，单位成本分别为 180 元和 220 元；3 月 13 日和 25 日分别发出甲材料 180 吨和 350 吨，则月末甲材料的账面余额为（   ）。

A.59 400 元   B.62 400 元

C.58 200 元   D.61 200 元

17.某企业赊销一批商品，货款金额为 100 000 元，适用的增值税税率为 13%，为买方规定的现金折扣条件为 "2/10、1/20、N/30"，代买方垫付运杂费 2 000 元，现金折扣不考虑增值税，企业认为买方最可能在 20 天后付款。在总价法下，本企业 "应收账款" 账户的入账金额为（   ）。

A.124 000 元   B.115 000 元

C.112 740 元   D.113 870 元

18.某企业于 2×24 年 6 月 2 日从某公司购入甲材料并已验收入库，增值税专用发票上注明该批材料的价款为 150 万元，增值税为 19.5 万元。合同中规定的现金折扣条件为 "2/10、1/20、N/30"，假定计算现金折扣时不考虑增值税，该企业在 2×24 年 6 月 11 日付清全部货款，则在总价法下企业购买材料时确定的应付账款的入账价值为（   ）。

A.168 万元   B.150 万元

C.166.5 万元   D.169.5 万元

19.某企业采用先进先出法计算发出甲材料的成本，2×24 年 5 月 1 日，企业结存甲材料 200 千克，每千克实际成本为 300 元；5 月 12 日购进甲材料 300 千克，每千克实际成本为 330 元；5 月 18 日发出甲材料 400 千克，则 5 月 31 日企业库存甲材料的实际成本为（   ）。

A.30 000 元   B.31 500 元

C.31 800 元   D.33 000 元

20.企业在记录原材料、产成品等存货时，应采用的明细账的账页格式一般是（   ）。

A.三栏式明细账　　　　　　　　　B.多栏式明细账

C.横线登记式明细账　　　　　　　D.数量金额式明细账

21.某企业为增值税一般纳税人,该企业本月购进原材料400千克,货款为24 000元,增值税为3 120元,发生的保险费为1 400元,入库前发生的整理挑选费用为520元,验收入库时发现数量短缺10%,经查,属于运输途中的合理损耗,企业确定的该批原材料的实际单位成本为(　　　)。

A.64.80元　　　　　　　　　　B.66元

C.72.60元　　　　　　　　　　D.72元

22.某企业原材料按实际成本组织日常核算,2×24年5月1日结存甲材料600千克,实际单位成本为20元;5月15日购入甲材料400千克,实际单位成本为25元;5月31日发出甲材料700千克。分别按月末一次加权平均法和先进先出法计算5月份发出甲材料的实际成本,两种方法计算的结果相比较,其差额为(　　　)。

A.900元　　　　　　　　　　　B.450元

C.600元　　　　　　　　　　　D.400元

23.某企业为增值税一般纳税人,其库存材料因暴风雨而毁损,该批材料的实际成本为60 000元,收回残料价值2 400元,保险公司赔偿34 800元,该企业购入材料的增值税税率为13%,该批毁损原材料造成的非常损失净额是(　　　)。

A.22 800元　　　　　　　　　　B.56 400元

C.25 200元　　　　　　　　　　D.30 600元

24.制造业企业存货发生的相关损失项目中,不应计入当期损益的是(　　　)。

A.收发过程中计量差错引起的存货盈亏

B.管理不善造成的存货盈亏

C.购入存货运输途中的合理损耗

D.自然灾害造成的存货净损失

25.某企业月初结存材料120件,单位成本为1 000元,本月购进两批该材料,第一次购进400件,单位成本为950元,第二次购进200件,单位成本为1 046元,该企业对发出材料采用月末一次加权平均法计价,则该种材料的月末加权平均价格为(　　　)。

A.980元/件   B.985元/件

C.990元/件   D.1 182元/件

26.企业对于已记入"待处理财产损溢"账户的存货盘亏及毁损事项进行会计处理时，以下内容应记入"管理费用"账户的是（   ）。

A.因管理不善造成的存货净损失

B.因自然灾害造成的存货净损失

C.应由保险公司赔偿的存货净损失

D.应由过失人赔偿的存货净损失

27.一般纳税人企业外购一批材料，含税总价款为452 000元，增值税税率为13%，则该批材料的增值税税额为（   ）。

A.52 000元   B.64 000元

C.400 000元   D.452 000元

28.一般纳税人企业外购材料发生的下列支出中，不影响材料单位采购成本的是（   ）。

A.买价   B.外地运杂费

C.增值税进项税额   D.运输途中的合理损耗

29.某企业本月1日结存丁材料160件，单位成本为20元；本月8日购入丁材料360件，单位成本为21元；本月14日发出丁材料300件；本月20日购入丁材料500件，单位成本为19元。该企业采用先进先出法确定发出材料的成本，则本月14日发出丁材料的总成本为（   ）。

A.6 140元   B.5 860元

C.6 160元   D.5 980元

30.企业的存货在采购入库后的保管过程中发生的仓储费用应当（   ）。

A.计入存货成本   B.计入采购费用

C.计入当期损益   D.计入营业外支出

（二）多项选择题

1.在下列各种物资中，应该作为企业存货核算的有（   ）。

A.原材料   B.发出商品

C.库存商品   D.工程物资

E.在产品

2.会计人员误将当月发生的增值税进项税额计入材料采购成本，其结果包括（　　）。

　　A.月末资产增加　　　　　　　B.月末利润增加

　　C.月末负债增加　　　　　　　D.月末财务费用增加

　　E.月末应交税费增加

3.在下列项目中，一般纳税人企业应计入存货成本的有（　　）。

　　A.购入存货支付的关税

　　B.存货采购过程中支付的保险费

　　C.支付的增值税

　　D.采购人员的差旅费

　　E.自制存货在生产过程中发生的直接费用

4.在发生现金折扣的交易过程中，通常有两种会计处理方法，主要是指（　　）。

　　A.总价法　　　　　　　　　　B.成本与市价孰低法

　　C.加权平均法　　　　　　　　D.净价法

　　E.移动平均法

5.企业存货数量的确定方法有（　　）。

　　A.实地盘存制　　　　　　　　B.永续盘存制

　　C.先进先出法　　　　　　　　D.后进先出法

　　E.加权平均法

6.企业在进行存货清查时，发现存货盘亏，首先记入"待处理财产损溢"账户，报经批准后根据不同的原因可分别转入（　　）。

　　A."其他应收款"账户　　　　　B."管理费用"账户

　　C."销售费用"账户　　　　　　D."营业外支出"账户

　　E."原材料"账户

7.下列会计科目的余额应在资产负债表中"存货"项目下列示的有（　　）。

　　A."在途物资"科目　　　　　　B."周转材料"科目

　　C."发出商品"科目　　　　　　D."生产成本"科目

　　E."委托加工物资"科目

8.企业期末存货计价过高，可能会引起（　　）。

A.当期收益增加　　　　　　B.当期收益减少

C.所得税费用增加　　　　　D.销售成本增加

E.销售成本减少

9.企业采用实地盘存制，在期末确定实际库存存货数量时应考虑的内容包括（　　）。

A.实地盘点存货数量　　　　B.已提未销存货数量

C.已销未提存货数量　　　　D.在途存货数量

E.尚未购入存货数量

10.一般纳税人企业购入材料，价税款未付，通过银行支付该批材料的外地运杂费等，材料尚在运输途中，对这笔经济业务进行账务处理涉及的账户有（　　）。

A.“原材料”账户　　　　　B.“在途物资”账户

C.“应交税费”账户　　　　D.“银行存款”账户

E.“应付账款”账户

（三）判断题

1.在通货膨胀发生的时候，先进先出法下的期末结存存货的成本最低。　　　　　　　　　　　　　　　　　　　　　　　　（　　）

2.在永续盘存制下，不需要对存货进行实地盘点。　　（　　）

3.采用实地盘存制，可以简化会计核算工作，但不利于及时反映库存材料的收、发、存情况。　　　　　　　　　　　　　（　　）

4.企业在存货清查中发现盘盈，报经批准处理后，应当转入营业外收入。

5.在会计期末仍未经批准处理的待处理财产损溢，在财务报表中应单列项目反映。　　　　　　　　　　　　　　　　　　（　　）

6.企业发生的存货盘盈或毁损，均应计入管理费用。（　　）

7.按照《企业会计准则第1号——存货》的规定，企业发出的存货可以采用后进先出法计价。　　　　　　　　　　　　　（　　）

8.企业购入的存货如果只是凭证账单到达而实物没有到达，则该批存货成本不包括在当期期末所编制的财务报表中。　　（　　）

9.企业对于材料已经到达并已验收入库，但直到月末有关发票账单未到、货款尚未支付的采购业务，月末暂不作账务处理，待下个月发票

账单等结算凭证到达时再作账务处理。 （ ）

10.某企业采用先进先出法计量发出存货的成本，如果本期发出存货的数量超过本期第一次购进存货的数量（假定本期期初无库存），超过部分仍应按本期第一次购进存货的单位成本计算发出存货的成本。 （ ）

11.企业购入材料在运输过程中发生的合理损耗应作为管理费用单独进行账务处理。 （ ）

12.股份有限公司在财产清查时发现的存货盘亏、盘盈，应当于年末结账前处理完毕，如果确实尚未报经批准的，可以先保留在"待处理财产损溢"账户，待批准后再处理。 （ ）

13.企业购入存货时所取得的现金折扣应冲减所购存货的成本。 （ ）

14.企业存货的成本就是指存货的采购成本。 （ ）

15.企业采用月末一次加权平均法计量发出材料的成本，在本月有材料入库的情况下，当物价上涨时，本月月初发出材料的单位成本会小于月末发出材料的单位成本。 （ ）

16.企业购入货物验收入库后，若有关的发票账单直到月末也未到达，货款也未支付，应在月末按照估计的金额确认一笔负债，反映在资产负债表中的有关负债项目内。 （ ）

17.确定存货实际成本的买价是指购货价格扣除商业折扣和现金折扣以后的金额。 （ ）

18.存货的加工成本是指加工过程中实际发生的人工成本等，不包括按照一定方法分配的制造费用。 （ ）

19.企业所拥有的存货一定存放在本企业。 （ ）

20.企业按合同规定向供货单位预付的订金属于企业的债权，一般通过设置"预付账款"账户核算，如果企业没有设置"预付账款"账户，则可以通过"应付账款"账户进行核算。 （ ）

（四）计算题

1.某企业2×24年8月1日库存材料成本为516 150元，本月仓库发出材料成本为245 125元，期末结存材料成本为382 950元；企业"应付账款"（材料款）账户期初贷方余额为403 300元，期末贷方余额为

450 475元，本月没有发生偿还应付款的业务，本月购入的材料也已验收入库。

要求：计算本月购入的材料中已付款的金额。

2.某企业采用永续盘存制，有关存货的收发情况如下：

（1）9月8日购入1 000件，单价400元；

（2）9月15日购入1 000件，单价420元；

（3）9月18日购入2 000件，单价410元；

（4）9月25日出售1 800件；

（5）9月28日购入1 000件，单价400元；

（6）9月30日，经过盘点，库存存货3 200件。

要求：分别按照先进先出法、月末一次加权平均法计算销售存货和结存存货的成本。

3.某公司对发出的原材料采用先进先出法计价，12月份的甲材料收发情况见表5-1。

表5-1   甲材料收发情况表

日　　期	收　入			发　出			结　存		
	数量 （件）	单位成本 （元/件）	总成本 （元）	数量 （件）	单位成本 （元/件）	总成本 （元）	数量 （件）	单位成本 （元/件）	总成本 （元）
12月1日							600	4.00	2 400
12月8日	400	4.40	1 760						
12月14日				800					
12月20日	600	4.60	2 760						
12月28日				400					
12月31日	400	5.00	2 000						
合　计	1 400		6 520						

要求：完成表5-1中的各个项目的填列。

4.2×24年6月份，甲、乙、丙、丁四家公司A商品的购进与销售等资料见表5-2。

表5-2　　　　　　甲、乙、丙、丁公司A商品购销情况表　　　　　　单位：元

内　容	甲公司	乙公司	丙公司	丁公司
本期销售收入	625 000	（　　）	550 000	300 000
A商品成本：6月1日	100 000	（　　）	25 000	62 500
6月30日	（　　）	96 250	122 500	（　　）
本期购进A商品成本	462 500	450 000	（　　）	262 500
本期销售A商品成本	（　　）	392 500	（　　）	235 000
A商品收入与成本的差额	97 500	77 500	85 000	（　　）

要求：根据表中给定的资料，计算并填列表中括号内的数字。

5.某公司2×24年1、2、3月份A商品的销售情况见表5-3。

表5-3　　　　　　　　　　某公司A商品销售情况表　　　　　　　　单位：元

内容	1月份	2月份	3月份
赊销	540 000	720 000	810 000
现销	90 000	36 000	99 000
合计	630 000	756 000	909 000

本期销售A商品的售价均按照购进成本加25%确定，各月月初结存的A商品成本为当月销售A商品成本的40%。

要求：

（1）计算该公司1月份销售A商品的成本和1月末结存A商品的成本。

（2）计算该公司2月份的购货成本。

6.某公司采用实地盘存制，2×24年6月份甲、乙、丙三种材料的期初结存、本期购进和期末结存情况见表5-4。

表5-4　　　　　**某公司甲、乙、丙材料购进及结存情况表**

材料名称	日期	摘要	数量（件）	单位成本（元/件）
甲材料	6月1日	期初结存	350	160
	6月8日	购进	700	152
	6月18日	购进	350	168
	6月30日	期末结存	336	
乙材料	6月1日	期初结存	2 100	32
	6月7日	购进	1 120	34
	6月20日	购进	2 380	32.8
	6月30日	期末结存	1 680	
丙材料	6月5日	购进	980	220
	6月12日	购进	700	232
	6月22日	购进	1 120	216
	6月30日	期末结存	140	

要求：根据表5-4中的资料，分别采用先进先出法和月末一次加权平均法计算甲、乙、丙材料的本期发出成本和期末结存成本。

7.某公司2×23年和2×24年有关D商品的购销情况见表5-5。

表5-5　　　　　　　　　**某公司D商品购销情况表**　　　　　　单位：元

项　　目	2×23年	2×24年
D商品销售收入	9 000 000	11 250 000
期初存货	2 250 000	1 800 000
本期购货	5 850 000	6 750 000
可供销售商品	8 100 000	8 550 000
期末存货	1 800 000	2 250 000
销售成本	6 300 000	6 300 000
D商品销售损益	2 700 000	4 950 000

要求：

（1）如果 2×23 年期初存货多计 900 000 元，则该年 D 商品实际销售损益是多少？

（2）如果 2×24 年期初存货少计 900 000 元，则该年 D 商品实际销售损益是多少？

（3）如果 2×23 年期末存货少计 900 000 元，则 2×23 年和 2×24 年 D 商品实际销售损益是多少？

（4）如果 2×24 年期末存货多计而使销售成本少计 450 000 元，则 2×24 年 D 商品实际销售损益是多少？

（5）如果 2×24 年期末存货少计 900 000 元，则 2×23 年和 2×24 年的销售成本各是多少？

（五）业务处理题

1.某公司原材料按实际成本核算，2×24 年 8 月份公司发生下列材料物资采购业务：

（1）公司购入甲材料 7 000 千克，单价 16 元，增值税进项税额 14 560 元，款项未付，材料未到。

（2）用银行存款 3 500 元支付上述甲材料外地运杂费。

（3）购入乙材料 240 吨，单价 840 元，增值税进项税额为 26 208 元，款项均通过银行付清，材料尚未入库。

（4）公司购进甲材料 3 600 千克，含税单价 18.08 元，丙材料 3 000 千克，含税单价 11.30 元，增值税税率 13%，款项均已通过银行付清，另外，供应单位代垫运费 6 600 元（假设该运费不考虑增值税，运费按重量分配）。

（5）用银行存款 10 000 元预付订购材料款。

（6）以前已预付款的丁材料本月到货，价款 144 000 元，增值税进项税额为 18 720 元，以前预付款 200 000 元，剩余款供货单位尚未退回。

（7）本月购入的甲、乙、丙、丁材料均已验收入库，结转其实际成本。

要求：编制本月业务的会计分录。

2.某公司的原材料按实际成本核算，购入材料的运杂费（假设运杂费均不考虑增值税）按材料重量比例分摊，增值税税率为 13%。2×24

年8月份公司发生下列材料物资采购业务。

（1）现购下列材料，具体明细见表5-6。

表5-6　　　　　　　现购材料明细资料表

甲材料	2 000千克	单价26元
乙材料	1 000千克	单价12元
丙材料	4 000千克	单价8元

款项全部通过银行支付。

（2）用现金3 500元支付上述材料的外地运杂费，材料验收入库，结转成本。

（3）购入丙材料4 000千克，单价18元，款项尚未支付，另用银行存款4 000元支付丙材料外地运杂费，材料入库结转成本。

（4）赊购下列材料，具体明细见表5-7。

表5-7　　　　　　　赊购材料明细资料表

甲材料	500千克	单价28元
乙材料	900千克	单价12元

（5）用银行存款1 400元支付上述甲、乙材料外地运杂费，材料验收入库，结转成本。

（6）用银行存款购入甲材料400千克，单价28元，运杂费400元，材料验收入库，结转成本。

要求：

（1）根据以上资料编制会计分录。

（2）编制甲、乙、丙材料采购成本计算表。

3.某公司2×24年10月份发生下列材料购入业务：

（1）购入甲材料400千克，单价300元，增值税15 600元，外地运费3 600元（不考虑增值税），款项通过银行支付，材料验收入库。

（2）购入乙材料1 000千克，单价196元，外地运杂费4 900元（不考虑增值税），增值税税率13%，验收入库时发现损耗20千克，经查系运输途中合理损耗，款项未付。

（3）购入甲材料1 600千克，丙材料2 000千克，发票注明甲材料价款 168 000 元，丙材料价款 76 000 元，增值税税率 13%。两种材料共发生外地运杂费 18 000 元（不考虑增值税），全部款项通过银行支付（运杂费按重量分配）。

（4）丙材料验收入库时发生整理挑选费用 6 000 元，用现金支付。

要求：编制本月业务的会计分录。

4.利和股份公司 8 月份发生下列材料物资采购业务（公司原材料按实际成本核算，为简化起见，涉及的运费均不考虑增值税）：

（1）公司从凯悦商场购入甲材料 3 500 千克，单价 8 元，增值税进项税额 3 640 元，款项未付，材料未到。

（2）用银行存款 1 750 元支付上述甲材料外地运杂费，甲材料入库。

（3）购入乙材料 120 吨，单价 420 元，进项税额 6 552 元，款项均通过银行付清，乙材料入库。

（4）公司购进甲材料 1 800 千克，含税单价 9.04 元，丙材料 1 500 千克，含税单价 5.65 元，增值税税率 13%，款项均已通过银行付清，另外支付外地运杂费 3 300 元（按重量分配，不考虑增值税），甲、丙材料均已入库。

（5）用银行存款 10 000 元预付胜利工厂订购甲材料款。

（6）以前已预付款的丁材料本月到货，价款 72 000 元，增值税进项税额为 9 360 元，原预付 50 000 元，不足款项以银行存款付清，丁材料入库。

要求：编制本月业务的会计分录。

5.甲企业为增值税一般纳税人，增值税税率为 13%，原材料采用实际成本核算，发出原材料采用月末一次加权平均法计价。运输费不考虑增值税。2×24 年 6 月，甲企业发生下列与 A 材料相关的经济业务：

（1）1 日，"原材料——A 材料"账户余额 40 000 元（共 4 000 千克，其中含 5 月末验收入库但因发票账单未到而以 4 000 元估价入账的 A 材料 400 千克）。

（2）6 日，收到 5 月末已估价入库 A 材料的发票账单，货款 3 600 元，增值税税额 468 元，对方代垫运输费 800 元，全部款项已通过银行付清。

（3）10 日，购入 A 材料 6 000 千克，发票账单已收到，货款 72 000

元，增值税 9 360 元，运输费用 2 000 元，材料尚未到达，款项已通过银行付清。

（4）14 日，收到 10 日购买的 A 材料，验收时发现只有 5 900 千克，经查短缺的 100 千克确定为运输途中的合理损耗，A 材料验收入库。

（5）20 日，持银行汇票 160 000 元购入 A 材料 10 000 千克，增值税专用发票注明的货款为 99 000 元，增值税税额为 12 870 元，另支付运输费 4 000 元，材料已验收入库，剩余票款退回并存入银行。

（6）23 日，企业生产车间自制 A 材料 100 千克验收入库，总成本为 1 200 元。

（7）30 日，根据"发料凭证汇总表"的记录，6 月份生产车间为生产产品领用 A 材料 12 000 千克，车间管理部门领用 A 材料 2 000 千克，行政管理部门领用 A 材料 2 000 千克。

要求：

（1）计算甲企业 6 月份发出 A 材料的单位成本。

（2）根据上述资料，编制甲企业 6 月份与 A 材料有关的会计分录。

6.某企业为增值税一般纳税人企业，适用的增值税税率为 13%，企业发出材料的单位成本采用全月一次加权平均法确定，为简化核算，不考虑与运费有关的增值税。2×24 年 8 月 1 日，企业"原材料"账户的记录为：甲材料结存数量为 200 件，单位成本为 84 元；乙材料结存数量为 300 件，单位成本为 110 元。8 月份发生的经济业务如下：

（1）8 月 2 日，购入甲材料 500 件，单价 80 元；乙材料 400 件，单价 100 元，增值税专用发票注明的增值税税额为 10 400 元。企业通过银行支付款项，材料未到。

（2）8 月 3 日，企业通过银行支付上述甲、乙材料的外地运杂费 4 500 元，按材料数量分配，甲、乙材料入库。

（3）8 月 10 日，企业赊购甲材料 800 件，单价 82 元，增值税税额 8 528 元，另外，供货单位代垫运杂费 2 400 元，材料入库。

（4）8 月 20 日，企业购入的甲材料 600 件到达企业，但有关的发票账单等未到。

（5）8 月 24 日，企业签发一张商业汇票购买甲材料，增值税专用发票注明甲材料的数量为 1 000 件，单价 90 元，增值税税额为 11 700 元，甲材料暂未到达企业。

(6) 8月31日，前已运达企业的甲材料，有关的发票账单仍未到达，企业按每件85元的价格估价入库。

要求：根据上述业务，编制相关的会计分录。

五、案例分析题

案例5-1　　与企业存货相关的应收账款问题

李东于2×24年1月1日投资成立了LD公司，并聘请具有丰富经验的刘英为公司会计，刘英的月薪为4 000元。经过一年的经营，公司取得了较好的经营业绩。公司为了吸引顾客，对销售的货物一律采用赊销的方式，销售货物的价格按照进价（成本）加价40%来确定。临近年末时，公司的会计刘英突然购买了一套50多万元的公寓，而且一次性付清全部房款。李东得知此事后隐隐约约感觉会计刘英的收入还达不到这种消费水平，因此，对刘英负责的应收账款核算工作产生了怀疑。李东决定对公司年末1 505 000元的应收账款的准确性进行测试。因为李东也学过会计，所以，李东将公司的往来账、存货账以及销售收入账等内容进行了核查，经过李东的整理，列出了公司2×24年度的如下资料：

公司本年度共购货8次，总金额为7 500 000元；本年度共销货5次，其中已收回货款的总金额为5 625 000元；会计期末结存的存货为2 000 000元。

案例要求：

请帮助李东估算一下公司期末的应收账款余额。其与账面记录的应收账款的差额是多少？

案例提示

根据李东整理的资料可以估算出本期公司销货总额为7 700 000元（（7 500 000-2 000 000）×140%），而公司账上记录的应收账款和已收回的货款共为7 130 000元（1 505 000+5 625 000），其差额为570 000元（7 700 000-7 130 000），即短款570 000元。

案例5-2　　关于存货的管理问题

正在某大学会计学专业读书的小刘利用假期来到某公司实习（该公司是学校建立的实习基地），在公司会计的指导下，小刘的业务水平提高得很快，对在学校所学专业课的知识也有了进一步的理解。尽管如此，小刘对有关存货的核算内容的掌握还是有些不踏实，如小刘发现公司的存货种类非常多，可以说是"杂乱无章"。在学校学习专业课时，小刘已经知道存货一般包括原材料、在产品、产成品、包装物和低值易耗品等。在某次公司对存货进行盘点时，小刘将仓库中的存货一一登记在一张存货盘存单上，经过简单汇总之后交给会计，公司的会计在仔细查看了盘存单的内容之后，告诉小刘盘存单上所列的存货并非公司的全部存货，小刘大惑不解。

另外，在确定公司的各种商品的明细分类核算的问题时，小刘也感到很为难。其原因是公司的商品非常多，仅品种就有几十种，每个品种下又有很多不同的规格，小刘认为对商品的核算必须分好类，否则必然引起核算的混乱，但到底应该按照商品的品种分类进行明细核算，还是应该按照商品的规格分类进行明细核算呢？与分类相关的问题还有发出商品如何计价。按照我国企业会计准则的规定，公司可以采用先进先出法、加权平均法和个别计价法对发出的商品进行计价，但如何选择就成了小刘要面对的一个问题。小刘对此一筹莫展。

案例要求：

（1）小刘在汇总公司的存货时可能存在什么问题？在确认存货的过程中应注意什么问题？

（2）针对该公司的存货状况，你认为对存货应如何分类？

（3）发出的商品应如何确定其计价方法？在确定计价方法时应考虑哪些因素？

案例提示

（1）小刘在汇总存货时，很可能将不属于本公司的存货（如客户未提走的存货等）也汇总在一起，或者存货汇总有遗漏。关于存货范围的确认，应注意分清存货的归属即存货的所有权，凡在盘存日法定产权属于企业的存货，不论其存放于何处或处在何种状态，都应确认为企业的存货，不能简单地将存放在企业仓库的存货都视为企业的存货。

（2）存货分类与计价方法的选择有关。手工处理可以适当地简化存货分类。材料不通用，只针对客户的产品，可以对价值较高的材料建立库存账，单价低且总价占成本总额10%以下的部分材料可以作为费用处理。如果公司采用加权平均法计价，则每类存货应有数量，类内数量具有可加性。

（3）企业在选择存货计价方法时应考虑：第一，存货特点及管理要求；第二，对财务的影响，主要是对纳税的影响；第三，对企业管理层业绩考核的影响，主要涉及对考核指标如盈利指标的影响等。

存货计价方法不同，结转的当期销售成本也就不同，从而影响当期应纳税所得额的计算，因为：本期销售成本=期初结存成本+本期增加的成本-期末结存的成本。

案例 5-3   存货期末结存额的确定

大地公司对存货采用实地盘存制。2×24 年 2 月 20 日，一场大火烧毁了大地公司的全部存货。为了向保险公司索赔，需要估计火灾烧毁存货的具体损失情况，这项工作需要正在学习会计学课程的你来完成。经过简单了解，大地公司最近一次存货的实地盘点时间是 2×23 年 12 月 31 日。大地公司 2×23 年的存货记录情况如下：期初结存存货 440 000 元，当年购入存货 760 000 元，年末实地盘点结存存货 500 000 元，大地公司 2×23 年销售商品实现收入 1 000 000 元。

大地公司 2×24 年 1 月 1 日至 2 月 20 日商品购销情况如下：购入商品 200 000 元，实现的商品销售收入为 400 000 元。大地公司对已销售的商品成本按照销售收入的 70% 确定（2×24 年与 2×23 年的比例相同）。

案例要求：

根据你所了解的具体情况，拟写一份请求保险公司赔偿的报告书，内容包括索赔的金额及理由。

案例提示

对于索赔金额的确定，可以结合计算公式"期末结存=期初结存+本期增加-本期减少"来计算。在这个计算公式中，"本期增加"项目题中已给定，即 200 000 元，"期初结存"项目是在上年年末进行实地盘点确定的，即 500 000 元，因而，本题的关键就在于"本期减少"项目的确定，而这个项目必须结合上年及本年的有关资料经过计算之后才能得出。其具体计算如下：

（1）2×24 年 1 月 1 日结存的商品为 500 000 元。

（2）2×24 年 1 月 1 日至 2 月 20 日购入的商品为 200 000 元。

（3）2×23年销售的商品为700 000元（440 000+760 000−500 000），据此可以计算出应结转的已销售商品成本的比例，即700 000÷1 000 000×100%=70%。

（4）2×24年1月1日至2月20日，大地公司销售商品实现的收入为400 000元，因而应结转的商品成本为280 000元（400 000×70%），即本期销售的商品为280 000元。

（5）大地公司2×24年2月20日结存的商品成本应为420 000元（500 000+200 000−280 000），也就是大地公司2月20日被大火烧毁的存货金额为420 000元，同时也是大地公司应向保险公司索赔的金额。

六、练习题参考答案

（一）单项选择题

1.D　2.C　3.C　4.C　5.A　6.B　7.B　8.D　9.A　10.B　11.D　12.B　13.A　14.D　15.C　16.A　17.B　18.D　19.D　20.D　21.D　22.A　23.A　24.C　25.B　26.A　27.A　28.C　29.A　30.C

（二）多项选择题

1.ABCE　2.ACE　3.ABE　4.AD　5.AB　6.ABD　7.ABCDE　8.ACE　9.ABCD　10.BCDE

（三）判断题

1.×　2.×　3.√　4.×　5.×　6.×　7.×　8.×　9.×　10.×　11.×　12.×　13.√　14.×　15.×　16.√　17.×　18.×　19.×　20.√

（四）计算题

1.根据题意可知，

$$\frac{\text{本月购入的}}{\text{材料总额}} = \left(\frac{\text{期末结存}}{\text{材料}} - \frac{\text{期初结存}}{\text{材料}}\right) + \frac{\text{本期发出}}{\text{材料}}$$

$$= (382\,950-516\,150)+245\,125=111\,925（元）$$

$$\frac{\text{本月发生}}{\text{的应付账款}} = \left(\frac{\text{期末的}}{\text{应付款}} - \frac{\text{期初的}}{\text{应付款}}\right) + \frac{\text{本月偿还的}}{\text{应付款}}$$

$$= (450\,475-403\,300)+0=47\,175（元）$$

$$\frac{\text{本月已}}{\text{付款的材料}} = \frac{\text{本月购入的}}{\text{材料总额}} - \frac{\text{本月发生的}}{\text{应付账款}} = 111\,925-47\,175=64\,750（元）$$

2.（1）先进先出法：

销售存货成本=1 000×400+800×420=736 000（元）

结存存货成本=200×420+2 000×410+1 000×400=1 304 000（元）

（2）月末一次加权平均法：

$$加权平均单位成本 = \frac{1\,000 \times 400 + 1\,000 \times 420 + 2\,000 \times 410 + 1\,000 \times 400}{1\,000 + 1\,000 + 2\,000 + 1\,000}$$

$$= 408（元/件）$$

销售存货成本 = 1\,800×408 = 734\,400（元）

结存存货成本 = 3\,200×408 = 1\,305\,600（元）

3. 按先进先出法确定的表内各个项目的填列见表5-8。

表5-8 　　　　　　　　　　甲材料收发情况表

日　期	收　入			发　出			结　存		
	数量（件）	单位成本（元/件）	总成本（元）	数量（件）	单位成本（元/件）	总成本（元）	数量（件）	单位成本（元/件）	总成本（元）
12月1日							600	4.00	2\,400
12月8日	400	4.40	1\,760				600 400	4.00 4.40	2\,400 1\,760
12月14日				600 200	4.00 4.40	2\,400 880	200	4.40	880
12月20日	600	4.60	2\,760				200 600	4.40 4.60	880 2\,760
12月28日				200 200	4.40 4.60	880 920	400	4.60	1\,840
12月31日	400	5.00	2\,000				400 400	4.60 5.00	1\,840 2\,000
合　计	1\,400		6\,520	1\,200		5\,080	800		3\,840

4. 根据题意计算并填列的内容见表5-9。

表5-9 　　　　　　　甲、乙、丙、丁公司A商品购销情况表 　　　　　　　单位：元

内　容	甲公司	乙公司	丙公司	丁公司
本期销售收入	625\,000	（470\,000）	550\,000	300\,000
A商品成本：6月1日	100\,000	（38\,750）	25\,000	62\,500
6月30日	（35\,000）	96\,250	122\,500	（90\,000）
本期购进A商品成本	462\,500	450\,000	（562\,500）	262\,500
本期销售A商品成本	（527\,500）	392\,500	（465\,000）	235\,000
A商品收入与成本的差额	97\,500	77\,500	85\,000	（65\,000）

5.（1）1月份销售A商品的成本=630 000÷（1+25%）=504 000（元）

1月末结存A商品的成本=756 000÷（1+25%）×40%=241 920（元）

（2）2月份销售A商品的成本=756 000÷（1+25%）=604 800（元）

2月末结存A商品成本=909 000÷（1+25%）×40%=290 880（元）

2月份购进A商品成本=290 880+604 800-241 920=653 760（元）

6.甲材料本月发出数量=350+700+350-336=1 064（件）

乙材料本月发出数量=2 100+1 120+2 380-1 680=3 920（件）

丙材料本月发出数量=980+700+1 120-140=2 660（件）

先进先出法：

甲材料本期发出成本=350×160+700×152+14×168=164 752（元）

乙材料本期发出成本=2 100×32+1 120×34+700×32.8=128 240（元）

丙材料本期发出成本=980×220+700×232+980×216=589 680（元）

甲材料期末结存成本=（350×160+700×152+350×168）-164 752

　　　　　　　　　=56 448（元）

乙材料期末结存成本=（2 100×32+1 120×34+2 380×32.8）-128 240

　　　　　　　　　=55 104（元）

丙材料期末结存成本=（980×220+700×232+1 120×216）-589 680

　　　　　　　　　=30 240（元）

月末一次加权平均法：

甲材料加权平均单位成本=（350×160+700×152+350×168）÷（350+700+350）

　　　　　　　　　　　=158（元/件）

乙材料加权平均单位成本=（2 100×32+1 120×34+2 380×32.8）÷（2 100+1 120+2 380）

　　　　　　　　　　　=32.7（元/件）（为方便计算，保留小数点后一位）

丙材料加权平均单位成本=（980×220+700×232+1 120×216）÷（980+700+1 120）

　　　　　　　　　　　=221.4（元/件）

甲材料本期发出成本=1 064×158=168 112（元）

乙材料本期发出成本=3 920×32.7=128 184（元）

丙材料本期发出成本=2 660×221.4=588 924（元）

甲材料期末结存成本=（350×160+700×152+350×168）-168 112=53 088（元）

乙材料期末结存成本=（2 100×32+1 120×34+2 380×32.8）-128 184

　　　　　　　　　=55 160（元）

丙材料期末结存成本=（980×220+700×232+1 120×216）-588 924=30 996（元）

7.（1）2×23年D商品实际销售损益=9 000 000-［（8 100 000+900 000）-

　　　　　　　　　　　　　　　　　1 800 000］

$$=1\ 800\ 000（元）$$

（2）2×24年D商品实际销售损益=11 250 000－［（8 550 000－900 000）－

$$2\ 250\ 000］$$

$$=5\ 850\ 000（元）$$

（3）2×23年D商品实际销售损益=9 000 000－［8 100 000－（1 800 000－

$$900\ 000）］$$

$$=1\ 800\ 000（元）$$

2×24年D商品实际销售损益=11 250 000－［（8 550 000－900 000）－2 250 000］

$$=5\ 850\ 000（元）$$

（4）2×24年D商品实际销售损益=11 250 000－（6 300 000－450 000）

$$=5\ 400\ 000（元）$$

（5）2×23年D商品销售成本=6 300 000元

2×24年D商品销售成本=6 300 000+900 000

$$=7\ 200\ 000（元）$$

（五）业务处理题

1.（1）借：在途物资——甲材料　　　　　　　　　　　　　112 000

　　　　应交税费——应交增值税（进项税额）　　　　14 560

　　　　　贷：应付账款　　　　　　　　　　　　　　　　126 560

（2）借：在途物资——甲材料　　　　　　　　　　　　　　3 500

　　　　　贷：银行存款　　　　　　　　　　　　　　　　　3 500

（3）借：在途物资——乙材料　　　　　　　　　　　　　201 600

　　　　应交税费——应交增值税（进项税额）　　　　26 208

　　　　　贷：银行存款　　　　　　　　　　　　　　　　227 808

（4）借：在途物资——甲材料　　　　　　　　　　　　　61 200

　　　　　　　　——丙材料　　　　　　　　　　　　　33 000

　　　　应交税费——应交增值税（进项税额）　　　　11 388

　　　　　贷：银行存款　　　　　　　　　　　　　　　　105 588

（5）借：预付账款　　　　　　　　　　　　　　　　　　10 000

　　　　　贷：银行存款　　　　　　　　　　　　　　　　10 000

（6）借：在途物资——丁材料　　　　　　　　　　　　　144 000

　　　　应交税费——应交增值税（进项税额）　　　　18 720

　　　　　贷：预付账款　　　　　　　　　　　　　　　162 720

（7）借：原材料——甲材料　　　　　　　　　　　　　176 700

　　　　　　　——乙材料　　　　　　　　　　　　　201 600

借：原材料——丙材料   33 000

    ——丁材料   144 000

  贷：在途物资——甲材料   176 700

      ——乙材料   201 600

      ——丙材料   33 000

      ——丁材料   144 000

2.（1）编制的会计分录如下：

①借：在途物资——甲材料   52 000

      ——乙材料   12 000

      ——丙材料   32 000

  应交税费——应交增值税（进项税额） 12 480

  贷：银行存款   108 480

②借：在途物资——甲材料   1 000

      ——乙材料   500

      ——丙材料   2 000

  贷：库存现金   3 500

借：原材料——甲材料   53 000

    ——乙材料   12 500

    ——丙材料   34 000

  贷：在途物资——甲材料   53 000

      ——乙材料   12 500

      ——丙材料   34 000

③借：在途物资——丙材料   72 000

  应交税费——应交增值税（进项税额） 9 360

  贷：应付账款   81 360

借：在途物资——丙材料   4 000

  贷：银行存款   4 000

借：原材料——丙材料   76 000

  贷：在途物资——丙材料   76 000

④借：在途物资——甲材料   14 000

      ——乙材料   10 800

  应交税费——应交增值税（进项税额） 3 224

  贷：应付账款   28 024

⑤借：在途物资——甲材料   500

借：在途物资——乙材料　　　　　　　　　　　　900
　　贷：银行存款　　　　　　　　　　　　　　　　　1 400
借：原材料——甲材料　　　　　　　　　　　14 500
　　　——乙材料　　　　　　　　　　　　11 700
　　贷：在途物资——甲材料　　　　　　　　　　14 500
　　　　——乙材料　　　　　　　　　　　11 700
⑥借：在途物资——甲材料　　　　　　　　　11 600
　　应交税费——应交增值税（进项税额）　　1 456
　　贷：银行存款　　　　　　　　　　　　　　　13 056
借：原材料——甲材料　　　　　　　　　　　11 600
　　贷：在途物资——甲材料　　　　　　　　　　11 600

（2）编制材料采购成本计算表见表5-10。

3.（1）借：在途物资——甲材料　　　　　　　123 600
　　　　应交税费——应交增值税（进项税额）　15 600
　　　　贷：银行存款　　　　　　　　　　　　　139 200

表5-10　　　　　　甲、乙、丙材料采购成本计算表　　　　　金额单位：元

成本项目	甲材料（2 900千克）		乙材料（1 900千克）		丙材料（8 000千克）		成本合计
	总成本	单位成本	总成本	单位成本	总成本	单位成本	
买　价	77 200	26.62	22 800	12	104 000	13	204 000
采购费用	1 900	0.66	1 400	0.74	6 000	0.75	9 300
采购成本	79 100	27.28	24 200	12.74	110 000	13.75	213 300

借：原材料——甲材料　　　　　　　　　　　123 600
　　贷：在途物资——甲材料　　　　　　　　　　123 600
（2）借：原材料——乙材料　　　　　　　　　200 900
　　　　应交税费——应交增值税（进项税额）　25 480
　　　　贷：应付账款　　　　　　　　　　　　　226 380
（3）借：在途物资——甲材料　　　　　　　　176 000
　　　　　——丙材料　　　　　　　　　　86 000
　　　　应交税费——应交增值税（进项税额）　31 720
　　　　贷：银行存款　　　　　　　　　　　　　293 720

（4）借：在途物资——丙材料　　　　　　　　　　　　　6 000

　　　贷：库存现金　　　　　　　　　　　　　　　　　　6 000

借：原材料——丙材料　　　　　　　　　　　　　　　92 000

　　贷：在途物资——丙材料　　　　　　　　　　　　　　92 000

4.（1）借：在途物资——甲材料　　　　　　　　　　28 000

　　　　　应交税费——应交增值税（进项税额）　　　3 640

　　　　　　贷：应付账款——凯悦商场　　　　　　　　　31 640

（2）借：在途物资——甲材料　　　　　　　　　　　1 750

　　　　贷：银行存款　　　　　　　　　　　　　　　　1 750

借：原材料——甲材料　　　　　　　　　　　　　　29 750

　　贷：在途物资——甲材料　　　　　　　　　　　　　29 750

（3）借：在途物资——乙材料　　　　　　　　　　50 400

　　　　应交税费——应交增值税（进项税额）　　　6 552

　　　　　贷：银行存款　　　　　　　　　　　　　　　56 952

借：原材料——乙材料　　　　　　　　　　　　　　50 400

　　贷：在途物资——乙材料　　　　　　　　　　　　　50 400

（4）借：原材料——甲材料　　　　　　　　　　　16 200

　　　　　　　——丙材料　　　　　　　　　　　9 000

　　　　应交税费——应交增值税（进项税额）　　　2 847

　　　　　贷：银行存款　　　　　　　　　　　　　　　28 047

（5）借：预付账款——胜利工厂　　　　　　　　　10 000

　　　　贷：银行存款　　　　　　　　　　　　　　　10 000

（6）借：原材料——丁材料　　　　　　　　　　　72 000

　　　　应交税费——应交增值税（进项税额）　　　9 360

　　　　　贷：预付账款　　　　　　　　　　　　　　　81 360

借：预付账款　　　　　　　　　　　　　　　　　　31 360

　　贷：银行存款　　　　　　　　　　　　　　　　　　31 360

5.（1）A材料的单位成本

$$=\frac{40\,000-4\,000+3\,600+800+72\,000+2\,000+99\,000+4\,000+1\,200}{4\,000-400+400+5\,900+10\,000+100}$$

　　　　=10.93（元/千克）

（2）6月1日，冲销5月31日估价入账的A材料：

借：原材料——A材料　　　　　　　　　　　　　4 000

　　贷：应付账款——暂估应付款　　　　　　　　　　4 000

6月6日，支付A材料货款：

借：原材料——A材料　　　　　　　　　　　　　　　　　4 400
　　应交税费——应交增值税（进项税额）　　　　　　　468
　　贷：银行存款　　　　　　　　　　　　　　　　　　　　　4 868
6月10日，购入A材料：
借：在途物资——A材料　　　　　　　　　　　　　　74 000
　　应交税费——应交增值税（进项税额）　　　　　　9 360
　　贷：银行存款　　　　　　　　　　　　　　　　　　　　83 360
6月14日，A材料入库：
借：原材料——A材料　　　　　　　　　　　　　　　74 000
　　贷：在途物资——A材料　　　　　　　　　　　　　　74 000
6月20日，购入A材料：
借：原材料——A材料　　　　　　　　　　　　　　　103 000
　　应交税费——应交增值税（进项税额）　　　　　　12 870
　　贷：其他货币资金——银行汇票存款　　　　　　　　115 870
借：银行存款　　　　　　　　　　　　　　　　　　　44 130
　　贷：其他货币资金——银行汇票存款　　　　　　　　　44 130
6月23日，A材料入库：
借：原材料——A材料　　　　　　　　　　　　　　　1 200
　　贷：生产成本　　　　　　　　　　　　　　　　　　　　1 200
6月30日，结转发出A材料成本：
借：生产成本　　　　　　　　　　　　　　　　　　131 160
　　制造费用　　　　　　　　　　　　　　　　　　　21 860
　　管理费用　　　　　　　　　　　　　　　　　　　21 860
　　贷：原材料——A材料　　　　　　　　　　　　　　　174 880
6.（1）借：在途物资——甲材料　　　　　　　　　　40 000
　　　　　　　　　　　——乙材料　　　　　　　　　40 000
　　　　　应交税费——应交增值税（进项税额）　　　10 400
　　　　　　贷：银行存款　　　　　　　　　　　　　　　90 400
（2）借：在途物资——甲材料　　　　　　　　　　　2 500
　　　　　　　　　　——乙材料　　　　　　　　　　2 000
　　　　贷：银行存款　　　　　　　　　　　　　　　　　4 500
借：原材料——甲材料　　　　　　　　　　　　　　42 500
　　　　　——乙材料　　　　　　　　　　　　　　42 000
　　贷：在途物资——甲材料　　　　　　　　　　　　　42 500

  贷：在途物资——乙材料   42 000

（3）借：原材料——甲材料   68 000

   应交税费——应交增值税（进项税额） 8 528

    贷：应付账款   76 528

（4）暂不处理。

（5）借：在途物资——甲材料   90 000

   应交税费——应交增值税（进项税额） 11 700

    贷：应付票据   101 700

（6）借：原材料——甲材料   51 000

    贷：应付账款——暂估应付款   51 000

第六章　投资

一、学习目的与要求

通过本章学习，了解金融资产的概念与分类，构成长期股权投资的子公司投资、合营企业投资、联营企业投资的含义；掌握各类投资初始计量与后续计量的不同要求，以非企业合并方式取得长期股权投资的会计处理，处置各类投资的会计处理；重点掌握交易性金融资产、债权投资、其他债权投资、其他权益工具投资取得、持有期间确认现金股利或债券利息收益的会计处理，按公允价值计量的金融资产确认公允价值变动的会计处理，企业合并形成的长期股权投资的会计处理，长期股权投资的成本法与权益法。

二、内容概览

（一）关键概念

1.交易性金融资产　　　　2.债权投资

3.其他债权投资　　　　　4.其他权益工具投资

5.初始入账金额　　　　　6.投资收益

7.公允价值变动损益　　　8.摊余成本

9.实际利率法　　　　　　10.长期股权投资

11.成本法　　　　　　　　12.权益法

（二）关键问题

1.什么是金融资产？如何分类？

2.交易性金融资产与其他债权投资公允价值变动的会计处理有何不同？

3.什么是同一控制下的企业合并？如何确定其初始投资成本？

4.什么是非同一控制下的企业合并？如何确定其初始投资成本？

5.成本法的核算要点有哪些？

6.权益法的核算要点有哪些？

7.成本法与权益法会计处理的主要区别是什么？

三、本章重点与难点

（一）投资的分类

1.金融资产

企业应当根据其管理金融资产的业务模式和金融资产的合同现金流量特征，将取得的金融资产在初始确认时划分为以下三类：

（1）以摊余成本计量的金融资产；

（2）以公允价值计量且其变动计入其他综合收益的金融资产；

（3）以公允价值计量且其变动计入当期损益的金融资产。

2.长期股权投资

长期股权投资按照对被投资方施加影响的程度，可以分为以下三类：

（1）能够实施控制的权益性投资，即对子公司的权益性投资；

（2）具有重大影响的权益性投资，即对联营企业的权益性投资；

（3）具有共同控制的权益性投资，即对合营企业的权益性投资。

（二）交易性金融资产

企业应设置"交易性金融资产"科目，核算以公允价值计量且其变动计入当期损益的金融资产。交易性金融资产会计处理的要点如下：

（1）交易性金融资产应当按照取得时的公允价值作为初始入账金额，相关的交易费用在发生时直接计入当期损益。

（2）企业在持有交易性金融资产期间所获得的现金股利或债券利息，应当确认为投资收益。

（3）交易性金融资产应按资产负债表日的公允价值反映，公允价值的变动计入当期损益。

（4）处置交易性金融资产时，以实际收到的处置价款减去所处置交易性金融资产账面余额，作为处置损益。

（三）债权投资

企业应当设置"债权投资"科目，核算持有的以摊余成本计量的债权投资。债权投资会计处理的要点如下：

（1）债权投资应当按取得时的公允价值与相关交易费用之和作为初始入账金额。

（2）债权投资在持有期间应当按照摊余成本计量，并采用实际利率法计算确认当期利息收入，计入投资收益。

（3）企业处置债权投资时，应将所取得的价款与该投资账面价值之间的差额计入投资收益。

（四）其他债权投资

企业应当设置"其他债权投资"科目，核算持有的以公允价值计量且其变动计入其他综合收益的债权投资。其他债权投资会计处理的要点如下：

（1）其他债权投资应当按取得该金融资产的公允价值和相关交易费用之和作为初始入账金额。

（2）其他债权投资在持有期间应当采用实际利率法计算确认利息收入，计入投资收益。

（3）其他债权投资的价值应按资产负债表日的公允价值反映，公允价值的变动计入其他综合收益。

（4）处置其他债权投资时，应将取得的处置价款与该金融资产账面余额之间的差额，计入投资收益；同时，将原直接计入其他综合收益的累计公允价值变动对应处置部分的金额转出，计入投资收益。

（五）其他权益工具投资

企业应当设置"其他权益工具投资"科目，核算指定为以公允价值计量且其变动计入其他综合收益的非交易性权益工具投资。其他权益工具投资会计处理的要点如下：

（1）其他权益工具投资应当按取得该金融资产的公允价值和相关交易费用之和作为初始入账金额。

（2）其他权益工具投资在持有期间取得的现金股利，应当计入投资收益。

（3）其他权益工具投资的价值应按资产负债表日的公允价值反映，公允价值的变动计入其他综合收益。

（4）处置其他权益工具投资时，应将取得的处置价款与该金融资产账面余额之间的差额，计入留存收益；同时，将原直接计入其他综合收益的累计公允价值变动对应处置部分的金额转出，计入留存收益。

（六）长期股权投资

长期股权投资，是指投资方对被投资方能够实施控制或具有重大影响的权益性投资，以及对其合营企业的权益性投资。长期股权投资会计处理的要点如下：

（1）企业在取得长期股权投资时，应当区分企业合并和非企业合并分别确定长期股权投资的初始投资成本。

（2）企业取得的长期股权投资在持有期间，要根据对被投资方是否能够实施控制，分别采用成本法或权益法进行核算。

（3）企业处置长期股权投资时，应当按取得的处置收入扣除长期股权投资账面价值和已确认但尚未收到的现金股利之后的差额确认处置损益。处置采用权益法核算的长期股权投资时，应当采用与被投资方直接处置相关资产或负债相同的基础，对相关的其他综合收益进行会计处理；同时，还应将原计入资本公积的其他权益变动金额转出，计入当期损益。

四、练习题

（一）单项选择题

1.以摊余成本计量的债权投资与以公允价值计量且其变动计入其他综合收益的其他债权投资最根本的区别是（　　　）。

A.持有时间不同　　　　　　　B.投资风险不同

C.合同现金流量特征不同　　　D.业务模式不同

2.企业取得交易性金融资产的主要目的是（　　　）。

A.利用闲置资金短期获利　　　B.控制对方的经营政策

C.向对方提供财务援助　　　　D.分散经营风险

3.企业购入股票并分类为以公允价值计量且其变动计入当期损益的金融资产，其初始入账金额为（　　　）。

A.股票的面值

B.股票的公允价值

C.实际支付的全部价款

D.股票的公允价值与交易税费之和

4.企业取得交易性金融资产支付的手续费等相关交易费用，应当计入（　　）。

A.初始入账金额　　　　　　　　B.投资收益

C.财务费用　　　　　　　　　　D.管理费用

5.企业购入股票支付的价款中如果包含已宣告但尚未领取的现金股利，应当（　　）。

A.计入初始入账金额　　　　　　B.作为其他应收款

C.作为应收股利　　　　　　　　D.计入投资收益

6.企业购入债券并分类为以摊余成本计量的金融资产，该金融资产的初始入账金额应为（　　）。

A.债券面值

B.债券面值加相关交易费用

C.债券公允价值

D.债券公允价值加相关交易费用

7.企业按低于面值的成本购入债券并分类为以摊余成本计量的金融资产，如果该债券在持有期间没有计提减值准备也没有收回部分本金，其摊余成本是指（　　）。

A.债券面值加尚未摊销的利息调整

B.债券面值减尚未摊销的利息调整

C.债券面值加已经摊销的利息调整

D.债券面值减已经摊销的利息调整

8.企业购入债券并分类为以摊余成本计量的金融资产，该债券初始入账金额与其面值的差额，在取得债券时应当作为（　　）。

A.财务费用　　　　　　　　　　B.投资收益

C.应计利息　　　　　　　　　　D.利息调整

9.在企业持有的下列金融资产中，投资对象只能是股票的是（　　）。

A.交易性金融资产　　　　　　　B.债权投资

C.其他债权投资　　　　　　　　D.其他权益工具投资

10.资产负债表日，其他债权投资的账面价值是指该投资的（　　）。

A.初始成本　　　　　　　　　　B.摊余成本

C.公允价值   D.债券面值

11.企业购入股票并指定为以公允价值计量且其变动计入其他综合收益的金融资产，该项投资的初始入账金额应当是（   ）。

A.股票的面值   B.股票面值加交易费用

C.股票的公允价值   D.股票公允价值加交易费用

12.关于债权投资与交易性金融资产，下列表述中正确的是（   ）。

A.二者的投资对象均可以是股票

B.二者的投资对象均可以是债券

C.二者均以公允价值进行计量

D.二者均以摊余成本进行计量

13.采用公允价值对金融资产进行后续计量，体现了会计信息质量要求中的（   ）。

A.可靠性   B.相关性

C.实质重于形式   D.重要性

14.非同一控制下企业合并取得的长期股权投资，初始投资成本应当是（   ）。

A.支付合并对价的账面价值

B.支付合并对价的公允价值

C.支付合并对价的账面价值加直接合并费用

D.支付合并对价的公允价值加直接合并费用

15.同一控制下企业合并取得的长期股权投资，初始投资成本是指（   ）。

A.股权投资的公允价值

B.支付合并对价的账面价值

C.支付合并对价的公允价值

D.占被合并方所有者权益的份额

16.合并方或购买方为进行企业合并而发生的各项直接相关费用，如审计费用、评估费用、法律服务费用等，应当于发生时（   ）。

A.计入投资收益   B.计入管理费用

C.计入初始投资成本   D.冲减资本公积

17.长期股权投资采用成本法核算，要求投资方对被投资方（   ）。

A.具有控制

B.具有控制或共同控制

C.具有控制或重大影响

D.具有共同控制或重大影响

18.长期股权投资采用成本法核算，如果被投资方发生亏损且未分配股利，投资方应当（　　）。

A.冲减投资收益　　　　　　　B.冲减投资成本

C.冲减资本公积　　　　　　　D.不作会计处理

19.长期股权投资采用权益法核算，要求投资方对被投资方（　　）。

A.具有控制

B.具有控制或共同控制

C.具有控制或重大影响

D.具有共同控制或重大影响

20.长期股权投资采用权益法核算，投资方在被投资方确认的其他综合收益中占有的份额，应当计入（　　）。

A.投资收益　　　　　　　　　B.资本公积

C.其他综合收益　　　　　　　D.营业外收入

21.长期股权投资采用权益法核算，下列事项中不会影响股权投资账面价值的是（　　）。

A.被投资方取得利润

B.被投资方发生亏损

C.被投资方派发现金股利

D.被投资方派发股票股利

22.长期股权投资采用权益法核算，如果初始投资成本小于投资时应享有被投资方可辨认净资产公允价值的份额，则其差额应当计入（　　）。

A.投资收益　　　　　　　　　B.公允价值变动损益

C.资本公积　　　　　　　　　D.营业外收入

（二）多项选择题

1.“交易性金融资产”科目下应设置的明细科目有（　　）。

A.成本　　　　　　　　　　　B.公允价值变动

C.利息调整 　　　　　　　　D.损益调整

E.应计利息

2."债权投资"科目下应设置的明细科目有（　　　）。

A.成本 　　　　　　　　　　B.公允价值变动

C.利息调整 　　　　　　　　D.损益调整

E.应计利息

3."其他债权投资"科目下应设置的明细科目有（　　　）。

A.成本 　　　　　　　　　　B.公允价值变动

C.利息调整 　　　　　　　　D.损益调整

E.应计利息

4."其他权益工具投资"科目下应设置的明细科目有（　　　）。

A.成本 　　　　　　　　　　B.公允价值变动

C.利息调整 　　　　　　　　D.损益调整

E.应计利息

5.资产负债表日，应当按公允价值计量的投资有（　　　）。

A.交易性金融资产 　　　　　B.债权投资

C.其他债权投资 　　　　　　D.长期股权投资

E.其他权益工具投资

6.在企业持有的下列投资中，应划分为长期股权投资的有（　　　）。

A.具有控制的权益性投资

B.具有重大影响的权益性投资

C.对合营企业的权益性投资

D.准备随时出售的权益性投资

E.对共同经营的投资

7.长期股权投资采用成本法核算，不会导致投资方调整股权投资账面价值的事项有（　　　）。

A.被投资方派发现金股利 　　B.被投资方派发股票股利

C.被投资方取得利润 　　　　D.被投资方发生亏损

E.投资发生减值

8.在下列情况中，长期股权投资应当采用权益法核算的有（　　　）。

A.具有控制 　　　　　　　　B.具有共同控制

C.具有重大影响　　　　　　　　D.具有控制或共同控制

E.具有控制或重大影响

9.采用权益法核算时，"长期股权投资"科目下应设置的明细科目有（　　）。

A.投资成本　　　　　　　　　　B.损益调整

C.公允价值变动　　　　　　　　D.其他综合收益

E.其他权益变动

10.长期股权投资采用权益法核算时，应当调整股权投资账面价值的情况有（　　）。

A.被投资方获得利润

B.被投资方发生亏损

C.被投资方分派现金股利

D.被投资方分派股票股利

E.被投资方确认其他综合收益

（三）判断题

1.企业在初始确认时将某项金融资产分类为交易性金融资产后，如果管理金融资产的业务模式发生了改变，可以重分类为以摊余成本计量的金融资产。　　　　　　　　　　　　　　　　　　　　（　　）

2.资产负债表日，无论交易性金融资产的公允价值大于还是小于账面价值，其差额均计入当期损益。　　　　　　　　　　　　　（　　）

3.债权投资可以重分类为其他债权投资，但不能重分类为交易性金融资产。　　　　　　　　　　　　　　　　　　　　　　　（　　）

4.债权投资应当按取得时的公允价值作为初始入账金额，支付的相关交易费用应当计入当期损益。　　　　　　　　　　　　　（　　）

5.如果债权投资的初始入账金额高于其面值，则各期确认的投资收益大于当期的应收利息。　　　　　　　　　　　　　　　　（　　）

6.如果债权投资的初始入账金额低于其面值，则利息调整的摊销会导致债权投资账面余额逐期减少。　　　　　　　　　　　　（　　）

7.企业取得交易性金融资产支付的相关交易费用应计入当期损益，而取得其他债权投资支付的相关交易费用应当计入初始入账金额。

（　　）

8.交易性金融资产与其他债权投资均按公允价值计量，但公允价值的变动前者计入当期损益，后者计入其他综合收益。　　（　　）

9.企业在处置其他债权投资时，应将已计入其他综合收益的公允价值累计变动额转入公允价值变动损益。　　（　　）

10.投资方对被投资方不具有控制、共同控制或重大影响的权益性投资，不应当划分为长期股权投资。　　（　　）

11.同一控制下企业合并形成的长期股权投资，初始投资成本取决于合并方作为合并对价付出资产的账面价值。　　（　　）

12.非同一控制下的企业合并，购买方应当在购买日按照取得的被购买方可辨认净资产公允价值的份额作为长期股权投资的初始投资成本。　　（　　）

13.企业以发行权益性证券的方式取得的长期股权投资，应当按照所发行权益性证券的公允价值作为初始投资成本。　　（　　）

14.投资方能够对被投资方实施控制或共同控制的长期股权投资应当采用权益法核算。　　（　　）

15.长期股权投资采用成本法核算时，应按在被投资方实现的净利润中投资方应当享有的份额确认投资收益。　　（　　）

16.长期股权投资采用权益法核算时，应按照在被投资方的净收益中投资方应当享有的份额确认投资收益，分得的现金股利应冲减投资的账面价值。　　（　　）

17.长期股权投资采用权益法核算时，如果初始投资成本小于投资时应享有被投资方可辨认净资产公允价值的份额，则其差额应当计入当期营业外收入。　　（　　）

18.长期股权投资采用权益法核算，被投资方发生其他权益变动时，投资方应按持股比例相应调整长期股权投资账面价值，同时计入投资收益。　　（　　）

19.采用权益法核算的长期股权投资，处置投资时应将原计入资本公积的相关金额转出，计入处置投资当期损益。　　（　　）

（四）计算及业务处理题

1.2×24年3月25日，星海公司按每股3.50元的价格购入每股面值1元的A公司股票10 000股作为交易性金融资产，并支付交易税费250

元。股票购买价格中包含每股0.10元已宣告但尚未领取的现金股利,该现金股利于2×24年4月10日发放。

要求:编制星海公司有关该交易性金融资产的下列会计分录:

(1)2×24年3月25日,购入股票。

(2)2×24年4月10日,收到现金股利。

2.2×24年2月25日,星海公司以46 800元的价格购入A公司债券作为交易性金融资产,并支付相关税费200元。该债券于2×22年7月1日发行、面值45 000元、期限5年、票面利率4%、每年7月1日付息一次,到期还本。2×24年12月1日,星海公司将债券转让,收到转让价款46 000元。

要求:编制星海公司有关该交易性金融资产的下列会计分录:

(1)2×24年2月25日,购入债券。

(2)2×24年7月1日,收到债券利息。

(3)2×24年12月1日,转让债券。

3.2×24年1月20日,星海公司按每股3.80元的价格购入每股面值1元的B公司股票50 000股作为交易性金融资产,并支付交易税费1 200元。2×24年3月5日,B公司宣告分派每股0.20元的现金股利,并于2×24年4月10日发放。2×24年9月20日,星海公司将该股票转让,取得转让收入220 000元。

要求:编制星海公司有关该交易性金融资产的下列会计分录:

(1)2×24年1月20日,购入股票。

(2)2×24年3月5日,B公司宣告分派现金股利。

(3)2×24年4月10日,收到现金股利。

(4)2×24年9月20日,转让股票。

4.星海公司于每年年末对交易性金融资产按公允价值计量。2×24年12月31日,该公司作为交易性金融资产持有的C公司股票账面余额为680 000元。

要求:编制下列不同情况下,星海公司对交易性金融资产按公允价值计量的会计分录:

(1)假定C公司股票期末公允价值为520 000元。

(2)假定C公司股票期末公允价值为750 000元。

5.2×24年1月10日，星海公司以每股6.50元的价格购入B公司每股面值1元的普通股10 000股作为交易性金融资产，并支付税金和手续费500元。2×24年4月5日，B公司宣告2×23年度股利分配方案，每股分派现金股利0.10元，并于4月30日派发。2×24年6月30日，B公司股票每股公允价值为7.50元。2×24年9月25日，星海公司将B公司股票出售，收到出售价款86 000元。

要求：编制星海公司有关该交易性金融资产的下列会计分录：

（1）2×24年1月10日，购入股票。

（2）2×24年4月5日，B公司宣告分派现金股利。

（3）2×24年4月30日，收到现金股利。

（4）2×24年6月30日，确认公允价值变动损益。

（5）2×24年9月25日，将B公司股票出售。

6.2×22年1月1日，星海公司支付价款197 300元（含2×21年度已到付息期但尚未支付的债券利息和相关税费），购入2×21年1月1日发行、面值200 000元、期限4年、票面利率4%、每年12月31日付息、到期还本的B公司债券作为以摊余成本计量的债权投资。星海公司在取得债券时确定的实际利率为6%。

要求：作出星海公司有关该债权投资的下列会计处理：

（1）编制购入债券的会计分录。

（2）采用实际利率法编制债券利息收入与账面余额计算表（格式参见教材）。

（3）编制各年年末确认债券利息收益的会计分录。

（4）编制债券到期收回面值的会计分录。

7.2×20年1月1日，星海公司支付价款560 000元，购入当日发行的面值500 000元、期限5年、票面利率8%、每年12月31日付息、到期还本的甲公司债券作为以摊余成本计量的债权投资。

要求：作出星海公司有关该债权投资的下列会计处理：

（1）编制购入债券的会计分录。

（2）计算债券实际利率并编制债券利息收入与账面余额计算表（格式参见教材；5期、5%的复利现值系数为0.783526，年金现值系数为4.329477；5期、6%的复利现值系数为0.747258，年金现值系数为

4.212364）。

（3）编制各年年末确认债券利息收益的会计分录。

（4）编制到期收回债券面值的会计分录。

8.2×20年1月1日，星海公司购入G公司当日发行的面值500 000元、期限5年、票面利率8%、到期一次还本付息（利息不计复利）的债券作为以摊余成本计量的债权投资，实际支付的购买价款（包括交易费用）为397 200元。

要求：作出星海公司有关该债权投资的下列会计处理：

（1）编制购入债券的会计分录。

（2）计算债券的实际利率（5期、12%的复利现值系数为0.567427）。

（3）采用实际利率法编制利息收入与账面余额计算表（格式参见教材）。

（4）编制各年确认利息收入和摊销利息调整的会计分录。

（5）编制债券到期收回债券面值和利息的会计分录。

9.2×24年12月31日，星海公司指定为以公允价值计量且其变动计入其他综合收益的A公司股票期末账面价值为850 000元，公允价值为780 000元；分类为以公允价值计量且其变动计入其他综合收益的甲公司债券期末账面价值为250 000元，公允价值为252 000元。

要求：编制星海公司确认A公司股票和甲公司债券公允价值变动的会计分录：

（1）确认A公司股票公允价值变动。

（2）确认甲公司债券公允价值变动。

10.2×23年1月10日，星海公司以每股6.50元的价格购入B公司每股面值1元的普通股10 000股并指定为以公允价值计量且其变动计入其他综合收益的金融资产，支付税金和手续费500元。2×23年4月5日，B公司宣告2×22年度股利分配方案，每股分派现金股利0.10元，并于2×23年4月25日派发。2×23年12月31日，B公司股票每股公允价值为7.50元。2×24年2月25日，星海公司将B公司股票出售，收到出售价款86 000元。

要求：编制星海公司有关该项其他权益工具投资的下列会计分录：

（1）2×23年1月10日，购入股票。

（2）2×23年4月5日，B公司宣告分派现金股利。

（3）2×23年4月25日，收到B公司分派的现金股利。

（4）2×23年12月31日，确认公允价值变动。

（5）2×24年2月25日，将B公司股票出售。

11. 星海公司和D公司为两个互不关联的独立企业，合并之前不存在任何关联方关系。根据星海公司达成的与D公司合并的协议，星海公司以发行的权益性证券作为合并对价，取得D公司100%的股权。星海公司增发的权益性证券为每股面值1元的普通股股票，共增发2 500万股，每股公允价值3元，支付发行费用100万元；星海公司另以银行存款支付直接合并费用60万元。

要求：编制星海公司通过非同一控股下的企业合并取得长期股权投资的会计分录。

12. 星海公司和B公司为同一母公司控制的两个子公司。星海公司达成与B公司合并的协议，约定星海公司以固定资产和银行存款作为合并对价，取得B公司60%的股权。星海公司投出固定资产的账面原价为2 500万元，已计提折旧600万元，未计提固定资产减值准备，假定不考虑相关税费；投出银行存款1 500万元。企业合并日，B公司所有者权益在最终控制方合并财务报表中的账面价值总额为6 000万元。

要求：编制星海公司通过同一控股下的企业合并取得长期股权投资的下列会计分录：

（1）将参与合并的固定资产转入清理。

（2）确认企业合并取得的长期股权投资。

13. 星海公司和B公司为同一母公司所控制的两个子公司。根据星海公司达成的与B公司合并的协议，2×24年4月1日，星海公司以增发的权益性证券作为合并对价，取得B公司90%的股权。星海公司增发的权益性证券为每股面值1元的普通股股票，共增发2 500万股（假定不考虑相关税费）。2×24年4月1日，星海公司实际取得对B公司的控制权，当日B公司所有者权益在最终控制方合并财务报表中的账面价值总额为5 000万元。

要求：编制星海公司通过企业合并取得长期股权投资的会计分录。

14.星海公司和 C 公司为两个互不关联的独立企业，合并之前不存在任何关联方关系。星海公司达成与 C 公司合并的协议，约定星海公司以无形资产和发行的权益性证券作为合并对价，取得 C 公司 80% 的股权。星海公司付出无形资产的账面余额为 1 000 万元，累计摊销为 300 万元，公允价值为 600 万元，假定不考虑相关税费；增发的权益性证券为每股面值 1 元的普通股股票，共发行 1 500 万股，每股公允价值为 2.50 元，支付发行费用 60 万元。在该项企业合并中，星海公司以银行存款支付审计费用、评估费用、法律服务费用等直接合并费用共计 50 万元。

要求：编制星海公司通过非同一控股下的企业合并取得长期股权投资的会计分录。

15.2×20 年 6 月 10 日，星海公司以 8 560 万元的价款（包括相关税费）取得 D 公司普通股股票 3 000 万股，该项投资占 D 公司普通股股份的 60%，形成非同一控制下的企业合并，星海公司将其划分为长期股权投资并采用成本法核算。2×20 年度，D 公司实现净利润 9 260 万元，当年未进行股利分配；2×21 年度，D 公司实现净利润 13 280 万元，2×22 年 3 月 5 日，D 公司宣告 2×21 年度股利分配方案，每股分派现金股利 0.20 元；2×22 年度，D 公司发生亏损 2 150 万元，当年未进行股利分配；2×23 年度，D 公司实现净利润 7 590 万元，2×24 年 4 月 5 日，D 公司宣告 2×23 年度股利分配方案，每股分派现金股利 0.10 元。

要求：编制星海公司有关该项长期股权投资的下列会计分录：

（1）2×20 年 6 月 10 日，取得 D 公司股票。

（2）2×22 年 3 月 5 日，D 公司宣告 2×21 年度股利分配方案。

（3）2×24 年 4 月 5 日，D 公司宣告 2×23 年度股利分配方案。

16.2×24 年 9 月 1 日，星海公司以 2 485 万元的价款（包括相关税费）取得 D 公司普通股股票 1 600 万股，该股份占 D 公司普通股股份的 25%。星海公司在取得股份后，派人参与了 D 公司的生产经营决策，因能够对 D 公司施加重大影响，星海公司将该项投资划分为长期股权投资并采用权益法核算。

要求：根据下列不同假定情况，编制星海公司取得长期股权投资的会计分录：

（1）假定投资当时，D公司可辨认净资产公允价值为9 000万元。

（2）假定投资当时，D公司可辨认净资产公允价值为10 000万元。

17.2×23年1月1日，星海公司购入D公司股票2 000万股，占D公司普通股股份的30%。星海公司在取得股份后，派人参与了D公司的生产经营决策，因能够对D公司施加重大影响，星海公司将该项投资划分为长期股权投资并采用权益法核算。假定投资当时，D公司各项可辨认资产、负债的公允价值与其账面价值相同，星海公司与D公司的会计年度及采用的会计政策相同，双方未发生任何内部交易，星海公司按照D公司的账面净损益和持股比例计算确认投资损益。2×23年度，D公司报告净收益1 500万元，2×24年3月10日，D公司宣告2×23年度利润分配方案，每股分派现金股利0.15元；2×24年度，D公司报告净亏损600万元，当年未进行利润分配。

要求：编制星海公司持有该项股权投资期间的下列会计分录：

（1）确认2×23年度的投资收益。

（2）2×24年3月10日，确认应收股利。

（3）确认2×24年度的投资损失。

五、案例分析题

星海公司从2×24年开始，利用闲置资金，以赚取差价为目的从二级市场上购入股票、债券，并将其划分为交易性金融资产，于每年年末按公允价值进行后续计量。

2×24年度，星海公司发生的有关交易性金融资产的业务如下：

（1）2×24年1月25日，按每股4.60元的价格购入A公司股票10 000股，并支付交易税费140元。A公司于2×24年3月25日，宣告分派每股0.20元的现金股利，并于2×24年4月20日发放。

（2）2×24年3月20日，按每股5.40元的价格购入B公司股票15 000股，并支付交易税费250元。股票购买价格中包含每股0.30元已宣告但尚未领取的现金股利，该现金股利于2×24年4月15日发放。

（3）2×24年4月5日，按每股4.80元的价格购入C公司股票50 000股，并支付交易税费720元。股票购买价格中包含每股0.20元已宣告但尚未领取的现金股利，该现金股利于2×24年4月25日发放。

（4）2×24年1月1日，按面值200 000元购入当日发行的甲公司债券，并支付交易税费400元。甲公司债券期限为5年，票面利率为4%，每年12月31日付息，到期还本。

（5）2×24年7月1日，按82 500元的价格（含债券利息）购入乙公司债券，并支付交易税费160元。乙公司债券于2×22年1月1日发行，面值为80 000元，期限为5年，票面利率为5%，每年1月1日及7月1日各付息一次，到期还本。购入债券时，2×24年1月1日至6月30日的债券利息尚未领取。

（6）2×24年7月1日，按512 800元的价格（含债券利息）购入丙公司债券，并支付交易税费1 000元。丙公司债券于2×21年1月1日发行，面值为500 000元，期限为6年，票面利率为5%，每年12月31日付息，到期还本。

（7）2×24年9月20日，转让B公司股票10 000股和C公司股票30 000股，扣除交易税费后，实际收到转让价款180 000元。

（8）2×24年10月15日，按每股3.20元的价格购入D公司股票25 000股，并支付交易税费240元。

（9）2×24年11月25日，按每股6.20元的价格购入B公司股票30 000股，并支付交易税费560元。

（10）2×24年12月1日，转让面值为100 000元的甲公司债券和面值为200 000元的丙公司债券，扣除交易费用后，实际收到转让价款321 620元。

2×24年12月31日，星海公司持有的交易性金融资产市价资料，见表6-1。

表6-1
交易性金融资产市价表

2×24年12月31日

单位：元

投资项目	面　值	期末公允价值
股票：		
1.A公司股票	10 000	48 000
2.B公司股票	35 000	196 000
3.C公司股票	20 000	118 000
4.D公司股票	25 000	80 000

投资项目	面 值	期末公允价值
债券:		
1.甲公司债券	100 000	98 200
2.乙公司债券	80 000	81 100
3.丙公司债券	300 000	308 100

注:在表6-1中,债券的市价均指不包括应收利息的价格(下同)。

案例要求:

1.编制星海公司2×24年度有关交易性金融资产的会计分录。

2.编制星海公司2×24年12月31日交易性金融资产公允价值变动计算表,据以确认公允价值变动损益。交易性金融资产公允价值变动计算表的格式见表6-2。

表6-2 **交易性金融资产公允价值变动计算表**

2×24年12月31日 单位:元

投资项目	面 值	调整前账面余额	期末公允价值	公允价值变动损益	调整后账面余额
股票:					
A公司股票					
B公司股票					
C公司股票					
D公司股票					
小 计					
债券:					
甲公司债券					
乙公司债券					
丙公司债券					
小 计					
合 计	—				

3.确认 2×24 年度债券利息收益。

案例提示

1.编制星海公司 2×24 年度有关交易性金融资产的会计分录。

（1）购入 A 公司股票 10 000 股，并收到现金股利。

①2×24 年 1 月 25 日，购入股票。

初始入账金额=4.60×10 000=46 000（元）

借：交易性金融资产——A 公司股票（成本）　　　　46 000

　　投资收益　　　　　　　　　　　　　　　　　　　140

　　贷：银行存款　　　　　　　　　　　　　　　　　　　46 140

②2×24 年 3 月 25 日，A 公司宣告分派现金股利。

应收现金股利=0.20×10 000=2 000（元）

借：应收股利——A 公司　　　　　　　　　　　　2 000

　　贷：投资收益　　　　　　　　　　　　　　　　　　　2 000

③2×24 年 4 月 20 日，收到现金股利。

借：银行存款　　　　　　　　　　　　　　　　　2 000

　　贷：应收股利——A 公司　　　　　　　　　　　　　　2 000

（2）购入 B 公司股票 15 000 股，并收到现金股利。

①2×24 年 3 月 20 日，购入股票。

初始入账金额=（5.40-0.30）×15 000=76 500（元）

应收现金股利=0.30×15 000=4 500（元）

借：交易性金融资产——B 公司股票（成本）　　　　76 500

　　应收股利——B 公司　　　　　　　　　　　　　4 500

　　投资收益　　　　　　　　　　　　　　　　　　　250

　　贷：银行存款　　　　　　　　　　　　　　　　　　　81 250

②2×24 年 4 月 15 日，收到现金股利。

借：银行存款　　　　　　　　　　　　　　　　　4 500

　　贷：应收股利——B 公司　　　　　　　　　　　　　　4 500

（3）购入 C 公司股票 50 000 股，并收到现金股利。

①2×24 年 4 月 5 日，购入股票。

初始入账金额=（4.80-0.20）×50 000=230 000（元）

应收现金股利=0.20×50 000=10 000（元）

借：交易性金融资产——C公司股票（成本）　　230 000

　　应收股利——C公司　　　　　　　　　　　 10 000

　　投资收益　　　　　　　　　　　　　　　　　 720

　　贷：银行存款　　　　　　　　　　　　　　　　　　240 720

②2×24年4月25日，收到现金股利。

借：银行存款　　　　　　　　　　　　　　　 10 000

　　贷：应收股利——C公司　　　　　　　　　　　　 10 000

（4）2×24年1月1日，购入面值为200 000元的甲公司债券。

借：交易性金融资产——甲公司债券（成本）　　200 000

　　投资收益　　　　　　　　　　　　　　　　　 400

　　贷：银行存款　　　　　　　　　　　　　　　　　　200 400

（5）购入面值为80 000元的乙公司债券，并收到债券利息。

①2×24年7月1日，购入债券。

应收利息=80 000×5%÷2=2 000（元）

初始入账金额=82 500-2 000=80 500（元）

借：交易性金融资产——乙公司债券（成本）　　80 500

　　应收利息——乙公司　　　　　　　　　　　 2 000

　　投资收益　　　　　　　　　　　　　　　　　 160

　　贷：银行存款　　　　　　　　　　　　　　　　　　82 660

②收到债券利息。

借：银行存款　　　　　　　　　　　　　　　 2 000

　　贷：应收利息——乙公司　　　　　　　　　　　　 2 000

（6）2×24年7月1日，购入面值为500 000元的丙公司债券。

借：交易性金融资产——丙公司债券（成本）　　512 800

　　投资收益　　　　　　　　　　　　　　　　　 1 000

　　贷：银行存款　　　　　　　　　　　　　　　　　　513 800

（7）2×24年9月20日，转让B公司股票10 000股和C公司股票30 000股。

转让的B公司股票账面余额=76 500×$\frac{10\,000}{15\,000}$=51 000（元）

转让的C公司股票账面余额=230 000×$\frac{30\,000}{50\,000}$=138 000（元）

股票转让损益=180 000-（51 000+138 000）=-9 000（元）

借：银行存款   180 000

  投资收益   9 000

  贷：交易性金融资产——B公司股票（成本）   51 000

        ——C公司股票（成本）   138 000

（8）2×24年10月15日，购入D公司股票25 000股。

初始入账金额=3.20×25 000=80 000（元）

借：交易性金融资产——D公司股票（成本）   80 000

  投资收益   240

  贷：银行存款   80 240

（9）2×24年11月25日，购入B公司股票30 000股。

初始入账金额=6.20×30 000=186 000（元）

借：交易性金融资产——B公司股票（成本）   186 000

  投资收益   560

  贷：银行存款   186 560

（10）2×24年12月1日，转让面值为100 000元的甲公司债券和面值为200 000元的丙公司债券。

转让的甲公司债券账面余额=$200\,000\times\dfrac{100\,000}{200\,000}$=100 000（元）

转让的丙公司债券账面余额=$512\,800\times\dfrac{200\,000}{500\,000}$=205 120（元）

债券转让损益=321 620-（100 000+205 120）=16 500（元）

借：银行存款   321 620

  贷：交易性金融资产——甲公司债券（成本） 100 000

        ——丙公司债券（成本） 205 120

    投资收益   16 500

2.编制星海公司2×24年12月31日交易性金融资产公允价值变动计算表，据以确认公允价值变动损益。

（1）编制交易性金融资产公允价值变动计算表，见表6-3。

表6-3　　　　　　　**交易性金融资产公允价值变动计算表**

2×24年12月31日　　　　　　　　　　　单位：元

投资项目	面　　值	调整前 账面余额	期末 公允价值	公允价值 变动损益	调整后 账面余额
股票：					
A公司股票	10 000	46 000	48 000	2 000	48 000
B公司股票	35 000	211 500	196 000	-15 500	196 000
C公司股票	20 000	92 000	118 000	26 000	118 000
D公司股票	25 000	80 000	80 000	0	80 000
小　计	90 000	429 500	442 000	12 500	442 000
债券：					
甲公司债券	100 000	100 000	98 200	-1 800	98 200
乙公司债券	80 000	80 500	81 100	600	81 100
丙公司债券	300 000	307 680	308 100	420	308 100
小　计	480 000	488 180	487 400	-780	487 400
合　计	—	917 680	929 400	11 720	929 400

（2）确认公允价值变动损益。

借：交易性金融资产——A公司股票（公允价值变动）2 000

　　　　　　　　　——C公司股票（公允价值变动）26 000

　　　　　　　　　——乙公司债券（公允价值变动）　600

　　　　　　　　　——丙公司债券（公允价值变动）　420

　　贷：交易性金融资产——B公司股票（公允价值变动）　　15 500

　　　　　　　　　　——甲公司债券（公允价值变动）　　1 800

　　公允价值变动损益　　　　　　　　　　　　　　　　11 720

3.确认2×24年度债券利息收益。

甲公司债券应收利息=100 000×4%=4 000（元）

　　借：应收利息——甲公司　　　　　　　　　　　　4 000

贷：投资收益　　　　　　　　　　　　　　　　　　4 000

乙公司债券应收利息=80 000×5%×$\frac{6}{12}$=2 000（元）

　　借：应收利息——乙公司　　　　　　　　　　　　2 000

　　　贷：投资收益　　　　　　　　　　　　　　　　　2 000

丙公司债券应收利息=300 000×5%=15 000（元）

　　借：应收利息——丙公司　　　　　　　　　　　15 000

　　　贷：投资收益　　　　　　　　　　　　　　　　15 000

六、练习题参考答案

（一）单项选择题

1.D　2.A　3.B　4.B　5.C　6.D　7.B　8.D　9.D　10.C　11.D　12.B　13.B
14.B　15.D　16.B　17.A　18.D　19.D　20.C　21.D　22.D

（二）多项选择题

1.AB　2.ACE　3.ABCE　4.AB　5.ACE　6.ABC　7.ABCD　8.BC　9.ABDE
10.ABCE

（三）判断题

1.√　2.√　3.×　4.×　5.×　6.×　7.√　8.√　9.×　10.√　11.×　12.×　13.×
14.×　15.×　16.√　17.√　18.×　19.√

（四）计算及业务处理题

1.（1）2×24年3月25日，购入股票。

初始入账金额=（3.50-0.10）×10 000=34 000（元）

应收股利=0.10×10 000=1 000（元）

　　借：交易性金融资产——A公司股票（成本）　　34 000

　　　应收股利　　　　　　　　　　　　　　　　　1 000

　　　投资收益　　　　　　　　　　　　　　　　　　250

　　　贷：银行存款　　　　　　　　　　　　　　　　35 250

（2）2×24年4月10日，收到现金股利。

　　借：银行存款　　　　　　　　　　　　　　　　1 000

　　　贷：应收股利　　　　　　　　　　　　　　　　1 000

2.（1）2×24年2月25日，购入债券。

　　借：交易性金融资产——A公司债券（成本）　　46 800

　　　投资收益　　　　　　　　　　　　　　　　　　200

贷：银行存款 47 000

（2）2×24年7月1日，收到债券利息。

债券利息=45 000×4%=1 800（元）

借：银行存款 1 800

　　贷：投资收益 1 800

（3）2×24年12月1日，转让债券。

借：银行存款 46 000

　　投资收益 800

　　贷：交易性金融资产——A公司债券（成本） 46 800

3.（1）2×24年1月20日，购入股票。

初始入账金额=3.80×50 000=190 000（元）

借：交易性金融资产——B公司股票（成本） 190 000

　　投资收益 1 200

　　贷：银行存款 191 200

（2）2×24年3月5日，B公司宣告分派现金股利。

应收股利=0.20×50 000=10 000（元）

借：应收股利 10 000

　　贷：投资收益 10 000

（3）2×24年4月10日，收到现金股利。

借：银行存款 10 000

　　贷：应收股利 10 000

（4）2×24年9月20日，转让股票。

借：银行存款 220 000

　　贷：交易性金融资产——B公司股票（成本） 190 000

　　　　投资收益 30 000

4.（1）假定C公司股票期末公允价值为520 000元。

公允价值变动=520 000-680 000=-160 000（元）

借：公允价值变动损益 160 000

　　贷：交易性金融资产——C公司股票（公允价值变动） 160 000

（2）假定C公司股票期末公允价值为750 000元。

公允价值变动=750 000-680 000=70 000（元）

借：交易性金融资产——C公司股票（公允价值变动） 70 000

　　贷：公允价值变动损益 70 000

5.（1）2×24年1月10日，购入股票。

借：交易性金融资产——B公司股票（成本）   65 000

   投资收益   500

  贷：银行存款   65 500

（2）2×24年4月5日，B公司宣告分派现金股利。

借：应收股利   1 000

  贷：投资收益   1 000

（3）2×24年4月30日，收到现金股利。

借：银行存款   1 000

  贷：应收股利   1 000

（4）2×24年6月30日，确认公允价值变动损益。

借：交易性金融资产——B公司股票（公允价值变动）   10 000

  贷：公允价值变动损益   10 000

（5）2×24年9月25日，将B公司股票出售。

借：银行存款   86 000

  贷：交易性金融资产——B公司股票（成本）   65 000

         ——B公司股票（公允价值变动）   10 000

   投资收益   11 000

6.（1）编制购入债券的会计分录。

债券利息=200 000×4%=8 000（元）

初始入账金额=197 300-8 000=189 300（元）

借：债权投资——B公司债券（成本）   200 000

  应收利息   8 000

 贷：债权投资——B公司债券（利息调整）   10 700

   银行存款   197 300

（2）采用实际利率法编制债券利息收入与账面余额计算表，见表6-4（表中所有数字均保留整数）。

表6-4   **债券利息收入与账面余额计算表**

（实际利率法）   金额单位：元

日　　期	应收利息	实际利率	利息收入	利息调整摊销	账面余额
2×22-01-01					189 300
2×22-12-31	8 000	6%	11 358	3 358	192 658
2×23-12-31	8 000	6%	11 559	3 559	196 217
2×24-12-31	8 000	6%	11 783	3 783	200 000
合　　计	24 000	—	34 700	10 700	—

（3）编制各年年末确认债券利息收益的会计分录。

①2×22年12月31日。

借：应收利息   8 000

    债权投资——B公司债券（利息调整）   3 358

    贷：投资收益   11 358

收到债券利息时：

借：银行存款   8 000

    贷：应收利息   8 000

②2×23年12月31日。

借：应收利息   8 000

    债权投资——B公司债券（利息调整）   3 559

    贷：投资收益   11 559

收到债券利息时：

借：银行存款   8 000

    贷：应收利息   8 000

③2×24年12月31日。

借：应收利息   8 000

    债权投资——B公司债券（利息调整）   3 783

    贷：投资收益   11 783

收到债券利息时：

借：银行存款   8 000

    贷：应收利息   8 000

（4）编制债券到期收回面值的会计分录。

借：银行存款   200 000

    贷：债权投资——B公司债券（成本）   200 000

7.（1）编制购入债券的会计分录。

借：债权投资——甲公司债券（成本）   500 000

         ——甲公司债券（利息调整）   60 000

    贷：银行存款   560 000

（2）计算债券实际利率并编制债券利息收入与账面余额计算表。

①计算实际利率。

先按6%作为折现率进行测算：

债券年利息额=500 000×8%=40 000（元）

利息和面值的现值=40 000×4.212364+500 000×0.747258=542 124（元）

再按5%作为折现率进行测算：

利息和面值的现值=40 000×4.329477+500 000×0.783526=564 942（元）

因此，实际利率介于5%和6%之间。使用插值法估算实际利率如下：

$$实际利率=5\%+（6\%-5\%）×\frac{564\ 942-560\ 000}{564\ 942-542\ 124}=5.22\%$$

②采用实际利率法编制债券利息收入与账面余额计算表，见表6-5（表中所有数字均保留整数）。

表6-5 债券利息收入与账面余额计算表

（实际利率法）

金额单位：元

日　期	应收利息	实际利率	利息收入	利息调整摊销	账面余额
2×20-01-01					560 000
2×20-12-31	40 000	5.22%	29 232	10 768	549 232
2×21-12-31	40 000	5.22%	28 670	11 330	537 902
2×22-12-31	40 000	5.22%	28 078	11 922	525 980
2×23-12-31	40 000	5.22%	27 456	12 544	513 436
2×24-12-31	40 000	5.22%	26 564	13 436	500 000
合　计	200 000	—	140 000	60 000	—

（3）编制各年年末确认债券利息收益的会计分录。

①2×20年12月31日，确认利息收入并摊销溢价。

借：应收利息 40 000

　贷：投资收益 29 232

　　债权投资——甲公司债券（利息调整） 10 768

收到债券利息时：

借：银行存款 40 000

　贷：应收利息 40 000

②2×21年12月31日，确认利息收入并摊销溢价。

借：应收利息 40 000

　贷：投资收益 28 670

　　债权投资——甲公司债券（利息调整） 11 330

收到债券利息时：

借：银行存款 40 000

贷：应收利息 40 000

③2×22年12月31日，确认利息收入并摊销溢价。

借：应收利息 40 000

贷：投资收益 28 078

债权投资——甲公司债券（利息调整） 11 922

收到债券利息时：

借：银行存款 40 000

贷：应收利息 40 000

④2×23年12月31日，确认利息收入并摊销溢价。

借：应收利息 40 000

贷：投资收益 27 456

债权投资——甲公司债券（利息调整） 12 544

收到债券利息时：

借：银行存款 40 000

贷：应收利息 40 000

⑤2×24年12月31日，确认利息收入并摊销溢价。

借：应收利息 40 000

贷：投资收益 26 564

债权投资——甲公司债券（利息调整） 13 436

收到债券利息时：

借：银行存款 40 000

贷：应收利息 40 000

（4）编制到期收回债券面值的会计分录。

借：银行存款 500 000

贷：债权投资——甲公司债券（成本） 500 000

8.（1）编制购入债券的会计分录。

借：债权投资——G公司债券（成本） 500 000

贷：银行存款 397 200

贷：债权投资——G公司债券（利息调整） 102 800

（2）计算债券的实际利率。

先按12%作为折现率进行测算：

债券年利息额=500 000×8%=40 000（元）

利息和面值的现值=（500 000+40 000×5）×0.567427≈397 200（元）

因此，该债券的实际利率为12%。

（3）采用实际利率法编制债券利息收入与账面余额计算表，见表6-6（表中所有数字均保留整数）。

表6-6　　　　　　　　**债券利息收入与账面余额计算表**

（实际利率法）　　　　　　　　　　　　　金额单位：元

日　　期	应收利息	实际利率	利息收入	利息调整摊销	账面余额
2×20-01-01					397 200
2×20-12-31	40 000	12%	47 664	7 664	444 864
2×21-12-31	40 000	12%	53 384	13 384	498 248
2×22-12-31	40 000	12%	59 790	19 790	558 038
2×23-12-31	40 000	12%	66 965	26 965	625 003
2×24-12-31	40 000	12%	74 997	34 997	700 000
合　　计	200 000	—	302 800	102 800	—

（4）编制各年确认利息收入和摊销利息调整的会计分录。

①2×20年12月31日。

借：债权投资——G公司债券（应计利息）　　　　　40 000

　　　　　——G公司债券（利息调整）　　　　　7 664

　贷：投资收益　　　　　　　　　　　　　　　　　　47 664

②2×21年12月31日。

借：债权投资——G公司债券（应计利息）　　　　　40 000

　　　　　——G公司债券（利息调整）　　　　　13 384

　贷：投资收益　　　　　　　　　　　　　　　　　　53 384

③2×22年12月31日。

借：债权投资——G公司债券（应计利息）　　　　　40 000

　　　　　——G公司债券（利息调整）　　　　　19 790

　贷：投资收益　　　　　　　　　　　　　　　　　　59 790

④2×23年12月31日。

借：债权投资——G公司债券（应计利息）　　　　　40 000

　　　　　——G公司债券（利息调整）　　　　　26 965

　贷：投资收益　　　　　　　　　　　　　　　　　　66 965

⑤2×24年12月31日。

借：债权投资——G公司债券（应计利息）　　　　　40 000

　　　　　——G公司债券（利息调整）　　　　　34 997

贷：投资收益	74 997

（5）编制债券到期收回债券面值和利息的会计分录。

借：银行存款	700 000
贷：债权投资——G公司债券（成本）	500 000
——G公司债券（应计利息）	200 000

9.（1）确认A公司股票公允价值变动。

股票公允价值变动=780 000-850 000=-70 000（元）

借：其他综合收益——其他权益工具投资公允价值变动	70 000
贷：其他权益工具投资——A公司股票（公允价值变动）	70 000

（2）确认甲公司债券公允价值变动。

债券公允价值变动=252 000-250 000=2 000（元）

借：其他债权投资——甲公司债券（公允价值变动）	2 000
贷：其他综合收益——其他债权投资公允价值变动	2 000

10.（1）2×23年1月10日，购入股票。

借：其他权益工具投资——B公司股票（成本）	65 500
贷：银行存款	65 500

（2）2×23年4月5日，B公司宣告分派现金股利。

借：应收股利	1 000
贷：投资收益	1 000

（3）2×23年4月25日，收到B公司分派的现金股利。

借：银行存款	1 000
贷：应收股利	1 000

（4）2×23年12月31日，确认公允价值变动。

借：其他权益工具投资——B公司股票（公允价值变动）	9 500
贷：其他综合收益——其他权益工具投资公允价值变动	9 500

（5）2×24年2月25日，将B公司股票出售。

借：银行存款	86 000
贷：其他权益工具投资——B公司股票（成本）	65 500
——B公司股票（公允价值变动）	9 500
盈余公积	1 100
利润分配——未分配利润	9 900
借：其他综合收益——其他权益工具投资公允价值变动	9 500
贷：盈余公积	950
利润分配——未分配利润	8 550

11. 企业合并成本=3×2 500=7 500（万元）

借：长期股权投资——D公司   75 000 000

  贷：股本   25 000 000

    资本公积——股本溢价   50 000 000

借：资本公积——股本溢价   1 000 000

  贷：银行存款   1 000 000

借：管理费用   600 000

  贷：银行存款   600 000

12.（1）将参与合并的固定资产转入清理。

借：固定资产清理   19 000 000

    累计折旧   6 000 000

  贷：固定资产   25 000 000

（2）确认企业合并取得的长期股权投资。

初始投资成本=6 000×60%=3 600（万元）

借：长期股权投资——B公司   36 000 000

  贷：固定资产清理   19 000 000

    银行存款   15 000 000

    资本公积——股本溢价   2 000 000

13. 初始投资成本=5 000×90%=4 500（万元）

借：长期股权投资——B公司   45 000 000

  贷：股本   25 000 000

    资本公积——股本溢价   20 000 000

14. 合并成本=600+2.50×1 500=4 350（万元）

借：长期股权投资——C公司   43 500 000

    累计摊销   3 000 000

    资产处置损益   1 000 000

  贷：无形资产   10 000 000

    股本   15 000 000

    资本公积——股本溢价   22 500 000

借：资本公积——股本溢价   600 000

  贷：银行存款   600 000

借：管理费用   500 000

  贷：银行存款   500 000

15.（1）2×20年6月10日，取得D公司股票。

借：长期股权投资——D公司   85 600 000

  贷：银行存款   85 600 000

（2）2×22年3月5日，D公司宣告2×21年度股利分配方案。

现金股利=0.20×3 000=600（万元）

借：应收股利   6 000 000

  贷：投资收益   6 000 000

（3）2×24年4月5日，D公司宣告2×23年度股利分配方案。

现金股利=0.10×3 000=300（万元）

借：应收股利   3 000 000

  贷：投资收益   3 000 000

16.（1）假定投资当时，D公司可辨认净资产公允价值为9 000万元。

应享有D公司可辨认净资产公允价值的份额=9 000×25% =2 250（万元）

借：长期股权投资——D公司（投资成本）   24 850 000

  贷：银行存款   24 850 000

（2）假定投资当时，D公司可辨认净资产公允价值为10 000万元。

应享有D公司可辨认净资产公允价值的份额=10 000×25%=2 500（万元）

初始投资成本调整额=2 500-2 485=15（万元）

借：长期股权投资——D公司（投资成本）   24 850 000

  贷：银行存款   24 850 000

借：长期股权投资——D公司（投资成本）   150 000

  贷：营业外收入   150 000

17.（1）确认2×23年度的投资收益。

应享有的收益份额=1 500×30%=450（万元）

借：长期股权投资——D公司（损益调整）   4 500 000

  贷：投资收益   4 500 000

（2）2×24年3月10日，确认应收股利。

现金股利=0.15×2 000=300（万元）

借：应收股利   3 000 000

  贷：长期股权投资——D公司（损益调整）   3 000 000

（3）确认2×24年度的投资损失。

应分担的亏损份额=600×30%=180（万元）

借：投资收益   1 800 000

  贷：长期股权投资——D公司（损益调整）   1 800 000

第七章　固定资产与无形资产

一、学习目的与要求

本章主要阐述固定资产和无形资产的概念及分类，以及它们的会计处理方法。通过本章学习，应了解固定资产和无形资产的概念及分类，理解固定资产和无形资产确认、计量的方法和披露内容，重点掌握固定资产的增加和减少、固定资产折旧和固定资产减值等交易或事项的会计处理方法，以及无形资产的增减与摊销等交易或事项的会计处理方法。

二、内容概览

（一）关键概念

1. 固定资产
2. 固定资产使用寿命
3. 固定资产确认
4. 固定资产折旧
5. 固定资产计量
6. 固定资产预计净残值
7. 年限平均法
8. 工作量法
9. 双倍余额递减法
10. 年数总和法
11. 固定资产减值
12. 无形资产
13. 无形资产确认
14. 无形资产计量
15. 无形资产摊销

（二）关键问题

1. 固定资产的确认需要满足哪些条件？固定资产的计量属性有哪些？
2. 怎样确定计提折旧的固定资产范围？
3. 什么是应计折旧额？一般应怎样确定？
4. 对固定资产折旧应怎样组织核算？

5.什么是固定资产减值准备？为什么要计提减值准备？

6.怎样组织固定资产减少的核算？

7.什么是固定资产清查结果？怎样组织其核算？

8.对企业内部研究开发费用应怎样确认？

9.怎样组织无形资产的核算？

三、本章重点与难点

固定资产是指同时具有下列两个特征的有形资产：（1）为生产商品、提供劳务、出租或经营管理而持有。对于从事一定产品生产的企业而言，固定资产是指那些实际应用于产品的生产过程或经营管理的机器设备和房屋及建筑物等。（2）使用寿命超过一个会计年度。固定资产的使用寿命是指企业使用固定资产的预计期间，或者该固定资产所能生产产品或提供劳务的数量等。此外，固定资产作为有形资产有其显著的实物形态。

企业的固定资产可按以下方法进行分类：（1）固定资产按经济用途可以划分为经营用固定资产和非经营用固定资产。（2）固定资产按照使用情况可以划分为使用中固定资产、未使用固定资产、出租固定资产和不需用固定资产。（3）固定资产按照来源渠道可以划分为外购的固定资产、自行建造的固定资产、投资者投入的固定资产、改建扩建新增的固定资产、接受捐赠的固定资产和盘盈的固定资产。（4）固定资产按是否需要安装可以划分为需要安装的固定资产和不需要安装的固定资产。

固定资产的确认包括初始确认和后续确认两个方面。初始确认是指决定是否将某项资产作为企业的固定资产进行核算。将一项资产确认为企业的固定资产，必须符合固定资产的定义。此外，还必须同时满足以下两个条件：第一，该固定资产包含的经济利益很可能流入企业；第二，该固定资产的成本能够可靠计量。

固定资产的计量是指以货币为计量单位计算固定资产的价值额，是进行固定资产价值核算的重要内容。固定资产的计量包括初始计量和后续计量两个方面。初始计量是指企业在以不同方式取得固定资产时对固定资产成本的确认和计算。由于企业的固定资产来源不同，其初始成本的组成内容也不尽相同。

固定资产的会计计量属性主要包括：历史成本、重置成本、可变现净值、现值和公允价值。企业在对固定资产进行计量时，一般应当采用历史成本，采用其他计量属性计量的，应当保证所确定的会计要素金额能够取得并可靠计量。

固定资产的后续计量主要包括固定资产折旧的计提、固定资产减值损失的确定，以及固定资产后续支出的计量等。固定资产的后续计量主要是确认和计量固定资产的折旧。

为进行固定资产增加业务的核算，企业主要应设置"固定资产""应交税费""工程物资""在建工程"等账户。"固定资产"账户用以核算企业所持有的固定资产的原价；"应交税费"账户用以核算企业购置设备时按规定应从销项税额中扣除的进项税额，发生进项税额时应记录在该账户的借方；"工程物资"账户用以核算企业为在建工程准备的各种物资的成本，包括工程用材料、尚未安装的设备以及为生产准备的工器具等；"在建工程"账户用以核算企业基建、技改等在建工程发生的支出。

固定资产折旧是指在固定资产使用寿命内，按照确定的方法对应计折旧额进行的系统分摊。已计提减值准备的固定资产，还应当扣除已计提的固定资产减值准备累计金额。

企业购建固定资产发生的支出属于资本性支出，最终也要转化为企业的成本或费用。对发生在固定资产上的支出应根据其使用寿命，采用合理的方法进行分摊。被分摊的那部分固定资产价值的损耗，在会计上称为固定资产的折旧额。

应计折旧额一般是指应当计提折旧的固定资产的原价扣除其预计净残值后的金额。用公式可表示为：

应计折旧额=固定资产原价-预计净残值

固定资产折旧的发生一方面会形成企业的成本或费用，另一方面会影响固定资产的原始价值。固定资产的原始价值与其折旧之间的差额称为固定资产的净值。

计提折旧的固定资产范围：《企业会计准则第4号——固定资产》规定，企业应当对所有的固定资产计提折旧，但是，已提足折旧仍继续使用的固定资产和单独计价入账的土地除外。

计算固定资产的折旧额时，对固定资产的原始价值、预计净残值和预计使用寿命等几个方面的因素都应给予充分考虑。(1)固定资产的原始价值是指固定资产取得时的实际成本，是计算固定资产折旧的基数。以其作为计算折旧的基数，可以使折旧的计算建立在客观、统一的基础上，不易受会计人员主观因素的影响。对于个别无法确定原始价值的固定资产，如盘盈固定资产、接受捐赠的固定资产，应以其重置成本等作为折旧基数。(2)固定资产的预计净残值是指假定在固定资产预计使用寿命终了时，可以从该项资产处置中获得的扣除预计处置费用后的金额。一般是指固定资产的预计残值收入扣除预计清理费用后的净额。预计残值收入是指固定资产报废清理时预计可收回的器材、零件和材料等的残料价值收入；预计清理费用是指固定资产报废清理时预计发生的拆卸、整理和搬运等费用。固定资产原始价值减去预计净残值后的数额为应计折旧额。(3)固定资产的预计使用寿命是指企业使用固定资产的预计期间，或者该固定资产所能生产产品或提供劳务的数量。企业在确定固定资产的使用寿命时，应当考虑下列因素：预计生产能力或实物产量；预计有形损耗和无形损耗；法律或者类似规定对资产使用的限制。主要应当考虑该资产的预计生产能力或实物产量，该资产的有形损耗和无形损耗等。企业应当根据固定资产的性质和使用情况，合理确定固定资产的使用寿命和预计净残值。固定资产的使用寿命、预计净残值一经确定，不得随意变更。

　　企业应当根据固定资产所包含的经济利益预期实现方式，合理选择固定资产折旧方法。可选用的折旧方法包括年限平均法、工作量法、双倍余额递减法和年数总和法等。固定资产应当按月计提折旧，并根据用途计入相关资产的成本或者当期损益。在以上四种计提折旧的方法中，年限平均法和工作量法属于平均折旧法，在固定资产的使用期间内，计入各期的固定资产使用费用相对比较均衡；而年数总和法和双倍余额递减法属于加速折旧法，在固定资产的使用期间内，先期计入各期的固定资产使用费用比较高，后期计入各期的固定资产使用费用相对比较低。这样就可以尽快收回发生在购建固定资产上的支出，避免由于技术进步等引起的固定资产的无形损耗。对于以上四种折旧方法，企业可根据《企业会计准则第4号——固定资产》的规定，结合自身的经营性质和特点选择使用。根据《企业会计准则第4号——固定资产》的规定，企业至少应当于每年年度终了，对固定资产的使用寿命、预计净残值和折旧方法进行复核。使用寿命预计数与原先估计数有差异的，应当调整固定资产折旧年限。预计净残值与原先估计数有差异的，应当调整预计净残值。固定资产包含的经济利益预期实现方式有重大改变的，应当改变固定资产折旧方法。固定资产使用寿命、预计净残值和折旧方法的改变应当作为会计估计变更。企业应设置"累计折旧"账户，用来核算企业固定资产折旧。

固定资产减值是指固定资产的可收回金额低于其账面价值。根据《企业会计准则第8号——资产减值》的规定，企业应当在会计期末判断资产是否存在可能发生减值的迹象。固定资产减值损失是指可收回金额低于其账面价值所形成的损失。企业应当将资产的账面价值减记至可收回金额，减记的金额确认为资产减值损失，计入当期损益，同时，计提相应的固定资产减值准备。进行固定资产减值损失的核算，应设置"资产减值损失"和"固定资产减值准备"等账户。

固定资产清查盘点是企业财产清查的重要组成部分。进行固定资产清查的目的是保证固定资产的实有数与其账面数相符，从而真实地反映企业固定资产的实际状况。企业在财产清查中发现的固定资产盘亏及毁损等，要通过"待处理财产损溢"账户进行核算。但应注意的是，企业如有固定资产盘盈，应作为前期差错记入"以前年度损益调整"账户。

固定资产满足规定条件时应当终止确认。当固定资产减少时，一方面应在"固定资产"账户的贷方冲减其原值，在"累计折旧"账户转销其已提折旧；另一方面应根据不同的情况进行相应的账务处理。对于出售和报废的固定资产，应通过"固定资产清理"账户进行核算，清理后发生的净收益应转入"资产处置损益"账户、"营业外收入"账户、"营业外支出"账户；对于在财产清查中发现的盘亏固定资产应先记入"待处理财产损溢"账户，经批准转销时，转入"营业外支出"账户。

企业在对外编制财务会计报告时，应在会计报表的附注中披露与固定资产有关的下列信息：固定资产的确认条件、分类、计量基础和折旧方法；各类固定资产的使用寿命、预计净残值和折旧率；各类固定资产的期初和期末原价、累计折旧额及固定资产减值准备累计金额；当期确认的折旧费用；对固定资产所有权的限制及其金额和用于债务担保的固定资产账面价值；准备处置的固定资产名称、账面价值、公允价值、预计处置费用和预计处置时间等。

无形资产是指企业拥有或者控制的没有实物形态的可辨认非货币性资产，包括专利权、非专利技术、商标权、著作权、土地使用权和特许权等。

无形资产的确认：同时满足下列条件，才能确认为无形资产：（1）符合无形资产的定义；（2）与该资产相关的预计未来经济利益很可能流入企业；（3）该资产的成本能够可靠计量。

无形资产的计量包括初始计量和后续计量。无形资产的初始计量应区分购买或自行研发等不同情况处理；无形资产的后续计量是指企业应当于取得无形资产时分析判断其使用寿命。无形资产的使用寿命如为有限的，应当估计该使用寿命的年限或者构成使用寿命的产量等类似计量单位数量；无法预见无形资产为企业带来未来经济利益的期限的，应当视为使用寿命不确定的无形资产。使用寿命有限的无形资产，其应摊销金额应当在使用寿命内系统合理地摊销。企业选择的无形资产摊销方法，应当反映企业预期消耗该项无形资产所产生的未来经济利益的方式。无法可靠确定消耗方式的，应当采用直线法摊销。无形资产的摊销金额一般应当计入当期损益。使用寿命不确定的无形资产不应摊销。

进行无形资产的核算，企业应当设置"无形资产"、"累计摊销"和"研发支出"等账户。"无形资产"账户用以核算企业持有的无形资产，包括专利权、非专利技术、商标权、著作权、土地使用权等。"累计摊销"账户用以核算企业对使用寿命有限的无形资产计提的累计摊销。"研发支出"账户用以核算企业自行研究与开发无形资产过程中发生的各项支出。

企业应当按照无形资产的类别在附注中披露与无形资产有关的下列信息：无形资产的期初和期末账面余额、累计摊销额及累计减值损失金额；使用寿命有限的无形资产，其使用寿命的估计情况；使用寿命不确定的无形资产，其使用寿命不确定的判断依据；无形资产摊销方法；作为抵押的无形资产账面价值、当期摊销额等情况；当期确认为费用的研究开发支出总额。

四、练习题

（一）单项选择题

1.固定资产的特征之一是（　　）。

A.为企业对外投资而持有

B.为企业的经营管理而持有

C.为企业对外销售而持有

D.为产品生产提供劳动对象而持有

2.固定资产的特征之一是（　　）。

A.使用寿命不超过一个会计年度

B.使用寿命没有期限规定

C.使用寿命超过一个会计季度

D.使用寿命超过一个会计年度

3.在企业为生产商品所持有的下列各种资产中，不属于固定资产的是（　　）。

A.机器设备　　　　　　　　　B.房屋及建筑物

C.库存商品　　　　　　　　　D.运输工具

4.下列关于企业固定资产的说法正确的是（　　）。

A.固定资产是具有一定实物形态的资产

B.固定资产的实物形态会因使用而发生变化

C.发生在固定资产上的支出一次性转化为成本或费用

D.固定资产包括企业以出售为目的而建造的房屋和设备等

5.从资金的存在形态来看，固定资产表现为（　　）。

A.固定资金形态　　　　　　　B.储备资金形态

C.生产资金形态　　　　　　　D.成品资金形态

6.在下列各项中，属于固定资产按经济用途分类的是（　　）。

A.使用中固定资产　　　　　　B.经营用固定资产

C.未使用固定资产　　　　　　D.出租固定资产

7.在下列各项中，不属于固定资产按使用情况分类的是（　　）。

A.使用中固定资产　　　　　　B.出租固定资产

C.不需用固定资产　　　　　　D.非经营用固定资产

8.在下列各项中，不属于固定资产按来源渠道分类的是（　　　）。

A.外购固定资产　　　　　　　B.自行建造固定资产

C.报废的固定资产　　　　　　D.投资者投入固定资产

9.在下列说法中，关于企业需安装设备的说法正确的是（　　　）。

A.在购入后即成为企业的固定资产

B.需要经过安装才能达到可使用状态

C.不必经过安装就能达到可使用状态

D.在使用中会发生显著的实物形态变化

10.在下列各项中，不属于固定资产计量属性的是（　　　）。

A.历史成本　　　　　　　　　B.重置成本

C.计划成本　　　　　　　　　D.公允价值

11."固定资产"账户用以核算的是企业持有的（　　　）。

A.固定资产的原价　　　　　　B.固定资产的折旧

C.固定资产的数量　　　　　　D.固定资产的现值

12.在下列各项中，不能在"固定资产"账户核算的内容是（　　　）。

A.购置固定资产发生的买价

B.不满足固定资产确认条件的维修费用

C.建造固定资产发生的材料费

D.投资者投入固定资产的成本

13.应计折旧额是指应当计提折旧的固定资产的原价扣除其（　　　）。

A.预计残值收入后的金额　　　B.预计净残值后的金额

C.预计清理费用后的金额　　　D.预计修理费用后的金额

14.企业购买或建造固定资产发生的支出属于（　　　）。

A.收益性支出　　　　　　　　B.资本性支出

C.权益性支出　　　　　　　　D.资产性支出

15.对折旧额进行计算并按固定资产的经济用途计入有关成本或费用的过程称为（　　　）。

A.累计折旧　　　　　　　　　B.折旧金额

C.应计折旧额　　　　　　　　D.计提折旧

16.在下列各项中,可用以确定固定资产使用寿命的是 ( )。

A.固定资产的原价　　　　　　　B.固定资产的净值

C.固定资产的实物形态　　　　　D.固定资产所能生产产品的数量

17.在下列因素中,不影响固定资产折旧计算的因素是 ( )。

A.固定资产的原始价值　　　　　B.固定资产的预计净残值

C.固定资产的预计使用寿命　　　D.固定资产的实物形态

18.企业在确定固定资产的使用寿命时,可不予考虑的因素是 ( )。

A.预计生产能力或实物产量

B.固定资产的预计净残值

C.预计有形损耗和无形损耗

D.法律或者类似规定对资产使用的限制

19.下列各种方法中,不属于固定资产折旧方法的是 ( )。

A.年限平均法　　　　　　　　　B.双倍余额递增法

C.工作量法　　　　　　　　　　D.年数总和法

20.在下列各种迹象中,不能表明企业的固定资产可能发生了减值迹象的是 ( )。

A.资产的市价当期大幅度下跌

B.资产的市价当期大幅度上涨

C.有证据表明资产已经陈旧过时或者其实体已经损坏

D.资产已经或者将被闲置、终止使用或者计划提前处置

21.在下列各项中,不通过"待处理财产损溢"账户核算的是 ( )。

A.库存现金的盘盈　　　　　　　B.库存材料的盘盈

C.库存商品的盘盈　　　　　　　D.固定资产的盘盈

22.企业盘盈的固定资产,除借记"固定资产"账户外,还应贷记 ( )。

A."在建工程"账户　　　　　　B."以前年度损益调整"账户

C."工程物资"账户　　　　　　D."待处理财产损溢"账户

23.在下列各种原因中,不会引起企业固定资产减少的是 ( )。

A.出售固定资产　　　　　　　　B.报废固定资产

C.盘盈固定资产　　　　　　　　D.盘亏固定资产

24.固定资产处于处置状态时,应采取的措施是 ( )。

A.应当增加累计折旧　　　　　B.应当予以终止确认

C.应当增加固定资产　　　　　D.应当补提减值准备

25.对于在财产清查中发现的盘亏固定资产应借记（　　）。

A."营业外支出"账户　　　　B."营业外收入"账户

C."固定资产"账户　　　　　D."待处理财产损溢"账户

26.固定资产清理完成后，属于生产经营期间正常出售该固定资产所产生的处理损失，应借记（　　）。

A."管理费用"账户

B."资产处置损益"账户

C."资产减值损失"账户

D."销售费用"账户

27.在会计报表附注中，可不予披露的与固定资产有关的信息是（　　）。

A.固定资产的确认条件、分类、计量基础和折旧方法

B.各类固定资产的使用寿命、预计净残值和折旧率

C.各类固定资产的期初数量和期末数量

D.各类固定资产的期初和期末原价、累计折旧额及减值准备累计

　　金额

28.在以下各项中，不属于企业无形资产的是（　　）。

A.专利权　　　　　　　　　B.非专利技术

C.土地使用权　　　　　　　D.运输设备

29.在下列各项中，不属于无形资产确认条件的是（　　）。

A.符合无形资产的定义

B.该资产的成本不能可靠计量

C.该资产的成本能够可靠计量

D.与该资产相关的预计未来经济利益很可能流入企业

30.在下列无形资产中，其摊销额应当在使用寿命内系统摊销的是（　　）。

A.企业外购的无形资产

B.使用寿命有限的无形资产

C.无法预见使用寿命的无形资产

D.企业自行研发的无形资产

31.企业对使用寿命有限的无形资产计提累计摊销使用的是（　　　）。

A."累计折旧"账户　　　　　　　B."累计摊销"账户

C."研发支出"账户　　　　　　　D."无形资产减值准备"账户

32.在下列内容中，企业披露无形资产时可不予披露的内容是（　　　）。

A.无形资产的期初和期末账面余额

B.无形资产的累计摊销额及累计减值损失金额

C.使用寿命有限的无形资产使用寿命减少的情况

D.使用寿命不确定的无形资产，其使用寿命不确定的判断依据

（二）多项选择题

1.在下列各项中，属于固定资产特征的有（　　　）。

A.具有一定的实物形态

B.使用寿命超过一个会计年度

C.使用寿命不超过一个会计年度

D.为生产商品、提供劳务、出售或经营管理而持有

E.为生产商品、提供劳务、出租或经营管理而持有

2.在下列各种资金存在形态中，不属于固定资产表现形态的有（　　　）。

A.固定资金形态　　　　　　　　B.储备资金形态

C.生产资金形态　　　　　　　　D.成品资金形态

E.货币资金形态

3.固定资产的使用寿命是指（　　　）。

A.企业使用该固定资产的预计时间

B.生产该固定资产所需要的时间

C.该固定资产所能生产产品的数量

D.该固定资产所能提供劳务的数量

E.该固定资产为企业所拥有的数量

4.与企业的流动资产不同，固定资产随着使用（　　　）。

A.其支出会一次性转化为成本或费用

B.其支出将分期转化为成本或费用

C.在实物形态上发生显著变化

D.在实物形态上始终保持不变

E.在一个会计期间全部转化为成本或费用

5.在下列各种资产中，可用于企业生产经营的固定资产有（　　　）。

A.房屋　　　　　　　　　　　B.建筑物

C.机器设备　　　　　　　　　D.运输设备

E.原材料

6.在下列各种资产中，属于企业固定资产的有（　　　）。

A.机器设备　　　　　　　　　B.在建工程

C.库存商品　　　　　　　　　D.房屋及建筑物

E.运输设备

7.企业的固定资产按经济用途分类，可以分为（　　　）。

A.经营用固定资产　　　　　　B.使用中固定资产

C.非经营用固定资产　　　　　D.出租固定资产

E.未使用固定资产

8.企业的固定资产按使用情况分类，可以分为（　　　）。

A.使用中固定资产　　　　　　B.未使用固定资产

C.出租固定资产　　　　　　　D.经营用固定资产

E.不需用固定资产

9.在下列各项固定资产中，属于按来源渠道分类的有（　　　）。

A.外购固定资产　　　　　　　B.自行建造固定资产

C.投资者投入固定资产　　　　D.改建新增固定资产

E.扩建新增固定资产

10.企业的固定资产按是否需要安装分类，可以分为（　　　）。

A.需要安装固定资产　　　　　B.不需要安装固定资产

C.需要改建固定资产　　　　　D.需要扩建固定资产

E.需要清理固定资产

11.将一项资产确认为企业的固定资产，除必须符合固定资产的定义外，还必须同时满足的两个条件是（　　　）。

A.该固定资产包含的经济利益很可能流出企业

B.该固定资产包含的经济利益很可能流入企业

C.该固定资产的实物数量能够可靠计量

D.该固定资产的成本能够可靠计量

E.该固定资产的使用寿命及经济用途能够可靠确定

12.企业外购固定资产的成本一般应包含的内容有（　　）。

A.购买价款　　　　　　　B.进口关税

C.运输费　　　　　　　　D.进项税额

E.专业人员服务费

13.固定资产的计量属性包括（　　）。

A.历史成本　　　　　　　B.重置成本

C.可变现净值　　　　　　D.现值

E.公允价值

14.在下列各项中，能够引起企业在建工程成本增加的有（　　）。

A.需要安装设备的买价、运输费用

B.需要安装设备的安装费用

C.建筑工程发生的材料费、人工费

D.不需要安装设备的买价等

E.建筑工程发生的施工机械使用费

15.企业应当对所有的固定资产计提折旧，但除外的情况有（　　）。

A.已提足折旧仍继续使用的固定资产

B.单独计价入账的材料

C.未提足折旧仍继续使用的固定资产

D.单独计价入账的土地

E.上月增加的固定资产

16.在下列各种因素中，影响固定资产折旧额计算的因素主要有（　　）。

A.固定资产原始价值　　　　B.固定资产的预计净残值

C.固定资产预计处置收入　　D.固定资产的预计使用寿命

E.固定资产的无形损耗

17.企业计算固定资产折旧的方法主要有（　　）。

A.年限平均法　　　　　　B.工作量法

C.年数总和法　　　　　　D.加权平均法

E.双倍余额递减法

18.引起固定资产无形损耗的原因主要有（　　）。

A.技术进步

B.消费偏好的变化

C.经营规模扩张

D.使用过程中的物理磨损

E.在使用过程中受自然力影响

19.在下列迹象中，表明可能发生了固定资产减值的迹象有（　　）。

A.资产的市价当期大幅度下跌

B.企业经营所处的经济、技术或者法律等环境当期发生重大变化

C.市场利率或者其他市场投资回报率在当期已经提高

D.有证据表明资产已经陈旧过时或者其实体已经损坏

E.资产已经或者将被闲置、终止使用或者计划提前处置

20.在下列各项中，关于"固定资产减值准备"账户的说法正确的有（　　）。

A.确定固定资产发生减值的，按应减记的金额，贷记本账户

B.确定固定资产发生减值的，按应减记的金额，借记本账户

C.处置固定资产时，应同时结转已计提的固定资产减值准备

D.本账户期末借方余额，反映企业已计提但尚未转销的固定资产减值准备

E.本账户期末贷方余额，反映企业已计提但尚未转销的固定资产减值准备

21.在下列内容中，应通过"待处理财产损溢"账户核算的有（　　）。

A.固定资产盘亏的登记　　　　　B.固定资产盘盈的登记

C.固定资产毁损的登记　　　　　D.固定资产毁损的处理

E.固定资产盘亏的处理

22.企业毁损的固定资产，按管理权限报经批准后处理时可借记（　　）。

A."原材料"账户　　　　　　　B."其他应收款"账户

C."应收账款"账户　　　　　　D."管理费用"账户

E."营业外支出"账户

23.按照《企业会计准则第4号——固定资产》的规定，固定资产终止确认的条件有（　　　）。

A.该固定资产处于处置状态

B.该固定资产已达到预计使用寿命

C.该固定资产已完成预计的产品生产数量

D.该固定资产已完成预计的提供劳务数量

E.该固定资产预期通过使用或处置不能产生未来经济利益

24.在下列各项中，能够引起企业固定资产减少的有（　　　）。

A.出售固定资产　　　　　　　B.转让固定资产

C.报废固定资产　　　　　　　D.毁损固定资产

E.对外投资投出的固定资产

25.固定资产清理完成后，对属于生产经营期间正常出售该固定资产所产生的处理损失或利得，进行会计处理时使用的账户有（　　　）。

A."资产处置损益"账户

B."管理费用"账户

C."原材料"账户

D."固定资产清理"账户

E."营业外收入"账户

26.企业应披露的固定资产信息有（　　　）。

A.固定资产的期初和期末原价

B.固定资产的确认条件、分类、计量基础和折旧方法

C.各类固定资产的使用寿命、预计净残值和折旧率

D.各类固定资产的累计折旧额及固定资产减值准备累计金额

E.当期确认的折旧费用

27.在下列各项资产中，属于企业无形资产的有（　　　）。

A.专利权　　　　　　　　　　B.非专利技术

C.商标权　　　　　　　　　　D.土地使用权

E.特许权

28.在下列各项中，符合无形资产确认条件的有（　　　）。

A.符合无形资产的定义　　　　B.该资产的数量能够可靠计量

C.符合固定资产的定义　　　　D.该资产的成本能够可靠计量

E.与该资产相关的预计未来经济利益很可能流入企业

29.可将企业内部研究开发项目研究阶段发生的支出确认为无形资产的依据有（　　）。

A.从技术上来讲，完成该无形资产以使其能够使用或出售具有可行性

B.具有完成该无形资产并使用或出售的意图

C.无形资产产生未来经济利益的方式明确

D.有足够的技术、财务资源和其他资源支持

E.归属于该无形资产开发阶段的支出能够可靠计量

30.企业在出售无形资产时，应借记的账户可能有（　　）。

A."银行存款"账户　　　　　　　B."累计摊销"账户

C."无形资产减值准备"账户　　　D."营业外收入"账户

E."营业外支出"账户

31.企业应予披露的无形资产信息有（　　）。

A.无形资产的期初和期末账面余额

B.无形资产的累计摊销额及累计减值损失金额

C.对使用寿命有限的无形资产使用寿命估计的情况

D.无形资产摊销方法

E.作为抵押的无形资产账面价值、当期摊销额等

（三）判断题

1.企业的固定资产必须同时具有为生产商品、提供劳务、出租或经营管理而持有和使用寿命超过一个会计年度两个特征。（　　）

2.企业的固定资金表现为储备资金形态。（　　）

3.对固定资产的使用寿命只能根据其在企业生产商品和提供劳务等过程中存续的会计期间来确定。（　　）

4.固定资产是一种有形资产，因而凡是具有一定实物形态的房屋、设备等都可以被确认为企业的固定资产。（　　）

5.不直接服务于生产经营过程的各种固定资产称为非经营用固定资产。（　　）

6.固定资产属于流动资产。（　　）

7.企业的固定资产按照是否经过安装才能达到预定可使用状态分为

需要安装固定资产和不需要安装固定资产两类。　　　　　（　　）

8.将一项资产确认为企业的固定资产，除必须符合固定资产的定义外，还必须具备该固定资产包含的经济利益很可能流入企业和该固定资产的成本能够可靠计量其中的一条。　　　　　　　　　　　（　　）

9.使用中固定资产是指企业正在使用的经营用固定资产和非经营用固定资产。　　　　　　　　　　　　　　　　　　　　　　　　（　　）

10.企业自行建造固定资产的成本，由建造该项资产达到预定可使用状态前所发生的必要支出构成。其在建设期间所发生的应计入固定资产成本的借款费用，也应计入固定资产的成本。　　　　　（　　）

11.固定资产的后续确认是指根据变化的情况对原已确认的固定资产再次加以确认的过程。　　　　　　　　　　　　　　　　　（　　）

12.原来确认的固定资产已无法为企业带来未来经济利益时，应予终止确认。　　　　　　　　　　　　　　　　　　　　　　　（　　）

13.固定资产的初始计量是指企业在以不同方式取得固定资产时对固定资产成本的确定和计算。　　　　　　　　　　　　　　　（　　）

14.企业发生以一笔款项购入多项没有单独标价的固定资产时，一般应当按照各项固定资产公允价值比例对总成本进行分配，分别确定各项固定资产的成本。　　　　　　　　　　　　　　　　　　（　　）

15.企业自行建造固定资产的成本不应包括应予资本化的借款费用。
　　　　　　　　　　　　　　　　　　　　　　　　　　　　（　　）

16.企业的房屋及建筑物无论是否在实际使用，都应视为使用中固定资产。　　　　　　　　　　　　　　　　　　　　　　　　（　　）

17.固定资产的后续计量主要包括固定资产折旧的计提、固定资产减值损失的确定，以及固定资产后续支出的计量等。　　　　　（　　）

18.历史成本反映的价值是固定资产的基本计价标准。固定资产按历史成本计价，不能真实反映企业对固定资产的投资规模。　　　（　　）

19.重置成本反映的是固定资产的现时价值。　　　　　　　（　　）

20.按照《企业会计准则》的规定，企业在对固定资产进行计量时，一般应当采用重置成本。　　　　　　　　　　　　　　　（　　）

21."固定资产"账户贷方登记的是固定资产原价的减少，因固定资产折旧的计提所引起的固定资产原始价值的减少也在这一方登记。

22.企业购置设备时，发生的进项税额均应计入固定资产成本。

（　　　）

23.固定资产折旧是指在固定资产使用寿命内，按照确定的方法对减值准备累计金额进行的系统分摊。（　　　）

24.《企业会计准则》规定，企业应当对所有的固定资产计提折旧。因而，企业当月增加的固定资产当月也应计提折旧。（　　　）

25.固定资产提足折旧后，不论能否继续使用，均不再计提折旧，提前报废的固定资产也不再补提折旧。（　　　）

26.企业计算固定资产折旧额时，应考虑固定资产的原始价值、预计净残值和预计使用寿命等几个方面的因素。（　　　）

27.一般而言，固定资产的原始价值越高，使用寿命越短，企业计算出来的各期应分摊折旧额就越多，反之则越少。（　　　）

28.企业在确定固定资产的使用寿命时，主要应当考虑该资产的预计生产能力或实物产量，该资产的有形损耗和无形损耗等。（　　　）

29.固定资产的无形损耗是指固定资产在使用过程中由于物理磨损而发生的使用性损耗和由于受自然力影响而发生的自然损耗。（　　　）

30.采用年限平均法计算的各年度每期折旧额均相等，因而也称固定费用法。（　　　）

31.采用工作量法计算的各期折旧额可能是不相等的。（　　　）

32.在双倍余额递减法下，各期的期初折旧基数是每年逐渐减少的，因而各年计提的折旧额会呈现出逐年递减的趋势。（　　　）

33.在双倍余额递减法下，固定资产的残值扣除是在固定资产预计使用期限的最后两年进行折旧额的调整时必须予以考虑的一个重要因素。（　　　）

34.企业采用不同的折旧方法时，对各期利润的计算不会产生影响。（　　　）

35."累计折旧"账户的期末借方余额反映企业固定资产的累计折旧额。（　　　）

36.固定资产发生减值损失时，应当将资产的账面价值减记至可收回金额。（　　　）

37.企业计提的固定资产减值，应借记"固定资产减值准备"账户。
（　　）

38."固定资产清理"账户核算企业因出售、报废和毁损等原因转入清理的固定资产价值以及在清理过程中所发生的清理费用和清理收入等。
（　　）

39.企业的无形资产是指企业拥有或者控制的没有实物形态的非货币性资产，因而也是不可辨认的。
（　　）

40.某项资产只要符合无形资产的定义，企业就可以将其确认为无形资产。
（　　）

41.企业拥有的土地使用权价值应计入在建工程的成本。
（　　）

42.企业内部研究开发项目研究阶段的支出，应当于发生时计入当期损益。
（　　）

43.无形资产的使用寿命如为有限的，应当估计该使用寿命的年限或者构成使用寿命的产量等。
（　　）

44.企业对使用寿命有限的无形资产计提的累计摊销应在"累计折旧"账户核算。
（　　）

45."研发支出"账户的期末借方余额反映企业正在进行中的研究开发项目中满足资本化条件的支出。
（　　）

（四）业务处理题

1.长风公司发生如下有关固定资产增减的经济业务：

（1）购入需要安装的生产用 M 设备一台。买价 80 000 元，增值税进项税额 10 400 元，包装费和运输费共计 1 400 元，款项已通过银行支付，假定按照运输费用金额和扣除率计算的进项税额不予考虑。设备已投入安装。

（2）购入不需要安装的生产用设备一台。买价 50 000 元，增值税进项税额 6 500 元，包装费 500 元，运输费 1 000 元，款项已通过银行支付，假定按照运输费用金额和扣除率计算的进项税额不予考虑。设备已交付使用。

（3）委托安装公司进行 M 设备的安装，发生安装费 2 000 元，调试费 1 200 元。款项已通过银行存款支付。

（4）M 设备安装完毕并交付使用，计算并结转其实际成本。

（5）借入长期借款 2 000 000 元，用于建设一条新的生产线。借入款项已存入银行。

（6）将新建生产线工程发包给某工程公司施工，按工程进度用银行存款支付工程款 2 000 000 元。

（7）接到银行通知，新建生产线使用长期借款的利息 100 000 元，用长期借款支付。

（8）新建生产线完工，经验收合格交付使用，计算并结转其实际成本。

（9）收到投资者投入设备两台，双方确认其价值为 800 000 元。

（10）在财产清查中盘盈设备一台，确认其重置价值为 80 000 元。

（11）将不需用的设备一台出售给闽江公司，其原始价值为 200 000 元，累计折旧为 80 000 元，现转入清理。

（12）上述出售设备在清理过程中，消耗原材料 8 000 元，用银行存款支付清理费 1 200 元。

（13）出售上述设备收到价款 160 000 元，已存入银行。假设不考虑相关税费。

（14）出售设备清理结束，计算净收益并转为公司的资产处置损益。

（15）在财产清查中发现盘亏设备一台。其原始价值为 50 000 元，累计折旧为 25 000 元。调整该设备的有关账面价值。

要求：根据所给资料编制会计分录。

2.长风公司采用的固定资产折旧方法及相关资料如下：

（1）长风公司采用年限平均法计提固定资产折旧。某台设备原始价值为 200 000 元，预计净残值率为 4%，预计使用寿命为 10 年。

（2）假定长风公司采用工作量法计提固定资产折旧。某台设备原始价值为 200 000 元，预计净残值率为 4%，预计使用寿命为 10 年。预计可工作 40 000 小时。该设备投入使用后，各年的实际工作小时数假定为：前 5 年每年 5 000 小时，后 5 年每年 3 000 小时。

（3）假定长风公司采用双倍余额递减法计提固定资产折旧。某台设备原始价值为 200 000 元，预计净残值率为 4%，预计使用寿命为 10 年。

说明：第9、10两年的折旧额应改用年限平均法计算（见表7-1）。

表7-1   **折旧计算表**

（双倍余额递减法）   金额单位：元

年次	年初账面净值	年折旧率	年折旧额	累计折旧额	期末账面净值
1					
2					
3					
4					
5					
6					
7					
8					
9		改用年限平均法计提折旧			
10					

（4）假定长风公司采用年数总和法计提固定资产折旧。某台设备原始价值为200 000元，预计净残值率为4%，预计使用寿命为10年。

在年数总和法下应提取折旧计算表见表7-2。

表7-2   **折旧计算表**

（年数总和法）   金额单位：元

年次	固定资产净值	年折旧率	年折旧额	累计折旧额	期末账面净值
1					
2					
3					
4					
5					
6					
7					
8					
9					
10					

要求：

（1）根据所给资料分别采用年限平均法、工作量法、双倍余额递减法和年数总和法计算该公司各年的折旧率和折旧额，各月的折旧率和折旧额。其中，双倍余额递减法和年数总和法的有关指标可分别采用表7-1和表7-2计算。

（2）假定该设备生产车间的使用量占4/5，公司管理部门的使用量占1/5。分别计算在双倍余额递减法和年数总和法下，生产车间和公司管理部门各自应分摊的该设备第一年第一个月的折旧额，并根据计算出来的月折旧额编制提取折旧的会计分录。

（3）试根据例题说明，采用不同的折旧方法对该公司各月份的费用会产生怎样的影响。

3.长风公司发生如下有关固定资产减值和清查盘点的经济业务：

（1）公司的某一项固定资产发生减值。其账面价值为200 000元，经计算其可收回金额为150 000元。形成的减值损失为50 000元。

（2）公司在会计期末将上述发生的固定资产减值损失50 000元转入"本年利润"账户。

（3）公司的上述设备因经营不再使用而处置。其账面价值为200 000元，已提折旧80 000元，已提取减值准备50 000元，实际收到款项50 000元，已存入银行。

（4）公司在财产清查中发现盘盈设备一台，估计其重置价值为5 000元。

（5）公司在财产清查中发现，由某员工负责保管使用的器具因使用不当发生毁损，实际成本为6 000元，已提取折旧3 000元，提取减值准备1 500元，假定没有残值。（请进行批准前的账务处理）

（6）经批准，以上器具的净损失应由该员工个人赔偿。

（7）公司在财产清查中发现，企业用于经营管理的一台机器盘亏。该机器实际成本为80 000元，已提取折旧20 000元，提取减值准备10 000元。（请进行批准前的账务处理）

（8）经批准，以上盘亏机器的净损失由保险公司赔偿部分为48 000元，其余部分转为企业的营业外支出。

要求：根据所给资料编制会计分录。

4.长风公司发生如下有关无形资产的经济业务：

（1）公司购入一项商标权，价款和其他支出共计 150 000 元，已用银行存款支付（不考虑相关税费）。

（2）公司收到明达公司作为投资的一项专有技术，经评估确认价值为 200 000 元。

（3）本月应摊销商标权和专有技术使用费 7 000 元。

（4）公司购入的商标权具有减值迹象。该商标权的账面价值为 150 000 元，经计算可收回金额为 120 000 元，确认减值损失为 30 000 元。

（5）公司将上述商标权转让给长盛公司，转让收入 100 000 元已存入银行（不考虑相关税费）。上述商标权的账面成本为 150 000 元，同时结转已计提的累计摊销 50 000 元，已确认的减值准备为 30 000 元。

（6）公司自行开发一项新产品专利技术。在研究开发过程中，发生材料费 50 000 元，开发研究人员工资 20 000 元，另用银行存款支付其他费用 15 000 元。其中，费用化支出为 15 000 元，资本化支出为 70 000 元。

（7）经确认，在上述自行开发新产品专利技术的支出中，费用化支出为 15 000 元，资本化支出为 70 000 元。将上述研发支出转为企业的费用和无形资产。

要求：根据所给资料编制会计分录。

五、案例分析题

案例 7-1   佳嘉公司固定资产折旧的账务处理

佳嘉公司的生产用固定资产采用年限平均法计提折旧。每月计提的折旧额总计为 18 000 元。本月进入产品生产的淡季，产品数量减少，为了减少本期的生产费用，公司改用工作量法提取折旧，并且未在报表的附注中予以说明。按该种方法计算出来的本月折旧额为 8 000 元，并进行了如下账务处理：

借：生产成本   8 000

　　贷：累计折旧   8 000

案例要求：

（1）佳嘉公司本月对固定资产折旧方法的变更违背了会计信息质量

要求中的哪一条？为什么？

（2）佳嘉公司在固定资产折旧的账务处理上存在什么问题？应当怎样进行更正？

案例提示

佳嘉公司本月对固定资产折旧方法的变更违背了会计信息质量要求的可比性要求。因为按照该要求，企业的会计方法（包括固定资产折旧方法）一经确定不得随意变更，如果确有必要变更，应当在报表附注中说明。

佳嘉公司在固定资产折旧的账务处理上存在的问题比较大：一是会计科目用错，提取折旧应当借记"制造费用"科目，而不是"生产成本"科目；二是数字有错，因为固定资产折旧的计算方法不得随意变更，本月仍应按年限平均法提取折旧，提取的折旧额应为18 000元，而不应是8 000元。更正时首先应按照更正错账的方法更正原来的错账，然后再按照正确的科目和金额进行账务处理。

更正原来错账的会计分录为：

借：生产成本   8 000

 贷：累计折旧   8 000

正确的会计分录为：

借：制造费用   18 000

 贷：累计折旧   18 000

案例7-2   **小李遇到的财务问题**

小李大学毕业后就应聘到一家大型集团公司的财务部门从事会计工作。她接触的某些业务是在校学习会计时所没有接触过的。这两天她正在为如何处理本企业自行开发的财务软件发生的支出而犯难。

为满足本企业的需要，集团公司组织专业技术人员研发了适用于本企业的财务软件。在研究开发中发生材料费50 000元，人工工资20 000元，用银行存款支付其他费用30 000元。现在该软件已经达到了预定的用途。

如何对这些支出进行账务处理？这些支出是全部作为费用处理，还是全部计入无形资产成本？是否还有其他的处理方法？带着这个问题，她请教了财务部的张部长。

张部长热情地接待了她，就她提出的问题给予了解答。

张部长说："对这类业务的处理，在过去没有统一规定，各企业在账务处理上无据可依，具体做法也五花八门。自从2006年财政部颁布了新的企业会计准则，对这类业务的处理已经有了比较明确的规定。基本的要求是：应将研究开发项目区分为研究阶段和开发阶段，对所发生的支出应根据研究与开发支出的实际情况加以判断。根据《企业会计准则第6号——无形资产》的规定，企业内部研究开发项目在研究阶段发生的支出，应当于发生时计入当期损益；对开发阶段的支出，同时满足五个条件的，才能确认为无形资产。这五个条件在准则应用指南里都有详细解释，你自己看看就知道了。"

张部长接着说："按照准则的要求处理你所提到的业务，关键是区分清楚在这些支出中有哪些是属于应当计入当期损益的支出，哪些是符合资本化条件的支出。"

小李计算了一下，在全部支出中，符合资本化条件的支出为80 000元。随后她把以上业务的会计分录写在了纸上，递给了张部长，请她把关。

发生的所有支出的会计分录为：

借：研发支出——费用化支出   20 000

        ——资本化支出   80 000

  贷：原材料   50 000

     应付职工薪酬   20 000

     银行存款   30 000

发生的支出分别费用化和资本化的会计分录为：

借：管理费用   20 000

  无形资产   80 000

  贷：研发支出——费用化支出   20 000

         ——资本化支出   80 000

张部长看了小李写的会计分录以后，脸上露出了满意的笑容。

小李表示谢意后就准备离开张部长的办公室。张部长又特别嘱咐她说："按照我们的计划，这次研究开发的财务软件预计使用5年，它可是使用寿命有限的无形资产哟，现在这个财务软件已经投入使用了，别忘了做好它的摊销核算啊。"

案例要求：

区分研究阶段支出与开发阶段支出。

案例提示

对企业内部研究开发项目的支出，应当区分研究阶段支出与开发阶段支出，分别按规定处理。内部研究开发项目在研究阶段发生的支出，应当于发生时计入当期损益。从案例中可以看出，该项目在研究阶段发生的支出共有 20 000 元，这部分支出是不能计入该项目成本的；另外 80 000 元属于资本性支出，应计入无形资产成本。

六、练习题参考答案

（一）单项选择题

1.B　2.D　3.C　4.A　5.A　6.B　7.D　8.C　9.B　10.C　11.A　12.B　13.B　14.B　15.D　16.D　17.D　18.B　19.B　20.B　21.D　22.B　23.C　24.B　25.D　26.B　27.C　28.D　29.B　30.B　31.B　32.C

（二）多项选择题

1.ABE　2.BCDE　3.ACD　4.BD　5.ABCD　6.ADE　7.AC　8.ABCE　9.ABCDE　10.AB　11.BD　12.ABCE　13.ABCDE　14.ABCE　15.AD　16.ABD　17.ABCE　18.ABC　19.ABCDE　20.ACE　21.ACDE　22.ABE　23.AE　24.ABCDE　25.AD　26.ABCDE　27.ABCDE　28.ADE　29.ABCDE　30.ABCE　31.ABCDE

（三）判断题

1.√　2.×　3.×　4.×　5.√　6.×　7.√　8.×　9.√　10.√　11.√　12.√　13.√　14.√　15.×　16.√　17.√　18.×　19.√　20.×　21.×　22.×　23.×　24.×　25.√　26.√　27.√　28.√　29.×　30.√　31.√　32.√　33.√　34.√　35.×　36.√　37.×　38.√　39.×　40.×　41.×　42.√　43.√　44.×　45.√

（四）业务处理题

1.（1）①借：工程物资——M设备　　　　　　　　　　　　81 400

　　　　　应交税费——应交增值税（进项税额）　　　　10 400

　　　　　　贷：银行存款　　　　　　　　　　　　　　　　　　91 800

　　　②借：在建工程　　　　　　　　　　　　　　　　　　81 400

　　　　　　贷：工程物资——M设备　　　　　　　　　　　　　　81 400

　　（2）借：固定资产　　　　　　　　　　　　　　　　　　51 500

　　　　　应交税费——应交增值税（进项税额）　　　　　6 500

贷：银行存款	58 000

（3）借：在建工程 3 200

  贷：银行存款 3 200

（4）M设备的实际成本=81 400+3 200=84 600（元）

借：固定资产——M设备 84 600

 贷：在建工程 84 600

（5）借：银行存款 2 000 000

  贷：长期借款 2 000 000

（6）借：在建工程 2 000 000

  贷：银行存款 2 000 000

（7）借：在建工程 100 000

  贷：长期借款 100 000

（8）借：固定资产——生产线 2 100 000

  贷：在建工程 2 100 000

（9）借：固定资产 800 000

  贷：股本（或实收资本） 800 000

（10）借：固定资产 80 000

  贷：以前年度损益调整 80 000

（11）借：固定资产清理 120 000

  累计折旧 80 000

  贷：固定资产 200 000

（12）借：固定资产清理 9 200

  贷：原材料 8 000

   银行存款 1 200

（13）借：银行存款 160 000

  贷：固定资产清理 160 000

（14）计算净收益并转为公司的资产处置损益：

资产处置损益=160 000−120 000−9 200=30 800（元）

借：固定资产清理 30 800

 贷：资产处置损益 30 800

（15）借：待处理财产损溢 25 000

  累计折旧 25 000

  贷：固定资产 50 000

2.（1）根据所给资料分别采用年限平均法、工作量法、双倍余额递减法和年数总和法计算该公司各年的折旧率和折旧额，各月的折旧率和折旧额。

①年限平均法

各年的折旧率：$\dfrac{1-4\%}{10}=9.6\%$

各年的折旧额：200 000×9.6%=19 200（元）

各月的折旧率：9.6%÷12=0.8%

各月的折旧额：200 000×0.8%=1 600（元）

②工作量法

每小时折旧额：$\dfrac{200\,000\times(1-4\%)}{40\,000}=4.80$（元）

各年的折旧额：

第1年至第5年每年：4.80×5 000=24 000（元）

第6年至第10年每年：4.80×3 000=14 400（元）

各月的折旧额：

第1年至第5年各月：4.80×5 000÷12=2 000（元）

第6年至第10年各月：4.80×3 000÷12=1 200（元）

③双倍余额递减法

各年的折旧率：$\dfrac{2}{10}\times100\%=20\%$

在双倍余额递减法下应提取折旧的计算见表7-3。

第9、10两年的折旧额是按照年限平均法计算的平均数，计算过程为：

（33 554.43-200 000×4%）÷2=12 777.22（元）

④年数总和法

在年数总和法下应提取折旧的计算见表7-4。

表7-3

折旧计算表

（双倍余额递减法）

金额单位：元

年次	年初账面净值	年折旧率	年折旧额	累计折旧额	期末账面净值
1	200 000.00	20%	40 000.00	40 000.00	160 000.00
2	160 000.00	20%	32 000.00	72 000.00	128 000.00
3	128 000.00	20%	25 600.00	97 600.00	102 400.00
4	102 400.00	20%	20 480.00	118 080.00	81 920.00
5	81 920.00	20%	16 384.00	134 464.00	65 536.00

年次	年初 账面净值	年折旧率	年折旧额	累计 折旧额	期末 账面净值
6	65 536.00	20%	13 107.20	147 571.20	52 428.80
7	52 428.80	20%	10 485.76	158 056.96	41 943.04
8	41 943.04	20%	8 388.61	166 445.57	33 554.43
9	33 554.43	改用年限平均法计提折旧	12 777.22	179 222.79	20 777.21
10	20 777.21		12 777.21	192 000.00	8 000.00

表7-4 　　　　　　　　　**折旧计算表**

(年数总和法)

金额单位：元

年次	固定资产净值	年折旧率	年折旧额	累计折旧额	期末账面净值
1	192 000	10/55	34 909.09	34 909.09	157 090.91
2	192 000	9/55	31 418.18	66 327.27	125 672.73
3	192 000	8/55	27 927.27	94 254.54	97 745.46
4	192 000	7/55	24 436.36	118 690.90	73 309.10
5	192 000	6/55	20 945.45	139 636.35	52 363.65
6	192 000	5/55	17 454.55	157 090.90	34 909.10
7	192 000	4/55	13 963.64	171 054.54	20 945.46
8	192 000	3/55	10 472.73	181 527.27	10 472.73
9	192 000	2/55	6 981.82	188 509.09	3 490.91
10	192 000	1/55	3 490.91	192 000.00	0

固定资产净值=200 000-200 000×4%=192 000（元）

（2）假定该设备生产车间的使用量占4/5，公司管理部门的使用量占1/5。分别计算在双倍余额递减法和年数总和法下，生产车间和公司管理部门各自应分摊的该设备第一年第一个月的折旧额，并根据计算出来的月折旧额编制提取折旧的会计分录。

①根据双倍余额递减法计算出来的年折旧额可以计算出各月折旧额：

第一年第一个月的折旧额：40 000÷12=3 333.33（元）

生产车间应分摊部分：3 333.33×4/5=2 666.66（元）

公司管理部门应分摊部分：3 333.33×1/5=666.67（元）

提取折旧的会计分录为：

借：制造费用   2 666.66

  管理费用   666.67

  贷：累计折旧   3 333.33

②根据年数总和法计算出来的年折旧额可以计算出各月折旧额：

第一年第一个月的折旧额：34 909.09÷12=2 909.09（元）

生产车间应分摊部分：2 909.09×4/5=2 327.27（元）

公司管理部门应分摊部分：2 909.09×1/5=581.82（元）

提取折旧的会计分录为：

借：制造费用   2 327.27

  管理费用   581.82

  贷：累计折旧   2 909.09

（3）试根据例题说明，采用不同的折旧方法对该公司各月份的费用会产生怎样的影响。

从上面的举例中可以看出，即使是在固定资产的原始价值相同的情况下，企业采用不同的计提折旧方法所计算出来的各年和各月的折旧额也是有所不同的。特别是在后两种方法下，计算出来的结果更大大高于前两种方法计算出来的结果。计算出来的折旧额是要按照规定的方法计入各月的成本或费用的。因而，该公司采用不同的方法计提折旧对各月费用会产生重大影响，各月费用的高低又会进一步影响到各月利润的计算。

3.（1）借：资产减值损失   50 000

    贷：固定资产减值准备   50 000

（2）借：本年利润   50 000

    贷：资产减值损失   50 000

（3）借：银行存款   50 000

    累计折旧   80 000

    固定资产减值准备   50 000

    资产处置损益   20 000

    贷：固定资产   200 000

（4）借：固定资产   5 000

    贷：以前年度损益调整   5 000

（5）借：待处理财产损溢   1 500

借：累计折旧	3 000	
固定资产减值准备	1 500	
贷：固定资产		6 000
（6）借：其他应收款——某员工	1 500	
贷：待处理财产损溢		1 500
（7）借：待处理财产损溢	50 000	
累计折旧	20 000	
固定资产减值准备	10 000	
贷：固定资产		80 000
（8）借：其他应收款——保险公司	48 000	
营业外支出	2 000	
贷：待处理财产损溢		50 000
4.（1）借：无形资产	150 000	
贷：银行存款		150 000
（2）借：无形资产	200 000	
贷：股本（或实收资本）		200 000
（3）借：管理费用	7 000	
贷：累计摊销		7 000
（4）借：资产减值损失	30 000	
贷：无形资产减值准备		30 000
（5）借：银行存款	100 000	
累计摊销	50 000	
无形资产减值准备	30 000	
贷：无形资产——商标权		150 000
资产处置损益		30 000
（6）借：研发支出——费用化支出	15 000	
——资本化支出	70 000	
贷：原材料		50 000
应付职工薪酬		20 000
银行存款		15 000
（7）借：管理费用	15 000	
无形资产	70 000	
贷：研发支出——费用化支出		15 000
——资本化支出		70 000

第八章　负债

一、学习目的与要求

本章主要介绍负债的定义、特征，以及各种负债的会计处理。通过本章的学习，应理解负债的含义及特征，了解负债的产生原因和偿还方式，重点掌握流动负债和非流动负债的核算方法。

二、内容概览

(一) 关键概念

1.负债　　　　　　　　　　2.流动负债

3.短期借款　　　　　　　　4.应付利息

5.应付票据　　　　　　　　6.应付账款

7.应交税费　　　　　　　　8.预收账款

9.应付职工薪酬　　　　　　10.预计负债

11.非流动负债　　　　　　　12.长期借款

13.应付债券　　　　　　　　14.长期应付款

(二) 关键问题

1.何谓负债？流动负债与非流动负债有何区别？

2.应付账款的总价法与净价法在账务处理上有何不同？

3.什么是职工薪酬？职工薪酬可以分为哪些类别？各类职工薪酬包括哪些内容？

4.长期借款的利息费用在会计处理上有哪两种方式？如何区分？

三、本章重点与难点

本章在阐述负债特点之后，主要介绍了各种流动负债和长期借款、应付债券的会计核算。本章的重点内容包括负债的特点以及短期借款、应付利息、应付票据、应付账款、应付职工薪酬、应交税费、长期借款、应付债券的核算。其中，长期借款费用的会计处理和应付债券溢折价摊销为本章的难点。

短期借款是指企业借入的期限在一年以下的各种借款。这部分借款一般是企业为维持正常生产经营所需资金而借入的或为抵偿某项债务而借入的款项。为了核算短期借款业务，企业应当设置"短期借款"账户。借入短期借款时，按本金金额借记"银行存款"账户，贷记"短期借款"账户；归还短期借款时，按本金金额借记"短期借款"账户，贷记"银行存款"账户。

应付利息是指企业应支付而未支付的利息。企业应设置"应付利息"账户，反映企业应付利息的发生与支付业务。在预提利息费用时，借记"财务费用"等账户，贷记"应付利息"账户；在实际支付时，按已预提的金额借记"应付利息"账户，按实付金额贷记"银行存款"账户，实付与预提数的差额（尚未提取的部分）借记"财务费用"等费用类账户。

应付票据是因采用商业汇票方式结算而形成的一项负债。企业应该设置"应付票据"账户，反映因签发票据而承担的负债及其归还情况。在购入货物开出商业汇票时，借记"在途物资（或原材料）""应交税费——应交增值税"账户，贷记"应付票据"账户；在支付货款时，借记"应付票据"账户，贷记"银行存款"账户。该账户期末余额在贷方，表示尚未到期的应付票据金额。

企业应设置"应付账款"账户反映因购买材料、商品或接受劳务供应等而发生的债务及其偿还情况。在购入货物尚未付款时，借记"在途物资（或原材料）""应交税费——应交增值税"账户，贷记"应付账款"账户；在支付货款时，借记"应付账款"账户，贷记"银行存款"账户。该账户期末余额一般在贷方，表示尚未偿还的应付账款数额。

现金折扣是指销货方为了尽早收回货款，根据购买方的付款时间给予一定的付款金额上的优惠。现金折扣的会计处理方法主要有总价法和净价法。我国企业目前采用总价法。在总价法下，"在途物资"和"应付账款"账户按照扣除现金折扣前的发票价格入账。

对由于债权单位撤销或其他原因而无法支付的应付账款，应按其账面余额直接计入营业外收入，即借记"应付账款"账户，贷记"营业外收入"账户。

预收账款是指企业在销售商品或提供劳务前，根据购销合同的规定，向购货方预先收取的部分或全部货款。

职工薪酬是指企业为获得职工提供的服务或解除劳动关系而给予的各种形式的报酬或补偿。职工薪酬分为短期薪酬、离职后福利、辞退福利以及其他长期职工薪酬。职工薪酬在实际发生时根据职工提供服务的受益对象的不同，分别形成企业的成本费用或计入有关资产的成本，即应由生产产品、提供劳务负担的职工薪酬，计入产品成本或劳务成本；应由在建工程、无形资产负担的职工薪酬，计入建造固定资产成本或无形资产成本；其他的职工薪酬计入当期损益。

企业应缴纳的税费有增值税、消费税、资源税、土地增值税、城市维护建设税（简称城建税）、房产税、城镇土地使用税、车船税、印花税、企业所得税、教育费附加等。为了反映各种税费的计算和缴纳情况，企业应设置"应交税费"账户，并在该账户下按税种设置明细账户进行核算。印花税的缴纳不通过"应交税费"账户核算。

企业应交的增值税，在"应交税费"下设置"应交增值税"明细账户进行核算。增值税一般纳税人在购进材料时，借记"在途物资""应交税费——应交增值税（进项税额）"等账户，贷记"银行存款"等账户；销售产品时，借记"银行存款"账户，贷记"主营业务收入""应交税费——应交增值税（销项税额）"等账户；实际缴纳增值税时，借记"应交税费——应交增值税（已交税费）"账户，贷记"银行存款"账户。期末，"应交增值税"明细账户如为借方余额，反映企业尚未抵扣或多交的增值税；如为贷方余额，则反映企业应交的增值税。与其他税费不同，增值税一般不计入企业的费用。

企业应设置"税金及附加"账户，核算应该由企业日常业务负担的各种税费及附加费用，包括消费税、城市维护建设税、资源税、土地增值税、教育费附加、房产税、城镇土地使用税、车船税、印花税等。计算应缴纳税费时，借记"税金及附加"账户，贷记"应交税费"账户；实际缴纳时，借记"应交税费"账户，贷记"银行存款"账户。

应付股利是指企业经董事会或股东会决议确定分配现金股利时，自宣告之日起，在未支付之前形成的一项对所有者的负债。

其他应付款是指除了应付票据、应付账款、应付职工薪酬等与企业活动直接或间接相关的其他各种应付和暂收款项，包括暂时收取的租出固定资产和包装物押金、存入保证金、应付统筹退休金以及在计算工资过程中发生的各种代扣应付款项。

长期借款是指企业向银行及其他金融机构借入的、偿还期限超过一年的各种借款。企业应设置"长期借款"账户，核算长期借款的取得、应计利息和归还情况。长期借款的利息费用应根据权责发生制原则，按期预提计入所购建资产的成本或直接计入当期损益。计提利息时，借记"在建工程""财务费用"等账户，贷记"长期借款"或"应付利息"账户；支付利息时，应借记"长期借款"或"应付利息"账户，贷记"银行存款"账户。

应付债券是指企业以发行债券方式筹集资金而形成的一项非流动负债。企业应设置"应付债券"账户，反映债券的发行、归还和付息情况。债券溢价或折价发行时，还涉及债券溢价和折价摊销的核算。按规定应采用实际利率法对债券溢折价进行核算。

预计负债是指偿还金额、时间不确定，需要根据有关资料进行估计的负债。企业应设置"预计负债"账户，核算可能要发生的这部分债务。

四、练习题

(一) 单项选择题

1.在下列各项中，不属于负债的是（　　）。

A.应付票据　　　　　　　　B.应付职工薪酬

C.预付账款　　　　　　　　D.预收账款

2.流动负债和非流动负债相比，最大的特点是（　　）。

A.偿还期限短　　　　　　　B.有明确的偿还期限

C.没有明确的偿还期限　　　D.利息费用低

3.企业为日常周转所借入的短期借款的利息应记入（　　）。

A."财务费用"账户　　　　　B."管理费用"账户

C."营业外支出"账户　　　　D."投资收益"账户

4.采用总价法，企业在折扣期内付款而享受的现金折扣应贷记的是（　　）。

A."银行存款"账户　　　　　　B."财务费用"账户

C."投资收益"账户　　　　　　D."营业外收入"账户

5.企业"应付账款"账户的借方余额反映的是（　　）。

A.应付供应商的款项　　　　　B.预付供应商的款项

C.应收客户的款项　　　　　　D.预收客户的款项

6.如果企业不设置"预收账款"账户，在预收购货方的货款时，记入（　　）。

A."应付账款"账户的借方　　　B."应付账款"账户的贷方

C."应收账款"账户的借方　　　D."应收账款"账户的贷方

7.下列能引起资产和负债同时增加的业务是（　　）。

A.以银行存款支付购货款　　　B.以银行存款预付购货款

C.预收销货款存入银行　　　　D.收到投资款存入银行

8.下列属于非流动负债的项目是（　　）。

A.短期借款　　　　　　　　　B.其他应付款

C.长期借款　　　　　　　　　D.应交税费

9.一般纳税人在发生下列经济业务时，不应记入"应交税费——应交增值税"账户借方的是（　　）。

A.购买货物支付的增值税税额　B.接受劳务支付的增值税税额

C.实际缴纳的增值税税额　　　D.销售商品收到的增值税税额

10.在下列各项中，应通过"其他应付款"账户核算的是（　　）。

A.收到出租包装物的押金

B.购买材料时，由销货方代垫的运杂费

C.销售商品时代垫的运杂费

D.本期预提尚未支付的短期借款利息

11.将于一年内到期的长期借款列示在资产负债表的（　　）项目。

A.短期借款　　　　　　　　　B.长期借款

C.非流动负债　　　　　　　　D.流动负债

12.在进行短期借款利息核算时不会涉及的账户是（　　）。

A."短期借款"账户　　　　　　B."应付利息"账户

C."财务费用"账户　　　　　　　D."银行存款"账户

13.如果企业在1月16日销售商品1 000件，单价20元，增值税税率为13%，付款条件为"2/10、1/20、N/30"，且客户已于2月4日按条件付款。按照总价法，企业确认应收账款的金额为（　　）元。

A.19 800　　　　　　　　　　　B.20 000

C.19 900　　　　　　　　　　　D.22 600

14.企业基本生产车间管理人员的工资费用在分配时应记入（　　）。

A."生产成本"账户　　　　　　　B."管理费用"账户

C."制造费用"账户　　　　　　　D."主营业务成本"账户

15.企业销售人员的工资费用在分配时应记入（　　）。

A."销售费用"账户　　　　　　　B."管理费用"账户

C."制造费用"账户　　　　　　　D."主营业务成本"账户

16.企业行政管理部门人员的工资费用在分配时应记入（　　）。

A."销售费用"账户　　　　　　　B."管理费用"账户

C."制造费用"账户　　　　　　　D."主营业务成本"账户

17.企业发放给生产工人的困难补助费应记入（　　）。

A."制造费用"账户　　　　　　　B."销售费用"账户

C."生产成本"账户　　　　　　　D."营业外支出"账户

18.企业在采用预收款方式销售货物时，对于收到的购货单位补付的货款，应当（　　）。

A.贷记"预付账款"账户　　　　　B.借记"预付账款"账户

C.贷记"预收账款"账户　　　　　D.借记"预收账款"账户

19.企业在扣还已代职工缴纳的水电、煤气费时，应贷记的账户是（　　）。

A."营业外收入"　　　　　　　　B."其他业务收入"

C."其他应收款"　　　　　　　　D."其他应付款"

20.在下列各项中，不通过"应付账款"科目核算的是（　　）。

A.应付购入货物的进项税额　　　B.应付购入货物的采购价款

C.应付销货方代垫的运杂费　　　D.应付固定资产租金

21.某企业为增值税一般纳税企业，适用的增值税税率为13%，购进原材料一批，发票中价税合计为169 500元，运输过程中的保险费为 500 元，入库前的挑选整理费为 500 元。该批原材料的采购成本为（　　）元。

A.170 500　　　　　　　　　　B.150 700

C.151 000　　　　　　　　　　D.150 500

22.在下列有关"应付账款"账户的叙述中，不正确的是（　　）。

A.是用来核算购买材料、商品或接受劳务而发生债务的账户

B.属于负债类账户

C.若有余额，一定在贷方

D.贷方登记应付账款的增加

23.企业销售应税消费品，计算应缴纳的消费税时，应借记的是（　　）。

A."管理费用"账户　　　　　　B."主营业务成本"账户

C."税金及附加"账户　　　　　D."销售费用"账户

24.企业代税务机关扣缴职工个人所得税的会计分录为（　　）。

A.借：管理费用　　　　　　　　B.借：管理费用

　　贷：应付账款　　　　　　　　　贷：应交税费

C.借：应付职工薪酬　　　　　　D.借：应付职工薪酬

　　贷：应交税费　　　　　　　　　贷：应付利息

25.在下列企业缴纳的各项税费中，属于"税金及附加"账户核算内容的是（　　）。

A.教育费附加　　　　　　　　B.增值税

C.代扣代缴的个人所得税　　　D.所得税

26.现金折扣能否取得是企业资金调度能力和理财水平的综合体现，因而丧失的现金折扣是（　　）。

A.所购货物成本的减少　　　　B.所购货物成本的增加

C.理财收益　　　　　　　　　D.理财费用

27.企业开出承兑的商业汇票如果不能如期支付，应将应付票据账面余额转入（　　）。

A."应收账款"账户　　　　　　B."其他应收款"账户

C."应付账款"账户　　　　　　D."其他应付款"账户

28.购入固定资产时与固定资产价款一起支付的增值税税额应记

入 （　　　）。

A.“管理费用”账户

B.“应交税费——应交增值税（进项税额）”账户

C.“税金及附加”账户

D.“固定资产”账户

29.一次还本付息的债券到期时，“应付债券”科目的余额为（　　　）。

A.债券的发行价值

B.债券面值及应计利息

C.债券的面值

D.债券面值、应计利息及未摊销的溢折价

30.如果债券发行时票面利率低于市场利率，则应（　　　）。

A.面值发行　　　　　　　　　B.折价发行

C.溢价发行　　　　　　　　　D.平价发行

31.建造工程所使用的长期借款资金，在工程完工达到预定可使用状态之前发生的利息支出应记入（　　　）。

A.“管理费用”账户　　　　　B.“财务费用”账户

C.“固定资产”账户　　　　　D.“在建工程”账户

32.企业为维持正常的生产经营而向银行等金融机构临时借入的款项为（　　　）。

A.长期借款　　　　　　　　　B.短期借款

C.非流动负债　　　　　　　　D.流动负债

33.企业在计提长期借款（到期一次还本付息）利息时应贷记的是（　　　）。

A.“财务费用”账户　　　　　B.“应付利息”账户

C.“长期借款”账户　　　　　D.“在建工程”账户

34.企业8月末的负债总额为1 200万元，9月份收回欠款150万元，用银行存款归还借款100万元，用银行存款预付购货款125万元，则9月末的负债总额为（　　　）万元。

A.1 100　　　　　　　　　　B.1 050

C.1 125　　　　　　　　　　D.1 350

35.计提短期借款利息时应贷记的账户是（　　　）。

A."预收账款"   B."应付账款"

C."应付利息"   D."预付账款"

36.企业"预收账款"账户的借方余额反映的是（   ）。

    A.应付给供货单位的款项   B.预收购货单位的款项

    C.预付给供货单位的款项   D.应收购货单位的款项

37.企业发生的下列经济业务中，能引起资产和权益同时增加的业务是（   ）。

    A.用银行存款购买原材料   B.预收货款存入银行

    C.提取盈余公积   D.年终结转净利润

38.负债分为流动负债和非流动负债，通过了解企业的流动资产和流动负债的比例，可以大致反映企业的（   ）。

    A.长期偿债能力   B.长期盈利能力

    C.短期偿债能力   D.短期盈利能力

39.下列关于流动负债的表述中，不正确的是（   ）。

    A.最大特点是偿还期限短

    B.偿还期限一定是在一年以内

    C.偿还期限不一定是在一年以内

    D.是指将在一年或长于一年的一个营业周期内偿还的债务

40.在下列各项中，属于对客户的负债的是（   ）。

    A.预付账款   B.应收账款

    C.预收账款   D.应付账款

41.某一般纳税企业从其他企业购入原材料一批，货款为100 000元，增值税税额为13 000元，对方代垫运杂费5 000元，该原材料已经验收入库，所有款项均未支付。该购买业务所发生的应付账款的入账价值为（   ）元。

    A.113 000   B.118 000

    C.100 000   D.105 000

42.企业签发并承兑的银行承兑汇票如果不能如期支付，应将应付票据账面余额转入（   ）。

    A."短期借款"账户

    B."应付账款"账户

C. "坏账损失"账户

D.继续保留在"应付票据"账户中

43.某公司2×24年10月1日开出面值100 000元、6个月到期的应付票据,票面年利率6%,该"应付票据"账户12月31日的账面余额为( )元。

A.101 500   B.103 000

C.106 000   D.108 000

44.企业在预计确认产品保修费用时,应贷记的是( )。

A. "管理费用"账户   B. "销售费用"账户

C. "预计负债"账户   D. "其他应付款"账户

(二)多项选择题

1.在下列经济业务中,不影响负债总额的有( )。

A.从银行提取现金

B.预付购买材料款

C.向供应商赊购材料

D.以现金支付已宣告但尚未发放的股利

E.以盈余公积转增资本

2.在下列各项中,属于负债特征的有( )。

A.负债是由已经发生的经济业务引起的企业现时的经济义务

B.负债是在将来某个时日履行的强制性责任

C.负债要通过企业资产的流出或劳务的提供来清偿

D.负债金额能够用货币计量或估计

E.负债必须有确定的金额

3.在下列票据中,属于"应付票据"账户核算范围的有( )。

A.商业承兑汇票   B.现金支票

C.转账支票   D.银行汇票

E.银行承兑汇票

4.在下列人员中,其工资不应计入管理费用的有( )。

A.生产工人   B.销售人员

C.在建工程人员   D.车间管理人员

E.行政管理人员

5.下列能引起资产和负债同时减少的业务有（　　　）。

A.以现金发放应付职工薪酬　　　　B.以银行存款预付购货款

C.以现金购买印花税票　　　　　　D.退回客户包装物押金

E.预收购货方货款

6.在下列税费中，一般应记入"税金及附加"账户的有（　　　）。

A.所得税　　　　　　　　　　　B.房产税

C.增值税　　　　　　　　　　　D.车船税

E.城镇土地使用税

7.在下列负债中，一般需要用货币资金偿还的有（　　　）。

A.预收账款　　　　　　　　　　B.应交税费

C.短期借款　　　　　　　　　　D.长期借款

E.应付票据

8.在下列各项中，应通过"应付职工薪酬"账户核算的有（　　　）。

A.职工差旅费　　　　　　　　　B.工资

C.住房公积金　　　　　　　　　D.福利费

E.工会经费

9.在下列负债类科目中，不属于非流动负债的有（　　　）。

A."应付股利"　　　　　　　　　B."应付票据"

C."应付账款"　　　　　　　　　D."应付职工薪酬"

E."应付债券"

10.在下列各项中，能够引起负债和所有者权益项目同时发生变动的有（　　　）。

A.银行将对企业的贷款转为对企业的投资

B.宣告分派现金股利

C.用长期借款自建固定资产

D.企业从税后利润中提取法定盈余公积

E.企业从税后利润中提取任意盈余公积

11.长期借款所发生的利息费用，可能记入（　　　）。

A."财务费用"账户　　　　　　　B."在建工程"账户

C."营业外支出"账户　　　　　　D."管理费用"账户

E."销售费用"账户

12."应付债券"账户的借方反映的内容有（   ）。

A.债券发行时产生的债券折价　　B.债券折价摊销

C.债券发行时产生的债券溢价　　D.债券溢价摊销

E.债券面值

13.在下列账户中，可以用来核算企业向供货方预付货款的有（   ）。

A."预付账款"　　　　　　　　B."应收账款"

C."预收账款"　　　　　　　　D."应付账款"

E."其他应收款"

14.在下列项目中，一般通过"应交税费"账户核算的有（   ）。

A.增值税销项税额　　　　　　B.增值税进项税额

C.印花税　　　　　　　　　　D.消费税

E.城市维护建设税

15.下列各项中，属于职工福利费的有（   ）。

A.职工因工负伤赴外地就医路费

B.职工困难补助

C.职工退休金

D.企业内设福利部门人员工资

E.职工教育经费

16.资产负债表中的负债按照偿还期限的长短，划分为（   ）。

A.流动负债　　　　　　　　　B.长期借款

C.非流动负债　　　　　　　　D.短期借款

E.对税务部门的负债

17.在下列科目中，属于流动负债的有（   ）。

A."应付账款"　　　　　　　　B."应付股利"

C."应付职工薪酬"　　　　　　D."应交税费"

E."应付利息"

18.在下列各项中，属于对供应商的负债的有（   ）。

A.应付账款　　　　　　　　　B.预收账款

C.应付股利　　　　　　　　　D.预付账款

E.应付票据

19.债券溢价或折价的摊销是对债券发行者在债券后续期间利息费

用的一种调整，以下说法正确的有（　　　　）。

A. 摊销债券溢价会增加当期实际利息费用

B. 摊销债券溢价会减少当期实际利息费用

C. 摊销债券折价会增加当期实际利息费用

D. 摊销债券折价会减少当期实际利息费用

E. 对当期实际利息费用没有影响

（三）判断题

1. 企业签发支票支付购货款时，应通过"应付票据"账户核算。

（　　　）

2. 将于一年内到期的长期借款属于短期借款。（　　　）

3. 并非所有的税费都通过"应交税费"账户核算。（　　　）

4. 企业按规定计算出应缴纳的教育费附加，借记"税金及附加"等账户，贷记"应交税费"账户。（　　　）

5. 长期借款所发生的借款利息必须全部计入固定资产的购建成本。

（　　　）

6. 企业发生的各项短期借款利息支出，均应计入当期损益。（　　　）

7. 某项资产增加的同时可能有某项负债增加。（　　　）

8. 负债减少的同时必然有资产减少。（　　　）

9. 小规模纳税人在销售货物或提供劳务时，实行简易办法计算应纳税额，不需计算增值税进项税额。（　　　）

10. 企业折价发行债券，每期实际负担的利息费用是按票面利率计算的应计利息加上应摊销的折价。（　　　）

11. "短期借款"账户既核算短期借款的本金，又核算短期借款的利息。（　　　）

12. "长期借款"账户的贷方，既核算长期借款本金，又核算应计而未计的利息。（　　　）

13. 购买材料所支付的增值税进项税额记入"应交税费——应交增值税"账户的借方。（　　　）

14. 长期借款是企业为解决流动资金不足而借入的款项。（　　　）

15. 在会计基本等式"资产=负债+所有者权益"中，等式右侧表明企业资金的来源渠道。（　　　）

16.负债是一种具有强制性的责任，不具有强制性的责任不能确认为负债。（　　）

17.负债的清偿一定会减少企业的资产。（　　）

18.权益按照其要求人的不同，分为所有者权益和债权人权益，其中债权人权益称为负债。（　　）

（四）计算及业务处理题

1.宏远公司2×24年年初的负债总额为1 200 000元。其中，流动负债200 000元，非流动负债1 000 000元。2×24年发生了如下经济业务：

（1）向银行借入长期借款500 000元，存入银行。

（2）预收某企业购买材料的货款20 000元，存入银行。

（3）向某公司预付货款50 000元，以银行存款支付。

（4）归还短期借款100 000元。

（5）购入材料，价税款合计120 000元，款项未付。

（6）本年计提长期借款利息费用40 000元（到期一次还本付息）。

（7）计算本年应交税费共计65 000元，尚未缴纳。

要求：计算宏远公司2×24年年末的负债总额、流动负债总额、非流动负债总额。

2.宏远公司2×24年发生如下有关短期借款的经济业务：

（1）2月1日，向银行借款10万元，年利率8.4%，期限3个月，借款期满一次还本付息，利息采用每月预提方式进行处理。

（2）2月、3月、4月末分别预提各月的利息费用。

（3）5月1日，向银行支付借款本息。

要求：根据上述业务编制会计分录。

3.宏远公司2×24年发生如下有关应付票据与应付账款的经济业务：

（1）4月1日，宏远公司向A公司赊购一批材料，材料价款为50 000元，增值税税率为13%，企业开出一张面值为56 500元、期限为6个月的不带息银行承兑汇票。材料已验收入库。

（2）4月3日，宏远公司向B公司购入甲材料5吨，材料价款为100 000元，适用的增值税税率为13%，价税款尚未支付，约定在1个月之内付款。材料已验收入库。

（3）4月5日，宏远公司从C公司购入乙材料10吨，材料价款为

400 000元，适用的增值税税率为13%，价税款尚未支付，约定在2个月之内付款。材料已验收入库。

（4）5月3日，宏远公司向B公司支付甲材料价税款113 000元。

（5）6月5日，宏远公司暂时不能向C公司支付购买乙材料款项，经C公司同意，开出一张期限为3个月的不带息银行承兑汇票，面值为452 000元，抵付未付的款项。

（6）9月5日，宏远公司向C公司开出的银行承兑汇票到期，宏远公司向C公司支付全部款项。

（7）10月1日，宏远公司向A公司开出的银行承兑汇票到期，宏远公司暂时不能支付这笔货款，由银行先行支付。

（8）12月1日，宏远公司支付由银行先行支付的货款56 500元，并向银行支付利息773元。

要求：根据上述业务编制会计分录。

4.宏远公司2×24年发生如下有关现金折扣的经济业务：

（1）5月1日，宏远公司从C公司购入一批材料，材料价款为40 000元，增值税税率为13%。对方给出的付款条件是"3/10、N/30"。材料尚未验收入库。

（2）5月5日，宏远公司从D公司购入一批材料，材料价款为80 000元，增值税税率为13%。对方给出的付款条件是"1/10、N/30"。材料尚未验收入库。

（3）5月10日，宏远公司以银行存款支付C公司价税款。

（4）6月5日，宏远公司以银行存款支付D公司价税款。

要求：根据上述业务，分别采用总价法和净价法编制会计分录（假定计算现金折扣时不考虑增值税）。

5.宏远公司2×24年发生如下有关预收账款的经济业务：

（1）7月2日，宏远公司与E公司签订供货合同，供货金额为200 000元，应收增值税税款为26 000元。7月3日，宏达公司收到E公司交来的预付款100 000元，并约定剩余货款在交货后付清。

（2）7月25日，宏远公司按照合同规定，将货物发送到E公司，并开出增值税专用发票。发票上注明货物价款200 000元，应收增值税税款26 000元。E公司已收到货物并验收合格。

（3）7月26日，宏远公司收到E公司补付货款126 000元。

（4）8月1日，宏远公司收到F公司交来的预付款60 000元。

（5）8月20日，宏远公司向F公司发出货物，并开出增值税专用发票，发票上注明货物价款50 000元，增值税税额6 500元。F公司收到货物并验收合格。

（6）宏远公司向F公司退回预收款3 500元。

要求：根据上述业务编制会计分录。

6.北方公司不设置"预收账款"账户，该公司在2×24年2月发生如下有关预收账款的经济业务：

（1）预收G公司货款20 000元。

（2）向G公司发出货物，并开出增值税发票，发票上注明货物价款30 000元，增值税税额3 900元。G公司已收到货物并验收合格。

（3）北方公司收到G公司补付货款13 900元。

要求：根据上述业务编制会计分录。

7.2×24年3月1日，北方公司销售某产品取得销售收入20 000元，按销售收入的1%估计产品质量保证负债，产品的保修期为1年。3月份没有发生返修情况。

（1）3月31日，北方公司估计本月的产品质量保证负债为200元。

（2）4月15日，北方公司实际发生返修费用120元。

要求：根据上述业务编制会计分录。

8.某企业根据"工资结算汇总表"结算2×24年12月应付职工薪酬总额473 000元，代扣水电、煤气费30 000元，代扣个人所得税12 000元，实发431 000元。该企业发生如下经济业务：

（1）到银行提取现金431 000元。

（2）发放工资，支付现金431 000元。支付职工工资时，直接在工资中代扣职工应支付的水电、煤气费30 000元，个人所得税12 000元。

（3）分配工资费用如下：

工资费用分配汇总表列示：产品生产人员工资为400 000元，车间管理人员工资为20 000元，企业行政管理人员工资为40 400元，销售人员工资为7 600元，在建工程人员工资为5 000元。

（4）分配12月份支付的职工福利费如下：

福利费用分配汇总表列示：产品生产人员职工福利费为 56 000 元，车间管理人员职工福利费为 2 800 元，企业行政管理人员职工福利费为 5 880 元，销售人员职工福利费为 840 元，在建工程人员职工福利费为 700 元。

（5）直接以现金向职工支付困难补助费 1 000 元，抚恤费 500 元。

（6）2×24 年 1 月初，以银行存款支付职工的水电、煤气费 30 000 元，个人所得税 12 000 元。

要求：根据上述业务编制会计分录。

9.某企业 2×24 年发生如下有关应交税费的经济业务：

（1）3 月 5 日，购入原材料一批，增值税专用发票上注明货款 50 000 元，增值税税额 6 500 元，货物尚未到达，货款尚未支付。

（2）3 月 11 日，购入不需要安装的设备一台，价款 200 000 元，增值税专用发票上注明增值税税额 26 000 元，款项已用银行存款支付，设备已运达企业。

（3）3 月 20 日，销售产品一批，价款 260 000 元，增值税税额 33 800 元，提货单和增值税专用发票已交给买方，款项尚未收到。

（4）3 月 22 日，销售产品一批，价款 40 000 元（不含增值税），适用的增值税税率为 13%，消费税税率为 30%。价税款已全部收到。

（5）企业 3 月份应交消费税 12 000 元、应交增值税 6 500 元。计算确认 3 月份应交城市维护建设税和教育费附加。已知该企业适用的城市维护建设税税率为 7%，教育费附加率为 3%。

（6）4 月初，以银行存款缴纳 3 月份的增值税 6 500 元、消费税 12 000 元、城市维护建设税 1 295 元、教育费附加 555 元。

要求：根据上述业务编制会计分录。

10.某企业 2×24 年发生如下有关应付股利的经济业务：

（1）3 月 30 日，宣告分配 2×23 年的现金股利 150 000 元。

（2）4 月 4 日，向股东支付现金股利。

要求：根据上述业务编制会计分录。

11.宏远公司发生如下有关长期借款的经济业务：

（1）2×22 年 11 月 1 日，从银行借入资金 2 000 000 元，用于建造厂房。借款期限为 2 年，年利率为 7.2%，到期一次还本付息，不计复利。

所借款项全部存入银行。

（2）同日，支付工程款 2 000 000 元。

（3）2×22 年年末，预提本年长期借款利息。

（4）2×23 年 11 月 1 日，厂房竣工，计算应计入在建工程的本年利息费用。同时结转工程成本。

（5）2×23 年年末，预提后 2 个月的长期借款利息。

（6）2×24 年 11 月 1 日，长期借款到期，向银行偿付借款本金和利息。

要求：根据上述业务编制会计分录。

12.以下三家公司发生如下有关应付债券的经济业务：

（1）长叶公司于 2×22 年 1 月 1 日发行 2 年期、到期一次还本付息债券，发行面值总额为 4 000 000 元。发行债券所筹资金于发行日全部用于建造固定资产，2×23 年 6 月 30 日工程竣工，债券于 2×24 年 1 月 1 日还本付息。该债券票面利率为 7%，按面值发行。

（2）问世公司为了修建新厂房，经批准于 2×21 年 1 月 1 日发行 3 年期、面值 200 万元的债券，年利率为 10%，每年年末支付利息。债券溢价发行时实际收到发行款 210.31 万元，已存入银行。发行债券所筹资金于发行日全部用于建造固定资产，厂房于 2×21 年 1 月 1 日开始建设，于 2×22 年 12 月 31 日完工，达到预定可使用状态。当时的市场利率为 8%。

（3）东图公司为了建造一条生产线，于 2×22 年 1 月 1 日发行 2 年期债券，面值为 150 万元，票面年利率为 6%，每年年末支付利息。债券折价发行，实际收到发行款 136 万元。发行债券所筹资金于发行日全部用于建造固定资产，生产线从 2×22 年 1 月 1 日开始建设，于 2×23 年年底完工，达到预定可使用状态。当时的市场利率为 11.49%。

要求：根据上述业务，分别编制债券发行、每年年末计提应计利息、工程竣工时计提应计利息、溢折价摊销以及到期还本付息的会计分录。

13.某公司于 2×24 年 12 月发生如下有关负债的经济业务：

（1）购入材料 5 吨，材料价格为 5 000 元，增值税税率为 13%，材料已验收入库，货款未付。

（2）采购材料一批，材料价格为 30 000 元，增值税税率为 13%，开出不带息商业承兑汇票一张，面值33 900元，期限2个月，材料已收到，并验收入库。

（3）偿还短期借款20 000元，并支付利息500元。

（4）分配本月工资费用104 000元，其中，生产工人工资80 000元，车间管理人员工资10 000元，行政部门管理人员工资6 000元，销售人员工资3 000元，在建工程人员工资5 000元。其中，代扣个人所得税300元，扣还前已代为缴纳的职工个人应支付的住房公积金3 000元，各种社会保险费3 700元。

（5）通过银行向职工发放工资97 000元。

（6）本月以现金支付职工医药费5 000元，生活困难补贴9 560元。

（7）分配本月支付的职工福利费，其中，生产工人福利费11 200元，车间管理人福利费员1 400元，行政部门管理人员福利费1 080元，销售人员福利费280元，在建工程人员福利费600元。

（8）计算应缴纳职工的各种社会保险费20 800元，其中，生产工人社会保险费16 000元，车间管理人员社会保险费2 000元，行政部门管理人员社会保险费1 200元，销售人员社会保险费600元，在建工程人员社会保险费1 000元。

（9）计算应缴纳职工的住房公积金15 600元，其中，生产工人住房公积金12 000元，车间管理人员住房公积金1 500元，行政部门管理人员住房公积金900元，销售人员住房公积金450元，在建工程人员住房公积金750元。

（10）通过银行向保险公司缴纳社会保险费20 800元，向住房公积金管理处缴纳住房公积金15 600元。

（11）计算本月应上交城市维护建设税3 000元。

（12）按面值发行公司债券1 000 000元，2年期，年利率为6%，到期一次还本付息。

（13）向银行借入长期借款500 000元，用于生产用房的建设，到期一次还本付息。

（14）以上长期借款在生产用房工程施工期间的利息为12 000元。

（15）生产用房竣工后长期借款的利息为3 000元。

（16）以前年度的长期借款到期，一次还本付息615 000元。

要求：根据上述业务编制会计分录。

五、案例分析题

案例 8-1   审计人员发现的问题

2×24年1月份，审计人员检查某企业短期借款明细账时，发现有余额200 000元，是2×23年8月1日从某商业银行借入的临时借款，借款期为10个月，月利率为0.5%，到期一次还本付息。检查该企业应付利息——预提借款利息明细账时，发现从8月份至12月份预提短期借款利息的会计分录均为：

借：财务费用   2 000

    贷：应付利息——预提借款利息   2 000

截至12月31日，已预提借款利息费用10 000元。而企业除此笔借款外，并无其他短期借款。

会计人员解释说，2×23年企业把10个月的利息费用都计提完了，2×24年将不再计提此笔短期借款利息。

案例要求：

该种做法是否符合要求？对企业的损益有何影响？

案例提示

这样做是违反有关会计核算规定的。

按借款期10个月计算，每月应计提利息1 000元，10个月共10 000元。虽然计入的费用总额相同，但对2×23年、2×24年两个年度的损益却产生影响。这样处理的结果是，将本应属于2×24年的5 000元费用，提前计入2×23年，而导致2×23年利润虚减5 000元，2×24年利润虚增5 000元，人为地调整了两个年度的利润水平。

案例 8-2   关于应付账款的账务处理

某企业2×23年11月份购入甲材料2 000千克，当月已全部收到并验收入库。但到11月30日，仍未收到发票等账单。企业财务人员按每千克30元将甲材料暂估入账。会计人员编制会计分录如下：

借：原材料——甲材料   60 000

    贷：应付账款——暂估材料款   60 000

2×23年12月初，该会计人员未对此笔暂估材料款进行冲销。

2×23 年 12 月 9 日，发票等账单到达并据以付款。增值税专用发票上列示：单价 30 元，货款总计 60 000 元，增值税 7 800 元。会计人员编制会计分录如下：

借：原材料——甲材料   60 000

　　应交税费——应交增值税（进项税额）   7 800

　贷：银行存款   67 800

2×23 年 12 月 31 日，进行存货清查，发现甲材料盘亏 2 000 千克，账面平均单价为 29.50 元。企业会计人员根据材料盘点报告单的列示，编制会计分录如下：

借：待处理财产损溢   66 670

　贷：原材料——甲材料   59 000

　　　应交税费——应交增值税（进项税额）   7 670

2×24 年 1 月 10 日，经领导批准，将盘亏材料予以转销，全部计入管理费用，编制会计分录如下：

借：管理费用   66 670

　贷：待处理财产损溢   66 670

案例要求：

试对此案例进行分析评价。

案例提示

应付账款是企业在购销活动中，由于取得货物或接受劳务与支付账款在时间上不一致所产生的负债，是一种尚未结清的债务。应付账款入账时间的确定，应以所购货物所有权的转移或承受劳务为标志。在会计工作中，一般区别以下两种情况进行处理：第一种是月份内货物和发票账单同时到达，但货款未付，此时形成的应付账款要依据发票账单登记入账，在记入"应付账款"账户贷方的同时，记入"原材料""在途物资""应交税费——应交增值税（进项税额）"等账户借方。第二种是月份内货物已收到，但发票账单未收到。这笔业务虽然成立，但没有可作为依据的发票账单进行账务处理，在月份终了时应按暂估价入账，并于次月初冲销，待发票账单到达后再按实际结算数入账。

上述企业对暂估款未能及时冲销，造成对同一笔进货重复入账，导致财产清查时发生虚假盘亏。盘亏的核销使管理费用虚增，最终影响到企业的财务成果——少计利润。

案例 8-3　　　关于应交税费的账务处理

税务机关在审阅某企业"应交税费"账户时，发现在应交增值税明细账户借方列有一笔金额 5 600 元的进项税额，所购货物用于发放职工福利，对应的会计分录如下：

借：应交税费——应交增值税（进项税额）　　　　5 600
　　贷：银行存款　　　　　　　　　　　　　　　　　　5 600

企业在纳税申报时，将其作为进项税额抵扣本期应交增值税。

案例要求：

试通过"应交税费"账户的性质、用途和结构，分析此举对企业当期利润、应交增值税及所得税的影响。

案例提示

（1）"应交税费"账户属于负债类账户，用于核算企业按国家有关规定应缴纳的并与税务机关发生清算或结算关系，需要预计应交税费数额的税金，包括增值税、消费税、城市维护建设税、房产税、车船税、城镇土地使用税、企业所得税、土地增值税、资源税等。

本账户的贷方登记企业按规定计算确认的当期应交的各种税金；借方登记实际缴纳或支付的税金；期末贷方余额反映尚未缴纳的税金，借方余额反映多交或待抵扣的税金。

（2）根据《中华人民共和国增值税暂行条例》第十条规定：集体福利或者个人消费的购进货物，进项税额不得从销项税额中抵扣。该企业将该进项税额记入了"应交税费"账户的借方，抵减了应交增值税，使企业当期少缴纳增值税 5 600 元，同时因职工福利费少计而使当期利润多计了 5 600 元。利润多计，企业需要按照适用的所得税税率相应地多交所得税。

六、练习题参考答案

（一）单项选择题

1.C　2.A　3.A　4.B　5.B　6.D　7.C　8.C　9.D　10.A　11.D　12.A　13.D
14.C　15.A　16.B　17.C　18.C　19.D　20.D　21.C　22.C　23.C　24.C　25.A
26.D　27.C　28.B　29.B　30.B　31.D　32.B　33.C　34.A　35.C　36.D　37.B

38.C 39.B 40.C 41.B 42.A 43.A 44.C

（二）多项选择题

1.ABE 2.ABCD 3.AE 4.ABCD 5.AD 6.BDE 7.BCDE 8.BCDE 9.ABCD
10.AB 11.AB 12.AD 13.AD 14.ABDE 15.ABD 16.AC 17.ABCDE 18.AE
19.BC

（三）判断题

1.× 2.× 3.√ 4.√ 5.× 6.× 7.√ 8.× 9.√ 10.√ 11.× 12.√ 13.√ 14.×
15.√ 16.√ 17.× 18.√

（四）计算及业务处理题

1.2×24年年末的负债总额=1 200 000+500 000+20 000−100 000+120 000+

40 000+65 000=1 845 000（元）

2×24年年末的流动负债总额=200 000+20 000−1 00 000+120 000+65 000

=305 000（元）

2×24年年末的非流动负债总额=1 000 000+500 000+40 000=1 540 000（元）

2.（1）借入本金。

借：银行存款   100 000

 贷：短期借款   100 000

（2）2月末预提借款的利息费用。

借：财务费用   700

 贷：应付利息   700

3月、4月末预提借款利息费用的会计分录同上。

（3）向银行支付借款本息。

借：短期借款   100 000

  应付利息   2 100

 贷：银行存款   102 100

3.（1）借：原材料   50 000

    应交税费——应交增值税（进项税额） 6 500

     贷：应付票据——A公司   56 500

（2）借：原材料   100 000

    应交税费——应交增值税（进项税额） 13 000

     贷：应付账款——B公司   113 000

（3）借：原材料   400 000

    应交税费——应交增值税（进项税额） 52 000

     贷：应付账款——C公司   452 000

（4）借：应付账款——B公司   113 000

      贷：银行存款   113 000

（5）借：应付账款——C公司   452 000

      贷：应付票据——C公司   452 000

（6）借：应付票据——C公司   452 000

      贷：银行存款   452 000

（7）借：应付票据——A公司   56 500

      贷：短期借款   56 500

（8）借：短期借款   56 500

          财务费用   773

      贷：银行存款   57 273

4.按总价法核算：

（1）借：在途物资   40 000

          应交税费——应交增值税（进项税额）   5 200

      贷：应付账款——C公司   45 200

（2）借：在途物资   80 000

          应交税费——应交增值税（进项税额）   10 400

      贷：应付账款——D公司   90 400

（3）借：应付账款——C公司   45 200

      贷：银行存款   44 000

          在途物资   1 200

（4）借：应付账款——D公司   90 400

      贷：银行存款   90 400

按净价法核算：

（1）借：在途物资   38 800

          应交税费——应交增值税（进项税额）   5 200

      贷：应付账款——C公司   44 000

（2）借：在途物资   79 200

          应交税费——应交增值税（进项税额）   10 400

      贷：应付账款——D公司   89 600

（3）借：应付账款——C公司   44 000

      贷：银行存款   44 000

（4）借：应付账款——D公司   89 600

          在途物资   800

		贷：银行存款		90 400
5.	（1）	借：银行存款	100 000	
		贷：预收账款——E公司		100 000
	（2）	借：预收账款——E公司	226 000	
		贷：主营业务收入		200 000
		应交税费——应交增值税（销项税额）		26 000
	（3）	借：银行存款	126 000	
		贷：预收账款——E公司		126 000
	（4）	借：银行存款	60 000	
		贷：预收账款——F公司		60 000
	（5）	借：预收账款——F公司	56 500	
		贷：主营业务收入		50 000
		应交税费——应交增值税（销项税额）		6 500
	（6）	借：预收账款——F公司	3 500	
		贷：银行存款		3 500
6.	（1）	借：银行存款	20 000	
		贷：应收账款——G公司		20 000
	（2）	借：应收账款——G公司	33 900	
		贷：主营业务收入		30 000
		应交税费——应交增值税（销项税额）		3 900
	（3）	借：银行存款	13 900	
		贷：应收账款——G公司		13 900
7.	（1）	借：销售费用	200	
		贷：预计负债		200
	（2）	借：预计负债	120	
		贷：银行存款		120
8.	（1）	借：库存现金	431 000	
		贷：银行存款		431 000
	（2）	借：应付职工薪酬	473 000	
		贷：库存现金		431 000
		其他应付款		30 000
		应交税费——应交个人所得税		12 000
	（3）	借：生产成本	400 000	
		制造费用	20 000	

借：管理费用 40 400

    销售费用 7 600

    在建工程 5 000

    贷：应付职工薪酬 473 000

（4）借：生产成本 56 000

    制造费用 2 800

    管理费用 5 880

    销售费用 840

    在建工程 700

    贷：应付职工薪酬 66 220

（5）借：应付职工薪酬 1 500

    贷：库存现金 1 500

（6）借：其他应付款 30 000

    应交税费——应交个人所得税 12 000

    贷：银行存款 42 000

9.（1）借：在途物资 50 000

    应交税费——应交增值税（进项税额） 6 500

    贷：应付账款 56 500

（2）借：固定资产 200 000

    应交税费——应交增值税（进项税额） 26 000

    贷：银行存款 226 000

（3）借：应收账款 293 800

    贷：主营业务收入 260 000

    应交税费——应交增值税（销项税额） 33 800

（4）借：银行存款 45 200

    贷：主营业务收入 40 000

    应交税费——应交增值税（销项税额） 5 200

借：税金及附加 12 000

    贷：应交税费——应交消费税 12 000

（5）借：税金及附加 1 850

    贷：应交税费——应交城市维护建设税 1 295

    ——应交教育费附加 555

（6）借：应交税费——应交增值税（已交税金） 6 500

    ——应交消费税 12 000

借：应交税费——应交城市维护建设税   1 295

    ——应交教育费附加   555

  贷：银行存款   20 350

10.（1）借：利润分配——应付现金股利   150 000

    贷：应付股利   150 000

（2）借：应付股利   150 000

    贷：银行存款   150 000

11.（1）借：银行存款   2 000 000

    贷：长期借款   2 000 000

（2）借：在建工程   2 000 000

    贷：银行存款   2 000 000

（3）借：在建工程   24 000

    贷：长期借款   24 000

（4）借：在建工程   120 000

    贷：长期借款   120 000

借：固定资产   2 144 000

  贷：在建工程   2 144 000

（5）借：财务费用   24 000

    贷：长期借款   24 000

（6）借：长期借款   2 168 000

    财务费用   120 000

    贷：银行存款   2 288 000

12.（1）①债券发行时：

借：银行存款   4 000 000

  贷：应付债券——面值   4 000 000

借：在建工程   4 000 000

  贷：银行存款   4 000 000

②2×22年年末计提应计利息：

借：在建工程   280 000

  贷：应付债券——应计利息   280 000

③2×23年6月30工程竣工结算时：

借：在建工程   140 000

  贷：应付债券——应计利息   140 000

借：固定资产   4 420 000

贷：在建工程 4 420 000

④2×23年年末计提应计利息：

借：财务费用 140 000

贷：应付债券——应计利息 140 000

⑤2×24年1月1日，还本付息：

借：应付债券——面值 4 000 000

——应计利息 560 000

贷：银行存款 4 560 000

（2）问世公司债券溢价摊销表见表8-1。

表8-1 问世公司债券溢价摊销表 单位：万元

年份	期初公司债券余额（a）	实际利息费用（b=a×8%）	每年支付利息金额（c）	每年摊销溢价金额（d=c-b）	期末公司债券账面价值（e=a-d）
2×21	210.31	16.82	20	3.18	207.13
2×22	207.13	16.57	20	3.43	203.70
2×23	203.70	16.30	20	3.70	200.00

①债券发行时：

借：银行存款 2 103 100

贷：应付债券——面值 2 000 000

——利息调整 103 100

借：在建工程 2 103 100

贷：银行存款 2 103 100

②2×21年年末计提应计利息及摊销溢价时：

借：在建工程 168 200

应付债券——利息调整 31 800

贷：应付利息 200 000

支付债券利息时：

借：应付利息 200 000

贷：银行存款 200 000

③2×22年年末计提应计利息及摊销溢价时：

借：在建工程 165 700

应付债券——利息调整 34 300

贷：应付利息　　　　　　　　　　　　　　　　　　　　　　200 000

2×22年年末工程竣工结算时：

　　借：固定资产　　　　　　　　　　　　　　　　2 437 000

　　　贷：在建工程　　　　　　　　　　　　　　　　　　　2 437 000

2×22年年末支付债券利息时：

　　借：应付利息　　　　　　　　　　　　　　　　　200 000

　　　贷：银行存款　　　　　　　　　　　　　　　　　　　　200 000

④2×23年年末计提应计利息时：

　　借：财务费用　　　　　　　　　　　　　　　　　163 000

　　　　应付债券——利息调整　　　　　　　　　　　　37 000

　　　贷：应付利息　　　　　　　　　　　　　　　　　　　　200 000

⑤2×24年1月1日，债券到期，偿还本金，同时支付本年度利息时：

　　借：应付债券——面值　　　　　　　　　　　　2 000 000

　　　　应付利息　　　　　　　　　　　　　　　　　200 000

　　　贷：银行存款　　　　　　　　　　　　　　　　　　　2 200 000

（3）东图公司债券折价摊销表见表8-2。

表8-2　　　　　　　　　　　　东图公司债券折价摊销表　　　　　　　　　　单位：万元

年份	期初公司债券余额（a）	实际利息费用（b=a×11.49%）	每年支付利息金额（c）	每年摊销折价金额（d=b-c）	期末公司债券账面价值（e=a+d）
2×22	136.00	15.63	9	6.63	142.63
2×23	142.63	16.37	9	7.37	150.00

①债券发行时：

　　借：银行存款　　　　　　　　　　　　　　　　1 360 000

　　　　应付债券——利息调整　　　　　　　　　　140 000

　　　贷：应付债券——面值　　　　　　　　　　　　　　1 500 000

　　借：在建工程　　　　　　　　　　　　　　　　1 360 000

　　　贷：银行存款　　　　　　　　　　　　　　　　　　　1 360 000

②2×22年年末计提应计利息及摊销折价时：

　　借：在建工程　　　　　　　　　　　　　　　　　156 300

　　　贷：应付利息　　　　　　　　　　　　　　　　　　　　90 000

　　　　应付债券——利息调整　　　　　　　　　　　　66 300

支付债券利息时：

借：应付利息	90 000	
贷：银行存款		90 000

③2×23年年末计提应计利息及摊销折价时：

借：在建工程	163 700	
贷：应付利息		90 000
应付债券——利息调整		73 700

支付债券利息时：

借：应付利息	90 000	
贷：银行存款		90 000

工程竣工结算时：

借：固定资产	1 680 000	
贷：在建工程		1 680 000

④2×24年1月1日，还本付息时：

借：应付债券——面值	1 500 000	
贷：银行存款		1 500 000

13.（1）

借：原材料	5 000	
应交税费——应交增值税（进项税额）	650	
贷：应付账款		5 650

（2）

借：原材料	30 000	
应交税费——应交增值税（进项税额）	3 900	
贷：应付票据		33 900

（3）

借：短期借款	20 000	
财务费用	500	
贷：银行存款		20 500

（4）

借：生产成本	80 000	
制造费用	10 000	
管理费用	6 000	
销售费用	3 000	
在建工程	5 000	
贷：应付职工薪酬——工资		104 000

代扣各种款项：

借：应付职工薪酬——工资	7 000	
贷：其他应收款		6 700

```
       贷：应交税费——应交个人所得税                               300
  （5）借：应付职工薪酬——工资                       97 000
        贷：银行存款                                            97 000
  （6）借：应付职工薪酬——职工福利                   14 560
        贷：库存现金                                            14 560
  （7）借：生产成本                                   11 200
        制造费用                                      1 400
        管理费用                                      1 080
        销售费用                                        280
        在建工程                                        600
      贷：应付职工薪酬——职工福利                              14 560
  （8）借：生产成本                                   16 000
        制造费用                                      2 000
        管理费用                                      1 200
        销售费用                                        600
        在建工程                                      1 000
      贷：应付职工薪酬——社会保险费                            20 800
  （9）借：生产成本                                   12 000
        制造费用                                      1 500
        管理费用                                        900
        销售费用                                        450
        在建工程                                        750
      贷：应付职工薪酬——住房公积金                            15 600
 （10）借：应付职工薪酬——社会保险费               20 800
                    ——住房公积金               15 600
        贷：银行存款                                            36 400
 （11）借：税金及附加                                3 000
        贷：应交税费——应交城市维护建设税                        3 000
 （12）借：银行存款                              1 000 000
        贷：应付债券——面值                                 1 000 000
 （13）借：银行存款                                500 000
        贷：长期借款                                          500 000
 （14）借：在建工程                                 12 000
        贷：长期借款                                            12 000
```

（15）借：财务费用　　　　　　　　　　　　　　　3 000
　　　贷：长期借款　　　　　　　　　　　　　　　　　　3 000
（16）借：长期借款　　　　　　　　　　　　　615 000
　　　贷：银行存款　　　　　　　　　　　　　　　　615 000

第九章　所有者权益

一、学习目的与要求

　　企业的所有者对企业的经营活动承担着最终的风险，与此同时，也享有最终的权益。本章将系统地阐述与所有者权益有关的一般会计问题。通过本章的学习，理解所有者权益的定义、特征、法律限制、构成内容，重点掌握实收资本、其他综合收益、资本公积、其他权益工具和留存收益的会计处理。

二、内容概览

（一）关键概念

1. 所有者权益　　　　　　　2. 注册资本
3. 股本　　　　　　　　　　4. 实收资本
5. 其他综合收益　　　　　　6. 资本公积
7. 其他权益工具　　　　　　8. 留存收益
9. 盈余公积　　　　　　　　10. 未分配利润

（二）关键问题

1. 什么是所有者权益？所有者权益包括哪些内容？
2. 实收资本按投资来源分类可分为哪几类？
3. 实收资本的投资人享有哪些权利？
4. 什么是留存收益？
5. 何谓普通股？何谓优先股？两者有什么区别？

三、本章重点与难点

　　本章主要阐述公司制企业各项所有者权益的会计核算方法。本章的重点内容包括公司制企业实收资本或股本的核算、资本公积来源与运用的核算、盈余公积的计提和使用的核算。

所有者权益是指企业资产扣除负债后由所有者享有的剩余权益。其金额为资产减去负债后的余额，即"所有者权益=资产-负债"。所有者权益和负债的主要区别有：（1）性质不同；（2）享受的权利不同；（3）偿还期限不同；（4）风险不同。

所有者权益按其形成来源的不同，可以分为投入资本和留存收益两个部分。投入资本是投资者投入企业的资本金，包括实收资本和资本公积；留存收益是企业生产经营活动所产生的利润在向国家缴纳所得税后留存在公司的部分，包括盈余公积和未分配利润。

实收资本投资人享有的权利有：（1）公司管理权；（2）分享利润权；（3）分享剩余财产权；（4）优先投资权。当公司需要吸收新的投资时，原投资人有权按既定持股比例优先认购新股。

投资方式不同，实收资本的入账价值也有所区别。如果投资者以人民币出资，企业可于收到时按实际收款额作为投入资本入账。如果投资者以外汇投资，企业可以采用合同中约定的汇率将外汇折算为记账本位币入账。如果投资者以房屋、建筑物、机器设备等固定资产和原材料等实物资产以及无形资产出资，通常采用企业与投资者双方认可的评估价值计价。

有限责任公司设置"实收资本"账户，核算企业接受所有者投入的资本及其变动情况。企业收到投资时，借记"银行存款"等账户，贷记"实收资本""资本公积"账户。

股份有限公司设置"股本"账户，反映股东投入公司的股本金额及其变动情况。"股本"账户的金额等于股票面值。溢价发行股票的，按实收款项，借记"银行存款"账户，按股票面值贷记"股本"账户，发行价格超过面值的部分在扣除发行手续费、佣金等发行费后记入"资本公积"账户。

资本公积是指由投资者投入但不能构成实收资本，或从其他特定来源取得、由投资人共同享有的部分。其形成的主要来源是资本溢价。资本溢价是指投资者缴付的出资额大于注册资本而产生的差额。资本公积的主要用途是转增资本。企业应设置"资本公积"账户核算资本公积的增减变化情况。取得资本公积时，借记"银行存款"等账户，贷记"资本公积"账户。

留存收益是指企业从历年实现的净利润中提取或形成的留存于企业内部的积累，是由企业内部所形成的资本。它包括两个部分：按规定提取的盈余公积和未分配利润。

未分配利润是指公司等待分配或留待以后年度再进行分配的结存利润，是历年积存的净利润。

四、练习题

(一) 单项选择题

1.所有者对企业净资产的要求权，会计上称为（　　）。

A.投入资本 　　　　　　　　B.所有者权益

C.负债 　　　　　　　　　　D.权益

2.企业提取盈余公积会导致（　　）。

A.利润总额减少 　　　　　　B.未分配利润减少

C.留存收益减少 　　　　　　D.所有者权益减少

3.在下列账户中，用于登记反映投资人实际投入的资本金的是（　　）。

A."资本公积" 　　　　　　　B."实收资本"

C."盈余公积" 　　　　　　　D."未分配利润"

4.从会计角度看，企业的组织形式不同，其会计处理有明显的差异的要素为（　　）。

A.资产 　　　　　　　　　　B.负债

C.所有者权益 　　　　　　　D.收入

5.公司制企业承担民事责任的财力保证是（　　）。

A.实收资本 　　　　　　　　B.投入资本

C.注册资本 　　　　　　　　D.资本公积

6.企业所拥有的资产，总有其提供者，即来源渠道，资产的提供者对企业资产所享有的经济利益，会计上称为（　　）。

A.投资人权益 　　　　　　　B.债权人权益

C.所有者权益 　　　　　　　D.权益

7.股份有限公司溢价发行股票支付的手续费等发行费用（低于发行

溢价收入），应（　　　）。

A.从溢价收入中扣除　　　　　　B.全部列作开办费

C.全部计入财务费用　　　　　　D.全部计入管理费用

8.为反映股份制公司股东投入公司的股本金额及其变动情况，企业应设置的账户是（　　　）。

A."资本公积"　　　　　　　　B."实收资本"

C."盈余公积"　　　　　　　　D."股本"

9.在采用溢价方式发行股票筹集资本时，其"股本"账户登记的金额为（　　　）。

A.实际收到的款项

B.实际收到的款项减去支付给证券商的筹资费用

C.实际收到的款项加上支付给证券商的筹资费用

D.股本面值总额

10.企业宣告分配现金股利会导致（　　　）。

A.所有者权益增加　　　　　　B.资产增加

C.所有者权益减少　　　　　　D.资产减少

11.在下列业务中，应借记"资本公积"账户的是（　　　）。

A.溢价发行股票　　　　　　　B.接受现金捐赠

C.用资本公积转增资本　　　　D.用盈余公积补亏

12.有限责任公司在增资扩股时，新加入的投资者缴纳的投资额大于按投资比例计算的其在注册资本中所占的份额部分，应记入的科目是（　　　）。

A."资本公积"　　　　　　　　B."实收资本"

C."股本"　　　　　　　　　　D."盈余公积"

13.用盈余公积弥补亏损时，正确的处理是（　　　）。

A.借记"本年利润"科目，贷记"利润分配"科目

B.借记"利润分配"科目，贷记"本年利润"科目

C.借记"盈余公积"科目，贷记"利润分配"科目

D.无须专门作会计处理

14.企业法定盈余公积可不再提取的前提是该项盈余公积累计额已达到注册资本的（　　　）。

A.10%   B.20%

C.25%   D.50%

15.企业用盈余公积转增资本后，其留存额不得少于注册资本
的（　　）。

A.10%   B.20%

C.25%   D.50%

16.某公司现有注册资本2 000万元，法定盈余公积的数额为1 000
万元，可用于转增资本的数额最多为（　　）万元。

A.400   B.500

C.600   D.1 000

17.在下列各项中，影响年末所有者权益总额的是（　　）。

A.宣告分配现金股利   B.提取盈余公积

C.以盈余公积补亏   D.以资本公积转增资本

18.企业开展生产经营活动的必要物质基础，即投资人投入企业的
"本钱"，是（　　）。

A.净利润   B.实收资本

C.盈余公积   D.资本公积

19.资本公积的主要用途是（　　）。

A.弥补亏损   B.转增资本

C.分配股利   D.归还投资

20.在下列各项中，不属于普通股权利的是（　　）。

A.投票表决权   B.盈余分配权

C.优先认股权   D.要求返还投入资金权

21.在下列各项中，不属于未分配利润主要用途的项目是（　　）。

A.企业扩大生产经营活动的资金需要

B.弥补企业以后年度亏损

C.以后年度向投资者分配利润

D.退还资本金

22.某公司委托证券公司发行股票1 000万股，每股面值1元，每股
发行价格7元，向证券公司支付佣金150万元。该公司应贷记"资本公
积"科目的金额为（　　）万元。

A.5 750   B.5 850

C.5 950   D.6 000

23.某企业年初所有者权益总额150万元,当年以其中的资本公积转增资本20万元。当年实现净利润30万元,提取盈余公积3万元,向投资者分配利润10万元。该企业年末所有者权益总额为（　　　）万元。

A.147   B.150

C.170   D.180

24.甲公司委托证券公司代理发行普通股股票800万股,每股面值1元,按每股1.5元的价格发行,受托单位按发行收入的1%收取手续费,并从发行收入中扣除。假如企业股款已经收到,该企业实际收到的款项为（　　　）万元。

A.792   B.1 200

C.800   D.1 188

25.某有限责任公司由A、B两个股东各出资50万元而设立,设立时实收资本为100万元,经过3年运营,该公司盈余公积和未分配利润合计为50万元,这时C投资者有意参加,经各方协商以90万元出资占该公司股份的1/3,该公司在接受C投资者投资时,应借记"银行存款"科目90万元,贷记（　　　）。

A."实收资本"科目90万元

B."实收资本"科目30万元,"资本公积"科目60万元

C."实收资本"科目50万元,"资本公积"科目40万元

D."实收资本"科目60万元,"资本公积"科目30万元

26.将"本年利润"科目和"利润分配"科目下的其他有关明细科目的余额转入"未分配利润"明细科目后,"未分配利润"明细科目的贷方余额就是（　　　）。

A.当年实现的净利润   B.累计留存收益

C.累计实现的净利润   D.累计未分配的利润数额

27.某企业年初未分配利润为100万元,本年净利润为200万元,按净利润的10%计提法定盈余公积,按净利润的5%计提任意盈余公积,宣告发放现金股利50万元,该企业期末未分配利润为（　　　）万元。

A.220   B.250

C.285   D.300

28.在下列业务中，能够引起负债和所有者权益同时发生变动的是（　　）。

A.支付广告费   B.宣告现金股利分配方案

C.计提长期债券利息   D.用盈余公积弥补亏损

29.在下列经济业务中，不会引起所有者权益变动的是（　　）。

A.所有者投入资金偿还欠款 B.所有者向企业投入设备

C.企业向所有者分配利润   D.企业提取盈余公积

30.在下列经济业务中，不会引起资产或权益总额发生变动的经济业务是（　　）。

A.以银行存款偿还前欠货款 B.从银行借款存入银行

C.从某企业赊购材料   D.向银行借款还清所欠货款

31.企业严重亏损，会导致所有者权益（　　）。

A.增加   B.不变

C.减少   D.不能确定

32.股份有限公司发行股票的溢价收入应记入（　　）。

A."资本公积"科目   B."实收资本"科目

C."营业外收入"科目   D."盈余公积"科目

33.企业用资本公积转增资本时，会引起所有者权益（　　）。

A.增加   B.减少

C.不变   D.既可能增加，也可能减少

34.某企业以前年度发生的亏损为 10 000 元，按规定可以用以后年度利润弥补亏损，应进行的会计处理为（　　）。

A.借记"利润分配——弥补以前年度亏损"科目，贷记"利润分配——未分配利润"科目

B.借记"盈余公积"科目，贷记"利润分配——盈余公积转入"科目

C.借记"利润分配——弥补以前年度亏损"科目，贷记"应弥补亏损"科目

D.不作账务处理

35.盈余公积提取的依据是（　　）。

A.当年实现的净利润

B.可供投资者分配的利润

C.可供分配的利润

D.当年实现的净利润加年初未分配利润

36.下列账户的余额表示年初尚未弥补亏损的是（　　　）。

A.“本年利润”账户的借方余额

B.“本年利润”账户的贷方余额

C.“利润分配”账户的借方余额

D.“利润分配”账户的贷方余额

37.企业所有者权益中的盈余公积和未分配利润可统称为（　　　）。

A.实收资本　　　　　　　　B.资本公积

C.留存收益　　　　　　　　D.所有者权益

38.企业所有者权益中的实收资本和资本公积可统称为（　　　）。

A.净资产　　　　　　　　　B.投入资本

C.留存收益　　　　　　　　D.所有者权益

39.公司制企业法定盈余公积提取的最低比例为（　　　）。

A.无限制比例　　　　　　　B.15%

C.10%　　　　　　　　　　D.5%

40.年末结账后，“利润分配”账户的贷方余额表示（　　　）。

A.本年实现的利润总额　　　B.本年实现的净利润额

C.本年利润分配总额　　　　D.历年累计的未分配利润额

41.损益类账户于每月月末进行结转，“本年利润”账户年内贷方余额表示（　　　）。

A.利润总额　　　　　　　　B.亏损总额

C.未分配利润额　　　　　　D.累计净利润额

42.在下列利润分配顺序中，正确的是（　　　）。

A.提取法定盈余公积、提取任意盈余公积、分配普通股股利

B.提取任意盈余公积、提取法定盈余公积、分配普通股股利

C.提取法定盈余公积、分配普通股股利、提取任意盈余公积

D.分配普通股股利、提取法定盈余公积、提取任意盈余公积

43.在下列各项中，关于未分配利润的描述不正确的是（　　　）。

A.未分配利润是企业所有者权益的组成部分

B.可留待以后年度进行分配，也可以用于弥补亏损

C.可留待以后年度进行分配的当年结余利润

D.可留待以后年度进行分配的历年结存利润

（二）多项选择题

1.下列能引起资产和所有者权益同时增加的业务有（　　）。

A.收到投资者投入设备　　　　　B.提取法定盈余公积

C.接受外商的现金投资　　　　　D.以盈余公积转增资本

E.收到其他单位欠款存入银行

2.下列导致所有者权益减少的业务有（　　）。

A.接受投资者新的投资　　　　　B.宣告发放现金股利

C.发放股票股利　　　　　　　　D.本年度经营发生亏损

E.以资本公积转增资本

3.所有者权益包括（　　）。

A.实收资本　　　　　　　　　　B.资本公积

C.盈余公积　　　　　　　　　　D.未分配利润

E.应付利润

4.所有者权益与负债统称为权益，两者的区别在于（　　）。

A.性质不同　　　　　　　　　　B.偿还期限不同

C.权利不同　　　　　　　　　　D.风险不同

E.资金占用形态不同

5.在下列各项中，属于投入资本的有（　　）。

A.任意盈余公积　　　　　　　　B.法定盈余公积

C.实收资本　　　　　　　　　　D.资本公积

E.未分配利润

6.在下列项目中，投资者可以使用的投资方式包括（　　）。

A.用专利权投资　　　　　　　　B.用机器设备投资

C.用现金投资　　　　　　　　　D.用外币投资

E.用存货投资

7.按照企业投入资本的来源分类，投入资本可以分为（　　）。

A.国家资本　　　　　　　　　　B.法人资本

C.个人资本 D.实物资本

E.货币资本

8.股份制公司的股票按照股东权利不同可以分为（　　）。

A.普通股 B.优先股

C.法人股 D.国家股

E.个人股

9.留存收益的内容包括（　　）。

A.资本公积 B.法定盈余公积

C.任意盈余公积 D.未分配利润

E.实收资本

10.投资人按照其投资在企业总投资中的比例享有的权利包括（　　）。

A.公司管理权 B.分享利润权

C.分享剩余财产权 D.到期求偿权

E.优先投资权

11.企业接受投资者以无形资产投入的资本，编制会计分录可能涉及的会计科目有（　　）。

A."资本公积" B."盈余公积"

C."固定资产" D."实收资本"

E."无形资产"

12.用盈余公积弥补亏损，需要符合的条件有（　　）。

A.若企业有未弥补亏损，用盈余公积弥补亏损后仍有结余

B.支付的股利率不得超过股票面值的6%

C.支付的股利率不得超过股票面值的5%

D.分配股利后盈余公积不得低于注册资本的25%

E.分配股利后盈余公积不得低于注册资本的20%

13.企业在溢价发行股票时，登记在（　　）账户的贷方。

A."银行存款" B."固定资产"

C."股本" D."资本公积"

E."盈余公积"

14.在下列各项中，属于法定盈余公积用途的有（　　）。

A.弥补亏损　　　　　　　　B.转增资本

C.分配股利　　　　　　　　D.归还投资

E.兴建职工集体福利设施

15.在下列各项中，可以用来转增资本的有（　　　）。

A.应付股利　　　　　　　　B.法定盈余公积

C.任意盈余公积　　　　　　D.未分配利润

E.资本公积

16.企业实现的净利润应进行的分配包括（　　　）。

A.计算缴纳所得税　　　　　B.支付银行借款利息

C.提取法定盈余公积　　　　D.提取任意盈余公积

E.向投资人分配利润

17.为了具体核算企业利润分配及未分配利润情况，"利润分配"账户应设置相应的明细账户，下列属于"利润分配"明细账户的有（　　　）。

A.提取任意盈余公积　　　　B.提取资本公积

C.应付现金股利或利润　　　D.提取法定盈余公积

E.未分配利润

18.关于"本年利润"账户，下列说法正确的有（　　　）。

A.借方登记期末转入的各项费用金额

B.贷方登记期末转入的各项收入金额

C.贷方余额为实现的累计净利润额

D.借方余额为本期发生的亏损额

E.年末结转后该账户没有余额

19.关于企业的实收资本，下列说法正确的有（　　　）。

A.是企业实际收到投资人投入的资本金

B.是企业进行正常经营的条件

C.是企业向外投出的资产

D.应按照实际投资数额入账

E.在生产经营中取得的收益不得直接增加实收资本

20.企业在发生亏损时，属于弥补亏损渠道的有（　　　）。

A.用以后5年的税前利润弥补　　B.用5年后的税后利润弥补

C.以法定盈余公积弥补亏损　　　D.以任意盈余公积弥补亏损

E.以资本公积弥补亏损

21.在下列各项中，能增加企业的所有者权益，同时减少企业负债的有（　　　）。

A.根据股东会的决议用盈余公积分配现金股利

B.根据股东会的决议用当年的净利润分配现金股利

C.根据股东会的决议分配股票股利

D.债权人将持有的可转换债券转为股票

E.转销无法支付的应付账款

22.在下列对未分配利润的各项表述中，正确的有（　　　）。

A.未分配利润可以用于企业生产经营活动的资金需要

B.未分配利润是历年积存的尚未分配的净利润

C.企业对未分配利润的使用不会受到很大的限制

D.未分配利润可以用于弥补以后年度的亏损

E.未分配利润是企业未指定特定用途的利润

（三）判断题

1.股份有限公司"股本"账户的期末贷方余额为股票的发行价与发行股数之乘积。　　　　　　　　　　　　　　　　　（　　　）

2.资产减去负债后的余额为所有者权益，亦称净资产。（　　　）

3.企业提取法定盈余公积不会引起净资产发生增减变动。（　　　）

4.所有者权益是投资者享有的对投入资本及其运用所产生盈余的权利。　　　　　　　　　　　　　　　　　　　　　（　　　）

5.我国股票发行价格可以是票面金额，也可以是超过或低于票面的金额。　　　　　　　　　　　　　　　　　　　　（　　　）

6.盈余公积可用于转增资本、弥补亏损和分派现金股利。（　　　）

7.年末结账后，"利润分配"账户贷方余额为企业的未分配利润。

（　　　）

8.企业向投资者分配股票股利不需要进行账务处理。（　　　）

9.接受投资者所捐赠的现金，应贷记"实收资本"账户。（　　　）

10.按照我国现行《公司法》的规定，企业成立时实收资本必须等于注册资本。　　　　　　　　　　　　　　　　　　　（　　　）

11.公司发行股票支付的手续费等发行费用，应当计入当期财务费用。　　　　　　　　　　　　　　　　　　　　　（　　）

12.在溢价发行股票的情况下，应将相当于股票面值的部分记入"股本"账户。　　　　　　　　　　　　　　　　　　（　　）

13.盈余公积以国家的法律或行政规章为依据，按照净利润的10%提取。　　　　　　　　　　　　　　　　　　　　（　　）

14.公司用实现的利润弥补亏损不必专门进行会计处理。（　　）

15.用盈余公积弥补亏损会使所有者权益总额发生变动。（　　）

16.有些资本公积是在企业生产经营过程中形成的，因而不属于投入资本的范畴。　　　　　　　　　　　　　　　　　（　　）

17.法定盈余公积可以根据公司的规定自行决定是否提取以及提取的比例。　　　　　　　　　　　　　　　　　　　　（　　）

18.收入能够导致企业所有者权益增加，但导致所有者权益增加的不一定是收入。　　　　　　　　　　　　　　　　　（　　）

19.企业增资扩股时，新进入的投资者缴纳的出资额高于按约定比例计入注册资本的份额的部分，应作为资本公积入账。（　　）

20.企业宣告发放现金股利和股票股利时，均应作为负债和利润分配处理。　　　　　　　　　　　　　　　　　　　　（　　）

21.留存利润是企业经营所得净利润的积累，它属于企业，而不属于投资者。　　　　　　　　　　　　　　　　　　　（　　）

22.投资者向企业投入的资本，在持续经营期间内，不得以任何形式抽回。　　　　　　　　　　　　　　　　　　　　（　　）

23.企业以盈余公积向投资者分配现金股利，不会引起留存收益总额的变动。　　　　　　　　　　　　　　　　　　　（　　）

24.企业年末资产负债表中的未分配利润的金额一定等于"利润分配"账户的年末余额。　　　　　　　　　　　　　　（　　）

（四）计算题

1.某企业年初所有者权益500万元，年内接受投资者投入资本45万元，本年实现利润总额100万元（无纳税调整事项），所得税税率25%，分别按净利润的10%和5%提取法定盈余公积和任意盈余公积，并决定向投资者分配利润30万元。

要求：根据上述资料，计算该企业本年提取的法定盈余公积和任意盈余公积，以及年末所有者权益总额。

2.某有限责任公司由A、B两个股东各出资50万元而设立，设立时实收资本为100万元，经过3年运营，该公司盈余公积和未分配利润合计为50万元，这时C投资者有意参加，经各方协商以90万元出资占该公司股份的1/3。

要求：该公司在接受C投资者投资时，应记入"实收资本"与"资本公积"账户的金额各是多少？C投资者在公司享有的权益是多少？

3.某股份公司所属A公司2×24年年初所有者权益总额为20万元，2×24年实现净利润2万元，年内接受某投资者的投资8万元，用资本公积转增资本4万元，用盈余公积转增资本1万元。

要求：计算2×24年年末公司的所有者权益总额是多少？

4.某股份公司期初负债总额100万元，股本60万元，资本公积15万元，盈余公积20万元，未分配利润5万元。本期发生亏损8万元，用盈余公积弥补亏损3万元。该公司年末资产总额200万元，本年股本和资本公积没有发生变化。

要求：计算公司年末未分配利润数额、所有者权益总额、负债总额。

5.某企业年初未分配利润为150万元，本年实现利润总额600万元（无纳税调整事项），所得税税率为25%，分别按净利润的10%和5%提取法定盈余公积和任意盈余公积，并决定向投资者分配利润100万元。

要求：根据上述资料，计算该企业本年的净利润、提取的法定盈余公积和任意盈余公积，以及年末未分配利润数额。

6.隆大股份公司年初负债总额200万元，股本160万元，资本公积16万元，盈余公积12万元，未分配利润12万元。本年发生亏损40万元，用盈余公积弥补亏损8万元。企业期末资产总额396万元，本年内股本和资本公积没有发生变化。

要求：

（1）计算公司年末未分配利润数额；

（2）计算公司年末负债总额；

（3）分析说明本年发生的亏损对公司期末资产和负债的影响。

7.隆大股份公司2×24年"利润分配"账户的有关记录如下：

"利润分配"总账账户年初贷方余额为682 000元，本年借方全年发生额（包括年末结账发生额）为3 103 500元，年末贷方余额（结账后）为1 475 250元。公司"利润分配"账户下设4个明细科目：提取法定盈余公积、提取任意盈余公积、应付现金股利或利润、未分配利润。上述明细科目经过年末的最终结账，除了"未分配利润"明细科目有余额外，其他各个明细科目均没有余额。

要求：计算公司本年实现的净利润。

（五）业务处理题

1.某公司于2×24年1月注册成立，当月发生经济业务如下：

（1）接到银行通知，甲单位投资额100万元，已到账。

（2）接受乙单位以土地使用权作为投资，该项无形资产评估确认价值为40万元。

（3）接受丙单位以生产设备投资，该设备评估确认价值为30万元，取得的增值税专用发票上注明的增值税税额为3.90万元。

要求：根据上述业务编制会计分录。

2.星海公司2×24年发生以下经济业务：

（1）委托甲证券公司代理发行普通股股票100万股，按面值发行，股票面值为1元，证券公司按发行收入的3%收取手续费，并从发行收入中扣除。全部筹资款已存入银行。

（2）委托乙证券公司代理发行普通股股票500万股，每股面值1元，每股发行价格为6元。根据约定，该股份公司按发行收入的1%向证券公司支付发行费用，从发行收入中抵扣。股票发行成功，股款已划入该公司的银行账户。

要求：根据上述业务编制会计分录。

3.某新建企业2×24年1月1日成立，成立之初由两名所有者投资组成，发生如下经济业务：

（1）2×24年1月1日，一名投资者以银行存款投资400 000元，直接存入本企业的开户银行。另一名投资者以机器设备投资，两名投资者协商确认投资额为400 000元，其中机器设备作价354 000元，取得的增值税专用发票上注明设备购入时的进项税额为46 000元。实收资本共计

800 000元。

（2）2×24年5月1日，有另一名投资者加入该企业，经协商企业将注册资本增加到1 000 000元，该投资者缴入现金400 000元，直接存入本企业的开户银行，拥有该企业20%的股份。

要求：根据上述业务编制会计分录。

4.某公司2×23年实现净利润500 000元。2×23年年初未分配利润账户为贷方余额20 000元。

（1）2×24年度利润分配方案如下：按净利润的10%提取法定盈余公积，按净利润的15%提取任意盈余公积，支付普通股现金股利200 000元。

（2）结转本年实现的净利润。

（3）结平"利润分配"账户除"未分配利润"明细账户外的其他所有明细账户余额。

要求：根据上述业务编制会计分录并计算年末"未分配利润"账户的余额。

5.某企业发生如下经济业务：

（1）经股东会同意，某企业用以前年度提取的盈余公积弥补当期亏损，当期弥补亏损的数额为300 000元。

（2）经股东会批准，在本期将盈余公积200 000元用于转增资本。

（3）经股东会批准，在本期将盈余公积50 000元用于分配现金股利。

（4）支付现金股利50 000元。

要求：根据上述业务编制会计分录。

6.某股份有限公司2×24年12月份发生下列有关经济业务：

（1）接受股东现金投资45万元，直接存入银行。

（2）将无法收回的应收账款18 000元予以转销。

（3）用银行存款6 000元支付一项公益性捐赠。

（4）厂办职工报销差旅费200元，付给现金。

（5）预提应由本月负担的周转资金借款利息450元。

（6）收到与日常经营活动无关的政府补助20 000元存入银行。

（7）结转本月实现的各项收入，其中：主营业务收入148 000元，营业外收入 32 000 元。

（8）结转本月发生的各项费用，其中：主营业务成本 40 000 元，销售费用 1 500 元，税金及附加 2 000 元，管理费用 33 600 元，财务费用 450 元，营业外支出 22 450 元。

（9）根据（7）、（8）项业务确定的利润总额按 25% 的税率计算所得税并予以结转。

（10）按净利润的 10% 提取法定盈余公积。

（11）将净利润的 40% 分配给投资人。

（12）年末结转本年净利润 60 000 元。

要求：编制上述业务的会计分录。

五、案例分析题

案例 9-1　注册资本认缴登记制下实收资本的会计处理

2×24 年 7 月 1 日，M 公司登记成立，注册资本为 300 万元。公司章程约定，由赵某、张某、孙某三人出资，各出资 100 万元。同时约定，各方出资应于 2×24 年 12 月 31 日前投入 M 公司。2×24 年 8 月 5 日，赵某以旧设备向公司投资，评估价格为 100 万元，张某以货币资金向公司投入资金 100 万元。孙某以货币资金出资 100 万元，于 2×24 年 12 月 30 日实际投入到公司。M 公司对与实收资本有关的会计事项进行如下处理：

2×24 年 7 月 1 日，编制会计分录如下：

借：其他应收款　　　　　　　　　　　　　3 000 000

　　贷：实收资本　　　　　　　　　　　　　　　　3 000 000

2×24 年 8 月 5 日，编制会计分录如下：

借：银行存款　　　　　　　　　　　　　　1 000 000

　　固定资产　　　　　　　　　　　　　　1 000 000

　　贷：其他应收款　　　　　　　　　　　　　　　2 000 000

案例要求：

上述会计处理是否恰当？为什么？相关税费忽略不计。

案例提示

这样处理不恰当。

注册资本又称为法定资本，是公司制企业注册登记时提交的公司章程中规定的全体股东认缴的股本总额，公司股东以此为限对公司债务承担有限责任。

实收资本是公司股东按照有关约定，实际投入企业的资本金。根据《企业会计准则》的规定，"实收资本"（或"股本"）科目是用来核算投资者投入的资金在注册资本中所占的份额部分。根据2023年修订的《公司法》的规定，我国公司制企业注册资本金自公司成立之日起五年内缴足。由此可见，公司的"实收资本"（或"股本"）科目在一段时间内可以不等于注册资本金的金额。

因此，公司在注册登记时，"实收资本"（或"股本"）科目无须记账。等到实际收到投资者出资后，再进行相应会计处理即可。

案例9-2 CG公司国有土地使用权评估增值的会计处理

CG公司为一家生物公司，注册会计师李浩在对其进行审计时，注意到2×23年5月CG公司调整增加了其土地使用权账面价值，同时调整增加了资本公积，其会计处理为：

借：无形资产——土地使用权　　　　　　20 000 000
　　贷：资本公积　　　　　　　　　　　　　　　　20 000 000

2×24年3月，CG公司将资本公积转入实收资本，其会计处理为：

借：资本公积　　　　　　　　　　　　　20 000 000
　　贷：实收资本　　　　　　　　　　　　　　　　20 000 000

案例要求：

评价该企业的做法是否符合规定。

案例提示

CG公司存续期间在没有产权变动的情况下，自行对资产评估增值并调整账面价值的会计处理不正确，应当予以纠正。

按照《企业会计准则》的规定，各项财产物资应当按取得时的实际成本计价。按照历史成本计量的要求，企业在持续经营的情况下，除另有规定外，一般不能对企业资产进行评估调账。

规定的可以调整账面价值的事项仅限于下列两种情况：一是国有企业按照《公司法》的规定改制为股份有限公司，应对企业的资产进行评估，并按资产评估确认的价值调整企业相应资产的原账面价值。二是企业兼并，也就是购买其他企业的全部股权时，如果被购买企业保留法人资格，则被购买企业应当按照评估确认的价值调整有关资产的账面价值；如果被购买企业丧失法人资格，购买企业应当按照被购买企业各项资产评估后的价值入账。

据此，在本案例中，CG公司作为一家没有发生产权变动的企业，在其存续期间不能够随意确认资产评估增值。

六、练习题参考答案

（一）单项选择题

1.B 2.B 3.B 4.C 5.C 6.D 7.A 8.D 9.D 10.C 11.C 12.A 13.C 14.D 15.C 16.B 17.A 18.B 19.B 20.D 21.D 22.B 23.C 24.D 25.C 26.D 27.A 28.B 29.D 30.D 31.C 32.A 33.C 34.D 35.A 36.C 37.C 38.B 39.C 40.D 41.A 42.A 43.C

（二）多项选择题

1.AC 2.BD 3.ABCD 4.ABCD 5.CD 6.ABCDE 7.ABC 8.AB 9.BCD 10.ABCE 11.ADE 12.ABD 13.CD 14.ABC 15.BCE 16.CDE 17.ACDE 18.ABDE 19.ABE 20.ABCD 21.DE 22.ABCDE

（三）判断题

1.× 2.√ 3.√ 4.√ 5.× 6.√ 7.√ 8.× 9.× 10.× 11.× 12.√ 13.× 14.√ 15.× 16.× 17.× 18.√ 19.√ 20.× 21.× 22.√ 23.× 24.√

（四）计算题

1.提取的法定盈余公积=100×（1−25%）×10%=7.50（万元）

提取的任意盈余公积=100×（1−25%）×5%=3.75（万元）

年末所有者权益总额=500+45+100×（1−25%）−30=590（万元）

2.记入"实收资本"的金额为50万元。

记入"资本公积"的金额=90−50=40（万元）

C投资者享有的权益=（100+50+90）÷3=80（万元）

3.2×24年年末所有者权益总额=20+2+8=30（万元）

4.年末未分配利润数额=5−8+3=0

年初所有者权益总额=60+15+20+5=100（万元）

年末所有者权益总额=100−8=92（万元）

年末负债总额=200−92=108（万元）

5.本年的净利润=600×（1−25%）=450（万元）

提取的法定盈余公积=450×10%=45（万元）

提取的任意盈余公积=450×5%=22.50（万元）

年末未分配利润数额=150+450-45-22.50-100=432.50（万元）

6.（1）公司年末未分配利润数额=12-40+8=-20（万元）

（2）公司年初的所有者权益总额=160+16+12+12=200（万元）

公司年末的所有者权益总额=160+16-20+12-8=160（万元）

或 =200-40=160（万元）

公司年末的负债总额=资产总额-所有者权益总额

=396-160=236（万元）

（3）说明：根据以上的计算并结合题意可以看出，公司的负债由年初的200万元变化为年末的236万元，增加了36万元；公司的资产由年初的400万元变化为年末的396万元，减少了4万元。由于发生亏损40万元，投入资本没变，所有者权益减少了40万元，而资产却只减少了4万元，因此必然有负债增加了36万元。

7.由于"利润分配"账户的借方发生额为3 103 500元，所以，本年的利润分配额为1 551 750元（3 103 500÷2），年末结清明细账户的发生额也是1 551 750元（否则，有关明细账户不"清"）。

"利润分配"账户的贷方发生额为3 896 750元（1 475 250+3 103 500-682 000），而这个发生额在本题中是由两个项目组成的，即年末转来的全年净利润额和年末结清有关明细账户的发生额，根据前面的计算已知年末结清额为1 551 750元，所以，全年实现的净利润额为2 345 000元（3 896 750-1 551 750）。

（五）业务处理题

1.（1）借：银行存款 1 000 000

　　　贷：实收资本 1 000 000

（2）借：无形资产 400 000

　　　贷：实收资本 400 000

（3）借：固定资产 300 000

　　　应交税费——应交增值税（进项税额） 39 000

　　　贷：实收资本 339 000

2.（1）借：银行存款 970 000

　　　资本公积——股本溢价 30 000

　　　贷：股本 1 000 000

（2）借：银行存款 29 700 000

　　　贷：股本 5 000 000

　　　资本公积——股本溢价 24 700 000

3.（1）借：银行存款 400 000

· 269 ·

借：固定资产 354 000

应交税费——应交增值税（进项税额） 46 000

贷：实收资本 800 000

（2）借：银行存款 400 000

贷：实收资本 200 000

资本公积 200 000

4.（1）借：利润分配——提取法定盈余公积 50 000

——提取任意盈余公积 75 000

——应付现金股利或利润 200 000

贷：盈余公积——法定盈余公积 50 000

——任意盈余公积 75 000

应付股利 200 000

（2）借：本年利润 500 000

贷：利润分配——未分配利润 500 000

（3）借：利润分配——未分配利润 325 000

贷：利润分配——提取法定盈余公积 50 000

——提取任意盈余公积 75 000

——应付现金股利或利润 200 000

年末未分配利润账户余额=20 000+500 000−（50 000+75 000+200 000）

=195 000（元）

5.（1）借：盈余公积 300 000

贷：利润分配——盈余公积弥补亏损 300 000

（2）借：盈余公积 200 000

贷：实收资本 200 000

（3）借：盈余公积 50 000

贷：应付股利 50 000

（4）借：应付股利 50 000

贷：银行存款 50 000

6.（1）借：银行存款 450 000

贷：股本 450 000

（2）借：坏账准备 18 000

贷：应收账款 18 000

（3）借：营业外支出 6 000

贷：银行存款 6 000

（4）借：管理费用　　　　　　　　　　　　　　　　　　200

　　　贷：库存现金　　　　　　　　　　　　　　　　　　　　　200

（5）借：财务费用　　　　　　　　　　　　　　　　　　450

　　　贷：应付利息　　　　　　　　　　　　　　　　　　　　　450

（6）借：银行存款　　　　　　　　　　　　　　　20 000

　　　贷：营业外收入　　　　　　　　　　　　　　　　　　20 000

（7）借：主营业务收入　　　　　　　　　　　148 000

　　　　营业外收入　　　　　　　　　　　　　32 000

　　　贷：本年利润　　　　　　　　　　　　　　　　　180 000

（8）借：本年利润　　　　　　　　　　　　　100 000

　　　贷：主营业务成本　　　　　　　　　　　　　　　40 000

　　　　税金及附加　　　　　　　　　　　　　　　　　2 000

　　　　销售费用　　　　　　　　　　　　　　　　　　1 500

　　　　管理费用　　　　　　　　　　　　　　　　　33 600

　　　　财务费用　　　　　　　　　　　　　　　　　　450

　　　　营业外支出　　　　　　　　　　　　　　　　22 450

（9）本期应交所得税=（180 000-100 000）×25%=20 000（元）

借：所得税费用　　　　　　　　　　　　　　20 000

　　贷：应交税费——应交所得税　　　　　　　　　　　20 000

借：本年利润　　　　　　　　　　　　　　　20 000

　　贷：所得税费用　　　　　　　　　　　　　　　　20 000

（10）提取的法定盈余公积=［（180 000-100 000）-20 000］×10%

　　　　　　　　　　　=6 000（元）

借：利润分配——提取法定盈余公积　　　　　　　　6 000

　　贷：盈余公积——法定盈余公积　　　　　　　　　　6 000

（11）分配给投资人的利润=［（180 000-100 000）-20 000］×40%

　　　　　　　　　　　=24 000（元）

借：利润分配——应付现金股利或利润　　　　　24 000

　　贷：应付股利　　　　　　　　　　　　　　　　　24 000

（12）借：本年利润　　　　　　　　　　　　60 000

　　　贷：利润分配——未分配利润　　　　　　　　　60 000

第十章　费用与成本

一、学习目的与要求

本章主要阐述费用与成本的基本概念及组成内容、二者之间的联系与区别，以及费用、成本中的生产成本和期间费用的核算方法。通过本章的学习，应了解费用与成本的内容，理解费用与成本、生产费用、生产成本和期间费用的基本概念，以及费用与成本之间的联系与区别。重点掌握费用的确认与计量方法、生产成本的核算方法、完工产品成本的计算方法和期间费用的核算方法。

二、内容概览

（一）关键概念

1. 费用
2. 成本
3. 费用确认
4. 费用计量
5. 生产费用
6. 生产成本
7. 直接材料
8. 直接人工
9. 制造费用
10. 完工产品成本
11. 期间费用
12. 销售费用
13. 管理费用
14. 财务费用

（二）关键问题

1. 怎样理解费用会导致所有者权益的减少？

2. 怎样理解费用导致的经济利益总流出与向所有者分配利润无关？

3. 费用的确认条件有哪些？怎样理解经济利益流出企业的结果会导致资产的减少或者负债的增加？

4. 对企业的费用可采用哪些方法分类？各包括哪些内容？

5. 期间费用与生产费用有什么不同？

6.怎样组织期间费用的核算？

三、本章重点与难点

费用是指企业在日常活动中发生的、会导致所有者权益减少的、与向所有者分配利润无关的经济利益的总流出。费用只有在经济利益很可能流出从而导致企业资产减少或者负债增加且经济利益的流出额能够可靠计量时才能予以确认。本章主要研究在企业的经营过程中为生产产品所发生的可归属于产品成本、劳务成本等的费用，以及企业在各个会计期间所发生的，按照规定不能计入产品生产成本，而应直接计入当期损益的费用。这部分费用一般被称为期间费用，属于我国现行《企业会计准则》中所定义的费用的范畴。

按照我国会计准则对费用的定义，费用具有以下三种基本特征：（1）费用是企业在日常活动中形成的；（2）费用会导致所有者权益的减少；（3）费用导致的经济利益总流出与向所有者分配利润无关。

费用的确认。费用的确认除了应当符合定义外，也应当满足严格的确认条件。费用的确认至少应当符合以下三个条件：（1）与费用相关的经济利益应当很可能流出企业；（2）经济利益流出企业的结果会导致资产的减少或者负债的增加；（3）经济利益的流出额能够可靠计量。

费用的计量是指对费用发生额的确认。从理论上讲，费用的计量通常取决于资产的计量。

费用有广义和狭义之分。我国现行《企业会计准则》所界定的费用可以理解为狭义的费用。另外，企业在非日常活动中发生的损失也具有与上述费用相同的特征，故将其归入广义的费用之列。

对企业发生的各项费用可按照不同标准分类：（1）按费用与企业日常活动的关系可将费用分为企业在日常活动中发生的费用和企业在非日常活动中发生的费用。（2）按费用的经济内容可将费用分为外购材料费用、外购燃料费用、外购动力费用、薪酬费用、折旧费用、利息费用、税费和其他费用等。

成本是指包括为取得特定资产而发生的费用中最终要计入一定的成本计算对象的那部分费用，以及为获取相应的收益所产生的营业成本两个部分。

成本与费用二者之间有着密切的联系：（1）成本是以费用为基础而确定的。（2）在一定的范围内，成本与费用之间可以相互转化。

成本与费用二者之间也有明显的区别：（1）二者在考察过程中所联系的对象不同。（2）一定会计期间的成本与当期的费用并不一定完全相等。

生产成本是指企业在一定会计期间生产某种产品所发生的直接费用和间接费用的总和。

生产成本一般包括三个组成部分：（1）直接材料。它是指企业在产品生产过程中消耗并构成产品实体的原料、主要材料以及有助于产品形成的辅助材料、设备配件和外购的半成品等。（2）直接人工。它是指企业支付给直接参加产品生产的工人的工资，以及直接发生的占生产工人工资总额一定比例的并计入产品生产成本的职工福利费等。（3）制造费用。它是指直接用于产品生产，但不便于直接计入产品成本的费用，以及间接用于产品生产的各项费用。直接材料和直接人工可直接计入所生产产品的成本，被称为直接费用。制造费用一般是在会计期末采用一定的分配方法计入有关产品成本的，因而，制造费用也被称为间接费用。

生产成本的计算具有重要意义：（1）有利于正确确定企业的财务状况和经营成果；（2）有利于考核企业成本计划的完成情况；（3）有利于合理地确定成本耗费的补偿量；（4）有利于为产品销售价格的制定提供必要的参考数据；（5）有利于为企业进行成本预测和规划等提供必要的参考数据。

企业进行生产费用的核算，主要应设置"生产成本"和"制造费用"两个账户："生产成本"账户主要用于核算企业进行工业性生产发生的各项生产费用；"制造费用"账户主要用于核算企业生产车间、部门为生产产品或提供劳务而发生的各项间接费用，该账户在期末将发生额结转至"生产成本"账户，结转后一般应无余额。

完工产品是指已经完成了规定的生产工序，并且已经具备了对外销售条件的各种产成品。

完工产品成本的计算包括总成本的计算和单位成本的计算两个方面。进行完工产品成本的计算，不仅要考虑这些产品所发生的直接材料和直接人工等方面的消耗，而且应当考虑已经完工产品的投产时间等。根据完工产品的投产时间和完工时间等情况，完工产品的总成本可按下列不同公式分别进行计算：

本月投产本月全部完工产品成本=本月新发生的全部生产费用

以前月份投产本月
全部完工产品成本 = 月初在
产品成本 + 本月新发生的
全部生产费用

以前月份投产本月
部分完工产品成本 = 月初在
产品成本 + 本月新发生的
全部生产费用 − 月末在
产品成本

完工产品的单位生产成本可采用以下公式计算：

某完工产品的单位生产成本=该完工产品的全部成本÷该完工产品的数量

完工产品成本结转就是企业在办理完工的产品验收入库手续后，将完工产品成本从"生产成本"账户结转至"库存商品"账户的过程。"库存商品"账户用以核算企业库存的各种商品的实际成本（或进价）或计划成本（或售价）。

企业发生的生产成本表现为企业的在产品形态。在产品属于企业资产中存货的组成部分。因而，在期末资产负债表上，生产成本应包含在"存货"项目中。在该项目中，既要反映生产成本的期末余额，也要反映生产成本的年初余额。在报表附注的"在产品"项目下，按年初账面余额、年末账面余额、本期增加数和本期减少数4个方面进行披露。

期间费用是指企业本期日常活动所发生的不能归属于特定核算对象的成本，而应直接计入当期损益的费用。应予指出的是，期间费用属于《企业会计准则》所定义的企业的日常活动所发生的费用，是企业的日常活动所发生的经济利益流出。期间费用包括销售费用、管理费用和财务费用。企业应分别设置"销售费用"、"管理费用"和"财务费用"账户进行核算。期末，应将这些账户余额转入"本年利润"账户，结转后应无余额。

企业的期间费用属于应计入当期损益的费用，符合《企业会计准则》中关于费用的定义和费用的确认条件，期末应当列入利润表。在利润表中，销售费用、管理费用和财务费用作为减项列在"营业收入"项目下，既要反映本期金额，也要反映上期金额。

四、练习题

(一) 单项选择题

1.在下列各项中，不属于费用定义的是（　　　）。

A.企业在日常活动中发生的经济利益的总流出

B.会导致所有者权益增加的经济利益的总流出

C.会导致所有者权益减少的经济利益的总流出

D.与向所有者分配利润无关的经济利益的总流出

2.在下列各项中，不属于费用确认条件的是（　　　）。

A.很可能引起经济利益流出企业

B.会导致企业资产减少或负债增加

C.经济利益的流出额能够可靠计量

D.会导致企业资产减少或收入增加

3.费用通常采用（　　　）计量。

A.实际成本　　　　　　　　　B.重置成本

C.现值　　　　　　　　　　　D.可变现净值

4.在下列费用中，不属于企业狭义费用的是（　　　）。

A.主营业务成本　　　　　　　B.管理费用

C.其他业务成本　　　　　　　D.营业外支出

5.在下列各项中，被称为企业损失的是（　　　）。

A.主营业务成本　　　　　　　B.其他业务成本

C.营业外支出　　　　　　　　D.资产减值损失

6.在下列内容中，属于企业狭义费用的是（　　　）。

A.材料采购成本　　　　　　　B.主营业务成本

C.设备购置成本　　　　　　　D.产品生产成本

7.在下列各项中，属于企业营业成本的是（　　　）。

A.主营业务成本　　　　　　　B.材料采购成本

C.设备采购成本　　　　　　　D.产品生产成本

8.在下列各项中，与企业经营成果的确定没有直接关系的是（　　　）。

A.主营业务成本　　　　　　　B.税金及附加

C.长期待摊费用　　　　　　　D.财务费用

9.在下列费用中，属于费用按经济内容分类的具体内容的是（　　）。

A.外购材料费用　　　　　　　　B.销售费用

C.管理费用　　　　　　　　　　D.财务费用

10.在下列各项中，构成职工薪酬主要内容的是（　　）。

A.工资与外购材料　　　　　　　B.工资与福利费

C.福利费与外购材料　　　　　　D.福利费与税费

11.在下列各项中，属于企业狭义费用的是（　　）。

A.原材料采购成本　　　　　　　B.在产品生产成本

C.其他业务成本　　　　　　　　D.库存商品成本

12.当企业生产完工的产品验收入库后，生产成本构成了（　　）。

A.产品生产费用　　　　　　　　B.库存商品成本

C.材料采购成本　　　　　　　　D.主营业务成本

13.在下列费用中，可直接计入产品生产成本的是（　　）。

A.外购材料费用　　　　　　　　B.相关税费

C.直接材料费用　　　　　　　　D.固定资产折旧费用

14.在下列各项中，被称为间接费用的是（　　）。

A.直接材料　　　　　　　　　　B.直接人工

C.销售费用　　　　　　　　　　D.制造费用

15.在下列费用中，需要分配计入产品生产成本的是（　　）。

A.直接人工　　　　　　　　　　B.直接材料

C.制造费用　　　　　　　　　　D.财务费用

16.在下列费用中，不能计入产品生产成本的是（　　）。

A.直接材料　　　　　　　　　　B.直接人工

C.制造费用　　　　　　　　　　D.管理费用

17.生产成本是指企业在一定会计期间生产某种产品所发生的（　　）。

A.直接材料和间接费用总和　　　B.直接费用和间接费用总和

C.直接工资和间接费用总和　　　D.直接费用和期间费用总和

18.在以下各项中，不属于生产成本项目组成内容的是（　　）。

A.直接材料　　　　　　　　　　B.期间费用

C.直接人工　　　　　　　　　　D.制造费用

19.在下列各项中，属于制造费用内容的是（　　）。

A.企业管理部门人员的工资及福利费

B.企业管理部门固定资产的折旧费和修理费

C.生产部门管理人员的工资及福利费

D.产品销售部门人员的工资及福利费

20.在下列账户中，企业核算为生产产品发生的各种费用的主要账户是（　　）。

A."生产成本"账户　　　　　　B."管理费用"账户

C."在建工程"账户　　　　　　D."银行存款"账户

21.在下列账户中，企业核算为生产产品而发生的间接费用的账户是（　　）。

A."生产成本"账户　　　　　　B."制造费用"账户

C."在建工程"账户　　　　　　D."累计折旧"账户

22.在下列账户中，期末一般应没有余额的账户是（　　）。

A."生产成本"账户　　　　　　B."制造费用"账户

C."库存商品"账户　　　　　　D."无形资产"账户

23.如果是企业在本月投产本月全部完工的产品，计算完工产品成本应采用的公式是（　　）。

A.完工产品成本=本月发生费用

B.完工产品成本=月末在产品成本+本月发生费用

C.完工产品成本=月初在产品成本+本月发生费用

D.完工产品成本=月初在产品成本+本月发生费用–月末在产品成本

24.如果是企业在以前月份投产本月全部完工的产品，计算完工产品成本应采用的公式是（　　）。

A.完工产品成本=本月发生费用

B.完工产品成本=本月发生费用+月末在产品成本

C.完工产品成本=月初在产品成本+本月发生费用

D.完工产品成本=月初在产品成本+本月发生费用–月末在产品成本

25.在下列各项中，不属于期间费用的是（　　）。

A.销售费用　　　　　　　　　B.制造费用

C.管理费用　　　　　　　　　D.财务费用

（二）多项选择题

1.根据我国现行《企业会计准则》的规定，费用要素的主要特征有（　　）。

A.企业在日常活动中发生的经济利益流出

B.会导致所有者权益减少的经济利益流出

C.与向所有者分配利润有关的经济利益流出

D.与向所有者分配利润无关的经济利益流出

E.会导致所有者权益增加的经济利益流出

2.在下列各种费用中，属于企业狭义费用的有（　　）。

A.主营业务成本　　　　　　　　B.税金及附加

C.其他业务成本　　　　　　　　D.管理费用

E.营业外支出

3.在下列各种费用中，属于广义费用的有（　　）。

A.营业外支出　　　　　　　　　B.资产减值损失

C.财务费用　　　　　　　　　　D.主营业务成本

E.其他业务成本

4.在下面的各种说法中，关于成本与费用联系的正确说法有（　　）。

A.成本是可以对象化的费用

B.费用是可以对象化的成本

C.费用的发生往往是成本计算的基础

D.两者都是企业耗费的经济资源的存在形式

E.成本的发生往往是费用计算的基础

5.在下面的各种说法中，关于成本与费用区别的正确说法有（　　）。

A.费用一般与一定的会计期间相联系

B.成本一般与一定的成本核算对象相联系

C.成本是已经对象化了的费用

D.当期的成本应当等于当期的费用

E.当期的成本不一定等于当期的费用

6.在下列各项中，不属于企业营业成本的有（　　）。

A.主营业务成本　　　　　　　　B.税金及附加

C.其他业务成本　　　　　　　　D.销售费用

E.管理费用

7.在下列各项中,属于费用按经济内容分类的组成内容的有( )。

A.外购材料费用   B.外购燃料费用

C.外购动力费用   D.职工薪酬费用

E.固定资产折旧费

8.在下列各项中,构成企业职工薪酬的内容的有( )。

A.外购燃料费用   B.职工工资

C.折旧费   D.利息支出

E.实际支出的福利费

9.在下列各项中,被称为直接费用的有( )。

A.直接材料   B.直接人工

C.制造费用   D.销售费用

E.财务费用

10.在下列各项中,被称为期间费用的有( )。

A.管理费用   B.直接人工

C.制造费用   D.销售费用

E.财务费用

11.在下列费用中,发生后可直接计入成本核算对象的有( )。

A.直接材料   B.直接人工

C.管理费用   D.制造费用

E.财务费用

12.在下列费用中,发生后不能计入成本核算对象的有( )。

A.销售费用   B.直接人工

C.管理费用   D.制造费用

E.财务费用

13.在下列费用中,发生后应直接计入当期损益的有( )。

A.直接材料   B.销售费用

C.管理费用   D.制造费用

E.财务费用

14.在下列各项中,构成企业产品生产成本项目的有( )。

A.直接材料   B.管理费用

C.直接人工   D.销售费用

E.制造费用

15.企业计算产品生产成本的意义有（   ）。

A.有利于考核企业成本计划的完成情况

B.有利于为产品销售价格的制定提供必要的参考数据

C.有利于正确确定企业的财务状况和经营成果

D.有利于合理地确定成本耗费的补偿量

E.可以为企业进行成本预测和规划等提供必要数据

16.在下列账户中，用于企业产品生产成本核算的账户主要有（   ）。

A."生产成本"账户   B."应付账款"账户

C."预收账款"账户   D."制造费用"账户

E."其他业务成本"账户

17.在下列各项中，属于"制造费用"账户核算的内容的有（   ）。

A.生产车间发生的机物料消耗

B.生产车间生产产品消耗的材料

C.生产车间计提的固定资产折旧

D.生产车间管理人员的工资等职工薪酬

E.将制造费用分配计入有关的成本核算对象

18.在下列公式中，可用于进行完工产品成本计算的有（   ）。

A.本月投产本月全部完工产品成本=本月新发生的全部生产费用

B.以前月份投产本月全部完工产品成本=月初在产品成本+本月新
  发生的全部生产费用

C.以前月份投产本月部分完工产品成本=月末在产品成本+本月新
  发生的全部生产费用–月初在产品成本

D.以前月份投产本月部分完工产品成本=月初在产品成本+本月新
  发生的全部生产费用–月末在产品成本

E.以前月份投产本月全部完工产品成本=月初在产品成本+本月新
  发生的全部生产费用–月末在产品成本

19.在下列各项中，属于企业期间费用的有（   ）。

A.销售费用   B.制造费用

C.财务费用   D.管理费用

E.长期待摊费用

20.在下列各项中，不属于企业期间费用的有（　　　　）。

A.销售费用　　　　　　　　B.长期待摊费用

C.财务费用　　　　　　　　D.管理费用

E.生产费用

（三）判断题

1.企业发生的所有费用都属于企业日常活动所发生的经济利益的总流出。（　　）

2.企业在主营业务活动、其他业务活动中产生的成本，在会计上称为营业成本。（　　）

3.税金及附加、销售费用、管理费用、财务费用和资产减值损失是企业费用的一部分。（　　）

4.企业发生的营业外支出不作为费用加以认定，而是直接计入企业的当期损益。（　　）

5.费用的最基本特征是指企业在日常活动中发生的经济利益的流入。（　　）

6.费用的基本特征之一是它与向所有者分配利润无关。（　　）

7.成本是指企业发生的费用中最终要计入一定成本核算对象的费用。（　　）

8.营业成本包括主营业务成本和其他业务成本。（　　）

9.在一定的范围内，成本与费用之间可以相互转化。（　　）

10.费用与一定的会计期间相联系，成本与一定的成本核算对象相联系。（　　）

11.企业当期产生的成本应当等于当期发生的费用。（　　）

12.企业从外部购入的原材料都属于直接材料。（　　）

13.企业在产品生产过程中发生的制造费用应分配计入产品生产成本，因而也被称为期间费用。（　　）

14.所谓费用的确认是指将发生的费用按多少金额登记入账。（　　）

15.企业发生的生产成本也被称为制造成本。（　　）

16.企业的生产成本等于企业的费用总和。（　　）

17.直接人工是指企业支付给直接参加产品生产的工人的工资，以

及按生产工人实际发生的占工资总额一定比例计算并计入产品生产成本的职工福利费。 （　　）

18.企业在生产过程中发生的制造费用可以直接计入产品生产成本。 （　　）

19.企业生产出来的产成品是以流动资产的形式存在的。 （　　）

20.企业为生产产品发生的可归属于产品成本的费用，应当在确认产品销售收入时计入当期损益。 （　　）

21.企业发生的期间费用直接确认为当期费用，即计入当期损益。 （　　）

22.销售费用是指企业在销售商品和材料、提供劳务的过程中发生的各种费用，也包括销售商品本身的成本，即主营业务成本。 （　　）

23.企业发生的办公费和差旅费都应计入企业的管理费用。 （　　）

24."财务费用"账户核算企业为筹集生产经营所需资金等而发生的筹资费用。在产生利息收入时应从发生的利息支出中扣减。 （　　）

（四）计算题

长风公司本月进行产品生产的有关资料如下：

（1）本月生产M产品80件，月末全部完工；N产品100件，月末完工60件，另有40件尚处于加工之中。月末在产品成本采用约当产量法计算。本月N在产品的完工程度为50%。有关生产费用的资料见表10-1。

表10-1　　　　　　　　　　生产费用表　　　　　　　　单位：元

产品名称	期初在产品成本	本期新发生费用				
		直接材料	工　资	福利费	制造费用	合　计
M	—	50 000	25 000			
N	7 000	40 000	20 000			
合计						

（2）生产工人福利费按实际发生额计算（占工资总额的14%）。

（3）本月共发生制造费用13 500元，按生产工人工资比例分配。

要求：

1.按规定计算生产工人的福利费，将计算结果填入表10-1。

（1）根据生产M产品工人工资总额计算福利费；

（2）根据生产N产品工人工资总额计算福利费。

2.计算分配M、N两种产品本月应分摊的制造费用，将计算结果填入表10-1，并进行表中所有"合计数"的计算。

（1）制造费用分配率；

（2）M产品应分配制造费用；

（3）N产品应分配制造费用。

3.计算N产品月末在产品成本。

（1）N产品月末在产品约当产量；

（2）N产品月末相当于完工产品的产量；

（3）N产品月末相当于完工产品产量的单位成本；

（4）N产品月末在产品成本。

4.计算已经完工的M产品的总成本和单位成本。

（1）已经完工的M产品的总成本；

（2）已经完工的M产品的单位成本。

5.计算已经完工的N产品的总成本和单位成本。

（1）已经完工的N产品的总成本；

（2）已经完工的N产品的单位成本。

6.编制结转本月完工产品成本的会计分录。

（五）业务处理题

1.长风公司本月发生如下有关生产费用的经济业务：

（1）公司编制的本月"发出材料汇总表"汇总结果如下：生产A产品耗用材料60 000元，生产B产品耗用材料55 000元，车间一般性材料消耗2 000元。

（2）公司计算出本月应付各类人员的工资数额为：生产A产品工人工资25 000元，生产B产品工人工资15 000元，生产车间管理人员工资6 000元。

（3）公司从银行提取现金46 000元准备发放工资。

（4）公司用现金向员工发放工资46 000元。

（5）公司按各类人员实际发生的福利费支出计算相应福利费（占工资数额的14%）。

（6）公司用银行存款支付本月生产车间水电费 1 200 元。

（7）公司生产车间某技术人员因公出差归来，报销差旅费 2 500 元，该技术员出差前借款为 3 000 元。余款交回财会部门。

（8）月末，公司用银行存款支付生产车间本月应负担的报刊订阅费 60 元。

（9）月末，公司用银行存款支付生产车间本月用于固定资产大修理的费用 400 元。

（10）月末，公司计提本月生产车间固定资产折旧 2 000 元。

（11）月末，公司将生产车间本月发生的制造费用以生产工人工资为分配标准分配计入 A、B 两种产品的生产成本。

要求：根据所给资料计算有关数字并编制会计分录。

2.长风公司本月发生如下有关期间费用的经济业务：

（1）应分配专设销售机构的职工工资 8 000 元。

（2）发生专设销售机构的职工福利费 1 120 元。

（3）用银行存款支付业务招待费 1 500 元。

（4）计提企业管理部门使用的固定资产折旧费 2 000 元。

（5）用银行存款支付产品广告费 5 000 元。

（6）用现金支付应由本公司负担的销售 A 产品的运输费 800 元。

（7）分配企业管理人员工资 20 000 元，发生职工福利费 2 800 元。

（8）用银行存款支付应由本月负担的银行借款利息 1 500 元。

要求：根据所给资料编制会计分录。

五、案例分析题

案例 10-1　　　　小李的成本计算

某会计学院的小李刚从大学毕业就开始在佳嘉公司工作。他被安排在财务处负责成本核算工作。本月终了，他通过查阅账簿资料掌握了以下情况：佳嘉公司的主营业务是生产和销售 A 产品。本月 A 产品月初在产品的余额为 16 000 元；本月生产 A 产品发生的费用总额为 200 000 元；月末在产品的余额为 20 000 元。本月完工的 A 产品为 160 件。于是，小李就对以下指标进行了计算：

本月完工 A 产品总成本=200 000-20 000=180 000（元）

本月完工A产品单位成本=180 000÷160=1 125（元/件）

成本管理科的王科长看了这个计算结果后，笑着对小李说："你的基本计算步骤是对的，但计算的结果有误。你再好好考虑考虑，看错在了什么地方。"

案例要求：

小李的计算结果是错的吗？为什么？如果是你，将怎样进行完工A产品成本的计算？

案例提示

小李的计算结果是错误的。因为小李在计算本月完工产品成本时，只考虑了本月生产A产品发生的费用和月末在产品的余额，而遗漏了A产品的月初在产品余额资料，这样就造成了完工A产品总成本计算的错误，进而引起了该产品单位成本计算的错误。

正确的计算方法应当是：全面考虑与完工产品成本计算相关的所有因素；在此基础上进行完工A产品成本的计算。

本月完工A产品总成本=16 000+200 000-20 000=196 000（元）

本月完工A产品单位成本=196 000÷160=1 225（元/件）

案例10-2   **佳嘉公司的会计分录**

佳嘉公司本月用银行存款支付了下列有关费用，并编制了会计分录：

（1）支付专设销售机构人员的工资10 000元，发生专设销售机构人员的福利费1 400元。

借：管理费用		11 400
贷：银行存款		11 400

（2）因参加产品销售展览，支付产品展销费6 000元。

借：主营业务成本		6 000
贷：银行存款		6 000

（3）招待客户代表支付招待费1 200元。

借：销售费用		1 200
贷：银行存款		1 200

（4）支付咨询费3 000元。

借：销售费用		3 000

貸：银行存款 3 000

（5）支付产品广告费 8 000 元。

借：管理费用 8 000

　　贷：银行存款 8 000

（6）支付在银行办理业务的手续费 500 元。

借：销售费用 500

　　贷：银行存款 500

（7）支付应由本月负担的银行借款利息 1 500 元。

借：管理费用 1 500

　　贷：银行存款 1 500

案例要求：

以上账务处理存在的主要问题是什么？如果是你，你将怎样编制这些业务的会计分录？

案例提示

以上这些会计分录的编制存在的主要问题是混淆了期间费用，即销售费用、管理费用和财务费用，在编制会计分录时，错误地使用了会计账户。

以上业务正确的会计分录应当是：

（1）支付专设销售机构人员的工资及其福利费应当记入"销售费用"账户，不应记入"管理费用"账户。

借：销售费用 11 400

　　贷：银行存款 11 400

（2）支付产品展销费与产品销售有关，应记入"销售费用"账户，而不应记入"主营业务成本"账户。

借：销售费用 6 000

　　贷：银行存款 6 000

（3）企业发生的业务招待费属于"管理费用"账户核算的内容，应记入"管理费用"账户。

借：管理费用 1 200

　　贷：银行存款 1 200

（4）支付咨询费不应记入"销售费用"账户，而应记入"管理费用"账户。

    借：管理费用   3 000

      贷：银行存款   3 000

（5）支付产品广告费属于销售费用的内容，应记入"销售费用"账户，不应记入"管理费用"账户。

    借：销售费用   8 000

      贷：银行存款   8 000

（6）支付在银行办理业务的手续费属于财务费用的内容，应记入"财务费用"账户，不应记入"销售费用"账户。

    借：财务费用   500

      贷：银行存款   500

（7）支付应由本月负担的银行借款利息属于财务费用的内容，应记入"财务费用"账户，不应记入"管理费用"账户。

    借：财务费用   1 500

      贷：银行存款   1 500

六、练习题参考答案

（一）单项选择题

1.B 2.D 3.A 4.D 5.C 6.B 7.A 8.C 9.A 10.B 11.C 12.B 13.C 14.D 15.C 16.D 17.B 18.B 19.C 20.A 21.B 22.B 23.A 24.C 25.B

（二）多项选择题

1.ABD 2.ABCD 3.ABCDE 4.ACD 5.ABCE 6.BDE 7.ABCDE 8.BE 9.AB 10.ADE 11.AB 12.ACE 13.BCE 14.ACE 15.ABCDE 16.AD 17.ACDE 18.ABD 19.ACD 20.BE

（三）判断题

1.× 2.√ 3.√ 4.√ 5.× 6.√ 7.√ 8.√ 9.√ 10.√ 11.× 12.× 13.× 14.× 15.√ 16.× 17.√ 18.× 19.√ 20.√ 21.√ 22.× 23.× 24.√

（四）计算题

1.按规定计算生产工人的福利费，并将计算结果填入表10-2。

（1）根据生产M产品工人工资总额计算的福利费=25 000×14%=3 500（元）

（2）根据生产N产品工人工资总额计算的福利费=20 000×14%=2 800（元）

将计算的生产工人的福利费填入表10-2中的"福利费"栏：

表10-2　　　　　　　　　**生产费用表**　　　　　　　　单位：元

产品名称	期初在产品成本	本期新发生费用				
		直接材料	工　资	福利费	制造费用	合　计
M	—	50 000	25 000	3 500	7 500	86 000
N	7 000	40 000	20 000	2 800	6 000	68 800
合计	7 000	90 000	45 000	6 300	13 500	154 800

2.计算分配M、N两种产品本月应分摊的制造费用，并将计算结果填入表10-2。

（1）制造费用分配率=13 500÷（25 000+20 000）=0.30

（2）M产品应分配制造费用=25 000×0.30=7 500（元）

（3）N产品应分配制造费用=20 000×0.30=6 000（元）

计算分配的制造费用的记录情况见表10-2的"制造费用"栏。

3.计算N产品月末在产品成本。

（1）N产品月末在产品约当产量=40×50%=20（件）

（2）N产品月末相当于完工产品的产量=60+20=80（件）

（3）$\dfrac{\text{N产品月末相当于完工}}{\text{产品产量的单位成本}}$=（7 000+40 000+20 000+2 800+6 000）÷80

　　　　　　　　　　=947.50（元/件）

（4）N产品月末在产品成本=947.50×20=18 950（元）

4.计算已经完工的M产品的总成本和单位成本。

（1）已经完工的M产品的总成本=50 000+25 000+3 500+7 500=86 000（元）

（2）已经完工的M产品的单位成本=86 000÷80=1 075（元/件）

5.计算已经完工的N产品的总成本和单位成本。

（1）已经完工的N产品的总成本=947.50×60=56 850（元）

（2）已经完工的N产品的单位成本=56 850÷60=947.50（元/件）

6.编制结转本月完工产品成本的会计分录。

借：库存商品——M产品　　　　　　　　　　　　　　86 000

　　　　　　——N产品　　　　　　　　　　　　　　56 850

　　贷：生产成本——M产品　　　　　　　　　　　　　　86 000

　　　　　　　　——N产品　　　　　　　　　　　　　　56 850

（五）业务处理题

1.生产费用业务的处理

（1）借：生产成本——A产品   60 000

           ——B产品   55 000

        制造费用   2 000

       贷：原材料   117 000

（2）借：生产成本——A产品   25 000

           ——B产品   15 000

        制造费用   6 000

       贷：应付职工薪酬   46 000

（3）借：库存现金   46 000

       贷：银行存款   46 000

（4）借：应付职工薪酬   46 000

       贷：库存现金   46 000

（5）先按各类人员工资数额计算职工福利费数额：

按生产A产品工人工资数额计算的职工福利费=25 000×14%=3 500（元）

按生产B产品工人工资数额计算的职工福利费=15 000×14%=2 100（元）

按生产车间管理人员工资数额计算的职工福利费=6 000×14%=840（元）

编制的会计分录为：

借：生产成本——A产品   3 500

           ——B产品   2 100

    制造费用   840

   贷：应付职工薪酬   6 440

（6）借：制造费用   1 200

       贷：银行存款   1 200

（7）借：制造费用   2 500

        库存现金   500

       贷：其他应收款   3 000

（8）借：制造费用   60

       贷：银行存款   60

（9）借：制造费用   400

       贷：银行存款   400

（10）借：制造费用   2 000

       贷：累计折旧   2 000

（11）先计算本月发生的制造费用总额：

制造费用总额=2 000+6 000+840+1 200+2 500+60+400+2 000=15 000（元）

再计算本月制造费用分配率：

制造费用分配率=15 000÷（25 000+15 000）=0.375

最后计算A、B两种产品应分配的制造费用：

A产品应分配的制造费用=25 000×0.375=9 375（元）

B产品应分配的制造费用=15 000×0.375=5 625（元）

编制的会计分录为：

借：生产成本——A产品	9 375
——B产品	5 625
贷：制造费用	15 000

2.期间费用业务的处理

（1）借：销售费用——工资	8 000
贷：应付职工薪酬	8 000
（2）借：销售费用——福利费	1 120
贷：应付职工薪酬	1 120
（3）借：管理费用——业务招待费	1 500
贷：银行存款	1 500
（4）借：管理费用——折旧费	2 000
贷：累计折旧	2 000
（5）借：销售费用——广告费	5 000
贷：银行存款	5 000
（6）借：销售费用——运输费	800
贷：库存现金	800
（7）借：管理费用——工资及福利费	22 800
贷：应付职工薪酬	22 800
（8）借：财务费用	1 500
贷：银行存款	1 500

第十一章 收入与利润

一、学习目的与要求

通过本章的学习，了解收入的定义、特征与分类，掌握收入确认与计量的基本方法（五步法模型），掌握营业外收入与营业外支出的主要内容；重点掌握在某一时段内履行履约义务相关收入的确认与计量，在某一时点履行履约义务相关收入的确认与计量，利润的构成及计算与结转以及净利润的分配程序及会计处理。

二、内容概览

（一）关键概念

1. 收入
2. 主营业务收入
3. 其他业务收入
4. 转让商品收入
5. 提供服务收入
6. 商品控制权
7. 单项履约义务
8. 在某一时段内履行的履约义务
9. 在某一时点履行的履约义务
10. 利润
11. 营业利润
12. 利润总额
13. 净利润
14. 营业外收入
15. 营业外支出
16. 本年利润
17. 利润分配

（二）关键问题

1. 收入应当如何分类？各有何意义？
2. 什么是收入确认与计量的五步法模型？
3. 如何确认和计量在某一时段内履行履约义务的相关收入？
4. 如何确认和计量在某一时点履行履约义务的相关收入？
5. 什么是利润？由哪些内容构成？

6.如何计算和结转净利润？

三、本章重点与难点

（一）收入及其分类

收入，是指企业在日常活动中形成的、会导致所有者权益增加的、与所有者投入资本无关的经济利益的总流入。收入具有如下特征：（1）收入是企业日常活动形成的经济利益流入；（2）收入必然导致所有者权益的增加；（3）收入不包括所有者向企业投入资本导致的经济利益流入。

按交易的性质，收入分为转让商品收入和提供服务收入；按其在经营业务中所占的比重，收入分为主营业务收入和其他业务收入。

（二）收入确认与计量的基本方法

企业确认收入的方式应当反映其向客户转让商品或提供服务（以下简称"转让商品"）的模式，收入的金额应当反映企业因转让这些商品或服务（以下简称"商品"）而预期有权收取的对价金额。具体来说，收入的确认与计量应当采用五步法模型，即识别与客户订立的合同、识别合同中的单项履约义务、确定交易价格、将交易价格分摊至各单项履约义务、履行每一单项履约义务时确认收入。

（三）在某一时段内履行的履约义务

对于在某一时段内履行的履约义务，企业应当在该段时间内按照履约进度确认收入，但是，履约进度不能合理确定的除外。

企业应当考虑商品的性质，采用产出法或投入法确定恰当的履约进度。其中，产出法是根据已转移给客户的商品对于客户的价值确定履约进度；投入法是根据企业为履行履约义务的投入确定履约进度。

当履约进度不能合理确定时，企业已经发生的成本预计能够得到补偿的，应当按照已经发生的成本金额确认收入，直到履约进度能够合理确定为止。

（四）在某一时点履行的履约义务

对于在某一时点履行的履约义务，企业应当在客户取得相关商品控制权的时点确认收入。在判断客户是否已取得商品控制权时，企业应当考虑下列迹象：

（1）企业就该商品享有现时收款权利，即客户就该商品负有现时付款义务。

（2）企业已将该商品的法定所有权转移给客户，即客户已拥有该商品的法定所有权。

（3）企业已将该商品实物转移给客户，即客户已实物占有该商品。

（4）企业已将该商品所有权上的主要风险和报酬转移给客户，即客户已取得该商品所有权上的主要风险和报酬。

（5）客户已接受该商品。

（6）其他表明客户已取得商品控制权的迹象。

（五）利润的定义与构成

利润，是指企业在一定会计期间的经营成果，包括收入减去费用后的净额、直接计入当期损益的利得和损失等。在利润表中，利润分为营业利润、利润总额和净利润三个层次。

（1）

$$营业利润 = 营业收入 - 营业成本 - 税金及附加 - 销售费用 - 管理费用（不含研发费用） - 研发费用 - 财务费用 + 其他收益$$

$$\pm 投资净损益 \pm 公允价值变动净损益 - 资产减值损失 - 信用减值损失 \pm 资产处置净损益$$

（2）利润总额＝营业利润＋营业外收入－营业外支出

其中：营业外收入，是指企业取得的与生产经营活动没有直接关系从而不构成营业利润的各项利得，主要包括非流动资产毁损报废利得、政府补助利得、捐赠利得、盘盈利得等；营业外支出，是指企业发生的与生产经营活动没有直接关系从而不构成营业利润的各项损失或支出，主要包括非流动资产毁损报废损失、公益性捐赠支出、非常损失、盘亏损失等。

（3）净利润＝利润总额－所得税费用

（六）利润的结转与分配

企业应设置"本年利润"科目，用于核算企业当期实现的净利润或发生的净亏损。利润计算与结转的基本会计处理程序如下：

（1）会计期末，企业应将各损益类科目的余额转入"本年利润"科目，结平各损益类科目。

（2）年度终了，将收支相抵后计算出的本年净利润（或净亏损）转入"利润分配——未分配利润"科目,结转后,"本年利润"科目应无余额。

企业当期实现的净利润,加上年初未分配利润(或减去年初未弥补亏损)后的余额,为可供分配的利润。可供分配的利润,一般按下列顺序分配:①提取法定盈余公积;②提取任意盈余公积;③应付现金股利或利润;④转作股本的股利。

四、练习题

(一)单项选择题

1.关于企业的收入,下列说法中错误的是( )。

A.收入是企业日常活动形成的经济利益总流入

B.收入的取得会导致资产的增加或者负债的减少

C.收入必然导致所有者权益的增加

D.收入包括所有者向企业投入资本导致的经济利益流入

2.企业下列交易或事项发生的损益中,不影响营业利润的是( )。

A.出售固定资产   B.报废固定资产

C.出租无形资产   D.债务重组

3.企业下列处置资产业务所形成的经济利益流入中,不属于收入的是( )。

A.出售周转材料   B.出租固定资产

C.出租无形资产   D.报废固定资产

4.工业企业结转的销售原材料实际成本,应计入( )。

A.主营业务成本   B.销售费用

C.其他业务成本   D.营业外支出

5.工业企业出租固定资产所取得的收入,属于( )。

A.主营业务收入   B.其他业务收入

C.投资收益   D.营业外收入

6.当企业与客户之间的合同同时满足收入确认的前提条件时,收入确认的时点是( )。

A.向客户收取货款时

B.将商品交付给客户时

C.客户取得相关商品控制权时

D.将商品的所有权转移给客户时

7.如果企业销售的商品已经发出但客户尚未取得商品的控制权，应将发出商品的成本转入（　　　）。

A."发出商品"科目　　　　　　B."在途物资"科目

C."主营业务成本"科目　　　　D."其他业务成本"科目

8.对于在某一时段内履行的履约义务，相关的收入应当（　　　）。

A.在开始提供服务时确认　　　B.在完成服务时确认

C.按履约进度确认　　　　　　D.在收到价款时确认

9.对于在某一时段内履行的履约义务，当履约进度不能合理确定时，企业已经发生的成本预计能够得到补偿的，应当（　　　）。

A.按照合同约定的劳务价款确认收入

B.按照履约进度确认收入

C.按照实际收到的劳务价款确认收入

D.按照已经发生的成本金额确认收入

10.在计算营业利润时，不会涉及的损益类项目是（　　　）。

A.资产减值损失　　　　　　　B.公允价值变动净损益

C.投资净损益　　　　　　　　D.所得税费用

11.企业一定期间的利润总额是指（　　　）。

A.营业利润加其他综合收益

B.营业利润加营业外收支净额

C.营业利润加营业外收支净额减所得税费用

D.净利润加其他综合收益净额

12.企业一定期间的净利润是指（　　　）。

A.营业利润

B.营业利润减所得税费用

C.营业利润加营业外收支净额

D.利润总额减所得税费用

13.企业出售固定资产取得的净收入，应当计入（　　　）。

A.主营业务收入　　　　　　　B.其他业务收入

C.营业外收入　　　　　　　　D.资产处置损益

14.企业出售下列资产取得的收益中，应当列入营业外收入的是（　　）。

A.出售原材料　　　　　　　　B.出售无形资产

C.出售报废的固定资产　　　　D.出售持有待售的固定资产

15.企业下列活动形成的经济利益流入中，不应列入营业外收入的是（　　）。

A.接受捐赠　　　　　　　　　B.债务重组

C.报废固定资产　　　　　　　D.库存现金盘盈

16.企业获得的下列经济利益流入中，属于营业外收入的是（　　）。

A.报废固定资产净收益

B.客户逾期未退回包装物没收的押金

C.出售无形资产净收益

D.债务重组收益

17.企业于会计期末结账时，"营业外收入"科目应当转入（　　）。

A."本年利润"科目的借方　　　B."本年利润"科目的贷方

C."利润分配"科目的借方　　　D."利润分配"科目的贷方

18.下列利润表项目中，不设置相应的损益类总账科目单独核算的是（　　）。

A.研发费用　　　　　　　　　B.信用减值损失

C.其他收益　　　　　　　　　D.所得税费用

19.企业的法定盈余公积应当按照（　　）。

A.当期营业利润的10%提取　　B.当期利润总额的10%提取

C.当期净利润的10%提取　　　D.当期可供分配利润的10%提取

20.企业分配股票股利的会计分录是（　　）。

A.借记"利润分配"科目，贷记"股本"科目

B.借记"股本"科目，贷记"利润分配"科目

C.借记"利润分配"科目，贷记"应付股利"科目

D.借记"应付股利"科目，贷记"利润分配"科目

（二）多项选择题

1.企业下列活动形成的损益中，构成营业利润的有（　　）。

A.出售原材料　　　　　　　　B.出售无形资产

C.出租无形资产　　　　　　　　D.出售固定资产

E.出租固定资产

2.工业企业下列业务取得的收入中，属于主营业务收入的有（　　）。

A.销售产成品　　　　　　　　　B.销售半成品

C.销售原材料　　　　　　　　　D.出租包装物

E.出租低值易耗品

3.工业企业下列活动形成的经济利益流入中，属于其他业务收入的有（　　）。

A.出租固定资产　　　　　　　　B.出租无形资产

C.出售固定资产　　　　　　　　D.出售无形资产

E.出售原材料

4.工业企业的下列活动形成的经济利益流入中，应列入利润表营业收入项目下的有（　　）。

A.销售自制产成品　　　　　　　B.转让商标使用权

C.出售积压的原材料　　　　　　D.出租生产设备

E.出租房屋

5.收入确认与计量的基本步骤包括（　　）。

A.识别与客户订立的合同

B.识别合同中的单项履约义务

C.确定交易价格

D.将交易价格分摊至各单项履约义务

E.在履行每一单项履约义务时确认收入

6.企业发生的下列损失中，应当计入资产处置损益的有（　　）。

A.现金短缺损失　　　　　　　　B.出售无形资产净损失

C.投资净损失　　　　　　　　　D.坏账损失

E.出售固定资产净损失

7.下列项目中，属于营业外支出的有（　　）。

A.债务重组损失　　　　　　　　B.公益性捐赠支出

C.固定资产盘亏损失　　　　　　D.资产减值损失

E.存货霉烂变质损失

8.下列收入或利得项目中，与计算营业利润相关的有（　　）。

A.主营业务收入   B.其他业务收入

C.公允价值变动损益   D.投资收益

E.营业外收入

9.企业一定期间发生的下列费用或损失中,影响营业利润的有( )。

A.营业成本   B.税金及附加

C.资产减值损失   D.投资净损益

E.公允价值变动净损益

10.企业一定期间发生的下列损益中,影响利润总额的有( )。

A.税金及附加   B.公允价值变动净损益

C.营业外收入   D.营业外支出

E.所得税费用

11.企业下列交易或事项形成的损失中,应计入营业外支出的有( )。

A.出售原材料   B.出售低值易耗品

C.报废固定资产   D.报废无形资产

E.自然灾害造成资产毁损

12.企业获取的下列经济利益流入中,不应列入当期营业外收入的有( )。

A.无法查明原因的现金溢余   B.存货盘盈

C.出租无形资产的收入   D.固定资产盘盈

E.债务重组收益

13.企业发生的下列损失中,不应列入营业外支出的有( )。

A.现金短缺损失   B.出售无形资产净损失

C.定额内废品损失   D.坏账损失

E.债务重组损失

14.企业发生的下列与固定资产相关的支出或损失中,应列入营业外支出的有( )。

A.固定资产大修理支出   B.固定资产改扩建支出

C.固定资产报废损失   D.固定资产盘亏损失

E.固定资产减值损失

15.下列项目中，不会引起股东权益总额发生增减变动的有（　　　）。

A.用资本公积转增资本　　　　　B.用盈余公积弥补亏损

C.提取盈余公积　　　　　　　　D.分配股票股利

E.分配现金股利

（三）判断题

1.根据《企业会计准则》对收入的定义，企业出售商品、材料形成的经济利益流入属于收入，出售固定资产、无形资产形成的经济利益流入则不属于收入。（　　　）

2.企业的所有者向企业投入资本形成的经济利益流入导致所有者权益的增加，因而应作为企业的收入。（　　　）

3.收入不一定都表现为资产的增加，也可以表现为负债的减少。（　　　）

4.根据《企业会计准则》对收入的定义，收入不仅包括主营业务收入和其他业务收入，也包括营业外收入。（　　　）

5.企业转让商品取得的收入属于主营业务收入，提供服务取得的收入属于其他业务收入。（　　　）

6.工业企业出租无形资产取得的收入属于营业收入，出售无形资产取得的收入属于营业外收入。（　　　）

7.工业企业出租周转材料和出售周转材料取得的收入，都属于其他业务收入。（　　　）

8.实物已交付客户但客户尚未取得控制权的商品，仍应列入销货方资产负债表的"存货"项目。（　　　）

9.对于在某一时段内履行的履约义务，企业应当在该段时间内按照履约进度确认收入，但履约进度不能合理确定的除外。（　　　）

10.对于在某一时段内履行的履约义务，当履约进度不能合理确定时，企业已经发生的成本预计能够得到补偿的，应当按照已经发生的成本金额确认收入。（　　　）

11.对于在某一时段内履行的履约义务，当履约进度不能合理确定时，企业不应确认收入。（　　　）

12.利润不仅仅指营业利润，还包括营业外收支净额。（　　　）

13.营业利润是指营业收入扣减营业成本和税金及附加后的差额。（　　　）

14.影响营业利润的收支项目必然会影响利润总额，但影响利润总额的收支项目不一定会影响营业利润。　　　　　　　　（　　）

15.企业处置固定资产发生的损益，均应计入资产处置损益。（　　）

16.企业分配现金股利会导致所有者权益总额的减少，但分配股票股利不会导致所有者权益总额的减少。　　　　　　　（　　）

17.企业本年度的利润分配结束之后，"利润分配"科目应无余额。

（　　）

（四）计算及业务处理题

1.星海公司与客户签订了一项合同，以 800 000 元的价格向客户销售 A、B、C、D 四种产品，四种产品都是星海公司定期单独对外销售的产品，A、B、C 三种产品的单独售价均可直接观察，A 产品单独售价为360 000 元，B 产品单独售价为 240 000 元，C 产品单独售价为 250 000元，而 D 产品因其近期售价波动幅度巨大，无法可靠确定单独售价，星海公司采用余值法估计其单独售价。在该合同中，星海公司针对 A 产品和 B 产品给予客户折扣 100 000 元，C 产品和 D 产品则没有给予折扣。

要求：将交易价格分摊至各单项履约义务。

2.2×18 年 12 月 20 日，星海公司与客户签订合同，每周为客户的办公楼提供保洁服务，合同期限为 3 年，客户每年向星海公司支付服务费15 万元（该价格反映了合同开始日该项服务的单独售价），合同于 2×19年 1 月 1 日开始执行。2×20 年 12 月 25 日，合同双方对合同进行了变更，将第 3 年的服务费调整为 12 万元（该价格反映了合同变更日该项服务的单独售价），同时以 30 万元的价格将合同期限延长 3 年，即每年的服务费为 10 万元（该价格不能反映合同变更日该项服务的单独售价）。上述价格均不包含增值税。合同约定，服务费于每年的 12 月 31 日按履约的时间进度结算一次，星海公司据以确认收入。合同期间，客户各年均如约支付了服务费。假定星海公司提供保洁服务适用的增值税税率为 6%，于结算服务费时发生纳税义务。

要求：根据以上资料，编制星海公司各年年末确认服务费收入的会计分录。

3.星海公司向 B 公司销售一批商品，商品成本 50 000 元，售价60 000 元，增值税税额 7 800 元。商品已经发出，货款也已收妥。

要求：编制星海公司在B公司取得对该批商品的控制权时确认销售收入和结转销售成本的会计分录。

4.2×24年6月10日，星海公司向B公司赊销一批商品，商品成本80 000元，售价110 000元，增值税税额14 300元。星海公司开出发票账单，并按照合同约定的品种和质量发出商品，B公司已将该批商品验收入库，同时取得对该批商品的控制权。商品赊销期限为30天，星海公司在赊销商品时即获得对合同对价的无条件收款权利。

要求：编制星海公司赊销商品的下列会计分录：

（1）6月10日，发出商品并结转销售成本；

（2）7月10日，收回货款。

5.2×23年9月20日，星海公司将一批不需用的库存原材料销售给B公司。原材料采购成本90 000元，已计提跌价准备35 000元，销售价格50 000元，增值税税额6 500元。星海公司开出发票账单并发出原材料，B公司将该批材料验收入库并取得控制权。星海公司在销售原材料时已知悉B公司目前面临资金周转困难，近期内难以收回货款，但考虑到与B公司以往的业务关系以及处理积压库存原材料，仍将原材料发运给B公司。2×24年5月10日，B公司给星海公司开出、承兑一张为期3个月的商业汇票，结算货款。

要求：编制星海公司销售原材料的下列会计分录：

（1）2×23年9月20日，发出原材料；

（2）2×24年5月10日，收到B公司开来的商业汇票。

6.星海公司2×24年度取得主营业务收入6 000万元，其他业务收入1 500万元，投资收益1 800万元，营业外收入300万元；发生主营业务成本4 000万元，其他业务成本1 000万元，税金及附加200万元，销售费用950万元，管理费用650万元，财务费用300万元，营业外支出900万元，所得税费用520万元。星海公司按净利润的10%提取法定盈余公积，2×24年度向股东分配现金股利300万元。

要求：作出星海公司有关利润结转与分配的下列会计处理：

（1）结转损益类科目余额。

（2）结转净利润。

（3）提取法定盈余公积。

（4）分配现金股利。

（5）计算利润表中下列项目的金额：

营业利润=

利润总额=

净利润=

五、案例分析题

星海公司是一家工业企业，适用25%的所得税税率。该企业各月月末，通过"利润表"计算当月利润；年度终了，将损益类科目全年累计金额一次性转入"本年利润"科目，计算年度利润。星海公司2×24年度有关利润表及其分配的资料如下：

1.星海公司2×24年11月份利润表（简表），见表11-1。

表11-1   利润表（简表）   会企02表

编制单位：星海公司   2×24年11月   单位：元

项　目	本月数	本年累计数
一、营业收入	239 000	2 795 600
减：营业成本	166 000	1 923 600
税金及附加	400	5 000
销售费用	4 600	58 000
管理费用	22 000	266 000
财务费用	7 200	85 000
加：投资收益（损失以"-"号填列）	2 500	72 000
公允价值变动收益（损失以"-"号填列）		
二、营业利润（亏损以"-"号填列）	41 300	530 000
加：营业外收入	6 000	85 000
减：营业外支出	7 300	35 000
三、利润总额（亏损总额以"-"号填列）	40 000	580 000
减：所得税费用	10 000	145 000
四、净利润（净亏损以"-"号填列）	20 000	435 000

注：主营业务收入本年累计数为2 580 000元，其他业务收入本年累计数为215 600元；主营业务成本本年累计数为1 750 000元，其他业务成本本年累计数为173 600元。

2.星海公司2×24年12月份科目发生额汇总表（部分），见表11-2。

表11-2

科目发生额汇总表（部分）

2×24年12月

单位：元

会计科目	本期发生额	
	借　方	贷　方
主营业务收入		363 000
其他业务收入		15 000
投资收益		60 800
公允价值变动损益		35 000
营业外收入		82 000
主营业务成本	255 000	
其他业务成本	12 500	
税金及附加	500	
销售费用	5 200	
管理费用	24 000	
财务费用	8 600	
资产减值损失	30 000	
营业外支出	68 500	
所得税费用	182 875	

3.2×24年度，星海公司根据法律规定按净利润的10%提取法定盈余公积，根据股东大会决议按净利润的15%提取任意盈余公积，分配现金股利150 000元，分配股票股利100 000元。

案例要求：

（1）编制星海公司2×24年度损益类科目累计发生额汇总表；

（2）编制星海公司结转2×24年度损益类科目累计发生额和净利润的会计分录；

（3）编制星海公司2×24年度利润分配的有关会计分录；

（4）编制星海公司2×24年度的利润表。

案例提示

（1）星海公司2×24年度损益类科目累计发生额汇总表，见表11-3。

表11-3

损益类科目累计发生额汇总表

2×24年度   单位：元

会计科目	1—11月份发生额		12月份发生额		本年累计发生额	
	借方	贷方	借方	贷方	借方	贷方
主营业务收入		2 580 000		363 000		2 943 000
其他业务收入		215 600		15 000		230 600
投资收益		72 000		60 800		132 800
公允价值变动损益				35 000		35 000
营业外收入		85 000		82 000		167 000
主营业务成本	1 750 000		255 000		2 005 000	
其他业务成本	173 600		12 500		186 100	
税金及附加	5 000		500		5 500	
销售费用	58 000		5 200		63 200	
管理费用	266 000		24 000		290 000	
财务费用	85 000		8 600		93 600	
资产减值损失			30 000		30 000	
营业外支出	35 000		68 500		103 500	
所得税费用			182 875		182 875	

（2）星海公司结转2×24年度损益类科目累计发生额和净利润的会计分录：

①结转损益类科目全年累计发生额

借：主营业务收入   2 943 000

  其他业务收入   230 600

  投资收益   132 800

  公允价值变动损益   35 000

  营业外收入   167 000

 贷：本年利润   3 508 400

借：本年利润   2 959 775

 贷：主营业务成本   2 005 000

  其他业务成本   186 100

  税金及附加   5 500

  销售费用   63 200

  管理费用   290 000

  财务费用   93 600

  资产减值损失   30 000

  营业外支出   103 500

  所得税费用   182 875

②结转2×24年度净利润

借：本年利润   548 625

 贷：利润分配——未分配利润   548 625

（3）星海公司2×24年度利润分配的有关会计分录：

①提取盈余公积

法定盈余公积=548 625×10%=54 862.50（元）

任意盈余公积=548 625×15%=82 293.75（元）

借：利润分配——提取法定盈余公积 54 862.50

    ——提取任意盈余公积 82 293.75

 贷：盈余公积——法定盈余公积   54 862.50

    ——任意盈余公积   82 293.75

②分配现金股利

借：利润分配——应付现金股利或利润 150 000

 贷：应付股利   150 000

③分配股票股利

借：利润分配——转作股本的股利　　　　　　　　　　100 000

　　贷：股本　　　　　　　　　　　　　　　　　　　　　　　100 000

④结转"利润分配"明细科目余额

借：利润分配——未分配利润　　　　　　　　387 156.25

　　贷：利润分配——提取法定盈余公积　　　　　　　54 862.50

　　　　　　　　——提取任意盈余公积　　　　　　　82 293.75

　　　　　　　　——应付现金股利或利润　　　　　　150 000

　　　　　　　　——转作股本的股利　　　　　　　　100 000

（4）星海公司2×24年度利润表（简表），见表11-4。

表11-4　　　　　　　　　　利润表（简表）　　　　　　　会企02表

编制单位：星海公司　　　　　　　2×24年度　　　　　　　　　单位：元

项　目	本期金额	上期金额
一、营业收入	3 173 600	
减：营业成本	2 191 100	
税金及附加	5 500	
销售费用	63 200	
管理费用	290 000	
财务费用	93 600	
加：投资收益（损失以"-"号填列）	132 800	
公允价值变动收益（损失以"-"号填列）	35 000	
资产减值损失（损失以"-"号填列）	-30 000	
二、营业利润（亏损以"-"号填列）	668 000	
加：营业外收入	167 000	
减：营业外支出	103 500	
三、利润总额（亏损总额以"-"号填列）	731 500	
减：所得税费用	182 875	
四、净利润（净亏损以"-"号填列）	548 625	

六、练习题参考答案

(一) 单项选择题

1.D 2.B 3.D 4.C 5.B 6.C 7.A 8.C 9.D 10.D 11.B 12.D 13.D 14.C 15.B 16.A 17.B 18.A 19.C 20.A

(二) 多项选择题

1. ABCDE 2. AB 3. ABE 4. ABCDE 5. ABCDE 6. BE 7. BC 8. ABCD 9.ABCDE 10.ABCD 11.CDE 12.BCDE 13.ABCDE 14.CD 15.ABCD

(三) 判断题

1.× 2.× 3.√ 4.× 5.× 6.× 7.√ 8.√ 9.√ 10.√ 11.× 12.√ 13.× 14.√ 15.× 16.√ 17.×

(四) 计算及业务处理题

1.将交易价格分摊至各单项履约义务。

由于A、B、C、D四种产品都是星海公司定期单独对外销售的产品,因而都构成单项履约义务。在该合同中,由于合同折扣只是针对A产品和B产品的,因此,星海公司在分摊合同折扣时,只应将合同折扣按单独售价的相对比例分摊给A产品和B产品。A产品和B产品分摊合同折扣后的交易价格计算如下:

A产品交易价格=360 000-360 000÷(360 000+240 000)×100 000

=300 000(元)

B产品交易价格=240 000-240 000÷(360 000+240 000)×100 000=200 000(元)

A、B、C、D四种产品单独售价的估计,见表11-5。

表11-5　　　　　　　　　　单独售价估计表　　　　　　　　　　单位:元

合同产品	单独售价	方法
A产品	300 000	直接观察法(已扣除折扣)
B产品	200 000	直接观察法(已扣除折扣)
C产品	250 000	直接观察法
D产品	50 000	余值法
合计	800 000	

2.星海公司各年年末确认服务费收入的会计分录:

(1) 2×19年12月31日,确认服务费收入。

借:银行存款　　　　　　　　　　　　　　　　　　　　　159 000

　　贷:主营业务收入　　　　　　　　　　　　　　　　　　150 000

  贷：应交税费——应交增值税（销项税额）   9 000

（2）2×20年12月31日，确认服务费收入。

  由于各年提供的保洁服务之间可以明确区分，并且调整后的服务费反映了合同变更日该项服务的单独售价，因此，星海公司应当将该合同变更部分（2×21年度的保洁服务）作为一份单独的合同进行会计处理。2×20年12月31日，仍应按原合同金额确认本年的服务费收入。

借：银行存款   159 000
  贷：主营业务收入   150 000
    应交税费——应交增值税（销项税额）   9 000

（3）2×21年12月31日，确认服务费收入。

  合同变更日，由于新增的3年保洁服务价格不能反映该项服务在合同变更时的单独售价，因此，新增的3年保洁服务不能作为单独的合同进行会计处理，而应当作为原合同终止并将原合同中未履约的部分与合同变更合并为一份新合同进行会计处理。在新合同中，服务期限为4年，总对价为42万元（12+30），星海公司每年应确认收入10.5万元（42÷4）。

借：银行存款   111 300
  贷：主营业务收入   105 000
    应交税费——应交增值税（销项税额）   6 300

（4）2×22年12月31日，确认服务费收入。

借：银行存款   111 300
  贷：主营业务收入   105 000
    应交税费——应交增值税（销项税额）   6 300

（5）2×23年12月31日，确认服务费收入。

借：银行存款   111 300
  贷：主营业务收入   105 000
    应交税费——应交增值税（销项税额）   6 300

（6）2×24年12月31日，确认服务费收入。

借：银行存款   111 300
  贷：主营业务收入   105 000
    应交税费——应交增值税（销项税额）   6 300

3.确认销售商品收入和结转销售成本

借：银行存款   67 800
  贷：主营业务收入   60 000
    应交税费——应交增值税（销项税额）   7 800

借：主营业务成本   50 000

  贷：库存商品   50 000

4.赊销商品、结转销售成本和收回货款

（1）6月10日，发出商品并结转销售成本：

借：应收账款——B公司   124 300

  贷：主营业务收入   110 000

    应交税费——应交增值税（销项税额）   14 300

借：主营业务成本   80 000

  贷：库存商品   80 000

（2）7月10日，收回货款：

借：银行存款   124 300

  贷：应收账款——B公司   124 300

5.销售原材料

（1）2×23年9月20日，发出原材料：

借：发出商品   55 000

   存货跌价准备   35 000

  贷：原材料   90 000

借：应收账款——B公司（应收销项税额）   6 500

  贷：应交税费——应交增值税（销项税额）   6 500

（2）2×24年5月10日，收到B公司开来的商业汇票：

借：应收票据——B公司   56 500

  贷：其他业务收入   50 000

    应收账款——B公司（应收销项税额）   6 500

借：其他业务成本   55 000

  贷：发出商品   55 000

6.利润计算、结转与分配

（1）结转损益类科目余额：

借：主营业务收入   60 000 000

   其他业务收入   15 000 000

   投资收益   18 000 000

   营业外收入   3 000 000

  贷：本年利润   96 000 000

借：本年利润   85 200 000

  贷：主营业务成本   40 000 000

贷：其他业务成本	10 000 000
税金及附加	2 000 000
销售费用	9 500 000
管理费用	6 500 000
财务费用	3 000 000
营业外支出	9 000 000
所得税费用	5 200 000

（2）结转净利润：

借：本年利润　　　　　　　　　　　　　　　10 800 000

　　贷：利润分配——未分配利润　　　　　　　　　　　10 800 000

（3）提取法定盈余公积：

法定盈余公积=1 080×10%=108（万元）

借：利润分配——提取法定盈余公积　　　　　1 080 000

　　贷：盈余公积——法定盈余公积　　　　　　　　　　1 080 000

（4）分配现金股利：

借：利润分配——应付现金股利或利润　　　　3 000 000

　　贷：应付股利　　　　　　　　　　　　　　　　　　3 000 000

（5）计算利润表中下列项目的金额：

营业利润=6 000+1 500+1 800-4 000-1 000-200-950-650-300=2 200（万元）

利润总额=2 200+300-900=1 600（万元）

净利润=1 600-520=1 080（万元）

第十二章　财务报表列报

一、学习目的与要求

本章主要介绍财务报表的概念、种类及编制方法。通过本章的学习，了解财务报表的概念，财务报表的分类和列报的基本要求，财务报表附注的概念及内容；熟练掌握各种主要财务报表的编制方法。

二、内容概览

（一）关键概念

1.财务报表　　　　　　　2.中期财务报表

3.年度财务报表　　　　　4.个别财务报表

5.合并财务报表　　　　　6.利润表

7.单步式利润表　　　　　8.多步式利润表

9.资产负债表　　　　　　10.报告式资产负债表

11.账户式资产负债表　　　12.现金流量表

13.现金等价物

14.所有者权益（或股东权益）变动表

15.财务报表附注

（二）关键问题

1.财务报表的种类是如何划分的？

2.利润表的编制依据是什么？利润表的作用有哪些？

3.我国对利润表的结构和内容是如何规定的？

4.为什么要编制资产负债表？资产负债表的结构和内容如何？

5.资产负债表的项目如何填列？试举例说明。

6.我国的所有者权益（或股东权益）变动表具有怎样的结构和内容？如何编制所有者权益（或股东权益）变动表？

7.财务报表附注有什么作用?

三、本章重点与难点

本章通过对财务报表的概念、种类和列报要求的阐述,要求学生重点掌握财务报表的结构原理和编制方法。

财务报表是会计人员根据日常会计核算资料归集、加工、汇总而形成的结果,它综合地反映了企业资产、负债和所有者权益的情况及一定时期的经营成果和现金流量,它是会计要素确认、计量的结果和综合性描述,是对企业财务状况、经营成果和现金流量的结构性表述。

一套完整的财务报表至少应当包括下列组成部分:"四表一注",即资产负债表、利润表、现金流量表、所有者权益(或股东权益,下同)变动表及其附注。

资产负债表是反映企业某一特定日期财务状况的财务报表。它是根据"资产=负债+所有者权益"或"资产-负债=所有者权益"的会计等式,按照一定的分类标准和一定的顺序,把企业在一定日期的资产、负债、所有者权益各项目予以适当地排列,并对日常工作中形成的大量数据进行高度浓缩整理后编制而成的。资产负债表能够提供资产、负债和所有者权益的全貌。通过编制该表,可以提供企业某一日期资产的总额,表明企业拥有的经济资源及其分布情况,是分析企业生产经营能力的重要资料;通过编制该表,可以反映企业某一日期的负债总额及其结构,表明企业未来需用多少资产或劳务清偿债务;通过编制该表,可以反映企业所有者权益的情况,表明投资者在企业资产中所占的份额,了解权益的结构情况。资产负债表还能够提供进行财务分析所需的基本资料,即可以通过该表计算流动比率、速动比率、资产负债率等,以了解企业的短期和长期偿债能力等。

资产负债表的格式主要有账户式和报告式两种。根据我国现行《企业会计准则》的规定,企业的资产负债表一般采用账户式。

利润表是反映企业在一定期间内生产经营成果的财务报表,是财务报表中对外报送的主要报表。利润表把一定期间内的营业收入和与其同一会计期间相关的营业成本、费用及税费相配比,从而计算出企业一定时期的税后利润。利润表的格式主要有单步式和多步式两种。我国采用多步式利润表格式。

现金流量表是反映企业在一定会计期间内有关现金和现金等价物的流入和流出的报表。

现金流量表的现金是相对广义的现金，不仅包括库存现金，还包括企业随时支用的银行存款和其他货币资金以及现金等价物。

现金流量表属于年报，其由报表主表和补充资料两部分组成。根据我国《企业会计准则》的规定，企业一定时期内发生的现金流量可分为三大类，即经营活动产生的现金流量、投资活动产生的现金流量和筹资活动产生的现金流量。

所有者权益变动表是反映企业构成所有者权益各组成部分当期增减变动情况的报表。它不仅包括所有者权益总量的增减变动，还包括所有者权益增减变动的重要结构性信息，使信息使用者能够理解其增减变动的根源。

财务报表附注是对在资产负债表、利润表、现金流量表和所有者权益变动表等报表中列示项目的文字描述或明细资料，以及对未能在这些报表中列示项目的说明等。

财务报表附注一般应当披露：企业的基本情况，包括企业注册地、组织形式和总部地址、企业的业务性质和主要经营活动、母公司以及集团最终母公司的名称、财务报告的批准报出者和财务报告的批准报出日；营业期限有限的企业还应当披露有关其营业期限的信息；财务报表的编制基础；遵循企业会计准则的声明；重要会计政策的说明，包括财务报表项目的计量基础和会计政策的确定依据等；重要会计估计的说明，包括下一会计期间内很可能导致资产、负债账面价值重大调整的会计估计的确定依据等；会计政策和会计估计变更以及差错更正的说明；报表重要项目的说明；其他需要说明的重要事项，主要包括或有和承诺事项、资产负债表日后非调整事项、关联方关系及其交易；有助于财务报表使用者评价企业管理资本的目标、政策及程序的信息等。

四、练习题

（一）单项选择题

1.按照编报期间的不同，财务报表可以分为（　　）。

A.中期财务报表和年度财务报表

B.年度财务报表和半年度财务报表

C.月度财务报表和季度财务报表

D.中期财务报表和半年度财务报表

2.按照编报主体的不同，财务报表可以分为（　　　）。

A.企业财务报表和事业财务报表

B.主要财务报表和附属财务报表

C.公司财务报表和汇总财务报表

D.个别财务报表和合并财务报表

3.在资产负债表的下列项目中，其金额是根据几个总账账户的期末余额进行汇总填列的是（　　　）。

A.交易性金融资产

B.短期借款

C.应付账款

D.货币资金

4.通过资产负债表不能了解的情况是（　　　）。

A.企业的经济资源及分布的情况

B.企业资金的来源渠道和构成

C.企业固定资产的新旧程度

D.企业的财务成果及其形成过程

5.在编制资产负债表时，资产类备抵调整账户应列示在（　　　）。

A.权益方　　　　　　　　　　B.贷方

C.借方　　　　　　　　　　　D.资产方

6.不能记入资产负债表中"存货"项目的是（　　　）。

A.原材料　　　　　　　　　　B.固定资产

C.库存商品　　　　　　　　　D.在产品

7."应收账款"账户所属明细账户有贷方余额，应在（　　　）资产负债表项目内进行反映。

A.应收账款　　　　　　　　　B.应付账款

C.预付款项　　　　　　　　　D.预收款项

8.在编制资产负债表时，"预付账款"账户所属有关明细账期末有贷方余额的，应该在报表中填列的项目是（　　　）。

　　A.预收款项　　　　　　　　　　B.预付款项

　　C.应收账款　　　　　　　　　　D.应付账款

9.依照我国的《企业会计准则》，资产负债表采用的格式为（　　　）。

　　A.单步报告式　　　　　　　　　B.多步报告式

　　C.账户式　　　　　　　　　　　D.混合式

10.在编制财务报表时，以"资产=负债+所有者权益"等式作为编制依据的报表是（　　　）。

　　A.利润表　　　　　　　　　　　B.利润分配表

　　C.资产负债表　　　　　　　　　D.现金流量表

11.某企业是新开办的企业，本年度实现的利润总额为 900 000元，该企业按25%计算所得税，按税后利润的10%提取法定盈余公积，分给投资者的利润为 235 600 元，则该企业"年末未分配利润"数额为（　　　）元。

　　A.220 000　　　　　　　　　　B.276 950

　　C.371 900　　　　　　　　　　D.394 400

12.在下列各个财务报表中，属于企业对外提供的静态报表的是（　　　）。

　　A.利润表　　　　　　　　　　　B.成本报表

　　C.现金流量表　　　　　　　　　D.资产负债表

13.反映企业某一特定日期财务状况的财务报表是（　　　）。

　　A.资产负债表　　　　　　　　　B.利润表

　　C.所有者权益变动表　　　　　　D.现金流量表

14.属于资产负债表中的流动负债项目的是（　　　）。

　　A.其他应付款　　　　　　　　　B.长期应付款

　　C.应付债券　　　　　　　　　　D.未分配利润

15.反映企业某一期间经营成果的财务报表是（　　　）。

　　A.资产负债表　　　　　　　　　B.利润表

　　C.所有者权益变动表　　　　　　D.现金流量表

16."应付账款"科目所属明细科目如有借方余额，反映在资产负债表上的项目是（　　　）。

A.预收款项　　　　　　　　B.预付款项

C.应收账款　　　　　　　　D.应付账款

17.按照财务报表反映的经济内容分类，资产负债表属于（　　　）。

A.财务状况报表　　　　　　B.经营成果表

C.对外报表　　　　　　　　D.月报

18.以"收入-费用=利润"这一会计等式作为编制依据的财务报表是（　　　）。

A.利润表　　　　　　　　　B.所有者权益变动表

C.资产负债表　　　　　　　D.现金流量表

19.资产负债表中的"存货"项目，应根据（　　　）。

A."存货"账户的期末借方余额直接填列

B."原材料"账户的期末借方余额直接填列

C."原材料"、"生产成本"和"库存商品"等账户的期末借方余额之和减去"存货跌价准备"等账户期末余额后的金额填列

D."原材料"、"主营业务成本"和"库存商品"等账户的期末借方余额之和减去"存货跌价准备"等账户期末余额后的金额填列

20.在填列资产负债表"期末余额"栏各个项目时，下列说法正确的是（　　　）。

A.主要根据有关账户的期末余额记录填列

B.主要根据有关账户的本期发生额记录填列

C.大多数项目根据有关账户的期末余额记录填列，少数项目根据有关账户的本期发生额记录填列

D.少数项目根据有关账户的期末余额记录填列，大多数项目根据有关账户的本期发生额记录填列

21.某企业"应付账款"明细账期末余额情况如下：W企业贷方余额为200 000元，Y企业借方余额为180 000元，Z企业贷方余额为300 000元。假如该企业"预付账款"明细账均为借方余额，则根据以上数据计算的反映在资产负债表上"应付账款"项目的数额为（　　　）元。

A.680 000　　　　　　　　B.320 000

C.500 000　　　　　　　　D.80 000

22.通过现金流量表可以了解到的会计信息是（　　　）。

A.企业固定资产的新旧程度

B.企业资金的来源渠道和构成

C.企业所掌握的经济资源及其分布情况

D.企业在一定期间内现金和现金等价物的流入和流出的信息及其现金增减变动的原因

23.某企业本期商品销售收入为 2 800 000 元，以银行存款收讫，应收票据期初余额为 270 000 元，期末余额 60 000 元，应收账款期初余额为 1 000 000 元，期末余额为 400 000 元，年度内核销的坏账损失为 20 000 元，另外，当期因为商品质量问题发生的退货价款为 30 000 元，货款已通过银行转账支付。根据上述资料，现金流量表中"销售商品、提供劳务收到的现金"项目为（ ）元。

A.3 560 000   B.3 590 000

C.3 580 000   D.3 620 000

24.处置固定资产的净损益应归为（ ）。

A.投资活动产生的现金流量

B.筹资活动产生的现金流量

C.经营活动产生的现金流量

D.经营活动或投资活动产生的现金流量

25.在下列项目中，不符合现金流量表中现金概念的是（ ）。

A.企业的银行本票存款

B.不能随时用于支付的存款

C.企业购入的3个月内到期的国债

D.企业的银行汇票存款

26.下列能引起现金流量净额发生变动的业务是（ ）。

A.将现金存入银行

B.用现金支付购买材料款

C.用现金购买1个月到期的债券

D.用一台设备清偿50万元的债务

27.依照我国的《企业会计准则》，利润表采用的格式为（ ）。

A.单步式   B.多步式

C.账户式   D.混合式

28.依照我国的《企业会计准则》，不属于财务报表"四表一注"的是（　　）。

A.资产负债表 　　　　　　　　B.成本报表

C.利润表 　　　　　　　　　　D.附注

29.财务报表表首部分不需列报的信息是（　　）。

A.编报企业的名称 　　　　　　B.编报时间

C.编报企业的主要经营活动 　　D.货币名称和单位

30.在资产负债表的下列项目中，其金额是根据总账账户的期末余额填列的是（　　）。

A.短期借款 　　　　　　　　　B.存货

C.长期借款 　　　　　　　　　D.货币资金

31.现金流量表的编制基础是（　　）。

A.权责发生制 　　　　　　　　B.收付实现制

C.间接法 　　　　　　　　　　D.直接法

（二）多项选择题

1.在企业的下列报表中，属于对外报表的有（　　）。

A.资产负债表 　　　　　　　　B.所有者权益变动表

C.利润表 　　　　　　　　　　D.现金流量表

E.主要产品单位成本表

2.在利润表中，"营业收入"项目是根据一些账户发生额的合计数填列的，这些账户包括（　　）。

A."主营业务收入" 　　　　　　B."投资收益"

C."营业外收入" 　　　　　　　D."其他业务收入"

E."税金及附加"

3.利润表提供的信息包括（　　）。

A.实现的营业收入 　　　　　　B.发生的营业成本

C.税金及附加 　　　　　　　　D.利润或亏损总额

E.企业的财务状况

4.在资产负债表中，流动资产项目包括（　　）。

A.无形资产 　　　　　　　　　B.交易性金融资产

C.预付款项 　　　　　　　　　D.销售费用

E.存货

5.下列不涉及现金收支的投资和筹资活动的项目有（　　）。

A.以现金偿还债务　　　　　　　B.以存货偿还债务

C.以设备对外投资　　　　　　　D.以存货对外投资

E.以设备偿还债务

6.资产负债表中的"存货"项目根据有关账户的期末余额的代数和减去其备抵账户期末余额后的金额填列，这些账户包括（　　）。

A."库存商品"　　　　　　　　　B."原材料"

C."制造费用"　　　　　　　　　D."生产成本"

E."在建工程"

7.在编制资产负债表的过程中，应根据总账科目的期末余额直接进行填列的项目有（　　）。

A."应收账款"　　　　　　　　　B."实收资本"

C."坏账准备"　　　　　　　　　D."累计折旧"

E."短期借款"

8.在企业的下列报表中，属于对内的财务报表的有（　　）。

A.资产负债表　　　　　　　　　B.利润表

C.所有者权益变动表　　　　　　D.制造成本表

E.商品产品成本报表

9.在利润表中，应列入"税金及附加"项目中的税金及附加有（　　）。

A.增值税　　　　　　　　　　　B.消费税

C.城市维护建设税　　　　　　　D.资源税

E.教育费附加

10.财务报表的使用者包括（　　）。

A.债权人　　　　　　　　　　　B.企业内部管理层

C.投资者　　　　　　　　　　　D.潜在的投资者

E.国家政府部门

11.不减少现金的费用和损失包括（　　）。

A.固定资产折旧　　　　　　　　B.无形资产摊销

C.转销固定资产盘亏　　　　　　D.投资损失

E.结转固定资产清理净损失

12.在下列各项中，属于应计入经营活动现金流入的经济业务包括（　　）。

A.销售商品收到的现金

B.购货退回而收到的退货款

C.提供劳务收到的现金

D.取得债券利息收入收到的现金

E.收到的税费返还

13.在下列各项中，属于筹资活动产生的现金流量的有（　　）。

A.吸收投资收到的现金　　　　　B.偿还债务支付的现金

C.取得借款收到的现金　　　　　D.收回投资收到的现金

E.分配股利支付的现金

14.某企业"应收账款"明细账期末余额情况如下：A企业借方余额为6 000元，B企业贷方余额为1 200元，C企业借方余额为9 000元。同时，该企业"预收账款"明细账期末余额情况为：U企业贷方余额为2 400元，V企业借方余额为1 800元。根据以上数据计算的反映在资产负债表上"应收账款"项目的数额和"预收款项"项目的数额分别是（　　）元。

A.13 800　　　　　　　　　　B.16 800

C.3 600　　　　　　　　　　　D.15 000

E.4 200

15.企业的年度财务报表附注至少应披露的内容包括（　　）。

A.财务报表的编制基础

B.重要会计政策和会计估计的说明

C.或有事项的说明

D.资产负债表日后事项的说明

E.关联方关系及关联方交易的说明

16.现金等价物应具备的特点有（　　）。

A.期限短　　　　　　　　　　B.流动性强

C.价值变动风险小　　　　　　D.易于转换为已知金额的现金

E.价值变动风险大，但流动性强

17.财务会计报告主要包括（　　　）。

A.资产负债表　　　　　　　　B.利润表

C.现金流量表　　　　　　　　D.所有者权益变动表

E.附注

18.财务会计报告的作用包括（　　　）。

A.会计核算的最终成果

B.联系报告关系人的纽带

C.反映企业财务状况的书面文件

D.反映企业经营成果的书面文件

E.反映企业现金流量的书面文件

19.所有者权益变动表至少应披露的信息有（　　　）。

A.净利润　　　　　　　　　　B.实收资本期初期末余额

C.资本公积期初期末余额　　　D.所有者投入资本

E.向所有者分配利润

20.在财务报表附注中，关于企业的基本情况，应披露的内容有（　　　）。

A.企业的注册地　　　　　　　B.企业的组织形式

C.企业主要的经营活动　　　　D.母公司名称

E.财务报表的批准报出日

（三）判断题

1.资产负债表是反映企业在某一特定日期的资产、负债和所有者权益情况的报表。　　　　　　　　　　　　　　　　　　　（　　　）

2.财务报表按照编制主体的不同，可以分为内部报表和外部报表。
　　　　　　　　　　　　　　　　　　　　　　　　　　　（　　　）

3.利润表是反映企业月末、季末或年末取得的利润或发生的亏损情况的报表。　　　　　　　　　　　　　　　　　　　　　（　　　）

4.所有者权益变动表是反映企业年末所有者权益增减变动情况的报表。　　　　　　　　　　　　　　　　　　　　　　　　（　　　）

5.目前国际上比较普遍的利润表的格式主要有多步式和单步式两种。为简便明晰起见，我国企业采用的是单步式利润表格式。（　　　）

6.资产负债表的"期末余额"栏各项目主要是根据总账或有关明细

账期末贷方余额直接填列的。   （   ）

7.将现金流量表和以应计制为基础的资产负债表和利润表结合起来使用，要比任何单独的一张报表更为有用。   （   ）

8.资产负债表中"货币资金"项目反映企业库存现金、银行结算户存款、外埠存款、银行汇票存款和银行本票存款等货币资金的合计数，因此，本项目应根据"库存现金""银行存款"账户的期末余额合计数填列。   （   ）

9.资产负债表中"应收账款"项目，应根据"应收账款"账户所属各明细账户的期末借方余额合计填列。如果"预付账款"账户所属有关明细账户有借方余额的，也应包括在本项目内。如果"应收账款"账户所属明细账户有贷方余额，应包括在"预付款项"项目内。   （   ）

10."营业成本"项目，反映企业经营业务发生的实际成本。本项目应根据"主营业务成本"账户和"其他业务成本""税金及附加"账户的发生额合计填列。   （   ）

11.现金流量表的现金净增加额应与资产负债表中的货币资金期末数相等。   （   ）

12.资产负债表中"非流动负债"部分列示的是企业报告期末全部非流动负债余额，因而"非流动负债合计"项目的金额等于报告期末"长期借款""应付债券""长期应付款"等所有非流动负债类账户余额之和。   （   ）

13.财务报表按其编报时间，可以分为月报和季报。   （   ）

14.财务报表的列报基础一定是持续经营。   （   ）

15.财务报表至少应当提供所有列报项目的前一期可比数据。（   ）

16.资产负债表上的各个项目均可以根据会计总账账户余额直接或通过计算填列。   （   ）

17.利润表是资产负债表的补充报表，用于补充说明各项资产增减变动的原因，以及股东权益变动的原因。   （   ）

18.现金流量表是反映企业现金流入和流出的财务报表，是企业必须对外提供的财务报表之一。   （   ）

19.企业对外提供的财务报表必须合法、真实和公允。   （   ）

20.现金流量表中的经营活动现金流量的编制方法通常有直接法和

间接法两种。 （　　）

21. 长期应收款中将于一年内到期的部分，在"一年内到期的非流动资产"项目中反映；长期应付款中将于一年内到期的部分，在"一年内到期的非流动负债"项目中反映。 （　　）

22. 现行的财务会计报告体系是由财务报表和财务报表附注所构成的。 （　　）

23. 财务会计报告中只有财务信息，没有非财务信息。 （　　）

24. 合并财务报表一般由子公司编制。 （　　）

25. 在编制利润表时，如果是年报，一般包括上年金额和本年金额两组数据；如果是月报，一般包括本期金额和本期累计金额两组数据。 （　　）

26. 在编制利润表时，对于"投资收益"项目，应根据"投资收益"账户的发生额分析填列，如果是投资损失，以负号填列。 （　　）

27. 利润表中"净利润"项目如果是负数，则表示净亏损。 （　　）

28. 利润表中的净利润是所有者权益的一个组成部分，具体体现在资产负债表下所有者权益的资本公积之中。 （　　）

29. 在现金流量表的编制基础不包括现金等价物的情况下，年末资产负债表中"货币资金"的年末数与年初数之差必须与现金流量表正表和补充资料中的"现金及现金等价物净增加额"数据相等。 （　　）

30. 企业应当在附注中声明，财务报表是按照《企业会计准则》的所有规定进行编制的。 （　　）

31. 项目在财务报表中是单独列报还是合并列报，应当由会计人员来判断。 （　　）

32. 财务报表列报应当在各个会计期间保持一致，不得随意变更，这一要求不仅针对财务报表中的项目名称，而且包括财务报表项目的分类、排列顺序等方面。 （　　）

（四）计算题

1. 某企业 2×24 年 4 月 30 日有关账户余额如下："应收账款"账户借方余额 65 000 元，"坏账准备"账户贷方余额 500 元，"预付账款"账户借方余额 30 000 元，"原材料"账户借方余额 34 000 元，"生产成本"账户借方余额 56 000 元，"库存商品"账户借方余额 85 000 元，"利润分配"账户借方余额 172 500 元，"本年利润"账户贷方余额 210 000 元。

要求：根据上述资料计算：

（1）资产负债表上"应收账款"项目的净额；

（2）资产负债表上"存货"项目的数额；

（3）资产负债表上"未分配利润"项目的数额。

2.某企业 2×24 年有关资料如下：利润表中"营业收入"项目金额为 20 万元；资产负债表中"应收账款"项目上年年末余额为 6 万元，年末余额为 2 万元。本年度发生坏账 0.2 万元，已予以核销；本年度债务人企业用存货抵偿应收账款 1.2 万元；本年度收到以前年度核销的坏账 1.6 万元。

要求：根据上述资料，计算现金流量表中"销售商品、提供劳务收到的现金"项目的金额。

3.某企业 2×24 年有关资料如下：利润表中"营业成本"项目金额为 12 万元；资产负债表中"应付账款"项目上年年末余额为 0.6 万元、年末余额为 0.4 万元；"预付款项"项目上年年末余额为 0、年末余额为 0.1 万元；"存货"项目上年年末余额为 14 万元、年末余额为 18 万元，当年接受投资人投入存货 1.6 万元。

要求：根据上述资料，计算现金流量表中"购买商品、接受劳务支付的现金"项目的金额。

4.某企业 2×24 年取得主营业务收入 6 500 万元，其他业务收入 1 000 万元，投资净收益 800 万元，营业外收入 300 万元；发生主营业务成本 4 500 万元，其他业务成本 500 万元，税金及附加 200 万元，销售费用 750 万元，管理费用 450 万元，财务费用 100 万元，营业外支出 500 万元。所得税税率 25%，无纳税调整事项。

要求：根据上述资料计算：

（1）利润表上"营业收入"项目的金额；

（2）利润表上"营业成本"项目的金额；

（3）利润表上"营业利润"项目的金额；

（4）利润表上"利润总额"项目的金额；

（5）利润表上"净利润"项目的金额。

（五）业务处理题

1.已知：A企业2×24年8月发生的部分经济业务如下，该企业为一般纳税人企业，其增值税税率为13%。

（1）企业销售甲产品1 000件，每件售价80元，价税款已通过银行收讫。

（2）企业同城销售给红星公司乙产品900件，每件售价50元，但价税款尚未收到。

（3）结转已售甲、乙产品成本。其中，甲产品生产成本65 400元；乙产品生产成本36 000元。

（4）以银行存款支付本月销售甲、乙两种产品的销售费用1 520元。

（5）根据规定计算应缴纳城市维护建设税8 750元。

（6）王某外出归来报销因公务出差的差旅费350元（原已预支400元）。

（7）以现金1 000元支付厂部办公费。

（8）企业收到红星公司前欠货款45 000元并存入银行。

（9）销售原材料6 020元，收到支票一张（假设不考虑增值税）。

（10）用银行存款支付厂部24个月的材料仓库的租赁费4 080元。

（11）摊销应由本月负担的预付材料仓库租赁费170元。

（12）根据上述有关经济业务，结转本期营业收入。

（13）根据上述有关经济业务结转本月营业成本、销售费用、税金及附加和管理费用。

（14）根据本期实现的利润总额，按25%的税率计算应交所得税并进行结转。

（15）以银行存款上交部分税费，其中城市维护建设税8 750元，所得税4 457.50元。

要求：根据上述经济业务编制会计分录并编制该企业当月的利润表（凡能确定二级或明细账户名称的，应同时列明二级或明细账户）。

2.C公司账户余额见表12-1。

表12-1 **C公司2×24年12月31日全部账户期末余额表** 单位：元

账户名称	余额方向（借方）	账户名称	余额方向（贷方）
库存现金	1 000	短期借款	20 000
银行存款	30 740	应付账款	64 800
应收账款	53 400	应交税费	16 000
原材料	56 000	长期借款	233 400
库存商品	60 000	实收资本	374 200
应收利息	12 460	利润分配	18 000
生产成本	13 000	累计折旧	150 000
固定资产	650 000	坏账准备	200

要求：根据上述资料编制C公司2×24年期末资产负债表（见表12-2）。

表12-2 **资产负债表（简表）**

编制单位：C公司 　　　　2×24年12月31日 　　　　单位：元

资产	期末余额	负债及所有者权益	期末余额
货币资金		短期借款	
应收账款		应付账款	
其他应收款		应交税费	
存货		长期借款	
固定资产		实收资本	
		未分配利润	
资产总计		负债及所有者权益总计	

3.环球股份有限公司2×24年发生下列业务：

（1）从银行取得临时借款500 000元存入银行。

（2）接受投资人投入的房屋一套，原价 100 000 元，双方确认评估作价 80 000 元投入使用。

（3）接受某投资人投资 10 000 元，存入银行。

（4）用银行存款 6 500 元上缴前欠税金。

（5）收回某单位所欠本企业货款 8 000 元存入银行。

（6）用银行存款 2 400 元预付两年的房租。

（7）企业销售 A 产品总价款 282 500 元（含税），税率 13%，款项已经收到。

（8）采购原材料，供应单位发来甲材料 38 000 元，增值税进项税额为 4 940 元，款项已经预付，材料验收入库。

（9）车间生产 A 产品领用甲材料 6 000 元。

（10）车间一般性消耗甲材料 1 200 元。

（11）车间设备发生修理费 800 元，用现金支付。

（12）从银行提取现金 30 000 元直接发放工资。

（13）银行转来通知，支付企业职工药费 2 200 元。

（14）车间领用甲材料 5 000 元用于 B 产品的生产。

（15）用银行存款 1 000 元支付销售 A 产品的广告费。

（16）企业销售 B 产品价款 50 000 元，增值税销项税额 6 500 元，款项暂未收到。

（17）按 5% 的税率计算 B 产品的消费税。

（18）企业购买一间厂房，买价 281 800 元，款项暂未支付，厂房交付使用（不考虑相关税费）。

（19）开出支票购买车间办公用品 780 元。

（20）提取固定资产折旧，其中，车间固定资产折旧额为 8 100 元，厂部固定资产折旧额为 3 200 元。

（21）计提银行短期借款利息 980 元。

（22）分配工资费用，其中，A 产品工人工资 12 000 元，B 产品工人工资 10 000 元，车间管理人员工资 8 000 元。

（23）实际发生福利费占工资总额的 14%。

（24）经批准将资本公积 60 000 元转增资本。

（25）共发生制造费用 20 000 元，按生产工时（A 产品 6 000 工时、

B产品4 000工时）分配计入A、B产品成本。

（26）生产的A产品15台现已完工，总成本38 500元，验收入库，结转成本。

（27）用银行存款5 400元支付罚款支出。

（28）用现金4 300元支付咨询费。

（29）结转已销A产品成本138 000元。

（30）将实现的产品销售收入300 000元，发生的产品销售成本138 000元，产品销售费用1 000元，产品销售税金2 500元，管理费用7 500元，财务费用980元，营业外支出5 400元转入"本年利润"账户。

（31）实现利润总额144 620元，按25%的税率计算所得税并予以结转（假设不存在纳税调整事项）。

（32）按税后利润的10%提取法定盈余公积。

（33）决定将税后利润的40%分配给投资人。

（34）年末结转本年净利润。

要求：

（1）编制上述业务的会计分录。

（2）登记下列总分类账户（T形账户）。

借方	银行存款		贷方
期初余额	540 000		
本期增加		本期减少	
本期发生额		本期发生额	
期末余额			

借方	库存现金		贷方
期初余额	9 254		
本期增加		本期减少	
本期发生额		本期发生额	
期末余额			

借方	应收账款		贷方
期初余额	342 260		
本期增加		本期减少	
本期发生额		本期发生额	
期末余额			

借方	预付账款		贷方
期初余额	125 000		
本期增加		本期减少	
本期发生额		本期发生额	
期末余额			

借方	原材料		贷方
期初余额	250 000		
本期增加		本期减少	
本期发生额		本期发生额	
期末余额			

借方	库存商品		贷方
期初余额	150 000		
本期增加		本期减少	
本期发生额		本期发生额	
期末余额			

借方	生产成本——A产品		贷方
期初余额	50 000		
本期增加		本期减少	
本期发生额		本期发生额	
期末余额			

借方	生产成本——B产品		贷方
期初余额	9 493.60		
本期增加		本期减少	
本期发生额		本期发生额	
期末余额			

借方	固定资产		贷方
期初余额	1 028 092		
本期增加		本期减少	
本期发生额		本期发生额	
期末余额			

借方	累计折旧		贷方
		期初余额	155 850
本期减少		本期增加	
本期发生额		本期发生额	
		期末余额	

借方	长期待摊费用		贷方
期初余额	1 820		
本期增加		本期减少	
本期发生额		本期发生额	
期末余额			

借方	短期借款		贷方
		期初余额	80 000
本期减少		本期增加	
本期发生额		本期发生额	
		期末余额	

借方	应付账款		贷方
		期初余额	30 200
本期减少		本期增加	
本期发生额		本期发生额	
		期末余额	

借方	应付职工薪酬		贷方
		期初余额	7 584
本期减少		本期增加	
本期发生额		本期发生额	
		期末余额	

借方	应付利息	贷方
	期初余额	1 360
本期减少	本期增加	
本期发生额	本期发生额	
	期末余额	

借方	应付股利	贷方
	期初余额	58 000
本期减少	本期增加	
本期发生额	本期发生额	
	期末余额	

借方	应交税费	贷方
	期初余额	63 227.20
本期减少	本期增加	
本期发生额	本期发生额	
	期末余额	

借方	本年利润	贷方
本期减少	本期增加	
本期发生额	本期发生额	

借方	股　本	贷方
	期初余额	1 500 000
本期减少	本期增加	
本期发生额	本期发生额	
	期末余额	

借方	资本公积	贷方
	期初余额	281 000
本期减少	本期增加	
本期发生额	本期发生额	
	期末余额	

借方	盈余公积	贷方
	期初余额	72 586.50
本期减少	本期增加	
本期发生额	本期发生额	
	期末余额	

借方	利润分配	贷方
	期初余额	237 078.50
本期减少	本期增加	
本期发生额	本期发生额	
	期末余额	

（3）利用 T 形账户的结果编制试算平衡表（见表12-3）。

表12-3　　　　　　　　　　**试算平衡表**

编制单位：环球股份有限公司 2×24 年 12 月 31 日　　　　　　　　　　单位：元

账户名称	本期发生额		期末余额	
	借方	贷方	借方	贷方
库存现金				
银行存款				
应收票据				
应收账款				
其他应收款				
预付账款				
原材料				
库存商品				
生产成本				
固定资产				
累计折旧				

账户名称	本期发生额		期末余额	
	借方	贷方	借方	贷方
长期待摊费用				
短期借款				
应付票据				
应付账款				
预收账款				
其他应付款				
应付职工薪酬				
应付利息				
应付股利				
应交税费				
本年利润				
股本				
资本公积				
盈余公积				
利润分配				
主营业务收入				
主营业务成本				
税金及附加				
制造费用				
销售费用				
管理费用				
财务费用				
所得税费用				
合　计				

（4）编制资产负债表（见表12-4）。

表12-4 资产负债表

编制单位：环球股份有限公司 2×24年12月31日 单位：元

资产	期末余额	上年年末余额	负债和所有者权益（或股东权益）	期末余额	上年年末余额
流动资产：			流动负债：		
货币资金		549 254	短期借款		80 000
交易性金融资产			应付票据		40 950
应收票据		100 100	应付账款		30 200
应收账款		342 260	预收款项		75 500
预付款项		125 000	应付职工薪酬		7 584
其他应收款		1 110.40	应交税费		63 227.20
存货		459 493.60	其他应付款		63 153.80
流动资产合计		1 577 218	流动负债合计		360 615
非流动资产：			非流动负债：		
固定资产		872 242	非流动负债合计		0
在建工程			负债合计		360 615
长期待摊费用		1 820	所有者权益（或股东权益）：		
非流动资产合计		874 062	实收资本（或股本）		1 500 000
			资本公积		281 000
			盈余公积		72 586.50
			未分配利润		237 078.50
			所有者权益合计		2 090 665
资产总计		2 451 280	负债和所有者权益（或股东权益）总计		2 451 280

五、案例分析题

案例 12-1　　　　　　A 企业的财务报表

审计人员在查阅 A 企业 2×24 年的年度财务报表时，发现资产负债表中"固定资产"项目 2×24 年比 2×23 年增加了 3 900 万元，增幅达到 12%，然而，2×24 年资产负债表中的"累计折旧"项目却比 2×23 年减少了 86 万元，减幅达到 9%。查其原因，是企业私自变更了固定资产的折旧方法。利润表中"营业收入"项目 2×24 年和 2×23 年相比变化不大，而"营业成本"2×24 年比 2×23 年减少了 4 884 万元，减幅达 47.43%。究其原因，是企业对巨额的存货发出成本的核算由加权平均法私自改为先进先出法，而此时正处于物价持续上涨的时期。该企业将因设备故障而停产发生的费用和历史遗留的工程设备大修理支出均违规列入长期待摊费用和其他应收款，未计入当年损益。这一做法，使得当年利润增加了 1 000 万元。同时，A 企业自 2×24 年起将坏账准备计提率由 3‰ 改为 2‰，可是，在年度财务报表中并未披露坏账准备计提率的变更对当期利润的影响。A 企业当期的净资产收益率为 10.19%，勉强超过 10% 的配股资格线。虽然变更坏账准备的计提率对当期利润增加的具体数额难以估计，可至少说明坏账准备的计提率的下调为当期的净资产收益率提升至 10% 以上作出了贡献。

案例要求：

（1）A 企业上述行为的目的是什么？说出你认为该企业通过什么手段实现该目的。

（2）企业如果需要做会计政策的变更，正确的途径是什么？

案例提示

（1）A 企业上述行为的目的是增加本期利润。

资产负债表中"固定资产"项目 2×24 年比 2×23 年增加 12%，"累计折旧"项目却减少 9%。查其原因，是企业私自变更了固定资产的折旧方法。这样做的结果，可能会造成累计折旧减少，对应的管理费用或制造费用相应减少，在收入一定的前提下，费用成本降低，利润上升。

利润表中"营业收入"项目 2×24 年与 2×23 年相比变化不大，而"营业成本"减幅达 47.43%。究其原因，是企业对巨额的存货发出成本的核算由加权平均法私自改为先进先出法，而此时正处于物价持续上涨的时期。这样做的结果，会使营业利润上升。

该企业将因设备故障而停产发生的费用和历史遗留的工程设备大修理支出均违规列入长期待摊费用和其他应收款，未计入当年损益。这样做的结果，会虚增当年利润。

坏账准备计提率由3‰改为2‰。在应收账款总额一定的前提下，计提的坏账准备减少，计入资产减值损失中的金额也减少。在收入一定的前提下，费用降低，利润上升。

（2）在会计核算工作中，会计核算方法应前后各期保持一致，不得随意变更，在符合一定条件的情况下，企业可以变更会计核算方法，但必须在企业财务会计报告中做相应的披露。

案例12-2　　　　B企业的业务招待费

B企业按其预计营业额计算的业务招待费应列支12万元，其超支额须列入应纳税所得额中计算缴纳所得税。可是，B企业在当年的5月底业务招待费实际支出额已达10万元，为了达到少缴所得税的目的，将业务招待费压缩到12万元以内，经过经理和会计人员商定，以报销劳保用品为名套取现金，用于业务招待费支出。会计人员随即从某劳保用品商店要到了几张空白发票，自行编造填列有关数据，共计18万元。会计人员依据这些伪造的发票，借记"制造费用"科目，贷记"银行存款"科目，套取现金18万元，全部以个人名义存储，专门用于压缩业务招待费的超支。

案例要求：

（1）请作出对业务招待费正确的会计处理。

（2）清查人员对上述违法行为应怎样进行查处？

案例提示

（1）发生业务招待费时，正确的会计处理如下：

借：管理费用

　　贷：银行存款或库存现金

（2）清查人员应询问劳保用品保管员，对账面登记的劳保用品与仓库中的劳保用品的购进与发出进行核对。查出问题后，应强令B企业补缴所得税，调整账面盈余。

审计人员在查阅 C 企业 2×24 年 10 月份的财务报表时，发现利润表中"营业收入"项目较以前月份的发生额有较大的增加，资产负债表中的"应收账款"项目本期与前几期比较也发生了较大的变动。于是，审计人员查阅该企业的账簿，应收票据并未变化，但发现"应收账款"总账与明细账金额之和不相等，对总账所记载的一些"应收账款"数额，明细账中并未登记。审计人员根据账簿记录调阅有关记账凭证，发现 3 张记账凭证后未附有原始凭证。其中：

10 月 12 日 9#凭证编制的会计分录是：

借：应收账款　　　　　　　　　　　　565 000

　　贷：主营业务收入　　　　　　　　　　　　　500 000

　　　　应交税费——应交增值税（销项税额）　　65 000

10 月 17 日 15#凭证编制的会计分录是：

借：应收账款　　　　　　　　　　　　113 000

　　贷：主营业务收入　　　　　　　　　　　　　100 000

　　　　应交税费——应交增值税（销项税额）　　13 000

10 月 23 日 20#凭证编制的会计分录是：

借：应收账款　　　　　　82 875（红字）

　　贷：应交税费——应交增值税（销项税额）　　82 875（红字）

经审查，C 企业在上述 10 月份的 3 张会计凭证中虚列当期收入 600 000 元，3 笔业务在"库存商品"明细账和"主营业务成本"明细账均未登记，准备于下年年初进行销货退回处理。

案例要求：

（1）C 企业此举的目的是什么？说出你认为企业所为的几种可能结果。

（2）上述问题在年终结账前发现，C 企业应如何调账？

案例提示

（1）C 企业此举的目的是虚列当期收入。C 企业的这种做法，虚增收入，不列成本费用，虚增利润，夸大业绩。

（2）上述问题在年终结账前发现，C 企业应该进行调账：

借：主营业务收入　　　　　　　　　　600 000

贷：应收账款 600 000

案例 12-4　　　　私自做账的王先生

王先生在 2×23 年注册了一家公司，注册资本是 200 万元。虽然公司开张营业了，但是由于公司的经营范围设置得不是很好，同业竞争激烈，再加上公司未做任何广告宣传，最终导致业务开展非常困难，成立的当年没有任何业务收入，成立的第二年（即 2×24 年）仅仅获取营业收入 140 万元。为了减少公司的开支，有效降低费用，王先生未雇用任何职员，自己一人身兼数职，充当经理、业务员、会计和出纳等不同角色。

王先生没有学过会计课程，但是他认为公司业务开展不畅，没有很多的收入进账，也没有发生很多的费用，这账也好记。于是，他就自己根据一些发票等原始凭证完成了 2×23 年和 2×24 年两年的账簿登记工作。王先生记账时依据的经济业务如下：

1. 2×23 年的经济业务：

2×23 年，王先生投资 200 万元，成立公司，款项存入公司账户。

2. 2×24 年的经济业务：

（1）购买办公用品 5 万元；

（2）公司支付王先生工资 10 万元（由于 2×23 年没有任何收入，王先生没有给自己开工资）；

（3）发生业务招待费和咨询费等费用共计 25 万元；

（4）购买商品 80 万元，以供出售；

（5）购买办公用房 28 万元；

（6）购买办公用的车辆 12 万元；

（7）获取营业收入 140 万元。

王先生根据自己的记账结果，判断出该公司 2×23 年亏损、2×24 年也亏损，没有必要交所得税，也没有必要编制财务报表。于是，他根据自己的判断，完成登记账簿工作后，就结束了全部会计工作。

但是，年末税务部门来王先生的公司查账。税务部门的人员认为：王先生公司的账目混乱、有偷税漏税的嫌疑。王先生对税务部门的论断非常不服气，他认为自己的记录很清晰。

案例要求：

（1）你如何看待税务部门的结论。

（2）分析王先生哪里做错了。

（3）该公司的会计工作存在哪些问题？

（4）该公司的报表如何编制？

案例提示

（1）税务部门的结论是正确的。

（2）王先生公司的会计工作设置不规范，报表数据的确认和计量不准确。

（3）该公司的会计工作应该坚持内部牵制原则，实行钱、账分管，出纳和会计职务不能由一人兼任。

（4）该公司的报表数据：2×23年编制资产负债表时要体现银行存款200万元，实收资本200万元。2×24年编制资产负债表时要体现银行存款180万元，固定资产40万元，实收资本200万元，法定盈余公积1.5万元，未分配利润13.5万元，应交税费5万元。由此可见，公司在2×24年是盈利的。2×24年编制利润表时要体现营业收入140万元，营业成本80万元，管理费用40万元，利润总额20万元，所得税按照25%的税率来计算，所得税的金额是5万元，税后利润是15万元。

案例12-5　　　　　小宁的会计工作

小宁本科就读于一所知名的财经大学，学习会计专业，毕业后顺利找到一份能发挥其所学的工作——在一家新成立的公司做会计。这家公司虽然刚刚成立，但是业务开展得很好，财务部门需要处理的经济业务非常多，小宁经常加班。

工作了一段时间后，细心的小宁发现这家公司的会计工作和在学校学习的内容有很大不同，具体表现为：

（1）公司业务很多，财务部门的人员比较少，财务负责人以此为理由，对大部分会计人员没有做明确的分工，说大家可以互相帮助，进而提高工作效率。但是，公司经理的亲戚小谭在财务部门是有固定分工的，她的职责是登记库存现金总账，同时负责出纳工作。

（2）在记账错误时，允许使用涂改液，只要有财务负责人的签字就可以。

（3）每个月要编制两份财务报表，一份是真实反映公司财务状况、经营成果和现金流量的财务报表，一份是虚假的财务报表。真实的报表留给公司内部管理者阅读和使用，虚假的财务报表提交给公司外部会计信息使用者（如银行、政府部门、投资者等）阅读和使用；而编制出的虚假财务报表中的数据之间经常缺乏内在的钩稽关系，数据很多是拼凑的。

（4）在编制财务会计报告时，财务报表附注写的内容很少，财务负责人说附注没有必要写太多的内容，浪费时间，想了解企业情况的人看财务报表就可以了。

（5）在对外报送财务会计报告时，填制人、审核人都是随意的，财务部门的人员都可以签字、盖章。

尽管小宁对自己在这家公司领到的薪水比较满意，但是经过深思熟虑，她还是决定辞职，放弃这份工作。

案例要求：

（1）从会计知识的角度分析小宁为什么辞职。

（2）该公司的会计工作存在哪些问题？

案例提示

（1）从会计知识的角度看，这家公司会计工作不规范，执业风险较大，小宁辞职是正确的。

（2）该公司的会计工作存在的问题有：

大部分会计人员没有明确的分工，出纳员没有钱、账分离。财务部门的人员需要有明确的分工，并且明确岗位职责，定期进行岗位轮换。财务部门要坚持内部牵制原则，实行钱、账分管，出纳人员不得负责登记库存现金日记账和银行存款日记账以外的任何账簿。

在记账错误时，使用涂改液是错误的做法。记账错误必须按照规定的方法进行更正，可选择的方法有划线更正法、红字更正法和补充登记法，每种方法都有适用的条件，需要根据不同情况选择合适的错账更正方法。

每个月要编制两份财务报表，一份真实的，一份虚假的，这种做法是错误的。在对外报送报表时，财务人员可以随意签章，这种做法是错误的。企业在编制财务报表时，必须做到数字客观真实、计算准确、内容完整、手续齐备和报送及时。财务报表附注主要是为了财务报表使用者理解财务报表的内容而对财务报表编制的基础、依据、方法以及主要项目等作出的解释。《企业会计准则第30号——财务报表列报》明确规定了需要在附注中披露的内容。

案例 12-6　　　　　财务报表结合分析的奥妙

张同学学完第十二章财务报表列报之后，认为资产负债表能够反映企业资金的存在形态和资金来源渠道，利润表能够反映企业一段时期的经营成果，期末编制这两张报表就足够了。而现金流量表好像意义并不大。可是，教材上的内容却告诉张同学：将现金流量表和以应计制为基础的资产负债表和利润表结合起来使用，要比任何单独的一张报表更为有用。

张同学对此不太理解，于是去请教会计老师。会计老师提供了一些报表数据给张同学，希望他能够从中领略到三张报表结合使用的重要性。报表数据见表12-5、表12-6、表12-7。

表12-5　　　　　　　　　　　　报表数据（一）　　　　　　　　单位：万元

项目 \ 时间	2×20.01.01	2×20.12.31	2×21.12.31	2×22.12.31	2×23.12.31	2×24.06.30
应收账款	25 677	65 133	94 885	216 120	173 571	170 764
其他应收款	3 115	7 633	8 357	30 012	35 652	40 860
预付账款	1 393	832	14 775	10 332	14 723	25 873
应收款项合计	30 185	73 598	118 017	256 464	223 946	237 497
存货	12 357	15 632	21 373	59 104	121 085	126 978
应收款项和存货合计	42 542	89 230	139 390	315 568	345 031	364 475

其他相关数据：

（1）2×20—2×24年，该公司从股市募集资金13.4亿元；

（2）银行借款从2×20年的2亿元增加到2×24年的22亿元；

（3）2×24年6月30日，总资产50亿元，负债31亿元，净资产19亿元。

表12-6　　　　　　　　　　　　报表数据（二）　　　　　　　　　　　单位：万元

时间 项目	2×20.01.01	2×20.12.31	2×21.12.31	2×22.12.31	2×23.12.31	2×24.06.30
固定资产	13 538	18 121	21 217	53 765	60 468	59 314
在建工程	7	12 330	54 216	14 758	19 232	20 998
合计	13 545	30 451	75 433	68 523	79 700	80 312

表12-7　　　　　　　　　　　　报表数据（三）　　　　　　　　　　　单位：万元

时间 项目	2×19年	2×20年	2×21年	2×22年	2×23年	2×24年 上半年
营业收入	53 023	90 382	108 875	239 762	205 146	89 430
营业利润	17 481	31 957	40 821	56 696	57 688	23 569
净利润	7 000	10 987	12 493	17 844	3 610	-1 588

看了上面的这些数据，张同学得出了自己的结论：

（1）从表12-5能够看出，该公司自2×20年年初以来，应收款项与存货的合计数由42 542万元增加到了364 475万元，净增加321 933万元；

（2）从表12-6能够看出，该公司自2×20年年初以来，固定资产和在建工程的合计数由13 545万元增加到了80 312万元，净增加66 767万元，增长了4.9倍；

（3）从表12-7能够看出，该公司自2×19年以来，净利润由7 000万元减少到了-1 588万元，净减少8 588万元；

（4）从总体来看，该公司的业绩滑坡是从2×23年开始的。

接下来，会计老师又提供给张同学一张现金流量表的片段，见表12-8。

表12-8 现金流量表的片段 单位：万元

项目＼时间	2×20年	2×21年	2×22年	2×23年	2×24年上半年
经营活动现金流量	-13 458	-21 248	-31 143	-2 594	-50 820
投资活动现金流量	-8 268	-41 252	-22 362	-40 625	-7 101
筹资活动现金流量	70 716	38 738	73 523	49 743	38 953
现金净流量	48 990	-23 762	20 018	6 524	-18 968

通过会计老师讲解表12-8，张同学能够看出：该公司从2×20年到2×24年上半年，从来没有赚过一分钱，一直在赔钱！这和他在前面通过看资产负债表和利润表的相关数据得出的结论相差很大。利润表显示的2×19年、2×20年、2×21年、2×22年和2×23年的盈利都是账面利润，是"纸面富贵"！而同期的应收款项、存货、固定资产和在建工程这些非货币性资产增加迅猛，为账面利润的形成和资产负债表的美化作出了巨大的贡献！

通过这个案例，张同学领悟到：将现金流量表和以应计制为基础的资产负债表和利润表结合起来使用，要比任何单独的一张报表更为有用。

案例要求：

你能从该案例得到哪些启发呢？

案例提示

资产负债表上的应收款项、存货、固定资产和在建工程这些非货币性资产增加迅猛。利润表显示截至2×23年，该公司一直处于盈利状态。现金流量表显示，该公司的经营状况并不好，一直没有盈利。如果只看资产负债表和利润表，得出的结论是该公司的财务状况和盈利能力较好，但是结合现金流量表进行分析，便可看出该公司的业务开展得并不理想，经营活动没有带来净现金流入。现金流量表和以应计制为基础的资产负债表和利润表结合起来使用，要比任何单独的一张报表更为有用。

六、练习题参考答案

（一）单项选择题

1.A 2.D 3.D 4.D 5.D 6.B 7.D 8.D 9.C 10.C 11.C 12.D 13.A 14.A 15.B 16.B 17.A 18.A 19.C 20.A 21.C 22.D 23.A 24.A 25.B 26.B 27.B 28.B 29.C 30.A 31.B

（二）多项选择题

1.ABCD 2.AD 3.ABCD 4.BCE 5.BCDE 6.ABD 7.BE 8.DE 9.BCDE 10.ABCDE 11.ABCDE 12.ABCE 13.ABCE 14.BC 15.ABCDE 16.ABCD 17.ABCDE 18.ABCDE 19.ABCDE 20.ABCDE

（三）判断题

1.√ 2.× 3.× 4.√ 5.× 6.× 7.√ 8.× 9.× 10.× 11.× 12.× 13.× 14.× 15.√ 16.× 17.× 18.√ 19.√ 20.× 21.√ 22.√ 23.× 24.× 25.√ 26.√ 27.√ 28.× 29.√ 30.√ 31.× 32.√

（四）计算题

1.（1）"应收账款"项目的净额=65 000－500=64 500（元）

（2）存货=34 000+56 000+85 000=175 000（元）

（3）未分配利润=210 000－172 500=37 500（元）

2.销售商品、提供劳务收到的现金=20+（6－2）－0.2－1.2+1.6

＝24.2（万元）

3.购买商品、接受劳务支付的现金=12+（0.6－0.4）+0.1+（18－14－1.6）

＝14.7（万元）

4.（1）营业收入=6 500+1 000=7 500（万元）

（2）营业成本=4 500+500=5 000（万元）

（3）营业利润=7 500+800－5 000－200－750－450－100=1 800（万元）

（4）利润总额=1 800+300－500=1 600（万元）

（5）净利润=1 600×（1－25%）=1 200（万元）

（五）业务处理题

1.（1）借：银行存款　　　　　　　　　　　　　　　　90 400

　　　贷：主营业务收入　　　　　　　　　　　　　　　　80 000

　　　　　应交税费——应交增值税（销项税额）　　　　　10 400

（2）借：应收账款——红星公司　　　　　　　　　　　50 850

　　　贷：主营业务收入　　　　　　　　　　　　　　　　45 000

　　　　　应交税费——应交增值税（销项税额）　　　　　　5 850

345

（3）借：主营业务成本　　　　　　　　　　　　　101 400

　　　　贷：库存商品——甲产品　　　　　　　　　　　　　65 400

　　　　　　　　　　——乙产品　　　　　　　　　　　　　36 000

（4）借：销售费用　　　　　　　　　　　　　　　1 520

　　　　贷：银行存款　　　　　　　　　　　　　　　　　1 520

（5）借：税金及附加　　　　　　　　　　　　　　8 750

　　　　贷：应交税费——应交城市维护建设税　　　　　　8 750

（6）借：管理费用　　　　　　　　　　　　　　　350

　　　　　库存现金　　　　　　　　　　　　　　　50

　　　　贷：其他应收款——王某　　　　　　　　　　　　400

（7）借：管理费用　　　　　　　　　　　　　　　1 000

　　　　贷：库存现金　　　　　　　　　　　　　　　　　1 000

（8）借：银行存款　　　　　　　　　　　　　　　45 000

　　　　贷：应收账款——红星公司　　　　　　　　　　　45 000

（9）借：银行存款　　　　　　　　　　　　　　　6 020

　　　　贷：其他业务收入　　　　　　　　　　　　　　　6 020

（10）借：长期待摊费用　　　　　　　　　　　　4 080

　　　　贷：银行存款　　　　　　　　　　　　　　　　　4 080

（11）借：管理费用　　　　　　　　　　　　　　170

　　　　贷：长期待摊费用　　　　　　　　　　　　　　　170

（12）借：主营业务收入　　　　　　　　　　　　125 000

　　　　　其他业务收入　　　　　　　　　　　　　6 020

　　　　贷：本年利润　　　　　　　　　　　　　　　　　131 020

（13）借：本年利润　　　　　　　　　　　　　　113 190

　　　　贷：主营业务成本　　　　　　　　　　　　　　　101 400

　　　　　销售费用　　　　　　　　　　　　　　　　　　1 520

　　　　　税金及附加　　　　　　　　　　　　　　　　　8 750

　　　　　管理费用　　　　　　　　　　　　　　　　　　1 520

（14）借：所得税费用　　　　　　　　　　　　　4 457.50

　　　　贷：应交税费——应交所得税　　　　　　　　　　4 457.50

　　借：本年利润　　　　　　　　　　　　　　　4 457.50

　　　　贷：所得税费用　　　　　　　　　　　　　　　　4 457.50

（15）借：应交税费——应交城市维护建设税　　　8 750

　　　　　　　　　　——应交所得税　　　　　　　　　　4 457.50

贷：银行存款   13 207.50

A企业当月的利润表见表12-9。

表12-9   **利润表**

编制单位：A企业   2×24年8月   单位：元

项　　目	行次	本月金额	本年累计数
一、营业收入	略	131 020	略
减：营业成本		101 400	
税金及附加		8 750	
销售费用		1 520	
管理费用		1 520	
研发费用		0	
财务费用		0	
其中：利息费用		0	
利息收入		0	
加：投资收益（损失以"-"号填列）		0	
公允价值变动收益（损失以"-"号填列）		0	
资产减值损失（损失以"-"号填列）		0	
二、营业利润（亏损以"-"号填列）		17 830	
加：营业外收入		0	
减：营业外支出		0	
三、利润总额（亏损总额以"-"号填列）		17 830	
减：所得税费用		4 457.50	
四、净利润（净亏损以"-"号填列）		13 372.50	
五、其他综合收益的税后净额			
（一）不能重分类进损益的其他综合收益			
（二）将重分类进损益的其他综合收益			

项　　目	行次	本月金额	本年累计数
六、综合收益总额			
七、每股收益：			
（一）基本每股收益			
（二）稀释每股收益			

2.C公司2×24年期末资产负债表见表12-10。

表12-10　　　　　　　　　　资产负债表（简表）

编制单位：C公司　　　　　　2×24年12月31日　　　　　　单位：元

资　　产	期末余额	负债和所有者权益	期末余额
货币资金	31 740	短期借款	20 000
应收账款	53 200	应付账款	64 800
其他应收款	12 460	应交税费	16 000
存货	129 000	长期借款	233 400
固定资产	500 000	实收资本	374 200
		未分配利润	18 000
资产总计	726 400	负债和所有者权益总计	726 400

3.（1）借：银行存款　　　　　　　　　　　　　　500 000

　　　　贷：短期借款　　　　　　　　　　　　　　　　500 000

　（2）借：固定资产　　　　　　　　　　　　　　80 000

　　　　贷：股本　　　　　　　　　　　　　　　　　　80 000

　（3）借：银行存款　　　　　　　　　　　　　　10 000

　　　　贷：股本　　　　　　　　　　　　　　　　　　10 000

　（4）借：应交税费　　　　　　　　　　　　　　6 500

　　　　贷：银行存款　　　　　　　　　　　　　　　　6 500

　（5）借：银行存款　　　　　　　　　　　　　　8 000

　　　　贷：应收账款　　　　　　　　　　　　　　　　8 000

　（6）借：长期待摊费用　　　　　　　　　　　　2 400

　　　　　贷：银行存款　　　　　　　　　　　　　　　　　　　　　　　2 400
　（7）借：银行存款　　　　　　　　　　　　　　　　282 500
　　　　　贷：主营业务收入　　　　　　　　　　　　　　　　　　　250 000
　　　　　　　应交税费——应交增值税（销项税额）　　　　　　　　32 500
　（8）借：原材料——甲材料　　　　　　　　　　　　38 000
　　　　　　应交税费——应交增值税（进项税额）　　　4 940
　　　　　贷：预付账款　　　　　　　　　　　　　　　　　　　　　42 940
　（9）借：生产成本——A产品　　　　　　　　　　　6 000
　　　　　贷：原材料——甲材料　　　　　　　　　　　　　　　　　　6 000
　（10）借：制造费用　　　　　　　　　　　　　　　1 200
　　　　　贷：原材料——甲材料　　　　　　　　　　　　　　　　　　1 200
　（11）借：制造费用　　　　　　　　　　　　　　　　800
　　　　　贷：库存现金　　　　　　　　　　　　　　　　　　　　　　　800
　（12）借：库存现金　　　　　　　　　　　　　　　30 000
　　　　　贷：银行存款　　　　　　　　　　　　　　　　　　　　　30 000
　借：应付职工薪酬——工资　　　　　　　　　　　　30 000
　　贷：库存现金　　　　　　　　　　　　　　　　　　　　　　　　30 000
　（13）借：应付职工薪酬——职工福利　　　　　　　2 200
　　　　　贷：银行存款　　　　　　　　　　　　　　　　　　　　　　2 200
　（14）借：生产成本——B产品　　　　　　　　　　5 000
　　　　　贷：原材料——甲材料　　　　　　　　　　　　　　　　　　5 000
　（15）借：销售费用　　　　　　　　　　　　　　　1 000
　　　　　贷：银行存款　　　　　　　　　　　　　　　　　　　　　　1 000
　（16）借：应收账款　　　　　　　　　　　　　　　56 500
　　　　　贷：主营业务收入　　　　　　　　　　　　　　　　　　　50 000
　　　　　　　应交税费——应交增值税（销项税额）　　　　　　　　6 500
　（17）借：税金及附加　　　　　　　　　　　　　　2 500
　　　　　贷：应交税费——应交消费税　　　　　　　　　　　　　　2 500
　（18）借：固定资产　　　　　　　　　　　　　　281 800
　　　　　贷：应付账款　　　　　　　　　　　　　　　　　　　　281 800
　（19）借：制造费用　　　　　　　　　　　　　　　　780
　　　　　贷：银行存款　　　　　　　　　　　　　　　　　　　　　　　780
　（20）借：制造费用　　　　　　　　　　　　　　　8 100
　　　　　　管理费用　　　　　　　　　　　　　　　3 200

		贷：累计折旧		11 300
(21)	借：财务费用		980	
	贷：应付利息			980
(22)	借：生产成本——A产品		12 000	
		——B产品	10 000	
	制造费用		8 000	
	贷：应付职工薪酬——工资			30 000
(23)	借：生产成本——A产品		1 680	
		——B产品	1 400	
	制造费用		1 120	
	贷：应付职工薪酬——职工福利			4 200
(24)	借：资本公积		60 000	
	贷：股本			60 000
(25)	借：生产成本——A产品		12 000	
		——B产品	8 000	
	贷：制造费用			20 000
(26)	借：库存商品——A产品		38 500	
	贷：生产成本——A产品			38 500
(27)	借：营业外支出		5 400	
	贷：银行存款			5 400
(28)	借：管理费用		4 300	
	贷：库存现金			4 300
(29)	借：主营业务成本		138 000	
	贷：库存商品——A产品			138 000
(30)	借：主营业务收入		300 000	
	贷：本年利润			300 000
	借：本年利润		155 380	
	贷：主营业务成本			138 000
	销售费用			1 000
	税金及附加			2 500
	管理费用			7 500
	财务费用			980
	营业外支出			5 400

(31) 本月应交所得税=144 620×25%=36 155（元）

借：所得税费用   36 155

  贷：应交税费——应交所得税   36 155

借：本年利润   36 155

  贷：所得税费用   36 155

（32）借：利润分配——提取法定盈余公积   10 846.50

    贷：盈余公积   10 846.50

（33）借：利润分配——应付股利   43 386

    贷：应付股利   43 386

（34）借：本年利润   108 465

    贷：利润分配——未分配利润   108 465

借方	银行存款		贷方
期初余额	540 000		
本期增加	10 000	本期减少	6 500
	500 000		2 400
	8 000		30 000
	282 500		2 200
			1 000
			780
			5 400
本期发生额	800 500	本期发生额	48 280
期末余额	1 292 220		

借方	库存现金		贷方
期初余额	9 254		
本期增加	30 000	本期减少	800
			30 000
			4 300
本期发生额	30 000	本期发生额	35 100
期末余额	4 154		

借方	应收账款		贷方
期初余额	342 260		
本期增加	56 500	本期减少	8 000
本期发生额	56 500	本期发生额	8 000
期末余额	390 760		

借方	预付账款		贷方
期初余额	125 000		
本期增加	0	本期减少	42 940
本期发生额	0	本期发生额	42 940
期末余额	82 060		

借方	原材料		贷方
期初余额	250 000		
本期增加	38 000	本期减少	6 000
			1 200
			5 000
本期发生额	38 000	本期发生额	12 200
期末余额	275 800		

借方	库存商品		贷方
期初余额	150 000		
本期增加	38 500	本期减少	138 000
本期发生额	38 500	本期发生额	138 000
期末余额	50 500		

借方	生产成本——A产品		贷方
期初余额	50 000		
本期增加	6 000	本期减少	38 500
	12 000		
	1 680		
	12 000		
本期发生额	31 680	本期发生额	38 500
期末余额	43 180		

借方	生产成本——B产品		贷方
期初余额	9 493.60		
本期增加	5 000	本期减少	0
	10 000		
	1 400		
	8 000		
本期发生额	24 400	本期发生额	0
期末余额	33 893.60		

借方	固定资产		贷方
期初余额	1 028 092		
本期增加	80 000	本期减少	0
	281 800		
本期发生额	361 800	本期发生额	0
期末余额	1 389 892		

借方	累计折旧		贷方
		期初余额	155 850
本期减少	0	本期增加	11 300
本期发生额	0	本期发生额	11 300
		期末余额	167 150

借方	长期待摊费用		贷方
期初余额	1 820		
本期增加	2 400	本期减少	0
本期发生额	2 400	本期发生额	0
期末余额	4 220		

借方	短期借款		贷方
		期初余额	80 000
本期减少	0	本期增加	500 000
本期发生额	0	本期发生额	500 000
		期末余额	580 000

借方		应付账款	贷方
		期初余额	30 200
本期减少	0	本期增加	281 800
本期发生额	0	本期发生额	281 800
		期末余额	312 000

借方		应付职工薪酬	贷方
		期初余额	7 584
本期减少	30 000	本期增加	30 000
	2 200		4 200
本期发生额	32 200	本期发生额	34 200
		期末余额	9 584

借方		应付利息	贷方
		期初余额	1 360
本期减少	0	本期增加	980
本期发生额	0	本期发生额	980
		期末余额	2 340

借方		应付股利	贷方
		期初余额	58 000
本期减少	0	本期增加	43 386
本期发生额	0	本期发生额	43 386
		期末余额	101 386

借方		应交税费	贷方
		期初余额	63 227.20
本期减少	6 500	本期增加	32 500
	4 940		6 500
			2 500
			36 155
本期发生额	11 440	本期发生额	77 655
		期末余额	129 442.20

借方		本年利润		贷方
本期减少	155 380	本期增加		300 000
	36 155			
	108 465			
本期发生额	300 000	本期发生额		300 000

借方		股　本		贷方
		期初余额		1 500 000
本期减少	0	本期增加		80 000
				10 000
				60 000
本期发生额	0	本期发生额		150 000
		期末余额		1 650 000

借方		资本公积		贷方
		期初余额		281 000
本期减少	60 000	本期增加		0
本期发生额	60 000	本期发生额		0
		期末余额		221 000

借方		盈余公积		贷方
		期初余额		72 586.50
本期减少	0	本期增加		10 846.50
本期发生额	0	本期发生额		10 846.50
		期末余额		83 433

借方		利润分配		贷方
		期初余额		237 078.50
本期减少	10 846.50	本期增加		108 465
	43 386			
本期发生额	54 232.50	本期发生额		108 465
		期末余额		291 311

编制的试算平衡表见表12-11。

表12-11　　　　　　　　　　　　**试算平衡表**

编制单位：环球股份有限公司　2×24年12月31日　　　　　　　　　单位：元

账户名称	本期发生额		期末余额	
	借方	贷方	借方	贷方
库存现金	30 000	35 100	4 154	
银行存款	800 500	48 280	1 292 220	
应收票据	0	0	100 100	
应收账款	56 500	8 000	390 760	
其他应收款	0	0	1 110.40	
预付账款	0	42 940	82 060	
原材料	38 000	12 200	275 800	
库存商品	38 500	138 000	50 500	
生产成本	56 080	38 500	77 073.60	
固定资产	361 800	0	1 389 892	
累计折旧	0	11 300		167 150
长期待摊费用	2 400	0	4 220	
短期借款	0	500 000		580 000
应付票据	0	0		40 950
应付账款	0	281 800		312 000
预收账款	0	0		75 500
其他应付款	0	0		3 793.80
应付职工薪酬	32 200	34 200		9 584
应付利息	0	980		2 340
应付股利	0	43 386		101 386
应交税费	11 440	77 655		129 442.20
本年利润	300 000	300 000		
股本	0	150 000		1 650 000
资本公积	60 000	0		221 000
盈余公积	0	10 846.50		83 433
利润分配	54 232.50	108 465		291 311
主营业务收入	300 000	300 000		
主营业务成本	138 000	138 000		
税金及附加	2 500	2 500		
制造费用	20 000	20 000		
销售费用	1 000	1 000		
管理费用	7 500	7 500		
财务费用	980	980		
所得税费用	36 155	36 155		
合　计	2 347 787.50	2 347 787.50	3 667 890	3 667 890

编制资产负债表（见表12-12）。

表12-12   **资产负债表**

编制单位：环球股份有限公司 2×24年12月31日   单位：元

资产	期末余额	上年年末余额	负债和所有者权益（或股东权益）	期末余额	上年年末余额
流动资产：			流动负债：		
货币资金	1 296 374	549 254	短期借款	580 000	80 000
交易性金融资产	0	0	应付票据	40 950	40 950
应收票据	100 100	100 100	应付账款	312 000	30 200
应收账款	390 760	342 260	预收款项	75 500	75 500
预付款项	82 060	125 000	应付职工薪酬	9 584	7 584
其他应收款	1 110.40	1 110.40	应交税费	129 442.20	63 227.20
存货	403 373.60	459 493.60	其他应付款	107 519.80	63 153.80
流动资产合计	2 273 778	1 577 218	流动负债合计	1 254 996	360 615
非流动资产：			非流动负债：		
固定资产	1 222 742	872 242	非流动负债合计	0	0
在建工程			负债合计	1 254 996	360 615
长期待摊费用	4 220	1 820	所有者权益：		
非流动资产合计	1 226 962	874 062	股本	1 650 000	1 500 000
			资本公积	221 000	281 000
			盈余公积	83 433	72 586.50
			未分配利润	291 311	237 078.50
			所有者权益合计	2 245 744	2 090 665
资产总计	3 500 740	2 451 280	负债和所有者权益（或股东权益）总计	3 500 740	2 451 280

第十三章　财务报表的分析与利用

一、学习目的与要求

本章主要介绍财务报表的分析程序和分析方法。通过本章的学习，应了解财务报表分析的意义与作用，领悟分析财务报表的基本技巧，熟练掌握财务报表分析的基本程序和主要方法。使学生理解各项会计指标的经济含义，并能够通过这些指标正确评价企业的偿债能力、营运能力和盈利能力。

二、内容概览

（一）关键概念

1.财务报表分析　　　　2.结构分析法

3.比较分析法　　　　　4.因素分析法

5.主次因素分析法　　　6.因果分析法

7.连环替代法　　　　　8.趋势分析法

9.比率分析法

（二）关键问题

1.财务报表分析的作用是什么？

2.财务报表分析的程序是如何设定的？

3.财务报表分析一般需要取得哪些必要的资料？

4.在杜邦分析方法中，净资产收益率与哪些因素有密切的关系，为什么？

5.为什么要进行财务报表附注的分析？

6.财务报表附注的分析应注重哪些方面？

三、本章重点与难点

财务报表分析就是以财务报表和其他相关资料为依据和起点，采用一系列专门方法和技术，对企业的基本财务状况、偿债能力、盈利能力和营运能力进行分析，为企业的投资者、债权人和管理层等会计信息使用者了解过去、分析现状、预测未来作出正确决策而提供准确的会计信息的一种科学方法。

财务报表分析通常采用结构分析法、比较分析法、因素分析法、趋势分析法及比率分析法等财务报表分析方法进行分析。

一般来讲，资产、负债、所有者权益三者之间存在着合理的比例关系，企业财务结构是否合理一般通过这些比例可以进行反映。分析项目有资产项目结构百分比的分析、流动资产项目结构百分比的分析、权益项目结构百分比的分析。

通过利润表盈利结构分析，可以比较全面地了解企业的盈利状况、盈利水平、盈利的持续性和盈利的稳定性。分析项目有净利润项目的分析、利润总额项目的分析、营业利润项目的分析。

现金流量表的分析是进行企业财务报表分析和投资价值判断中的重要一环。现金流量表中的现金流量主要由经营活动现金流量、投资活动现金流量和筹资活动现金流量所构成。首先根据现金流量表可能具有的八种现金流量结构进行初步分析，然后对三项活动现金流量的具体来源和流向进行详细的比较分析。

利用财务报表中相关指标计算各种比率，来反映它们之间的相互关系，从而可以综合地评价企业的偿债能力、营运能力和盈利能力。

公司的偿债能力，主要是通过资产负债表中的流动资产与流动负债之间的关系、速动资产与流动负债之间的关系、总负债与总资产之间的关系和总负债与所有者权益之间的关系来测算出公司的短期和长期偿债能力指标，进而进行分析的，常用的比率如下：

$$流动比率 = \frac{流动资产}{流动负债}$$

流动比率是衡量企业短期偿债能力的最常用的量度。一般维持在 2 : 1 比较合适。通常而言，流动比率越高，说明资产的流动性越大，短期偿债能力越强。不过，过高的流动比率也许是存货超储积压，存在大量应收账款的结果。此外，较高的流动比率也可能反映了企业拥有过分充裕的现金，不能将这部分多余的现金充分地、有效地利用。

$$速动比率=\frac{速动资产}{流动负债}$$

速动资产包括现金、交易性金融资产和应收账款等能够尽快换成现金的流动资产项目，通常以流动资产减去存货等的数额作为速动资产的数额。一般认为，最理想的速动比率应保持在1为宜。速动比率在衡量拥有流动性较差的存货或存货数量较大的公司的资产流动性时尤为有用。

$$现金比率=\frac{现金}{流动负债}$$

现金比率是指企业现金与流动负债的比率。

$$资产负债率=\frac{负债总额}{资产总额}\times100\%$$

资产负债率，也叫负债比率、举债经营比率，是衡量债权人权益安全性和长期信用风险的尺度。借款金额占总资产的比率越小，企业不能偿还到期债务的风险也越小。从债权人的观点来看，资产负债率越低，他们的资金就越安全。大多数财务结构合理的公司一般将资产负债率维持在50%以下。不过，需要重申的是，财务分析人员应结合行业特点作出具体分析，如银行业的资产负债率一般较高，常常超过90%。

$$产权比率=\frac{负债总额}{所有者权益总额}\times100\%$$

产权比率是用来表明由债权人提供的和由投资者提供的资金来源的相对关系，反映企业基本财务结构的稳定性。一般来说，所有者提供的资本大于借入资本为好，但也不能一概而论。该指标同时表明了债权人投入的资本受到所有者权益保障的程度，或者说是企业在清算时对债权人利益的保障程度。

公司的营运能力，主要是通过资产负债表中的应收账款或存货与利润表中的营业收入或营业成本之间的关系来测算出资产的基本运转能力，进而得以反映的，常用的比率如下：

$$应收账款周转次数 = \frac{营业收入}{应收账款平均余额}$$

其中，应收账款余额是指应收账款账面价值（净额）与坏账准备之和。

$$应收账款周转天数 = \frac{360}{应收账款周转次数}$$

应收账款周转次数和周转天数是反映企业应收账款流动情况的指标。如果企业赊销条件严格，则应收账款周转次数会增加，周转天数会减少，还可以减少坏账损失，但也可能会丧失销售商品的机会，减少销售收入；反之，如果放宽企业赊销条件，则有利于扩大商品销售，增加销售收入，但应收账款周转速度会减慢，更多的营运资金会占用在应收账款上，还可能增加坏账损失。衡量应收账款周转率的标准是企业的信用政策，分析人员可以将计算出的指标与该企业前期指标及行业平均水平相比较，判断该指标的高低。

$$存货周转次数 = \frac{营业成本}{存货平均余额}$$

其中，存货余额是指存货账面价值（净额）与存货跌价准备之和。

$$存货周转天数 = \frac{360}{存货周转次数}$$

存货周转次数和周转天数是反映企业存货流动情况的一项指标。存货周转次数越多，周转天数越少，说明存货周转快，企业实现利润会相应增加；反之，存货周转缓慢，企业实现利润会相应减少。分析人员可以将计算出的指标与该企业前期指标及行业平均水平相比较，判断该指标的高低。

公司的盈利能力，主要是通过利润表中的净利润与营业收入、实收资本以及所有者权益之间的关系，普通股股利总额与普通股股份数之间、普通股每股市价与每股盈利之间的关系等来测算出公司获取利润的能力，进而进行分析的，常用的比率如下：

$$营业利润率 = \frac{营业利润}{营业收入} \times 100\%$$

营业利润率是反映企业获利能力的一项重要指标，这项指标越高，说明企业从营业收入中获取利润的能力越强。影响该指标的因素有很多，比如，商品质量、成本、价格、销售数量、期间费用、税金等，分析时应结合这些具体指标的综合情况加以评价。

$$资本收益率 = \frac{净利润}{实收资本} \times 100\%$$

资本收益率越高，说明企业资本获利能力越强，对股份有限公司而言，意味着股票升值。影响这项指标的因素包括净利润和企业负债经营的规模。在不明显增加财务风险的条件下，负债经营规模的大小会直接影响该指标的高低，因此分析时应考虑周全。

$$净资产收益率 = \frac{净利润}{所有者权益平均余额} \times 100\%$$

净资产收益率是反映所有者对企业投资部分的获利能力，也叫所有者权益报酬率。净资产收益率越高，说明企业所有者权益获利能力越强。净资产收益率可能高于也可能低于总资产收益率，这取决于公司如何融资及营业收入及费用的数额。遭受净损失的公司为其股东带来负的净资产收益率。对所有者而言，该项指标事关重大。习惯上股东期望规模较大、财力雄厚的公司的权益投资的平均年度收益率较高。年度净资产收益率达到较高的水平一般在那些有新产品或非常成功的产品的高速成长公司比较常见。在我国，该指标既是上市公司对外必须披露的信息之一，也是决定上市公司能否进行配股等再融资的重要依据。

$$每股收益 = \frac{普通股股利总额}{普通股股份数}$$

每股收益越高，说明企业每股获利能力越强。影响这项指标的因素包括企业的获利能力和企业的股利发放政策。每股收益可能是所有财务比率中使用最广泛的一项指标。每股收益的变动趋势是对未来收益的预期，也是影响公司股票市值的主要因素。

$$市盈率 = \frac{普通股每股市价}{普通股每股净利润}$$

财务分析者用市盈率来表达公司股票市值与每股收益之间的关系。在公司经营亏损的情况下，市盈率无法计算。市盈率反映了投资者对公司未来经营情况的预期。一般而言，预期越好，市盈率就越高。

全面地评价企业的总体财务状况以及经营成果，需要采用能够进行相互关联的分析，将有关指标和报表结合起来，采用适当的标准进行综合性的分析评价，既全面体现企业整体财务状况，又指出指标与指标之间和指标与报表之间的内在联系的方法，杜邦分析法就是其中的一种。杜邦分析法是由美国杜邦公司最先采用的，故称杜邦分析法。在该方法中，财务比率之间的关系可以表示如下：

净资产收益率=资产净利润率×权益乘数

$$权益乘数 = \frac{资产总额}{所有者权益总额} = \frac{资产总额}{(资产总额 - 负债总额)} = \frac{1}{1 - 资产负债率}$$

资产净利润率=营业净利润率×资产周转率

$$营业净利润率 = \frac{净利润}{营业收入}$$

$$资产周转率 = \frac{营业收入}{资产平均余额}$$

权益乘数反映了所有者权益与资产的关系，主要受资产负债率的影响。该指标越大，表示企业负债程度越高，偿还债务的能力越差，财务风险程度越高。这个指标同时反映了财务杠杆对利润水平的影响。

资产净利润率变动的原因主要来自营业净利润率和资产周转率两个方面。因此，要进一步从销售成果和资产运营两方面来分析。

营业净利润率反映了公司净利润与营业收入的关系，从这个意义上讲，提高营业净利润率是提高企业盈利能力的关键所在。

财务报表附注的信息内容十分丰富，它是财务会计报告必不可少的组成部分，它能帮助广大的信息使用者透彻地理解财务报表的内容，了解公司的基本情况、意外事项和战略管理等，提升财务会计报告的信息质量。对于财务报表附注应该注重以下方面的分析：注意分析和掌握上市公司的历史和主营业务范围；分析会计处理方法对利润的影响；分析附注中披露的或有损失事项；分析附注中披露的重要期后事项；分析附注中披露的关联方交易事项。

四、练习题

(一) 单项选择题

1.在通常情况下，被认为是较正常的速动比率是（　　）。

A.200%   B.100%

C.50%   D.25%

2.应收账款周转率越高，表明（　　　）。

A.资金占用越大　　　　　　　　B.坏账风险越大

C.偿债能力越差　　　　　　　　D.应收账款的平均回收期越短

3.某公司2×24年营业收入为500万元，未发生销售退回和折让，年初应收账款为120万元，年末应收账款为240万元，则该公司2×24年应收账款周转天数为（　　　）天。

A.86　　　　　　　　　　　　　B.129.6

C.146　　　　　　　　　　　　　D.173

4.某公司2×24年年初负债对所有者权益的比率为1。若该公司计划年末所有者权益为5 000万元，并使债权人投入的资金受到所有者权益保障的程度提高5个百分点，则该公司2×24年年末的资产负债率为（　　　）。

A.48.72%　　　　　　　　　　　B.48.78%

C.50.00%　　　　　　　　　　　D.51.22%

5.某企业2×24年平均资产总额为4 000万元，实现营业收入净额1 400万元，实现净利润224万元，平均资产负债率为60%，则该企业的净资产收益率为（　　　）。

A.5.6%　　　　　　　　　　　　B.9.3%

C.16%　　　　　　　　　　　　D.14%

6.某公司2×23年年末资产负债率为65%，2×24年年末资产负债率比2×23年年末资产负债率降低20%，则该公司2×24年年末债权人投入的资本受所有者权益保障的程度将比2×23年年末提高（　　　）。

A.77.4%　　　　　　　　　　　B.52%

C.41.67%　　　　　　　　　　　D.91.16%

7.在下列各项指标中，计算结果越高，说明企业从营业收入中获取利润的能力越强的是（　　　）。

A.营业利润率　　　　　　　　　B.现金比率

C.产权比率　　　　　　　　　　D.应收账款周转率

8.每股收益的计算公式是（　　　）。

A.每股股利÷每股市价

B.普通股股利总额÷普通股股份数

C.普通股股份数÷普通股股利总额

D.每股股利÷每股金额

9.市盈率主要取决于两个因素：一是普通股每股净利润；二是（　　　）。

A.普通股每股股利　　　　　　B.普通股账面价值

C.普通股每股市价　　　　　　D.普通股股数

10.在计算速动比率时，要从流动资产中扣除存货等部分，再除以流动负债。这样做的原因在于，在流动资产中（　　　）。

A.存货等的价值变动风险较大　B.存货等的质量难以保证

C.存货等的变现能力最差　　　D.存货等的数量不易确定

11.在下列指标中，反映企业盈利能力的指标是（　　　）。

A.每股收益　B.现金比率

C.产权比率　D.应收账款周转天数

12.A公司2×24年营业收入为315 000元，应收账款年末数为18 000元，年初数为17 000元，其应收账款周转次数为（　　　）次。

A.10　　　　　　　　　　　　B.18

C.15　　　　　　　　　　　　D.20

13.在杜邦分析体系中，假设其他情况相同，下列说法中错误的是（　　　）。

A.权益乘数大则财务风险大

B.权益乘数大则权益净利润率大

C.权益乘数等于资产权益率的倒数

D.权益乘数大则资产净利润率大

14.某企业现在的流动比率为2：1，下列经济业务中会引起该比率降低的是（　　　）。

A.用银行存款偿还应付账款　　B.发行股票收到银行存款

C.收回应收账款　　　　　　　D.借入短期借款存入银行

15.如果流动比率大于1，则下列结论成立的是（　　　）。

A.速动比率大于1　　　　　　B.现金比率大于1

C.营运资金大于0　　　　　　D.短期偿债能力绝对有保障

16.在企业速动比率是0.8的情况下，会引起该比率提高的经济业务是（   ）。

    A.从银行提取现金   B.赊购商品

    C.收回应收账款   D.借入短期借款存入银行

17.如果流动资产大于流动负债，则月末用现金偿还一笔应付账款会使（   ）。

    A.营运资金减少   B.营运资金增加

    C.流动比率提高   D.流动比率降低

18.在物价上涨的情况下，使存货余额最高的计价方法是（   ）。

    A.加权平均法   B.移动加权平均法

    C.后进先出法   D.先进先出法

19.反映企业全部财务成果的指标是（   ）。

    A.营业收入   B.所得税

    C.营业利润   D.利润总额

20.如果企业本年销售收入增长快于销售成本的增长，那么企业本年营业利润（   ）。

    A.一定大于零   B.一定大于上年营业利润

    C.一定大于上年利润总额   D.不一定大于上年营业利润

21.与利润分析无关的资料是（   ）。

    A.利润表   B.应交增值税明细表

    C.分部报表   D.营业外收支明细表

22.影响产品价格高低的最主要因素是（   ）。

    A.营业利润   B.营业税金

    C.产品成本   D.财务费用

23.在各种产品的利润率不变的情况下，提高利润率低的产品在全部产品中所占的比重，则全部产品的平均利润率会（   ）。

    A.提高   B.降低

    C.不变   D.无法确定

24.杜邦分析体系的核心指标是（   ）。

    A.资产净利润率   B.净资产收益率

    C.资产周转率   D.资产负债率

25.财务分析最基本的功能是（   ）。

A.了解过去

B.评价现在

C.预测未来

D.利用对决策有用的信息，减少决策的不确定性

26.一般来说，企业理想状态的盈利结构是（　　）。

A.营业利润和利润总额均呈现出盈利状态

B.营业利润处于盈利状态，而利润总额则呈现出亏损状态

C.营业利润处于亏损状态，而利润总额则呈现出盈利状态

D.营业利润和利润总额均呈现出亏损状态

（二）多项选择题

1.在下列指标中，可以用来评价企业偿债能力的指标有（　　）。

A.现金比率　　　　　　　　B.产权比率

C.速动比率　　　　　　　　D.资本利润率

E.成本利润率

2.反映获利能力的评价指标包括（　　）。

A.营业利润率　　　　　　　B.净资产收益率

C.资本收益率　　　　　　　D.每股收益

E.存货周转率

3.财务分析的基本方法有（　　）。

A.比较分析法　　　　　　　B.比率分析法

C.事前分析法　　　　　　　D.结构分析法

E.趋势分析法

4.反映营运能力的比率有（　　）。

A.存货周转天数　　　　　　B.应收账款周转次数

C.每股收益　　　　　　　　D.市盈率

E.速动比率

5.在下列各项中，属于杜邦财务分析系统的指标有（　　）。

A.资产负债率　　　　　　　B.流动比率

C.资产净利润率　　　　　　D.资产周转率

E.净资产收益率

6.下列比率的数值越高，说明企业获利能力越强的有（　　）。

A.产权比率　　　　　　　　　B.资产负债率

C.存货周转天数　　　　　　　D.净资产收益率

E.资本收益率

7.关于权益乘数，下列说法正确的有（　　　）。

A.它主要受资产负债率的影响

B.负债比例越大，权益乘数越高

C.负债比例越小，权益乘数越高

D.负债比例越大，权益乘数越低

E.它主要反映权益与总资产的关系

8.下列比率越高，反映企业偿债能力越强的有（　　　）。

A.速动比率　　　　　　　　　B.流动比率

C.资产负债率　　　　　　　　D.产权比率

E.存货周转天数

9.流动负债率也称举债经营比率，它的含义包括（　　　）。

A.从债权人的角度，负债比率越小越好

B.从股东的角度，负债比率越大越好

C.从经营者的角度，负债比率越大越好

D.从股东的角度，当资本利润率高于债务利息率时，负债比率越大越好

E.从债权人的角度，负债比率越大越好

10.如果企业的各种活动现金净流量均为正值，最终为现金净流量净增加，则说明该企业（　　　）。

A.经营状况良好　　　　　　　B.投资收益状况良好

C.融资状况良好　　　　　　　D.经营活动不稳定

E.财务状况已发出了危险的信号

11.在下列项目中，属于速动资产的有（　　　）。

A.库存现金　　　　　　　　　B.应收账款

C.其他应收款　　　　　　　　D.固定资产

E.存货

12.某企业流动比率为2，下列各项业务会使该比率下降的有（　　　）。

A.收回应收账款　　　　　　　B.赊购商品与材料

· 368 ·

C.偿还应付账款　　　　　　　　D.从银行取得的短期借款已入账

E.赊销商品

13.应收账款周转率越高越好，因为它表明（　　　）。

A.收款迅速　　　　　　　　　　B.减少坏账损失

C.资产流动性高　　　　　　　　D.销售收入增加

E.利润增加

14.存货周转率偏低的原因可能有（　　　）。

A.应收账款增加　　　　　　　　B.降价销售

C.产品滞销　　　　　　　　　　D.销售政策发生变化

E.大量赊销

15.与材料存货期末余额变动有关的数据有（　　　）。

A.期初结存量　　　　　　　　　B.本期购入量

C.本期耗用量　　　　　　　　　D.产成品销量

E.材料单位价格

16.引起股东权益结构变动的情况有（　　　）。

A.发行新股　　　　　　　　　　B.配股

C.以资本公积转增股本　　　　　D.以盈余公积转增股本

E.以送股方式进行利润分配

17.由杜邦分析体系可知，提高资产净利润率的途径可以有（　　　）。

A.加强资产管理，提高资产利用率

B.加强销售管理，提高销售利润率

C.加强资产管理，降低资产利用率

D.加强销售管理，降低销售利润率

E.提高资产周转率

18.影响总资产周转率的因素有（　　　）。

A.期初负债总额　　　　　　　　B.营业收入

C.期初资产总额　　　　　　　　D.期末资产总额

E.期末负债总额

19.关于产权比率，下列说法中正确的有（　　　）。

A.产权比率的倒数就是资产权益率

B.产权比率高，是高风险、高报酬的财务结构

C.该比率可以说明企业在清算时对债权人利益的保障程度

D.它与资产负债率具有相同的经济意义

E.该比率是衡量偿债能力的指标

20.财务分析虽然能够为决策者提供有用的信息,但它也有一定的局限性,这主要是因为(   )。

A.报表提供的数据不够全面　　　B.报表提供的数据不够真实

C.会计政策的选择不同　　　　　D.比较标准的选择不同

E.财务分析手段落后

21.通常,企业经营活动产生的净现金流量为正数,且经营活动的现金流量占全部现金流量的比重越大,说明(   )。

A.企业的财务状况越趋向稳定　　B.企业的营销状况越好

C.成本控制水平越高　　　　　　D.财务状况出现问题

E.偿债能力出现问题

(三) 判断题

1.从投资者的角度来看,资产负债率越低,他们的资金就越安全,就越能分得丰厚的股利。　　　　　　　　　　　　　　　　(   )

2.产权比率指标表明了债权人投资的资本受到所有者权益保障的程度。　　　　　　　　　　　　　　　　　　　　　　　　(   )

3.连环替代法是将经济指标分解为两个或两个以上的因素,逐一变动各个因素,从数量上测算每一因素变动对经济指标总体的影响的一种财务分析方法。　　　　　　　　　　　　　　　　　　　(   )

4.市盈率是普通股每股市价与每股盈利的比率。它反映了投资者对公司未来经营情况的预期。预期越好,市盈率就越低。　　(   )

5.在运用比较分析法时,对比的指标只能采用绝对数指标。(   )

6.速动比率又称酸性实验比率,反映企业长期偿债的能力。(   )

7.应收账款周转次数越多,说明应收账款周转越快。如果企业赊销条件严格,可能会增加坏账损失。　　　　　　　　　　　(   )

8.在计算存货周转率时,存货平均余额应该是指存货账面价值(净额)与存货跌价准备之和。　　　　　　　　　　　　　　(   )

9.每股收益的变动趋势是对未来收益的预期,但它并不能影响公司的股票市值。　　　　　　　　　　　　　　　　　　　(   )

10.过高的市盈率预示着投资者认为公司的每股收益水平将上涨，同时意味着股票价值被高估。 （　　）

11.从股东的角度讲，资产负债率越高越好。 （　　）

12.尽管流动比率可以反映企业的短期偿债能力，但有的企业流动比率较高，却没有能力支付到期的应付账款。 （　　）

13.对企业来说，存货周转率越高越好。 （　　）

14.在使用杜邦财务分析体系进行综合财务分析时，权益乘数越大，企业的负债程度越低。 （　　）

15.每股收益越高，意味着股东可以从公司分得越高的股利。 （　　）

16.某企业年初流动比率为2.2，速动比率为1；年末流动比率为2.4，速动比率为0.9。发生这种情况的原因可能是存货增加。 （　　）

17.在计算速动资产时，把存货从流动资产中扣除的原因之一是存货的变现速度慢。 （　　）

18.对债权人而言，企业的资产负债率越高越好。 （　　）

19.对任何企业而言，速动比率应该大于1才是正常的。 （　　）

20.流动比率越高，表明企业资产运用效果越好。 （　　）

21.从稳健角度出发，用现金比率衡量企业偿债能力最为保险。 （　　）

22.会计政策的变更可能会增加企业偿债能力指标的虚假性。 （　　）

23.如果资产负债表中某项目所占的比重较大，其变动幅度越大，对资产或权益的影响就越大。 （　　）

24.如果本期总资产比上期有较大幅度的增加，表明企业本期经营卓有成效。 （　　）

25.如果企业的资金全部是权益资金，则企业既无财务风险也无经营风险。 （　　）

26.如果本期未分配利润少于上期，说明企业本期经营亏损。 （　　）

27.营运资金的多少也能反映企业偿还短期债务的能力，但它只能在不同规模企业之间进行比较。 （　　）

28.每股收益越高，说明企业每股获利能力越强。影响这项指标的因素包括企业的获利能力和企业的股利发放政策。 （　　）

29.净资产收益率只能高于总资产收益率，不可能低于总资产收益率，其变化取决于公司如何融资及其营业收入和费用的数额。 （　　）

30.在其他因素不变的条件下，增加存货会引起流动比率和速动比率的同向变化。 （　　）

31.经营活动和筹资活动现金净流量均为正值，投资活动现金净流量为负值，表明企业可能正处于扩大再生产时期。 （　　）

32.投资活动中对内投资的现金净流出量大幅度提高，往往意味着该企业面临着一个新的发展机遇，即将步入快速增长阶段。 （　　）

（四）计算题

1.某企业6月初存货余额为950万元，6月末存货余额为1 050万元，营业成本为850万元。

要求：根据上述资料计算该企业的存货平均余额和存货周转率。

2.某企业年末资产负债表中本期流动资产合计363万元，存货63万元，流动负债合计400万元。

要求：根据上述资料计算该企业的速动资产和速动比率。

3.某企业年末流动负债60万元，速动比率2.5，流动比率3.0，营业成本81万元，年初和年末的存货相同。

要求：根据上述资料计算该企业的流动资产、速动资产、年末存货数额和存货周转率。

4.某企业的流动资产由库存现金、应收账款和存货构成，该企业的流动比率为2.5，速动比率为1.2，现金比率为0.6，流动负债为400万元。

要求：根据上述资料计算该企业的存货数额和应收账款数额。

5.某企业流动资产总额为3 000元，非流动资产总额为7 000元，所有者权益总额为4 000元，净利润1 250元，营业收入8 000元。

要求：根据上述资料计算该企业的净资产收益率。

6.某企业2×24年年末资产总额为8 000万元，资产负债率为60%；2×24年实现营业收入2 800万元，实现净利润448万元。2×23年该公司的资产规模、营业收入和净利润水平不变，而净资产收益率比2×23年降低两个百分点。

要求：根据上述资料计算该企业2×23年年末的权益乘数（计算结果保留三位小数）。

提示：先计算2×24年年末的权益乘数和净资产收益率，再计算

2×23年年末的净资产收益率和权益乘数。

7.某企业2×24年年末流动比率为1.5，资产负债率为50%，其他数据见表13-1。

表13-1　　　　　某企业2×24年年末的相关财务数据表　　　　单位：元

资　　产	期末数	权　　益	期末数
货币资金		短期借款	100 000
应收账款净额	25 000	应付账款	
存货	60 000	非流动负债	25 000
固定资产原值	294 000	负债合计	
减：累计折旧		实收资本	300 000
固定资产净值		未分配利润	
总　　计	432 000	总　　计	

要求：根据上述资料，填列该表格的空项。

（五）业务处理题

1.某企业2×24年年末的科目余额状况见表13-2。

表13-2　　　　　　　　　科目余额表　　　　　　　　单位：元

资　　产	期末余额	负债和所有者权益	期末余额
库存现金	100	应付票据	18 000
银行存款	67 000	应交税费	4 500
交易性金融资产	1 200	短期借款——生产周转借款	54 000
应收票据	5 000	一年内到期的长期借款	20 000
应收账款	5 000	长期借款——基建借款	160 000
原材料	75 000	实收资本	480 000
固定资产	836 000	盈余公积和未分配利润	238 800
累计折旧	14 000		

要求：根据表13-2中的资料计算下列指标：

（1）该企业的流动比率；

（2）该企业的速动比率；

（3）该企业的现金比率；

（4）该企业的资产负债率。

2.某企业2×24年营业收入为680万元，营业成本为营业收入的60%，营业净利润率为10%，期初应收账款余额为26万元，期末应收账款余额为32万元，期初资产总额为580万元，其中存货有48万元，存货周转次数为8次，期末存货是期末资产总额的10%。

要求：根据以上资料计算下列指标：

（1）该企业的应收账款周转率；

（2）该企业的期末存货额；

（3）该企业的期末资产总额；

（4）该企业的资产净利润率。

3.某公司年初存货为15 000元，年初应收账款为12 700元，年末流动比率为3；年末速动比率为1.3；年末存货周转率为4次；年末流动资产合计为27 000元。

要求：

（1）计算该公司本年的销售成本。

（2）若该公司本年营业收入为96 000元，除应收账款外，其他速动资产忽略不计，则应收账款周转率是多少？

4.环宇公司2×24年的营业收入为7 500万元，比上年提高28%，部分财务比率见表13-3。

表13-3　　　　环宇公司2×24年的部分财务比率表

财务比率	2×24年同业平均	2×24年本公司
应收账款周转天数	35	36
存货周转率	2.5	2.59
资产周转率	1.14	1.11
销售毛利率	38%	40%
营业利润率	6.27%	7.2%
资产负债率	58%	50%

要求：运用杜邦财务分析原理，比较2×24年该公司与同业平均的净资产收益率，定性分析其差异产生的原因。

5.环球公司近三年的主要财务数据和财务比率见表13-4。

表13-4　　　环球公司近三年的主要财务数据和财务比率表

项目 \ 年份	2×21年	2×22年	2×23年
销售额（万元）	4 000	4 300	3 800
总资产（万元）	1 430	1 560	1 695
普通股（万元）	100	100	100
所有者权益合计（万元）	600	650	650
流动比率	1.19	1.25	1.2
平均收现期（天）	18	22	27
存货周转率	8	7.5	5.5
债务/所有者权益	1.38	1.4	1.61
长期债务/所有者权益	0.5	0.46	0.46
营业利润率（%）	20	16.3	13.2
总资产周转率	2.8	2.76	2.24
总资产净利润率（%）	21	13	6

要求：根据上述资料，完成对该公司的初步财务分析，主要从以下三方面进行：

（1）分析说明该公司运用资产获利能力的变化及其原因。

（2）分析说明该公司资产、负债和所有者权益的变化及其原因。

（3）假如你是该公司的财务经理，2×24年应从哪些方面改善公司的财务状况和经营业绩？

五、案例分析题

案例13-1　　　　　　A公司的财务分析

资料：A股份有限公司2×24年年底的资产负债表见表13-5。

表13-5 　　　　　　　　　　　　　　　**资产负债表**

编制单位：A股份有限公司　2×24年12月31日　　　　　　　　　　　　　　　单位：元

资　　产	期末余额	上年年末余额	负债和所有者权益（或股东权益）	期末余额	上年年末余额
流动资产：			流动负债：		
货币资金	37 000	33 680	短期借款	130 800	142 000
交易性金融资产	42 000	1 600	应付账款	70 000	29 750
应收账款	134 080	96 775	其他应付款	32 200	21 000
其他应收款	2 750	2 800	应交税费	2 000	1 250
存货	150 570	88 025	流动负债合计	235 000	194 000
流动资产合计	366 400	222 880	非流动负债：		
非流动资产：			长期借款	157 000	48 400
长期股权投资	100 000	119 800	非流动负债合计	157 000	48 400
固定资产	123 900	97 000	负债合计	392 000	242 400
在建工程	30 700	26 800	所有者权益（或股东权益）：		
无形资产	11 000	8 500	实收资本（或股本）	202 000	202 000
非流动资产合计	265 600	252 100	资本公积	22 080	22 080
			盈余公积	15 920	8 500
			所有者权益（或股东权益）合计	240 000	232 580
资产总计	632 000	474 980	负债和所有者权益（或股东权益）总计	632 000	474 980

案例要求：

（1）通过完成表13-6，对A股份有限公司的资产负债表的基本结构及其要素（见表13-7、表13-8、表13-9）进行一般性分析。

表13-6　　　　　　　A股份有限公司资产负债表的结构

项　目	2×23年比重	2×24年比重	项　目	2×23年比重	2×24年比重
流动资产			流动负债		
非流动资产			非流动负债		
			所有者权益（或股东权益）		
资产总计	100%	100%	负债和所有者权益（或股东权益）总计	100%	100%

表13-7　　　　　　　各项资产比重及差异

项　目	2×23年比重	2×24年比重	差　异
流动资产			
长期股权投资			
固定资产			
在建工程			
无形资产			
资产总计	100%	100%	0

表13-8　　　　　　　流动资产比重及差异

项　目	2×23年比重	2×24年比重	差　异
货币资金			
交易性金融资产			
应收账款			
其他应收款			
存货			
流动资产合计			

表13-9 权益项目的比重及差异

项 目	2×23年比重	2×24年比重	差 异
短期借款			
应付账款			
其他应付款			
应交税费			
流动负债合计			
长期借款			
负债合计			
实收资本（或股本）			
资本公积			
盈余公积			
所有者权益（或股东权益）合计			
负债和所有者权益（或股东权益）总计	100%	100%	0

(2) 计算A公司2×23年和2×24年的流动比率、速动比率、存货周转率、营业利润率、资产负债率，根据指标的对比，评价该公司的偿债能力、营运能力和获利能力。（2×23年营业成本558 720元，2×24年营业成本681 000元；2×23年净利润53 410元，2×24年净利润60 200元；2×23年营业收入650 000元，2×24年营业收入787 000元）

(3) 如果想全面分析A公司的财务状况和经营成果，还需要哪些资料？

案例提示

(1) 通过完成的A股份有限公司资产负债表的结构（见表13-10），对A股份有限公司的资产负债表的基本结构及其要素进行一般性分析（见表13-11、表13-12、表13-13）。

表13-10   A公司资产负债表的结构

项　　目	2×23年 比重	2×24年 比重	项　　目	2×23年 比重	2×24年 比重
流动资产	46.92%	57.97%	流动负债	40.84%	37.18%
非流动资产	53.08%	42.03%	非流动负债	10.19%	24.84%
			所有者权益 （或股东权益）	48.97%	37.98%
资产总计	100%	100%	负债和所有者权益 （或股东权益）总计	100%	100%

表13-11   各项资产比重及差异

项　　目	2×23年比重	2×24年比重	差　　异
流动资产	46.92%	57.97%	11.05%
长期股权投资	25.22%	15.83%	-9.39%
固定资产	20.42%	19.60%	-0.82%
在建工程	5.64%	4.86%	-0.78%
无形资产	1.80%	1.74%	-0.06%
资产总计	100%	100%	0

表13-12   流动资产比重及差异

项　　目	2×23年比重	2×24年比重	差　　异
货币资金	7.09%	5.85%	-1.24%
交易性金融资产	0.34%	6.65%	6.31%
应收账款	20.37%	21.22%	0.85%
存货	18.53%	23.82%	5.29%
其他应收款	0.59%	0.43%	-0.16%
流动资产合计	46.92%	57.97%	11.05%

表13-13　　　　　　　　　　权益项目的比重及差异

项　目	2×23年比重	2×24年比重	差　异
短期借款	29.90%	20.70%	−9.2%
应付账款	6.26%	11.08%	4.82%
其他应付款	4.42%	5.08%	0.66%
应交税费	0.26%	0.32%	0.06%
流动负债合计	40.84%	37.18%	−3.66%
长期借款	10.19%	24.84%	14.65%
负债合计	51.03%	62.02%	10.99%
实收资本（或股本）	42.53%	31.97%	−10.56%
资本公积	4.65%	3.49%	−1.16%
盈余公积	1.79%	2.52%	0.73%
所有者权益（或股东权益）合计	48.97%	37.98%	−10.99%
负债和所有者权益（或股东权益）总计	100%	100%	0

（2）计算A公司2×23年和2×24年的流动比率、速动比率、存货周转率、营业利润率、资产负债率，根据指标的对比，评价该公司的偿债能力、营运能力和获利能力（2×23年产品营业成本558 720元，2×24年产品营业成本681 000元；2×23年净利润53 410元，2×24年净利润60 200元；2×23年营业收入650 000元，2×24年营业收入787 000元）。

2×23年的比率：

流动比率=222 880÷194 000=1.15

速动比率=（222 880−88 025）÷194 000=0.70

存货周转率=558 720÷88 025=6.35

营业利润率=53 410÷650 000×100%=8.22%

资产负债率=（194 000+48 400）÷474 980×100%=51.03%

2×24年的比率：

流动比率=366 400÷235 000=1.56

速动比率=（366 400-150 570）÷235 000=0.92

存货周转率=681 000÷150 570=4.52

营业利润率=60 200÷787 000×100%=7.65%

资产负债率=（235 000+157 000）÷632 000×100%=62.03%

评价：

该公司短期偿债能力有所改善和增强；两年的速动比率均低于可接受的正常值；存货周转率2×24年比2×23年有所降低，存货周转率既反映企业的经营管理效率的高低，也反映企业资金利用效率状况；营业利润率有所下降；资产负债率有所提高。

（3）全面分析A公司的财务状况和经营成果，需要的资料至少还有：

①企业所属的同行业的情况；

②利润表、现金流量表、报表附注等；

③审计报告。

案例 13-2　　　　　C 公司的财务分析

资料：截至2×23年年底，C公司已经拥有B公司20%有表决权资本的控制权，2×24年C公司有意对B公司继续追加投资，这就需要对B公司的财务经营情况、盈利情况、偿债能力及营运能力进行分析评价。但是，C公司认为B公司的盈利能力比其财务状况、营运能力更为重要，他们的投资目标是希望通过追加投资获得更多的利润。为了能够正确地作出投资决策，C公司搜集了B公司的一些相关资料（见表13-14、表13-15、表13-16、表13-17、表13-18）。

表13-14　　　　　　　　　　**利润表**　　　　　　　　　单位：元

项　目	2×23年	2×22年
一、营业收入	1 505 000	1 202 000
减：营业成本	1 310 000	1 050 000
税金及附加	10 000	8 000

项　目	2×23年	2×22年
销售费用	3 000	2 000
管理费用	15 000	12 000
财务费用	4 000	1 000
其中：利息费用	5 000	8 000
利息收入	2 893	10 039
加：投资收益（损失以"－"号填列）	220 000	1 000
公允价值变动收益（损失以"－"号填列）	0	0
二、营业利润（亏损以"－"号填列）	383 000	130 000
加：营业外收入	16 000	10 000
减：营业外支出	3 900	24 800
三、利润总额（亏损总额以"－"号填列）	395 100	115 200
减：所得税费用	98 775	28 800
四、净利润（净亏损以"－"号填列）	296 325	86 400
五、其他综合收益的税后净额		
（一）不能重分类进损益的其他综合收益		
（二）将重分类进损益的其他综合收益		
六、综合收益总额		
七、每股收益：		
（一）基本每股收益		
（二）稀释每股收益		

表13-15 财务费用表 单位：元

项 目	2×23年	2×22年
利息支出	5 000	8 000
减：利息收入	2 893	10 039
汇兑损失	3 108	3 809
减：汇兑收益	1 320	956
其他	105	186
财务费用	4 000	1 000

表13-16 平均总资产和平均净资产 单位：元

项 目	2×23年	2×22年
平均总资产	3 205 000	2 815 000
平均净资产	1 885 000	1 063 000

表13-17 资产经营盈利能力和资本经营盈利能力的指标 金额单位：元

项 目	2×23年	2×22年
平均总资产	3 205 000	2 815 000
利润总额	395 100	115 200
利息支出	5 000	8 000
息税前利润	400 100	123 200
净利润	296 325	86 400
总资产收益率	12.48%	4.38%
净资产收益率	15.72%	8.13%

注：总资产收益率=$\dfrac{息税前利润}{平均总资产}$×100%。

分析总资产收益率变动的原因。分析对象：12.48%-4.38%=8.1%。

表13-18 　　　　　　**总资产周转率和销售收入息税前利润率**

项　目	2×23年	2×22年
总资产周转率	1 505 000÷3 205 000=0.47	1 202 000÷2 815 000=0.43
销售收入息税前利润率	400 100÷1 505 000=26.58%	123 200÷1 202 000=10.25%

因素分析：

（1）总资产周转率变动的影响=（0.47-0.43）×10.25%=0.41%

（2）销售收入息税前利润率的影响=（26.58%-10.25%）×0.47=7.68%

案例要求：

根据上述资料，如果你是C公司的财务人员，在已经得到B公司资产经营盈利能力和资本经营盈利能力的指标并采用因素分析法对总资产收益率变动的原因进行分析的结果的基础上，你将如何评价B公司的盈利能力状况，并对本公司2×24年的投资决策提出一些建议和意见。

案例提示

（1）B公司盈利能力无论从资本经营、资产经营角度看，还是从商品经营角度看都比上年有所提高，并且提高幅度较大。

（2）资本经营盈利能力的提高主要受资产经营盈利能力，即总资产收益率提高的影响，同时，资本结构优化也是致使净资产收益率提高的因素。

（3）总资产收益率比上年提高了8.1%，主要是由于销售收入息税前利润率提高的影响，它使总资产收益率提高了7.68%；而总资产周转率的提高也使总资产收益率提高了0.41%。可见，资本经营盈利能力提高对资产经营盈利能力提高起到决定作用。

（4）通过对B公司盈利状况的分析，使得C公司相信，如果对B公司继续投资，应该会获得较好的资本收益。因此，C公司应该决定在下一会计年度继续对B公司进行投资。

案例13-3　　　　　　**小张分析财务报表**

小张从财经院校毕业后，成为一名证券从业人员，分析上市公司的财务报表就成了小张的日常工作之一。小张已经能够较好地运用结构分析法、比较分析法、因素分析法、趋势分析法及比率分析法等财务报表分析方法进行分析。但是，随着时间的推移和分析财务报表数量的增多，她渐渐发现了一些问题，比如：

A公司将未到期的出租房屋在年末结算前匆忙出售给另一公司，获得收入4 100万元，而这一收入占该公司当年营业收入10 013.6万元的41%。

B公司2×23年度的营业收入中有4 106 508元及相应的营业利润453 901.04元，为该公司在2×23年12月31日之前开具销售发票，而于2×24年1月15日之前办理产品出库手续的，销售实现在2×23年，产品出库却在2×24年，时间差虽然只有15天，却跨越了两个会计年度。

C公司的宾馆已经全面投入使用，而其宾馆的空调系统2 041 914.29元和客房、餐厅装潢费375 164.37元，仍然列在"在建工程"账户。按照现行会计制度的规定，在建工程完工交付使用后，应立即转入"固定资产"账户，并计提折旧。

D公司的二电炉分厂因设备故障而停产发生的费用8 194 625.06元，历史遗留的工程设备大修理支出6 282 661.75元，列入长期待摊费用和其他应收款，未计入当年损益。这一做法，使得当年利润增加了14 477 286.81元，占利润总额的22.7%。

E公司是房地产开发企业，房地产的开发周期往往需要几年，按照房地产开发企业财务制度的规定，E公司应在预售房屋或签订售楼合同后，按工程进度确认销售收入和与之相对应的销售成本。而E公司却将某楼盘的售楼合同金额全部确认为当年的销售收入，仅此一项，导致利润增加41 955 713.85元。

F公司自本会计年度6月1日起，采用了经过董事会批准的变更后的固定资产折旧政策，将房屋建筑物的折旧年限由20年改为40年，将机器设备的折旧年限由10年改为20年，将运输工具的折旧年限由5年改为10年。由于此项固定资产折旧政策的变更，导致财务报表中的累计折旧计提数减少15 269 172元，对利润表中的税前利润产生巨大影响。

G公司的联营公司G集装箱有限公司和G货运有限公司共有总计为134 187 530.88元的应收账款，G船务运输有限公司有总计为2 545 505.78元的其他应收款，G石油化工实业有限公司有总计为

16 600 000元的其他应收款，且上述应收款的可回收性难以确认。然而，G公司的控股子公司并未对上述拖欠巨额债务并拒绝承诺偿债的债务人提起诉讼，也没有表示将采取何种行动来设法收回上述应收款。据此，人们不禁怀疑根据这些应收款项确认的营业收入是否真实存在。

H公司与某有限公司各自出资48%和52%，共同经营注册资本为500万元的深圳文联饮料包装有限公司。但是，历年来，在H公司的长期投资中均未反映对深圳文联饮料包装有限公司的投资，甚至到了清算日，H公司也未能提供对深圳文联饮料包装有限公司进行投资的会计资料。令人不得不怀疑该黑洞的存在对H公司历年利润确定的影响。

I公司的产品销售收入和成本的结转中发现了部分保洁产品，这些产品缺乏原材料采购过程和生产过程的原始凭证。然而，其销售收入总计20 216 500元却计入了利润表。据此，难以确认相关利润的确认是否合理。

J公司与刚刚入主J公司并成为第一大股东的K公司签署协议，由J公司出资160 000 000元收购K公司下属的电表公司，收购价格为电表公司净资产账面价值的2倍，收购所需款项的一半先以J公司对K公司的长期负债挂账，3年后偿还，另一半则以现金支付。年末J公司匆匆召开股东大会，批准上述协议，并在当年12月25日发布收购公告。然后，J公司将电表公司购买日以前的净利润8 460 000元全部列入了当年本公司的合并利润表中（按照合并会计理论，以现金收购股权方式受让的子公司应采用购买法编制合并报表，即把子公司被收购日以后的净利润列入合并利润表），这一项使得J公司的净利润从5 720 000元剧增至14 180 000元，净资产收益率从5.26%陡增至13.04%。这样一来，J公司由于连续3年净资产收益率保持在10%以上，获准具有配股资格，并以配股所得的资金偿还了对K公司的负债。

案例要求：

根据上述资料，请你利用所学相关会计知识，试着帮助小张分析上述各家企业的行为，其目的是什么？说出你认为企业所为的几种可能结果？另外，企业的所为会对财务报表产生哪些影响？会对根据当年财务报表所做的财务分析产生哪些影响？

案例提示

A公司、B公司和E公司的行为属于提前确认营业收入。

C公司和D公司的行为属于推迟确认本期费用。

F公司的行为属于会计估计的变更。

G公司、H公司和I公司的行为属于账证不符或账实不符。

J公司的行为属于利用关联方进行财务包装。

上述行为的共同目的是增加本期利润。

人为地进行利润操纵，使得财务报表失去真实性，以此虚假财务报表所做的报表分析也是没有意义可言的，不能为信息使用者服务，不能科学地确定企业的偿债能力和盈利能力、评价企业的财务状况和经营成果、预测企业的未来风险和报酬等。

六、练习题参考答案

（一）单项选择题

1.B 2.D 3.B 4.A 5.D 6.C 7.A 8.B 9.C 10.C 11.A 12.B 13.D 14.D 15.C 16.D 17.C 18.D 19.D 20.D 21.B 22.C 23.B 24.B 25.D 26.A

（二）多项选择题

1.ABC 2.ABCD 3.ABDE 4.AB 5.CDE 6.DE 7.ABE 8.AB 9.AD 10.ABC 11. ABC 12. BD 13. ABC 14. CD 15. ABCE 16. ABCDE 17. ABE 18. BCD 19.BCDE 20.ABCD 21.ABC

（三）判断题

1.× 2.√ 3.√ 4.× 5.× 6.× 7.× 8.√ 9.× 10.√ 11.× 12.√ 13.× 14.× 15.× 16.√ 17.√ 18.× 19.× 20.× 21.√ 22.√ 23.√ 24.× 25.× 26.× 27.× 28.√ 29.× 30.× 31.√ 32.√

（四）计算题

1.（1）存货平均余额=（950+1 050）÷2=1 000（万元）

（2）存货周转率=850÷1 000=0.85

2.（1）速动资产=363-63=300（万元）

（2）速动比率=300÷400=0.75

3.（1）流动资产=3×60=180（万元）

（2）速动资产=2.5×60=150（万元）

（3）年末存货数额=180-150=30（万元）

（4）存货周转率=81÷ [（30+30）÷2] =2.7

4.（1）存货数额=400×2.5-400×1.2=520（万元）

（2）应收账款数额=400×2.5-400×0.6-520=240（万元）

5.净资产收益率=（1 250÷8 000×100%）× [8 000÷（3 000+7 000）] ×

  [（3 000+7 000）÷4 000]

  =15.625%×0.8×2.5=31.25%

6.2×24年年末的权益乘数=1÷（1-60%）=2.5

2×24年年末的净资产收益率=（448÷2 800×100%）×（2 800÷8 000）×2.5=14%

2×23年年末的净资产收益率=14%+2%=16%

2×23年年末的权益乘数=16%÷（448÷2 800×100%×2 800÷8 000）=2.857

7.某企业2×24年年末的相关财务数据表见表13-19。

表13-19　　　　　　　**某企业2×24年年末的相关财务数据表**　　　　　单位：元

资　产	期末数	权　益	期末数
货币资金	201 500	短期借款	100 000
应收账款	25 000	应付账款	91 000
存货	60 000	非流动负债	25 000
固定资产原值	294 000	负债合计	216 000
减：累计折旧	148 500	实收资本	300 000
固定资产净值	145 500	未分配利润	-84 000
总　　计	432 000	总　　计	432 000

（五）业务处理题

1.（1）流动比率=（100+67 000+1 200+5 000+5 000+75 000）÷（18 000+

  4 500+54 000+20 000）

  =153 300÷96 500

  =1.59

（2）速动比率=（153 300-75 000）÷（18 000+4 500+54 000+20 000）

  =0.81

（3）现金比率=（100+67 000）÷（18 000+4 500+54 000+20 000）=0.70

（4）资产负债率=（96 500+160 000）÷（153 300+836 000-14 000）×100%

  =26.3%

2.（1）应收账款周转率=680÷ [（26+32）÷2] =23.45

（2）期末存货额=680×60%÷8×2-48=54（万元）

（3）期末资产总额=54÷10%=540（万元）

（4）资产净利润率=680×10%÷〔（580+540）÷2〕×100%=12.14%

3.（1）流动负债=27 000×1÷3=9 000（元）

年末存货=27 000-9 000×1.3=15 300（元）

销售成本=（15 000+15 300）÷2×4=60 600（元）

（2）应收账款周转率=96 000÷〔（12 700+27 000-15 300）÷2〕=7.87

4. 2×24年环宇公司净资产收益率=营业利润率×资产周转率×权益乘数

=7.2%×1.11×〔1÷（1-50%）〕

=15.98%

2×24年同行业平均净资产收益率=营业利润率×资产周转率×权益乘数

=6.27%×1.14×〔1÷（1-58%）〕

=17.02%

计算结果表明，2×24年环宇公司净资产收益率低于同行业平均净资产收益率。分析原因：

（1）营业利润率高于同业水平0.93%，其原因是销售毛利率高2%，即销售成本低2%；

（2）资产周转率略低于同业平均水平，低0.03次，其原因是应收账款回收较慢，周转天数多于同业1天；

（3）权益乘数低于同业水平，主要原因是负债较少。

5.（1）该公司运用资产获利能力的变化及其原因：

①该公司总资产净利润率在平稳下降，说明其运用资产的获利能力在降低，其原因是总资产周转率和营业利润率都在下降。

②总资产周转率下降的原因是平均收现期延长和存货周转率下降。

③营业利润率下降的原因是销售毛利率在下降。

（2）该公司资产、负债和所有者权益的变化及其原因：

①该公司总资产在增加，主要原因是存货和应收账款占用增加。

②负债是筹资的主要来源，负债的变化是呈上升趋势的，其中主要是流动负债的增长。

③所有者权益增加很少。

（3）2×24年应从以下四个方面改善公司的财务状况和经营业绩：

①扩大销售；

②降低存货；

③降低应收账款；

④降低进货成本。

附录一

会计循环综合案例

写在前面的话：对会计学课程内容的学习告一段落，你一定想知道自己对会计相关知识学习和掌握的程度。虽然这是一门介绍会计基础理论与基本方法的课程，但也不乏实务操作的内容，况且任何理论都应付诸实践进而指导实践，这也正是我们学习理论的目的之一。正是基于这样一种想法，我们精心设计了这套"会计循环综合案例"，旨在帮助初学者运用所学过的会计理论知识解决某些实际问题，以达到进一步巩固、理解所学的理论知识的目的，这也是我们设计本案例的初衷。这个案例综合了会计循环的大部分内容，从经济业务的确认、计量开始，到财务报告的编制为止，不仅如此，我们还将一些常见错误隐藏于案例内容之中，这就要求面对案例的你必须纠正发生的错误，这样才能完成案例的实际操作过程。发现错误并改正错误就成为本案例不同于平时按部就班学习的特有之处。应该说，这个案例基本上将我们所学过的会计核算方法的主要内容融会贯通，当你从容地将这个案例的各个要求完成之后，相信你会感觉有所收获。

目的：练习各种会计核算方法的运用以及会计循环综合业务的处理。

资料：XYZ股份有限公司（以下简称"公司"）为一般纳税人企业，公司采用权责发生制作为会计处理基础，对于原材料的收发核算按照实际成本计价，产成品按实际成本计价。适用的税率分别为：增值税税率为13%，消费税税率为5%，城市维护建设税税率为7%，教育费附加提取率为3%，所得税税率为25%。发出存货的计价方法采用全月一次加权平均法。从银行取得的临时借款的年利率为6%，利息按月计算提取。

2×24年11月，公司会计张小明想跳槽到其他单位任职，于是向公司提出辞职申请。11月末，公司批准了会计张小明的辞职请求，并成功招聘到一名新会计王清接替原会计张小明的工作。

在交接工作的伊始，原会计张小明告知新会计王清，11月份的业务他都已经处理完毕。但是，细心的新会计王清发现，由于原会计张小明在11月份中一直忙着跳槽的相关事宜，工作完成得并不认真。于是，新会计王清提出要对公司11月份的有关账簿记录进行详细核对，以明确各自的责任。

王清首先列出了公司11月30日总账有关账户的余额，见表A-1。

表A-1　　　　　　　　　　**总账账户余额表**

2×24年11月30日　　　　　　　　　　　　　　单位：元

账户名称	借方	贷方
库存现金	7 200	
银行存款	1 882 000	
交易性金融资产	500 000	
原材料	2 766 796	
其他应收款	12 604	
生产成本	465 000	
固定资产	9 101 800	
应收账款	1 920 000	
预付账款	1 250 000	
长期待摊费用	24 000	
累计折旧	1 580 000	
短期借款		800 000
应付账款		382 000
其他应付款		30 000
应付利息		9 600
预收账款		420 000
长期借款		500 000
股本		10 000 000
盈余公积		548 000
资本公积		1 850 000
利润分配		1 350 000
本年利润		1 420 000

在对表 A-1 有关账户余额进行核对的过程中，王清发现公司总账账户余额（11月月末的余额，也就是12月月初的余额）存在问题（借方余额合计不等于贷方余额合计），经过王清和张小明的共同查找，确定问题如下：

张小明在保管会计账簿过程中，致使账簿中某些总账账户11月份的记录受损，具体包括"库存商品"账户和"应交税费"账户。于是，王清对与其相关的11月份的有关资料进行整理，确定了下列内容：

公司11月月初"库存商品"账户余额为 1 225 000 元；

公司11月份商品的销售总收入为 2 800 000 元；

公司按销售收入的70%结转销售成本；

公司11月份生产的产品（包括月初在产品和本月投产的产品）在月末有80%完工入库；

公司11月份按销售收入的5%计算销售税金，其他欠交的税金计为 12 800 元（包括以前欠缴的税金）。

针对找出的问题，张小明将所缺的账簿记录资料进行了处理，补齐了账簿记录。

另外，王清发现，由 XYZ 股份有限公司的开户行出具的11月30日银行对账单与公司的银行存款日记账的账面余额不相符。对账单上显示，公司的存款余额为 1 873 000 元，而银行存款日记账的账面余额为 1 882 000 元。究竟是记账有误还是存在未达账项？王清认为必须仔细核对银行存款，需要对银行存款进行清查。

经查，发现存在下列未达账项：

11月26日，企业开出转账支票 5 000 元，持票人尚未到银行办理转账，银行尚未登记入账；

11月28日，企业委托银行代收款项 4 000 元，银行已办理收款入账，但企业尚未收到银行的收款通知，因而未登记入账；

11月29日，企业收到购货单位签发的转账支票 18 000 元，企业已登记入账，银行未登记入账。

在王清的帮助下，张小明编制了银行存款余额调节表，完成了对银行存款的清查。最后，按规定程序与王清办完了交接手续。

接下来王清开始进行公司的会计核算工作。出纳员李平将她所保管的公司 12 月份发生的与经济业务有关的凭据交给王清,经过王清的整理,列出了公司 2×24 年 12 月份的经济业务内容(王清归纳的):

(1) 12 月 1 日,公司开出现金支票从开户银行基本户提取现金 5 000元,以备零星开支用。

(2) 12 月 2 日,公司用银行存款 100 000 元预付给友谊工厂订购丙材料。

(3) 12 月 3 日,公司接受某投资人的投资 5 000 000 元,存入银行,已办完各种手续。

(4) 12 月 3 日,签发并承兑商业汇票购入丁材料,发票注明价款 350 000 元,增值税进项税额 45 500 元。另外,公司用银行存款 5 800 元支付丁材料的运杂费。丁材料已验收入库。

(5) 12 月 3 日,接到银行通知,公司委托银行代收的销货款 4 000元已收到。

(6) 12 月 4 日,公司用银行存款购入下列材料:甲材料 6 000 千克,单价 30 元,价款计 180 000 元;乙材料 3 500 千克,单价 20 元,价款计 70 000 元。增值税进项税额总计 32 500 元。

(7) 12 月 4 日,公司用银行存款 7 600 元支付本月购入的甲、乙材料的外地运杂费,按材料的重量比例分配。

(8) 12 月 5 日,公司用银行存款 7 200 元预付明后两年的报纸订阅费。

(9) 12 月 6 日,公司的公出人员出差归来报销差旅费 1 680 元,余款补足现金(原借款 1 500 元)。

(10) 12 月 8 日,公司从某商店购入一台需要安装的设备,其买价 304 200 元,包装运杂费等 4 800 元,款项通过银行支付,设备投入安装(假设不考虑增值税)。

(11) 12 月 10 日,公司开出现金支票从银行提取现金 568 000 元,直接发放工资。

(12) 12 月 12 日,公司向某客户销售一批产品,价款 850 000 元,增值税销项税额 110 500 元。另外,公司用银行存款代客户垫付运杂费 6 500 元。全部款项收到一张已承兑商业汇票。

(13) 12 月 12 日,公司本月购入的设备在安装过程中发生的安装费如下：消耗的原材料10 400元（实际成本），应付本企业安装工人的工资48 000元、福利费6 720元。设备安装完工交付使用，结转工程成本（假设工程领用的原材料不涉及增值税）。

（14）12月13日，公司的仓库发出原材料，用途如下：生产产品耗用甲材料650 000元，乙材料380 000元；车间一般性耗用甲材料28 000元，乙材料36 000元；行政管理部门耗用乙材料14 000元。

（15）12月14日，公司用现金1 200元购买行政管理部门办公用品。

（16）12月16日，公司职工报销市内交通费600元，付给现金。

（17）12月17日，公司赊销一批产品，发票注明的价款1 280 000元，增值税税额166 400元，款项未收到。另外用银行存款5 000元代替购买单位垫付运杂费。

（18）12月19日，公司月初预付款的丙材料到货，随货附来的发票注明材料价款600 000元，增值税进项税额78 000元，不足款项当即通过银行支付，材料验收入库。

（19）12月20日，公司对资产进行盘查，发现一台设备盘亏。该设备的账面取得成本75 000元，累计已提折旧58 000元（未提减值准备）。

（20）12月21日，公司收到开户银行转来的付款通知，本公司职工的住院费3 680元已全部支付。

（21）12月23日，公司按合同的规定预收某商店订购本公司产品的货款500 000元，存入银行。

（22）12月25日，公司接受某单位投资给本公司的设备一台，双方评估确认价值为880 000元，设备直接投入使用（假设不考虑税金问题）。

（23）12月28日，公司用银行存款支付本月的水电费12 000元，其中，车间的水电费8 200元，行政管理部门的水电费3 800元。

（24）12月30日，公司用银行存款20 000元支付罚款支出。

（25）12月31日，公司提取本月固定资产折旧，其中，车间设备折旧额为24 500元，行政管理部门设备折旧额为12 000元。

（26）12月31日，公司分配本月职工工资，其中，生产工人的工资260 000元，车间管理人员工资185 000元，行政管理人员的工资75 000元。

（27）12月31日，公司实际发生的职工福利费（工程人员的工资除外）占工资额的14%。

（28）12月31日，公司按规定的税率计算本月的消费税、城市维护建设税和教育费附加。假如本公司销售的产品为应税消费品。城市维护建设税额=（消费税税额+增值税应交额）×城市维护建设税税率。教育费附加的计算与城市维护建设税的计算方法相同（假如公司以前月份的增值税已全部抵扣完毕）。

（29）12月31日，公司取得一笔罚款收入44 600元存入银行。

（30）12月31日，公司将本月发生的制造费用转入产品生产成本。

（31）12月31日，公司本月生产的产成品完工1 320 000元，验收入库，根据产品成本计算单结转其实际生产成本。

（32）12月31日，公司结转本月已销产品成本1 491 000元。

（33）12月31日，公司董事会批准将本月盘亏的设备按常规进行处理。

（34）12月31日，公司将本月实现的各项"收入"转入"本年利润"账户。

（35）12月31日，公司将本月发生的各项"支出"转入"本年利润"账户。

（36）12月31日，公司按照25%的税率计算本月的所得税并予以结转。

（37）12月31日，公司按照董事会的决议，将资本公积1 000 000元转增资本。

（38）12月31日，公司按照董事会的决议，按全年净利润的10%提取法定盈余公积。

（39）12月31日，公司董事会决定分配给股东现金股利580 000元。

（40）12月31日，公司年末结转本年净利润。

由于之前的交接工作占用了许多时间，公司的新任会计王清在对本月（12月）发生的经济业务进行了处理之后，没有完成全部的结账工作（主要是没有按照权责发生制原则调整应予调整的账项），就根据有关记录和计算编制了公司的利润表（简表）。公司12月份的利润表见表A-2。

表A-2 　　　　　　　　　　　　**利润表**

编制单位：XYZ股份有限公司　　　2×24年12月　　　　　　　　　　　　　　单位：元

项目	行次	本月金额	本年累计数
一、营业收入	略	2 130 000	略
减：营业成本		1 491 000	
税金及附加		132 960	
销售费用		0	
管理费用		118 780	
财务费用		0	
其中：利息费用		0	
利息收入		0	
加：投资收益（损失以"－"号填列）		0	
公允价值变动收益（损失以"－"号填列）		0	
二、营业利润（亏损以"－"号填列）		387 260	
加：营业外收入		44 600	
减：营业外支出		37 000	
三、利润总额（亏损总额以"－"号填列）		394 860	
减：所得税费用		98 715	
四、净利润（净亏损以"－"号填列）		296 145	
五、其他综合收益的税后净额			
（一）不能重分类进损益的其他综合收益			
（二）将重分类进损益的其他综合收益			
六、综合收益总额			
七、每股收益：			
（一）基本每股收益			
（二）稀释每股收益			

另外，会计王清在编制资产负债表和其他报表之前，还编制了总分类账户的发生额及余额试算平衡表。恰逢税务专管员到本公司检查纳税情况，经过简单的查对和计算，税务专管员认为王清计算出来的公司12月份的所得税费用98 715元是错误的，利润表中的有关项目的确定也存在错误。另外，由于时间比较匆忙，会计王清编制的试算平衡表也不平衡（由于王清发现试算平衡表中的期初余额和本期发生额合计数均不平衡，所以，王清就没有填列试算平衡表中的期末余额栏目）。其不平衡的试算平衡表见表A-3。

表A-3　　　　　　　　**总分类账户发生额及余额试算平衡表**　　　　　单位：元

会计科目	期初余额		本期发生额		期末余额	
	借方	贷方	借方	贷方	借方	贷方
库存现金	7 200		573 000	569 980		
银行存款	1 882 000		5 831 100	1 651 780		
交易性金融资产	500 000					
原材料	2 766 796		1 213 400	1 118 400		
其他应收款	12 604			1 500		
库存商品			1 320 000	1 491 000		
生产成本	465 000		1 634 000	1 320 000		
固定资产	9 101 800		1 254 120	75 000		
应收账款	1 920 000		1 451 400	4 000		
预付账款	1 250 000		100 000	100 000		
应收票据			967 000			
长期待摊费用	24 000		7 200			
累计折旧	1 580 000		58 000	36 500		
短期借款		800 000				
应付账款		382 000				
其他应付款		30 000				

会计科目	期初余额		本期发生额		期末余额	
	借方	贷方	借方	贷方	借方	贷方
应付利息		9 600				
应交税费			156 000	625 363.8		
预收账款		420 000		500 000		
长期借款		500 000				
股本		10 000 000		6 880 000		
盈余公积		548 000		26 455.62		
资本公积		1 850 000	1 000 000			
利润分配		1 350 000	606 455.62	264 556.2		
本年利润		1 420 000	3 594 600	2 174 600		
应付职工薪酬			571 680	647 520		
待处理财产损溢			17 000	17 000		
在建工程			374 120	374 120		
制造费用			307 600	307 600		
主营业务收入			2 130 000	2 130 000		
其他业务收入			0	0		
主营业务成本			1 491 000	1 491 000		
财务费用			0	0		
税金及附加			132 960	132 960		
营业外支出			37 000	37 000		
营业外收入			44 600	44 600		
所得税费用			98 715	98 715		
应付股利				580 000		
管理费用			118 780	118 780		
合　计						

会计王清针对税务专管员提出的问题，对所得税的计算过程进行了全面的检查，在此基础上，又查找了试算平衡表不平衡的原因。

其中：

所得税计算错误的原因是在会计期末没有对下列需要调整的事项按照权责发生制原则进行全面的调整：

（1）本月应付短期借款利息未入账；

（2）上月月末已付款的办公用房的房租（租用的房屋本月开始使用）本月未摊销入账；

（3）以前已经预收款项的劳务本月已提供完毕，共计205 140元，但未调整入账（为简化起见，该项收入不考虑税金问题）。

关于试算平衡表的不平衡问题，王清怀疑是在对本月业务的处理过程中，银行存款、应付账款、累计折旧等账户的记录、计算有误，而且，试算平衡表中漏填了个别账户，如"应收票据"等。

案例要求：

1.请你帮助王清确定毁损的账簿记录的金额（"库存商品"账户和"应交税费"账户）。

2.编制11月30日的银行存款余额调节表，见表A-4。

表A-4　　　　　　　　　**银行存款余额调节表**

2×24年11月30日　　　　　　　　　　　　　单位：元

项　目	金　额	项　目	金　额
银行对账单余额 加：公司已收款、银行未收款 减：公司已付款、银行未付款		公司银行存款日记账余额 加：银行已收款、公司未收款 减：银行已付款、公司未付款	
调节后的余额		调节后的余额	

3.对本月业务进行正确的处理、完成调整账项并对发生的错误进行改正。

4.编制12月月末的试算平衡表（在前述试算平衡表中进行修改补充即可）。在将有关错误全部纠正完毕的基础上，完成试算平衡表中所缺项目的填列。

5.编制XYZ股份有限公司12月份的利润表，见表A-5。

表A-5   **利润表**

编制单位：XYZ股份有限公司 2×24年12月   单位：元

项目	行次	本月金额	本年累计数
一、营业收入	略		略
减：营业成本			
税金及附加			
销售费用			
管理费用			
财务费用			
其中：利息费用			
利息收入			
加：投资收益（损失以"－"号填列）			
公允价值变动收益（损失以"－"号填列）			
资产减值损失（损失以"－"号填列）			
二、营业利润（亏损以"－"号填列）			
加：营业外收入			
减：营业外支出			
三、利润总额（亏损总额以"－"号填列）			
减：所得税费用			
四、净利润（净亏损以"－"号填列）			
五、其他综合收益的税后净额			
（一）不能重分类进损益的其他综合收益			
（二）将重分类进损益的其他综合收益			
六、综合收益总额			
七、每股收益：			
（一）基本每股收益			
（二）稀释每股收益			

6.编制 XYZ 股份有限公司 12 月末的资产负债表，见表 A-6。

表 A-6 **资产负债表**

编制单位：XYZ 股份有限公司 2×24 年 12 月 31 日 单位：元

资　产	行次	期末余额	上年年末余额	负债和所有者权益（或股东权益）	行次	期末余额	上年年末余额
流动资产：	略		略	流动负债：	略		略
货币资金				短期借款			
交易性金融资产				应付票据			
应收票据				应付账款			
应收账款				预收款项			
预付款项				应付职工薪酬			
其他应收款				应交税费			
存货				其他应付款			
流动资产合计				流动负债合计			
非流动资产：				非流动负债：			
固定资产				长期借款			
在建工程				非流动负债合计			
长期待摊费用				负债合计			
非流动资产合计				所有者权益（或股东权益）：			
				实收资本（或股本）			
				资本公积			
				盈余公积			
				未分配利润			
				所有者权益（或股东权益）合计			
资产总计				负债和所有者权益（或股东权益）总计			

7.在完成了上述内容之后，对公司会计王清在整个会计处理过程中所发生的每一个错误进行详细的解答，告诉王清错误的原因以及对最终结果的影响，以便王清在以后的会计工作中避免再犯同样的错误。

案例提示

XYZ股份有限公司原会计张小明和新会计王清在会计处理过程中所发生的错误、遗漏及需要纠正的内容应该包括以下几个部分：

1.11月月末（即12月月初）有关总账账户余额不平衡的原因是"累计折旧"账户的余额方向登错和缺少"库存商品""应交税费"两个账户的记录。这两个账户的余额可以根据11月份的资料（题中已给出）分析确定：

（1）"累计折旧"账户的余额方向应该登记到贷方。

（2）关于"库存商品"账户余额，对于每个账户而言，存在等式"期末余额=期初余额+本期增加发生额−本期减少发生额"。这里的期初余额题中已给出，增加发生额可以根据"生产成本"账户记录确定（结转完工入库产品成本），减少发生额可以根据11月份实现的收入及其结转比例确定。

（3）关于"应交税费"账户的余额的确定比较简单，这里不再赘述。

2.所得税计算错误的原因：

首先，要明确所得税的计算原理。所得税是根据应纳税所得额与所得税税率计算出来的。应纳税所得额等于利润总额加或减各项调整因素，本题假设不存在纳税调整事项。其次，在计算利润总额时要注意各项收入的确认是否准确，本题中公司在本月实现的收入包括营业收入和营业外收入，内容比较简单，只是别忘了对月末应调整的"应计预收收入"进行调整；在确定利润总额时更要注意各项支出的计算，包括营业成本、税金及附加、期间费用以及营业外支出等，这些支出有的是由很多具体内容构成的，必须认真计算。特别是月末结账时需要按权责发生制原则对有关的收入、费用进行相应的调整。另外，对于企业涉及的某些税金（影响损益额）在计算时要慎重。公司本月业务涉及消费税、城市维护建设税和教育费附加，其中：

消费税=应税收入×消费税税率

城市维护建设税＝（消费税税额+增值税应交额）×城市维护建设税税率

教育费附加＝（消费税税额+增值税应交额）×教育费附加提取率

在将消费税正确计算出来的基础上，只要保证了增值税应交额的计算正确，就可以正确地计算城市维护建设税和教育费附加。增值税应交额是由增值税销项税额减去增值税进项税额确定的，所以增值税进、销项税额的准确确定是计算城市维护建设税和教育费附加的关键。这里要注意企业购入货物的增值税税额不一定都能作为进项税额去抵扣销项税额。如果利润总额的计算无误，接下来还要检查各项调整因素。具体如下：

（1）"应计未付费用的调整"（利息=800 000×6%÷12=4 000）漏记；

（2）"应计预付费用的调整"（摊销额=24 000÷24=1 000）漏记；

（3）"应计预收收入的调整"（劳务收入205 140元）漏记。

3.计算提取盈余公积时，要考虑"本年利润"账户前11个月的内容，不能仅按12月份实现的净利润提取。

4.关于试算平衡表的不平衡，应该从多方面查找错误：

（1）期初余额的方向填列错误，如"累计折旧"账户等。

（2）本期发生额的记录和计算存在错误，需要对本月发生的全部经济业务进行正确的账务处理，也就是要保证编制的会计分录不出错误，并将这些会计分录正确地登记到账簿中去，在此基础上，正确地计算各个账户的发生额和余额，这样根据各个账户的余额（包括期初余额和期末余额）以及发生额编制的试算平衡表才是正确的。根据会计王清的怀疑，对银行存款、应付账款以及累计折旧等账户的记录（包括期初余额、期末余额和本月发生额）进行全面的检查，观察是否存在漏记、重记、方向颠倒等错误，找出问题所在，并予以更正，就可以编制出正确的试算平衡表。

5.利润表错误的查找，主要在于对本期业务的处理，即对本期各项收入和支出的确认、计量、记录是否正确。因而，要纠正利润表的错误，只要将前面的有关错误查找、改正之后，利润表也就可以修改了。

特别提醒：

关于XYZ股份有限公司本期发生的各项经济业务的处理，需要注意以下的内容：

（1）应纳税所得额的确定要准确。

（2）购入材料时，材料的入账价值由买价和相关采购费用构成。

（3）转增资本是资本公积的用途。

（4）期末结账时，要按照权责发生制原则对预收款的收入、未收款的收入以及预付款的费用、应付款的费用进行调整。

（5）期末结账时，要结清各损益类账户。

（6）计入产品成本的费用和计入当期损益（期间费用）的费用界限要区分清楚。

（7）进行利润分配，是对全年的净利润进行分配，而不仅仅是对12月份的净利润进行分配。

会计循环综合案例参考答案

本案例涉及的内容比较多，包括会计核算一般原则（如权责发生制原则、配比原则、划分收益性支出与资本性支出原则等）、账户结构（账户所记录的四个金额之间的等量关系、余额的方向等）、会计等式（资产=负债+所有者权益、收入−费用=利润）、成本的计算、财务成果的构成（形成、分配）、财产清查、会计报表的编制等一系列的会计基础知识，需要把学习的基本内容（基础知识、基本理论和技术操作）连贯起来，逐步进行解答。具体如下：

1. （1）关于"库存商品"账户的缺失金额：

由于本月应结转的商品销售成本为1 960 000元（2 800 000×70%），本月完工入库的商品成本为1 860 000元（465 000÷20%×80%），所以，"库存商品"账户的12月月初余额应为1 125 000元（1 225 000+1 860 000−1 960 000）。

（2）关于"应交税费"账户的缺失金额：

11月份的销售税金为140 000元（2 800 000×5%），所以"应交税费"账户的12月月初余额应为152 800元（140 000+12 800）。

2. 根据调节前的余额和查出的未达账项等内容，编制11月30日的银行存款余额调节表见表A−7。

银行存款余额调节表

2×24年11月30日 单位：元

项 目	金 额	项 目	金 额
银行对账单余额	1 873 000	公司银行存款日记账余额	1 882 000
加：公司已收款、银行未收款	18 000	加：银行已收款、公司未收款	4 000
减：公司已付款、银行未付款	5 000	减：银行已付款、公司未付款	
调节后的余额	1 886 000	调节后的余额	1 886 000

3.对公司本月发生的经济业务进行账务处理（包括未列出的调整账项）：

（1）借：库存现金 5 000
   贷：银行存款 5 000

（2）借：预付账款——友谊工厂 100 000
   贷：银行存款 100 000

（3）借：银行存款 5 000 000
   贷：股本 5 000 000

（4）借：原材料——丁材料 355 800
   应交税费——应交增值税（进项税额） 45 500
   贷：应付票据 395 500
    银行存款 5 800

（5）借：银行存款 4 000
   贷：应收账款 4 000

（6）借：原材料——甲材料 180 000
     ——乙材料 70 000
   应交税费——应交增值税（进项税额） 32 500
   贷：银行存款 282 500

（7）借：原材料——甲材料 4 800
     ——乙材料 2 800
   贷：银行存款 7 600

（8）借：长期待摊费用 7 200
   贷：银行存款 7 200

（9）借：管理费用 1 680
   贷：其他应收款 1 500

贷：库存现金		180
（10）借：在建工程	309 000	
贷：银行存款		309 000
（11）借：库存现金	568 000	
贷：银行存款		568 000
借：应付职工薪酬——工资	568 000	
贷：库存现金		568 000
（12）借：应收票据	967 000	
贷：主营业务收入		850 000
应交税费——应交增值税（销项税额）		110 500
银行存款		6 500
（13）借：在建工程	65 120	
贷：原材料		10 400
应付职工薪酬——工资		48 000
——职工福利		6 720
借：固定资产	374 120	
贷：在建工程		374 120
（14）借：生产成本	1 030 000	
制造费用	64 000	
管理费用	14 000	
贷：原材料——甲材料		678 000
——乙材料		430 000
（15）借：管理费用	1 200	
贷：库存现金		1 200
（16）借：管理费用	600	
贷：库存现金		600
（17）借：应收账款	1 451 400	
贷：主营业务收入		1 280 000
应交税费——应交增值税（销项税额）		166 400
银行存款		5 000
（18）借：原材料——丙材料	600 000	
应交税费——应交增值税（进项税额）	78 000	
贷：预付账款——友谊工厂		100 000
银行存款		578 000

（19）借：待处理财产损溢   17 000

      累计折旧   58 000

        贷：固定资产   75 000

（20）借：应付职工薪酬——职工福利   3 680

        贷：银行存款   3 680

（21）借：银行存款   500 000

        贷：预收账款   500 000

（22）借：固定资产   880 000

        贷：股本   880 000

（23）借：制造费用   8 200

      管理费用   3 800

        贷：银行存款   12 000

（24）借：营业外支出   20 000

        贷：银行存款   20 000

（25）借：制造费用   24 500

      管理费用   12 000

        贷：累计折旧   36 500

（26）借：生产成本   260 000

      制造费用   185 000

      管理费用   75 000

        贷：应付职工薪酬——工资   520 000

（27）借：生产成本   36 400

      制造费用   25 900

      管理费用   10 500

        贷：应付职工薪酬——职工福利   72 800

（28）消费税＝（850 000+1 280 000）×5%＝106 500（元）

城市维护建设税＝（110 500+166 400-45 500-32 500-78 000+106 500）×7%

          ＝15 918（元）

教育费附加＝（110 500+166 400-45 500-32 500-78 000+106 500）×3%

          ＝6 822（元）

借：税金及附加   129 240

    贷：应交税费——应交消费税   106 500

           ——应交城市维护建设税   15 918

           ——应交教育费附加   6 822

（29）借：银行存款 44 600

　　　　贷：营业外收入 44 600

（30）借：生产成本 307 600

　　　　贷：制造费用 307 600

（31）借：库存商品 1 320 000

　　　　贷：生产成本 1 320 000

（32）借：主营业务成本 1 491 000

　　　　贷：库存商品 1 491 000

（33）借：营业外支出 17 000

　　　　贷：待处理财产损溢 17 000

对于本月漏列的调整业务在此进行处理：

本月负担的借款利息为4 000元（800 000×6%÷12）：

借：财务费用 4 000

　　贷：应付利息 4 000

本月应摊销的房租为1 000元（24 000÷24）：

借：管理费用 1 000

　　贷：长期待摊费用 1 000

本月应确认的劳务收入为205 140元：

借：预收账款 205 140

　　贷：其他业务收入 205 140

（34）借：主营业务收入 2 130 000

　　　　其他业务收入 205 140

　　　　营业外收入 44 600

　　　　贷：本年利润 2 379 740

（35）借：本年利润 1 781 020

　　　　贷：主营业务成本 1 491 000

　　　　税金及附加 129 240

　　　　管理费用 119 780

　　　　财务费用 4 000

　　　　营业外支出 37 000

（36）本期应纳税所得额=2 379 740−1 781 020=598 720（元）

本期应纳所得税税额=598 720×25%=149 680（元）

借：所得税费用 149 680

　　贷：应交税费——应交所得税 149 680

借：本年利润　　　　　　　　　　　　　　　　149 680

　　贷：所得税费用　　　　　　　　　　　　　　　　149 680

（37）借：资本公积　　　　　　　　　　　　1 000 000

　　　贷：股本　　　　　　　　　　　　　　　　1 000 000

（38）全年净利润=1 420 000+（598 720-149 680）=1 869 040（元）

提取的盈余公积=1 869 040×10%=186 904（元）

借：利润分配——提取法定盈余公积　　　　　　186 904

　　贷：盈余公积——法定盈余公积　　　　　　　　186 904

（39）借：利润分配——应付现金股利或利润　　　580 000

　　　贷：应付股利　　　　　　　　　　　　　　　580 000

（40）借：本年利润　　　　　　　　　　　　1 869 040

　　　贷：利润分配——未分配利润　　　　　　　　1 869 040

由以上的处理可以看出，公司会计王清计算出的所得税之所以错误，原因是未提利息4 000元、未摊房租1 000元、未计劳务收入205 140元。合计影响应纳税所得额200 140元（205 140-1 000-4 000），因而少计所得税50 035元（200 140×25%）。

4.关于试算平衡表不平衡，其原因主要是其中的几个账户的记录处理错误，另外，还要考虑"库存商品""应交税费"账户的期初余额未列以及相关账户期初余额列示错误。具体如下：

（1）"库存商品"账户的期初余额为1 125 000元；"应交税费"账户的期初余额为152 800元；"累计折旧"账户的期初余额应为贷方1 580 000元，而在试算平衡表中将其方向颠倒。

（2）关于本期发生额，在试算平衡表中的错误比较多，具体如下：

"银行存款"账户贷方发生额漏记，而且将贷方的282 500元错记入借方，导致借方多记282 500元，也就是"银行存款"账户的借方发生额应为5 548 600元，贷方发生额应为1 910 280元。

"应付利息"账户由于漏记调整业务（预提利息）而少记4 000元。

"应交税费"账户由于几项漏记调整业务而记错，即"应交税费"账户贷方发生额应为555 820元。

"预收账款"账户由于漏记调整业务而使其借方发生额少记205 140元。

"盈余公积"账户由于净利润计算错误而使得其贷方发生额错误，应为186 904元。

"利润分配"账户同样由于净利润错误导致利润分配的错误，进而"利润分配"账户的记录发生错误，"利润分配"账户借方发生额应为766 904元，贷方发生额应为 1 869 040 元。

"本年利润"账户由于漏记调整业务和所得税错误，导致借贷方均出现错误。"本年利润"账户的贷方发生额应为 2 379 740 元，借方发生额应为 3 799 740 元。

"长期待摊费用"账户由于漏记摊销房租业务而使得其贷方发生额少记 1 000 元。

"财务费用"账户由于漏记调整业务而使得其借方发生额少记 4 000 元（应付利息）。

"所得税费用"账户由于漏记调整业务（包括未提利息 4 000 元，未摊房租 1 000 元，未计收入 205 140 元，由于增值税等税率变动，使"税金及附加"项目多记 3 720 元）而造成少记所得税 50 965 元。

"管理费用"账户由于漏记调整业务（房租）而少记 1 000 元。

（3）由于本期发生的经济业务中，还涉及"应收票据"和"应付票据"两个账户，而会计王清却未将其列入试算平衡表中，应将"应收票据"账户的借方发生额 967 000 元、"应付票据"账户的贷方发生额 395 500 元列入试算平衡表中的发生额栏。

（4）在将各个账户的期初余额填列正确，本期发生额计算正确的情况下，就可以依据"期末余额=期初余额+本期增加发生额-本期减少发生额"确定各个账户的期末余额。

编制正确的试算平衡表见表 A-8。

表 A-8　　　　　　总分类账户发生额及余额试算平衡表　　　　　单位：元

会计科目	期初余额		本期发生额		期末余额	
	借方	贷方	借方	贷方	借方	贷方
库存现金	7 200		573 000	569 980	10 220	
银行存款	1 882 000		5 548 600	1 910 280	5 520 320	
交易性金融资产	500 000				500 000	
原材料	2 766 796		1 213 400	1 118 400	2 861 796	
其他应收款	12 604			1 500	11 104	
库存商品	1 125 000		1 320 000	1 491 000	954 000	
生产成本	465 000		1 634 000	1 320 000	779 000	
固定资产	9 101 800		1 254 120	75 000	10 280 920	

会计科目	期初余额		本期发生额		期末余额	
	借方	贷方	借方	贷方	借方	贷方
应收账款	1 920 000		1 451 400	4 000	3 367 400	
预付账款	1 250 000		100 000	100 000	1 250 000	
应收票据			967 000		967 000	
累计折旧		1 580 000	58 000	36 500		1 558 500
短期借款		800 000				800 000
应付账款		382 000				382 000
应付利息		9 600		4 000		13 600
应交税费		152 800	156 000	555 820		552 620
预收账款		420 000	205 140	500 000		714 860
应付票据				395 500		395 500
长期借款		500 000				500 000
盈余公积		548 000		186 904		734 904
资本公积		1 850 000	1 000 000			850 000
利润分配		1 350 000	766 904	1 869 040		2 452 136
本年利润		1 420 000	3 799 740	2 379 740		
长期待摊费用	24 000		7 200	1 000	30 200	
应付职工薪酬			571 680	647 520		75 840
待处理财产损溢			17 000	17 000		
在建工程			374 120	374 120		
制造费用			307 600	307 600		
主营业务收入			2 130 000	2 130 000		
其他业务收入			205 140	205 140		
主营业务成本			1 491 000	1 491 000		

会计科目	期初余额		本期发生额		期末余额	
	借方	贷方	借方	贷方	借方	贷方
财务费用			4 000	4 000		
税金及附加			129 240	129 240		
营业外支出			37 000	37 000		
其他应付款		42 000				42 000
营业外收入			44 600	44 600		
营业外支出			37 000	37 000		
所得税费用			149 680	149 680		
应付股利				580 000		580 000
股本		10 000 000		6 880 000		16 880 000
管理费用			119 780	119 780		
合计	19 054 400	19 054 400	25 672 344	25 672 344	26 531 960	26 531 960

5.XYZ股份有限公司12月份的利润表见表A-9。

表A-9   **利润表**

编制单位：XYZ股份有限公司   2×24年12月   单位：元

项目	行次	本月金额	本年累计数
一、营业收入		2 335 140	略
减：营业成本		1 491 000	
税金及附加		129 240	
销售费用		0	
管理费用		119 780	
财务费用		4 000	
其中：利息费用		4 000	
利息收入		0	
加：投资收益（损失以"－"号填列）		0	

项目	行次	本月金额	本年累计数
公允价值变动收益（损失以"-"号填列）		0	
资产减值损失（损失以"-"号填列）		0	
二、营业利润（亏损以"-"号填列）		591 120	
加：营业外收入		44 600	
减：营业外支出		37 000	
三、利润总额（亏损总额以"-"号填列）		598 720	
减：所得税费用		149 680	
四、净利润（净亏损以"-"号填列）		449 040	
五、其他综合收益的税后净额			
（一）不能重分类进损益的其他综合收益			
（二）将重分类进损益的其他综合收益			
六、综合收益总额			
七、每股收益：			
（一）基本每股收益			
（二）稀释每股收益			

6.XYZ股份有限公司12月31日的资产负债表见表A-10。

表A-10 　　　　　　　　　资产负债表

编制单位：XYZ股份有限公司　2×24年12月31日　　　　　　　　　单位：元

资　产	行次	期末余额	上年年末余额	负债及所有者权益（或股东权益）	行次	期末余额	上年年末余额
流动资产：	略		略	流动负债：	略		略
货币资金		5 530 540		短期借款		800 000	
交易性金融资产		500 000		应付票据		395 500	
应收票据		967 000		应付账款		382 000	
应收账款		3 367 400		预收款项		714 860	

资　　产	行次	期末余额	上年年末余额	负债及所有者权益（或股东权益）	行次	期末余额	上年年末余额
预付款项		1 250 000		应付职工薪酬		75 840	
其他应收款		11 104		应交税费		552 620	
存货		4 594 796		其他应付款		635 600	
流动资产合计		16 220 840		流动负债合计		3 556 420	
非流动资产：				非流动负债：			
固定资产		8 722 420		长期借款		500 000	
在建工程				非流动负债合计		500 000	
长期待摊费用		30 200		负债合计		4 056 420	
非流动资产合计		8 752 620		所有者权益（或股东权益）：			
				实收资本（或股本）		16 880 000	
				资本公积		850 000	
				盈余公积		734 904	
				未分配利润		2 452 136	
				所有者权益（或股东权益）合计		20 917 040	
资产总计		24 973 460		负债及所有者权益（或股东权益）总计		24 973 460	

附录二

《会计学》模拟试题

《会计学》模拟试题（一）

一、单项选择题（在下列每个小题的备选答案中，只有一个符合题意的正确答案。请将你选定的答案字母填入题后的括号中。本类题共15个小题，每个小题1分，共15分。多选、错选、不选均不得分）

1.企业的预收账款属于会计要素中的（　　）。

A.资产要素　　　　　　　　B.负债要素

C.费用要素　　　　　　　　D.所有者权益要素

2.借贷记账法发生额试算平衡公式（∑全部账户借方发生额=∑全部账户贷方发生额）建立的依据是（　　）。

A.记账规则　　　　　　　　B.会计等式原理

C.账户基本结构　　　　　　D.平行登记原理

3.在下列经济业务中，能够引起企业资产和权益同时增加的经济业务是（　　）。

A.赊购原材料

B.用银行存款购买原材料

C.向银行借款直接偿还应付账款

D.用企业的资金转增资本

4.某项经济业务使企业固定资产和实收资本同时增加，该项经济业务应表述为（　　）。

A.购入全新的固定资产

B.出售全新的固定资产

C.用固定资产对外投资

D.接受投资人投入的全新固定资产

5.无法查明原因的现金长款，经批准后应增加企业的（　　　）。

A.财务费用　　　　　　　　　　B.营业外支出

C.其他应收款　　　　　　　　　D.营业外收入

6.企业在发生下列交易或事项时，不应确认为企业营业外支出的是（　　　）。

A.公益性捐赠支出　　　　　　　B.非常损失

C.固定资产盘亏损失　　　　　　D.固定资产减值损失

7.某公司一台生产用设备，其原价800 000元，预计使用4年，预计净残值20 000元，则采用双倍余额递减法和年数总和法计算的第一年的折旧额分别为（　　　）。

A.400 000元和350 000元　　　　B.450 000元和323 000元

C.400 000元和312 000元　　　　D.420 000元和340 000元

8.某企业年初所有者权益总额为800万元，当年以其中的资本公积转增资本250万元，当年实现净利润1 500万元，提取盈余公积150万元，向投资人分配现金股利100万元，则该企业年末的所有者权益总额为（　　　）万元。

A.1 800　　　　　　　　　　　　B.2 500

C.2 200　　　　　　　　　　　　D.2 300

9.在企业发生的下列支出中，不构成产品成本，而应直接计入当期损益的支出是（　　　）。

A.直接材料费　　　　　　　　　B.直接人工费

C.期间费用　　　　　　　　　　D.制造费用

10.在资产负债表中，下列项目属于流动负债的是（　　　）。

A.应收账款　　　　　　　　　　B.短期借款

C.应付债券　　　　　　　　　　D.长期应付款

11.对于利润采用账结法核算的企业，"本年利润"账户年内贷方余额表示（　　　）。

A.利润总额　　　　　　　　　　B.亏损总额

C.未分配利润　　　　　　　　　D.累计净利润

12."生产成本"账户期末有借方余额，表示（　　　）。

A.本期完工产品成本　　　　　　B.本期发生的费用

C.期末库存产品成本　　　　　　D.期末在产品成本

13.下列票据中应通过"应收票据"账户核算的是（　　　）。

A.商业汇票　　　　　　　　　　B.银行本票

C.银行支票　　　　　　　　　　D.银行汇票

14.增值税一般纳税人企业在发生下列税费时，**不应**通过"税金及附加"账户核算的是（　　　）。

A.增值税　　　　　　　　　　　B.印花税

C.房产税　　　　　　　　　　　D.城市维护建设税

15.企业取得交易性金融资产支付的手续费等相关费用，应当计入（　　　）。

A.财务费用　　　　　　　　　　B.管理费用

C.投资收益　　　　　　　　　　D.初始确认金额

二、多项选择题（在下列每个小题的备选答案中，有两个或两个以上符合题意的正确答案。请将你选定的答案字母按顺序填入题后的括号中。本类题共10个小题，每个小题1分，共10分。多选、少选、错选、不选均不得分）

1.下列内容属于企业的应收款项的有（　　　）。

A.应收账款　　　　　　　　　　B.预收账款

C.预付账款　　　　　　　　　　D.应收票据

E.其他应收款

2.我国的商业汇票按照承兑人的不同，可以具体分为（　　　）。

A.商业承兑汇票　　　　　　　　B.银行本票

C.银行承兑汇票　　　　　　　　D.银行汇票

E.不带息商业汇票

3.按照我国现行会计准则的规定，企业计提固定资产折旧可以采用的方法包括（　　　）。

A.工作量法　　　　　　　　　　B.加权平均法

C.年限平均法（直线法）　　　　D.年数总和法

E.双倍余额递减法

4.产品在生产过程中发生的各项生产费用按其经济用途进行分类，构成产品生产成本的项目，具体包括（　　　）。

A.直接材料费　　　　　　B.直接人工费

C.期间费用　　　　　　　D.财务费用

E.制造费用

5.登记银行存款日记账依据的专用记账凭证可能有（　　）。

A.转账凭证　　　　　　　B.现金付款凭证

C.现金收款凭证　　　　　D.银行存款收款凭证

E.银行存款付款凭证

6.会计上可以采用的错账更正方法有（　　）。

A.蓝字更正法　　　　　　B.涂改更正法

C.红字更正法　　　　　　D.补充登记法

E.划线更正法

7.在下列账户中，年末结账后一般没有余额的有（　　）。

A."主营业务收入"账户　　B."营业外收入"账户

C."本年利润"账户　　　　D."利润分配"账户

E."管理费用"账户

8.下列内容属于其他货币资金的有（　　）。

A.外埠存款　　　　　　　B.结算户存款

C.存出投资款　　　　　　D.商业承兑汇票

E.银行汇票存款

9.制造业企业发生的下列内容属于职工薪酬范围的有（　　）。

A.工资　　　　　　　　　B.社会保险

C.住房公积金　　　　　　D.工会经费

E.业务招待费

10.在下列各种物资中，应该作为企业存货核算的有（　　）。

A.原材料　　　　　　　　B.在产品

C.库存商品　　　　　　　D.工程物资

E.发出商品

三、判断题（本类题共10个小题，每个小题1分，共10分。请将你的判断结果填入题后的括号中。你认为正确的，填"√"；你认为错误的，填"×"）

1.企业对外出售固定资产获得的出售收入应作为企业的其他业务收

入核算。 （　　）

2.企业在清点库存现金时，发现无法查明原因的短缺，经批准后应增加企业的营业外支出。 （　　）

3.企业的留存收益包括资本公积和未分配利润两项内容。 （　　）

4.企业在经营过程中发生的销售费用、管理费用和制造费用属于期间费用的内容。 （　　）

5.企业实现的收入能够导致所有者权益的增加，但导致所有者权益增加的不一定都是收入。 （　　）

6.企业按照税后利润的一定比例计提的法定盈余公积可以用来弥补亏损。 （　　）

7.按照我国会计准则的要求，企业在销售商品时产生的现金折扣在实际发生时冲减企业的销售收入。 （　　）

8.在双倍余额递减法下，固定资产的残值扣除是在固定资产预计使用期限的最后两年进行折旧额的调整时必须予以考虑的一个重要因素。 （　　）

9.资产负债表是反映企业某一特定日期的资产、负债和所有者权益情况的报表。 （　　）

10.企业向国家缴纳所得税不属于利润分配的内容。 （　　）

四、简答题（本类题共2个小题，每个小题5分，共10分）

1.什么是借贷记账法？试说明借贷记账法下资产类账户和负债类账户的具体结构。

2.什么是利润表？其作用有哪些？

五、计算分析题（本类题共3个小题，每个小题5分，共15分。凡要求计算的项目，均须列出计算过程；凡要求解释、分析、说明理由的，必须有相应的文字阐述）

1. 某企业2×24年度实现的主营业务收入为3 500 000元，发生的主营业务成本为2 100 000元，实现的其他业务收入为500 000元，发生的其他业务成本为300 000元，发生的税金及附加为200 000元，发生的销售费用为150 000元，发生的管理费用为180 000元，发生的财务费用为12 000元，发生的资产减值损失为238 000元，获得的投资收益为250 000元，实现的营业外收入为80 000元，发生的营业外支出为150 000元。所得税税率为25%（假设无纳税调整事项）。

利润分配如下：按10%的比例提取法定盈余公积，向投资人分配利润380 000元。2×24年年初未分配利润为0。

根据上述资料计算企业2×24年度的下列数据（写出计算过程）：

营业利润=

利润总额=

净利润=

提取的法定盈余公积=

2×24年年末未分配利润=

2. 企业在以前月份投产的A产品50件月末全部完工；本月投产的B产品110件，本月月末完工50件，在产品60件。月末在产品成本采用约当产量法计算，根据技术人员评估，在产品的完工程度为50%，本月发生的制造费用以直接人工费为标准进行分配。有关资料见下表：

产品成本资料
单位：元

产品名称	月初在产品成本	本月新发生的生产费用			
		直接材料	直接人工	制造费用	合计
A	25 000	180 000	100 000	120 000	
B	—	195 000	60 000		

要求：根据所给资料计算以下数据（并将相关数据填入上表中）：

（1）完工A产品总成本=

（2）B产品总约当产量=

（3）完工B产品总成本＝

（4）B在产品成本＝

3.已知：某企业7月份甲材料的收发记录如下：

7月份甲材料的收发记录

项 目	数量（千克）	单价（元）	总成本（元）
期初结存	300	20	6 000
7月5日收入	450	24	10 800
7月9日发出	600		
7月18日收入	600	26	15 600
7月20日发出	450		
期末结存	300		

根据上述资料分别计算下列各项：

（1）按先进先出法计算的本月发出材料成本＝

（2）按先进先出法计算的月末结存材料成本＝

（3）按一次加权平均法计算的加权平均单价＝

（4）按一次加权平均法计算的本月发出材料成本＝

（5）按一次加权平均法计算的月末结存材料成本＝

六、综合题（本类题共20个小题，每个小题2分，共40分）

根据某企业发生的下列经济业务编制会计分录：

1.企业销售一批A商品，开出的增值税专用发票注明的该批商品售价3 200 000元，增值税税率为13%，按价税款收到一张已承兑的商业汇票。

2.企业应收某公司的货款260 000元，经确认已无法收回，予以核销（本企业对坏账损失采用备抵法核算）。

3.企业的公出人员去外地出差归来，报销差旅费3 800元，原借款3 000元，不足部分补足现金。

4.企业赊购下列材料：甲材料5 000千克，单价60元，乙材料2 000千克，单价100元，丙材料1 000千克，单价30元，增值税税率为13%，材料尚在运输途中。

5.上述购入的甲、乙、丙材料验收入库，结转入库材料的采购成本。

6.企业在二级市场购入M公司股票10 000股作为交易性金融资产，每股购买价格10元，另支付交易费用5 000元，款项通过银行存款支付。

7.企业用银行存款购入一台生产用车床，发票注明价款1 280 000元，增值税税率为13%，保险费等12 000元，设备已运达企业并直接投入车间使用。

8.企业于2×24年1月1日以1 038 000元购入A公司当日发行的债券，该债券面值为1 000 000元，另支付手续费10 000元，本企业将其划分为以公允价值计量且其变动计入其他综合收益的金融资产。

9. 企业从银行取得期限为 6 个月的借款 500 000 元，存入银行。

10. 企业用银行存款偿付应付账款 200 000 元，因为在折扣期内付款，所以享受现金折扣 4 000 元，实际付款 196 000 元（企业对现金折扣采用总价法核算）。

11. 企业为进行固定资产建造工程，经批准发行 5 年期分期付息的债券，其面值 20 000 000 元，发行价格 20 865 400 元，款项已存入银行。

12. 企业收到友谊集团的投资 5 200 000 元，其中法定资本 4 500 000元，款项已存入银行。

13. 企业期末分配本月工资费用，其中 A 产品生产工人工资 240 000元，B 产品生产工人工资 160 000 元，车间管理人员工资 100 000 元，行政管理人员工资 50 000 元。

14.本月实际发生福利费占工资费用的12%，按工资费用的20%计提社会保险费，按工资费用的8%计提住房公积金。

15.企业经计算，本期应付债券利息（票面利息）为1 200 000元，应摊销的溢价为156 730元，工程尚在建设过程中。

16.企业期末结转本期实现的各项收入，其中：主营业务收入8 200 000元，其他业务收入1 000 000元，投资收益500 000元，营业外收入300 000元。

17.企业期末结转本期发生的各项支出，其中：主营业务成本4 800 000元，其他业务成本450 000元，税金及附加220 000元，管理费用180 000元，财务费用12 000元，营业外支出120 000元，资产减值损失218 000元。

18.企业根据第16、17笔业务确定的利润总额，按25%的税率计算所得税（假设没有纳税调整项目）并进行结转。

19.企业期末结转本期实现的净利润。

20.按本期实现净利润的10%提取法定盈余公积,并向股东分派现金股利450 000元。

《会计学》模拟试题(一)参考答案

一、单项选择题

1.B　2.A　3.A　4.D　5.D　6.D　7.C　8.C　9.C　10.B　11.D　12.D　13.A　14.A　15.C

二、多项选择题

1.ACDE　2.AC　3.ACDE　4.ABE　5.BDE　6.CDE　7.ABCE　8.ACE　9.ABCD　10.ABCE

三、判断题

1.×　2.×　3.×　4.×　5.√　6.√　7.×　8.√　9.√　10.√

四、简答题

1.借贷记账法是以借和贷为记账符号来记录经济业务的一种复式记账法。(1分)

在借贷记账法下,资产类账户借方登记资产的增加,贷方登记资产的减少,余额一般在借方。(2分)

负债类账户贷方登记负债的增加,借方登记负债的减少,余额一般在贷方。(2分)

2.利润表是反映企业在一定期间内的经营成果情况的财务报表。(2分)

通过编制利润表,可以反映企业的生产经营收益情况、成本耗费情况;(1分)通过编制利润表,可以反映企业经营业绩的主要来源,从而有助于信息使用者判断净利润的质量及其风险;(1分)通过编制利润表,可以分析企业利润的发展趋势和获利能力,帮助信息使用者预测净利润的持续性,判断资本保值、增值情况。(1分)

五、计算分析题

1.营业利润=(3 500 000+500 000)-(2 100 000+300 000)-200 000-

(150 000+180 000+12 000)-238 000+250 000=1 070 000(元)(1分)

利润总额=1 070 000+80 000-150 000=1 000 000(元)(1分)

净利润=1 000 000-1 000 000×25%=750 000(元)(1分)

提取的法定盈余公积=750 000×10%=75 000(元)(1分)

2×24年年末末分配利润=750 000-75 000-380 000=295 000(元)(1分)

2.（1）完工 A 产品总成本=25 000+180 000+ 100 000+75 000

        =380 000（元）（1分）

（2）B 产品总约当产量=50+60×50%=80（件）（1分）

（3）完工 B 产品总成本=（195 000+60 000+45 000）÷（50+30）×50

        =187 500（元）（2分）

（4）B 在产品成本=（195 000+60 000+45 000）÷（50+30）×30

        =112 500（元）（1分）

表格略。

3.（1）按先进先出法计算的本月发出材料成本=300×20+300×24+150×24+300×26

        =6 000+7 200+3 600+7 800

        =24 600（元）（1分）

（2）按先进先出法计算的月末结存材料成本=300×26=7 800（元）（1分）

（3）按一次加权平均法计算的加权平均单价=（300×20+450×24+600×26）÷（300+450+600）

        =32 400÷1 350

        =24（元/千克）（1分）

（4）按一次加权平均法计算的本月发出材料成本=（600+450）×24

        =25 200（元）（1分）

（5）按一次加权平均法计算的月末结存材料成本=300×24=7 200（元）（1分）

六、综合题

1.借：应收票据   3 616 000

  贷：主营业务收入   3 200 000

    应交税费——应交增值税（销项税额）   416 000（2分）

2.借：坏账准备   260 000

  贷：应收账款   260 000（2分）

3.借：管理费用   3 800

  贷：其他应收款   3 000

    库存现金   800（2分）

4.借：在途物资——甲材料   300 000

     ——乙材料   200 000

     ——丙材料   30 000

  应交税费——应交增值税（进项税额）   68 900

  贷：应付账款   598 900（2分）

5. 借：原材料——甲材料   300 000

    ——乙材料   200 000

    ——丙材料   30 000

  贷：在途物资——甲材料   300 000

      ——乙材料   200 000

      ——丙材料   30 000（2分）

6. 借：交易性金融资产——M公司股票（成本） 100 000

  投资收益   5 000

  贷：银行存款   105 000（2分）

7. 借：固定资产   1 292 000

  应交税费——应交增值税（进项税额） 166 400

  贷：银行存款   1 458 400（2分）

8. 借：其他债权投资——A公司债券（成本） 1 000 000

      ——A公司债券（利息调整） 48 000

  贷：银行存款   1 048 000（2分）

9. 借：银行存款   500 000

  贷：短期借款   500 000（2分）

10. 借：应付账款   200 000

  贷：银行存款   196 000

   主营业务收入   4 000（2分）

11. 借：银行存款   20 865 400

  贷：应付债券——面值   20 000 000

      ——利息调整   865 400（2分）

12. 借：银行存款   5 200 000

  贷：实收资本   4 500 000

   资本公积——资本溢价   700 000（2分）

13. 借：生产成本——A产品   240 000

      ——B产品   160 000

  制造费用   100 000

  管理费用   50 000

  贷：应付职工薪酬——工资   550 000（2分）

14. 借：生产成本——A产品   96 000

      ——B产品   64 000

  制造费用   40 000

借：管理费用   20 000

  贷：应付职工薪酬——职工福利   66 000

          ——社会保险费   110 000

          ——住房公积金   44 000（2分）

15.借：在建工程   1 043 270

     应付债券——利息调整   156 730

  贷：应付利息   1 200 000（2分）

16.借：主营业务收入   8 200 000

     其他业务收入   1 000 000

     投资收益   500 000

     营业外收入   300 000

  贷：本年利润   10 000 000（2分）

17.借：本年利润   6 000 000

  贷：主营业务成本   4 800 000

     其他业务成本   450 000

     税金及附加   220 000

     管理费用   180 000

     财务费用   12 000

     营业外支出   120 000

     资产减值损失   218 000（2分）

18.借：所得税费用   1 000 000

  贷：应交税费——应交所得税   1 000 000（1分）

借：本年利润   1 000 000

  贷：所得税费用   1 000 000（1分）

19.借：本年利润   3 000 000

  贷：利润分配——未分配利润   3 000 000（2分）

20.借：利润分配——提取法定盈余公积   300 000

         ——应付现金股利或利润   450 000

  贷：盈余公积——法定盈余公积   300 000

     应付股利   450 000（2分）

《会计学》模拟试题（二）

一、单项选择题（在下列每个小题的备选答案中，只有一个符合题意的正确答案。请将你选定的答案字母填入题后的括号中。本类题共15个小题，每个小题1分，共15分。多选、错选、不选均不得分）

1.某企业 2×24 年年初未分配利润为580万元，2×24 年实现的净利润为 1 240 万元，则该企业 2×24 年按照10%的比例可以提取的法定盈余公积为（　　　）万元。

A.182　　　　　　　　　　　　B.58

C.100　　　　　　　　　　　　D.124

2.在借贷记账法下，账户贷方表示（　　　）。

A.收入的增加和负债的减少

B.收入的减少和所有者权益的增加

C.资产的增加和负债的减少

D.负债的增加和资产的减少

3.某公司第一年（首次采用备抵法）年末应收账款余额为200万元，第二年确认发生坏账损失10万元，且收回以前年度已转销的坏账5万元，第二年年末应收账款余额为360万元。该公司坏账准备按照应收账款余额的10%提取，则第二年应计入信用减值损失的金额为（　　　）万元。

A.20　　　　　　　　　　　　B.21

C.36　　　　　　　　　　　　D.56

4.企业购入股票作为交易性金融资产，初始确认金额是指（　　　）。

A.股票的面值　　　　　　　　B.股票的公允价值

C.实际支付的款项　　　　　　D.实际支付的交易税费

5.确定会计核算工作空间范围的前提条件是（　　　）。

A.会计主体　　　　　　　　　B.持续经营

C.会计分期　　　　　　　　　D.货币计量

6.对于从银行提取现金的业务应编制的专用记账凭证是（　　　）。

A.现金收款凭证　　　　　　　B.现金付款凭证

C.银行存款收款凭证　　　　　D.银行存款付款凭证

7.对于盘亏的固定资产，按规定程序批准后，应按盘亏固定资产的净值借记（　　）。

A.“待处理财产损溢”科目　　　　B.“营业外支出”科目

C.“累计折旧”科目　　　　　　　D.“固定资产清理”科目

8.“固定资产”账户的余额减去“累计折旧”账户的余额表示（　　）。

A.固定资产的原值　　　　　　　B.固定资产的账面净值

C.固定资产的重置价值　　　　　D.固定资产的可变现价值

9.年末结账后，“利润分配”账户的贷方余额表示（　　）。

A.累计净利润额　　　　　　　　B.利润分配总额

C.未分配利润额　　　　　　　　D.实现的利润总额

10.企业10月末负债总额1 200万元，11月份收回欠款150万元，用银行存款归还借款100万元，用银行存款预付购货款125万元，则11月末的负债总额为（　　）万元。

A.1 100　　　　　　　　　　　B.1 050

C.1 125　　　　　　　　　　　D.1 350

11.某公司6月初有关账户余额如下：“生产成本”（在产品）4 000元，“库存商品”（产成品）38 000元。6月份发生的直接材料、直接人工和制造费用等合计为45 000元，完工产品成本为42 000元，发出产成品（销售）40 000元，盘盈产成品2 000元。6月末“库存商品”账户余额是（　　）元。

A.40 000　　　　　　　　　　B.42 000

C.7 000　　　　　　　　　　　D.38 000

12.下列账户在企业年末（终）结账后，一般没有余额的是（　　）。

A.“本年利润”账户　　　　　　B.“利润分配”账户

C.“应收账款”账户　　　　　　D.“生产成本”账户

13.某企业所有者权益总额为150万元，当年以其中的资本公积转增资本20万元。当年实现净利润30万元，提取法定盈余公积3万元，向投资人分配利润10万元。该企业年末所有者权益总额为（　　）万元。

A.147　　　　　　　　　　　　B.150

C.170　　　　　　　　　　　　D.180

14.在下列经济业务中，影响会计等式总额发生变化的是（　　）。

A.以银行存款 50 000 元购买材料

B.结转完工产品成本 40 000 元

C.赊购机器设备 20 000 元

D.收回客户所欠的货款 30 000 元

15.企业所有者权益中的盈余公积和未分配利润一般统称为（　　）。

A.投入资本 　　　　　　　　B.实收资本

C.留存收益 　　　　　　　　D.股东权益

二、多项选择题（在下列每个小题的备选答案中，有两个或两个以上符合题意的正确答案。请将你选定的答案字母按顺序填入题后的括号中。本类题共 10 个小题，每个小题 1 分，共 10 分。多选、少选、错选、不选均不得分）

1.下列属于"应付职工薪酬"科目核算内容的有（　　）。

A.工会经费 　　　　　　　　B.住房公积金

C.职工福利费 　　　　　　　D.社会保险费

E.职工教育经费

2.按照我国现行企业会计准则的规定，企业发出存货可以采用的计价方法有（　　）。

A.先进先出法 　　　　　　　B.月末一次加权平均法

C.移动加权平均法 　　　　　D.后进先出法

E.个别计价法

3.企业从税后利润中提取的法定盈余公积的主要用途包括（　　）。

A.弥补亏损 　　　　　　　　B.对外捐赠

C.转增资本 　　　　　　　　D.用于集体福利

E.分派现金股利

4.下列内容应包括在资产负债表中的"存货"项目的有（　　）。

A.原材料 　　　　　　　　　B.发出商品

C.库存商品 　　　　　　　　D.在途物资

E.生产成本

5.企业应当根据其管理金融资产的业务模式和金融资产的合同现金流量特征，将金融资产划分为三类，包括（　　）。

A.以历史成本计量的金融资产

B.以摊余成本计量的金融资产

C.以重置成本计量的金融资产

D.以公允价值计量且其变动计入其他综合收益的金融资产

E.以公允价值计量且其变动计入当期损益的金融资产

6.银行存款日记账与银行对账单的余额不一致，其原因可能有（　　）。

A.银行记账错误　　　　　　　B.企业记账错误

C.存在未达账项　　　　　　　D.存在未付款项

E.存在未收款项

7.企业编制的利润表能够提供的信息有（　　）。

A.所得税费用　　　　　　　　B.企业的利润总额

C.实现的营业利润　　　　　　D.企业财务状况

E.实现的营业收入

8.多栏式明细账适用于（　　）。

A.其他应收款明细分类核算　　B.制造费用明细分类核算

C.应交税费明细分类核算　　　D.营业外支出明细分类核算

E.主营业务收入明细分类核算

9.企业存货期末结存数量的盘存制度有（　　）。

A.收付实现制　　　　　　　　B.权责发生制

C.永续盘存制　　　　　　　　D.实地盘存制

E.岗位责任制

10.在下列项目中，属于负债要素的项目有（　　）。

A.预收款项　　　　　　　　　B.预付款项

C.应付账款　　　　　　　　　D.应付债券

E.累计折旧

三、判断题（本类题共10个小题，每个小题1分，共10分。请将你的判断结果填入题后的括号中。你认为正确的，填"√"；你认为错误的，填"×"）

1.企业当期发生的管理费用与制造费用的区别在于，前者一定影响当期损益，而后者不一定影响当期损益。　　　　　　　（　　）

2.企业管理金融资产的业务模式，是指企业如何管理其金融资产以产生现金流量。　　　　　　　　　　　　　　　　　（　　）

3.企业以当年实现的净利润弥补以前年度亏损时，不需要进行专门的账务处理。　　　　　　　　　　　　　　　　　　　（　　）

4.在权益不变的情况下，企业资产的增加可能是由实现的利润引起的。　　　　　　　　　　　　　　　　　　　　　　（　　）

5.企业在经营过程中产生的利得或损失可能计入当期损益，也可能直接计入所有者权益。　　　　　　　　　　　　　　　（　　）

6.企业在购入材料过程中发生的采购人员的差旅费等应计入材料的采购成本。　　　　　　　　　　　　　　　　　　　（　　）

7."有借必有贷，借贷必相等"是复式记账法的记账规则。（　　）

8.一般纳税人企业从客户那里代税务机关收取的税款应作为企业本身的收入处理。　　　　　　　　　　　　　　　　　（　　）

9.企业发生的费用能够导致所有者权益减少，但导致所有者权益减少的不一定都是费用。　　　　　　　　　　　　　　（　　）

10.银行存款余额调节表是调节银行存款日记账账面余额的原始凭证。　　　　　　　　　　　　　　　　　　　　　　（　　）

四、简答题（本类题共2个小题，每个小题5分，共10分）

1.什么是对账？试说明账账核对的具体内容。

2.什么是负债？其特征有哪些？

五、计算题（本类题共3个小题，每个小题5分，共15分。凡要求计算的项目，均须列出计算过程；计算结果有计量单位的，应予标明，标明的计量单位应与题中所给的计量单位相同）

1.利和股份有限公司有一台设备，原价为1 000 000元，预计使用5年，预计净残值100 000元。分别按直线法、双倍余额递减法和年数总和法计算第2年应计提的折旧额。

直线法下第2年的折旧额=

双倍余额递减法下第2年的折旧额=

年数总和法下第2年的折旧额=

2.某企业2×24年7月31日核对银行存款项目，当日银行对账单上显示的本企业存款余额为681 600元，企业银行存款日记账余额为691 600元，经逐笔核对，没有错账，只发现以下未达账项：

（1）7月26日企业开出转账支票3 000元，持票人尚未到银行办理转账，银行尚未登记入账。

（2）7月28日企业委托银行代收款项4 000元，银行已收款入账，但企业未接到银行的收款通知，因而未登记入账。

（3）7月29日企业送存购货单位签发的转账支票15 000元，企业已登账，银行尚未登记入账。

（4）7月30日银行代企业支付水电费2 000元，企业尚未接到银行的付款通知，故未登记入账。

要求：根据以上有关内容，编制"银行存款余额调节表"，计算企业7月31日银行存款日记账的账面余额，并分析调节后是否需要编制有关会计分录。

银行存款余额调节表

2×24年7月31日

单位：元

项　　目	金　额	项　　目	金　额
企业银行存款日记账余额 加：银行已收企业未收 减：银行已付企业未付		银行对账单余额 加：企业已收银行未收 减：企业已付银行未付	
调节后的存款余额		调节后的存款余额	

3.某公司2×24年年初的所有者权益总额为1 000 000元，其中股本500 000元，资本公积100 000元，盈余公积300 000元。2×24年实现净利润500 000元，按10%提取盈余公积，分派投资者现金股利100 000元，剩余利润留待以后年度进行分配，2×24年度用盈余公积转增资本100 000元。

要求：计算以下各项指标：

（1）年初未分配利润=

（2）年末未分配利润=

（3）年末盈余公积=

（4）年末所有者权益总额=

六、业务处理题（本类题共20个小题，每个小题2分，共40分）

要求：某企业本月发生如下经济业务，运用借贷记账法编制会计分录。

1.购入甲材料一批，价款400 000元，增值税进项税额52 000元，材料尚未到达，全部款项均以银行存款支付。

2.企业通过银行缴纳上个月欠缴的消费税68 000元。

3.企业收到长江公司投资，其中设备评估作价600 000元，已交付使用，商标权评估作价300 000元，以上投资均作为法定资本（假设不考虑相关税费）。

4.企业购入需要安装的生产用机器设备一台，买价为270 000元，增值税税额35 100元，运杂费4 600元（不考虑增值税），款项未付，设备投入安装。

5.企业根据发出材料汇总表分配材料费用。其中：生产A产品耗用材料 40 000 元，生产 B 产品耗用材料 60 000 元；车间一般性耗用材料 8 000 元；厂部一般性耗用材料 2 000 元。

6.企业销售给信达公司 A 产品，售价为 3 000 000 元，增值税销项税额为 390 000 元，信达公司交来一张已承兑的商业汇票抵付价税款。

7.计提应由本月负担的短期借款利息 3 000 元。

8.企业分配工资费用，其中：A 产品生产工人工资 350 000 元，B 产品生产工人工资 250 000 元，车间管理人员工资 100 000 元，行政管理人员工资 80 000 元。

9.企业持有的作为交易性金融资产的 D 公司股票在资产负债表日确定公允价值上涨 280 000 元。

10.结转本月销售 A 产品成本 2 000 000 元。

11.厂长王志报销差旅费 2 800 元（原预借款 3 000 元），多余现金交回。

12.接受某单位捐赠 200 000 元存入银行。

13.企业持有的商业汇票，经计算截至本月末已产生票据利息 5 200 元。

14. 企业提取本月的固定资产折旧。其中：生产车间设备提取折旧 16 000 元，行政管理部门设备提取折旧 4 000 元。

15. 企业以前因出售而转入清理的固定资产现已清理完毕，结转其清理净收益 125 000 元。

16. 企业经计算，本月应负担消费税 120 000 元，城市维护建设税 70 000 元，教育费附加 30 000 元。

17. 企业月末结转本月实现的各项收入，其中：主营业务收入 4 850 000 元，其他业务收入 1 380 000 元，营业外收入 120 000 元，投资收益 520 000 元。

18. 企业月末结转本月发生的各项支出，其中：主营业务成本 3 600 000 元，其他业务成本 780 000 元，税金及附加 307 300 元，销售费用 54 500元，管理费用 32 100元，财务费用 3 000元，营业外支出 93 100元，所得税费用 500 000元。

19.将本期实现的净利润转入"利润分配"账户。

20.按本期实现净利润的10%提取法定盈余公积，并向投资人分派现金股利 200 000元。

会计学模拟试题（二）参考答案

一、单项选择题

1.D 2.D 3.B 4.B 5.A 6.D 7.B 8.B 9.C 10.A 11.B 12.A 13.C 14.C 15.C

二、多项选择题

1. ABCDE 2. ABCE 3. ACE 4. ABCDE 5. BDE 6. ABC 7. ABCE 8.BCDE 9.CD 10.ACD

三、判断题

1.√ 2.√ 3.√ 4.√ 5.√ 6.× 7.× 8.× 9.√ 10.×

四、简答题

1.所谓对账就是在将本期发生的经济业务登记入账之后，对账簿记录所进行的核对工作。（1分）

账账核对的具体内容包括：

（1）总分类账中各账户的本期借、贷方发生额合计数，期末借、贷方余额合计数分别核对相符；（1分）

（2）库存现金日记账、银行存款日记账与总账核对相符；（1分）

（3）总分类账户本期借、贷方发生额及余额与所属明细分类账户借、贷方发生额及余额核对相符；（1分）

（4）会计部门登记的财产物资明细账与保管或使用部门的保管账核对相符。（1分）

2.负债是指企业过去的交易或者事项形成的、预期会导致经济利益流出企业的现时义务。（1分）

负债的特征包括：

（1）负债是由已经发生的经济业务引起的企业现时义务；（1分）

（2）负债是企业在将来某个时点履行的强制性责任；（1分）

（3）负债要通过企业资产的流出或劳务的提供来清偿；（1分）

（4）负债的金额能够用货币计量或估计。（1分）

五、计算题

1.直线法下第2年的折旧额=（1 000 000－100 000）÷5

=180 000（元）（1分）

双倍余额递减法下第2年的折旧额=2÷5×（1 000 000－400 000）

=240 000（元）（2分）

年数总和法下第2年的折旧额=4÷15×（1 000 000－100 000）

=240 000（元）（2分）

2.

银行存款余额调节表

2×24年7月31日   单位：元

项　目	金　额	项　目	金　额
企业银行存款日记账余额	691 600	银行对账单余额	681 600
加：银行已收企业未收	4 000	加：企业已收银行未收	15 000
减：银行已付企业未付	2 000	减：企业已付银行未付	3 000
调节后的存款余额	693 600（2分）	调节后的存款余额	693 600（2分）

银行存款余额调节表只起对账的作用，不能作为调节账面记录的原始凭证，因此银行存款余额调节表编制之后不需要编制会计分录。（1分）

3.（1）年初未分配利润=1 000 000－500 000－100 000－300 000=100 000（元）（1分）

（2）年末未分配利润=100 000+（500 000－50 000－100 000）=450 000（元）（1分）

（3）年末盈余公积=300 000+50 000－100 000=250 000（元）（1分）

（4）年末所有者权益总额=1 000 000+500 000－100 000=1 400 000（元）（2分）

六、业务处理题

1. 借：在途物资　　　　　　　　　　　　　　　　400 000
　　　应交税费——应交增值税（进项税额）　　　52 000
　　贷：银行存款　　　　　　　　　　　　　　　　　452 000（2分）

2. 借：应交税费——应交消费税　　　　　　　　　68 000
　　贷：银行存款　　　　　　　　　　　　　　　　　68 000（2分）

3. 借：固定资产　　　　　　　　　　　　　　　　600 000
　　　无形资产——商标权　　　　　　　　　　　　300 000
　　贷：实收资本——长江公司　　　　　　　　　　　900 000（2分）

4. 借：在建工程　　　　　　　　　　　　　　　　274 600
　　　应交税费——应交增值税（进项税额）　　　35 100
　　贷：应付账款　　　　　　　　　　　　　　　　　309 700（2分）

5. 借：生产成本——A产品　　　　　　　　　　　40 000
　　　　　　　　——B产品　　　　　　　　　　　60 000
　　　制造费用　　　　　　　　　　　　　　　　8 000
　　　管理费用　　　　　　　　　　　　　　　　2 000
　　贷：原材料　　　　　　　　　　　　　　　　　110 000（2分）

6. 借：应收票据　　　　　　　　　　　　　　　3 390 000
　　贷：主营业务收入　　　　　　　　　　　　　3 000 000
　　　　应交税费——应交增值税（销项税额）　　　390 000（2分）

7. 借：财务费用　　　　　　　　　　　　　　　　3 000
　　贷：应付利息　　　　　　　　　　　　　　　　　3 000（2分）

8. 借：生产成本——A产品　　　　　　　　　　350 000
　　　　　　　　——B产品　　　　　　　　　　250 000
　　　制造费用　　　　　　　　　　　　　　　100 000
　　　管理费用　　　　　　　　　　　　　　　80 000
　　贷：应付职工薪酬——工资　　　　　　　　　　780 000（2分）

9. 借：交易性金融资产——D公司股票（公允价值变动）
　　　　　　　　　　　　　　　　　　　　　　280 000
　　贷：公允价值变动损益　　　　　　　　　　　　280 000（2分）

10. 借：主营业务成本　　　　　　　　　　　　2 000 000
　　贷：库存商品——A产品　　　　　　　　　　2 000 000（2分）

11. 借：管理费用　　　　　　　　　　　　　　　2 800
　　　库存现金　　　　　　　　　　　　　　　200

	贷：其他应收款	3 000（2分）
12.借：银行存款	200 000	
	贷：营业外收入	200 000（2分）
13.借：应收票据	5 200	
	贷：财务费用	5 200（2分）
14.借：制造费用	16 000	
管理费用	4 000	
	贷：累计折旧	20 000（2分）
15.借：固定资产清理	125 000	
	贷：资产处置损益	125 000（2分）
16.借：税金及附加	220 000	
	贷：应交税费——应交消费税	120 000
	——应交城市维护建设税	70 000
	——应交教育费附加	30 000（2分）

17.借：主营业务收入　　　　　　　4 850 000
　　　其他业务收入　　　　　　　1 380 000
　　　营业外收入　　　　　　　　　120 000
　　　投资收益　　　　　　　　　　520 000
　　　　贷：本年利润　　　　　　　　　　　6 870 000（2分）
18.借：本年利润　　　　　　　　5 370 000
　　　　贷：主营业务成本　　　　　　　　　3 600 000
　　　　　　其他业务成本　　　　　　　　　　780 000
　　　　　　税金及附加　　　　　　　　　　　307 300
　　　　　　销售费用　　　　　　　　　　　　54 500
　　　　　　管理费用　　　　　　　　　　　　32 100
　　　　　　财务费用　　　　　　　　　　　　　3 000
　　　　　　营业外支出　　　　　　　　　　　93 100
　　　　　　所得税费用　　　　　　　　　　500 000（2分）
19.借：本年利润　　　　　　　　1 500 000
　　　　贷：利润分配——未分配利润　　　　1 500 000（2分）
20.借：利润分配——提取法定盈余公积　150 000
　　　　　　　　——应付现金股利或利润　200 000
　　　　贷：盈余公积——法定盈余公积　　　150 000
　　　　　　应付股利　　　　　　　　　　　200 000（2分）